CHILD OBSERVATION
STUDY OF ACTION

아동관찰
및 행동연구

7감각 글로벌영유아연구회

전남련, 서영순, 한은숙, 김선영
박현자, 문정희, 오선택, 도평순
김영란, 박정희

글샘
GEULSAEM PUBLISHING

머리말

　유아교육기관에서 교사의 전문성을 제고할 수 있는 방법은 영유아 발달과 이론에 적합한 프로그램을 제공하고 유아 개개인의 잠재능력을 계발하기 위해 다양한 평가방법을 적용하여 올바르게 유아를 평가할 수 있는 것이라 본다. 유아들은 발달이 미숙하여 질문지법이나 면접법으로는 유아를 제대로 평가할 수 없기 때문에 교사는 관찰평가에 대한 전문적인 지식을 구축하고, 객관적으로 영유아를 평가해야한다.

　현재 유치원·어린이집 평가제는 자유선택활동, 실내 놀이활동, 바깥놀이 활동, 일상생활에서 개별 영유아의 반응이나 행동을 객관적으로 관찰해야 하며 교육과정의 목표와 내용을 준거로 영유아의 발달특성과 변화를 평가하고, 주기적으로 기록하여 이를 교육 계획 편성 및 운영에 반영해야 하며 그 결과를 다음 계획안에 반영하고 개별 영유아의 관찰, 평가 기록을 부모면담 자료로 활용해야 평점을 받을 수 있다.

　우리나라 유아교육이 공교육화 되면서 원장·교사의 전문성을 강조하고 있으며 국가수준의 교육과정을 통합한 통합활동과 전문성 있는 유아관찰평가와 기록이 무엇보다도 중요시 되고 있다. 그리하여 저자들은 유아학교 평가에 도움을 주기위해 그동안 유아교육현장에서 교사들과 함께 연구한 내용을 책으로 엮어 보았다.

　이 책은 3부로 구성되어 있다. 제 1부는 아동관찰 및 행동 연구의 기초, 제 2부는 아동관찰 연구(1), 아동관찰연구(2)로 나누어 관찰법과 표본식 기술, 일화기록, 시간표집법, 사건표집법, 평정척도법, 행동목록법으로 나누어 소개하였고, 제 3부에서는 아동관찰 및 행동연구 방법의 이해로 포트폴리오, 학부모 면담, 질문지법을 소개하였다.

　본서에 수록한 사례들은 저자가 평가제를 위해 7감각통합교육프로그램을 적용하고 있는 여러 유아교육기관의 원장·교사에게 관찰평가 교육을 실시하고 대표적인 사례들을 모아 후학들이 도움을 받을 수 있도록 정리하였다.

부족한 제가 이 책을 완성할 수 있었던 것은 브살렐과 오홀리압과 같이 지혜롭고 명철한 교사들을 보내주셔서 함께 책을 구성할 수 있도록 교육의 장을 허락해 주신 하나님의 크신 은혜이며, 오랜 시간동안 강의를 듣고 유아들의 사례를 이론에 적합하게 제공해 준 여러 교사들의 도움 덕분이다.

교사들이 교육을 잘 받을 수 있도록 환경을 마련해 주신 민족사관 어린이집 서영순 원장님과 교사들, 거원 어린이집 한은숙 원장님과 교사들, 예인 어린이집 김선영 원장님과 교사들, 산들바람 어린이집 문정희 원장님과 교사들, 하모니 어린이집 오선택 이사장님과 교사들, 성동숲속 어린이집 도평순 원장님과 교사들, 새싹 어린이집 김영란 원장님과 교사들, 어울림 어린이집 박정희 원장님과 교사들, 평가의 실제를 이론에 맞게 잘 정리해주신 박현자 원장님에게 감사를 드린다.

또한 원고를 꼼꼼하게 정리해 준 최병민 조교와 이 책의 출판을 맡아 주신 글샘 출판사 황성연 대표님과 관계직원여러분, 그리고 이 책이 출판되기까지 기도와 마음을 모아 후원해 주신 글로벌멘토링 연구회 회원 모두에게도 지면을 빌어 감사를 드린다.

이 책은 유아교육 관련학을 공부하거나 유아교육기관에서 전문성 있는 교사로 성장하기 위해 노력하는 교사들에게 좋은 지침이 될 수 있으리라 본다. 아무쪼록 이 책이 우리나라 미래의 재산인 아이들을 옳은 데로 인도하고자 하는 모든 교사들에게 소중하게 쓰임 받기를 바라며 이 책을 공부하는 모든 분들에게 하나님의 크신 축복이 함께하시길 기원한다.

2020년 4월
글로벌멘토링연구소에서
대표 저자 전 남 련

아동관찰 및 행동연구

Contents

아동관찰 및 행동연구

CHILD OBSERVATION
STUDY OF ACTION

아동관찰
및 행동연구

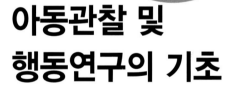

PART 1

아동관찰 및
행동연구의 기초

chapter 1

아동관찰 및 행동연구에 대한 이해

아동에 대해 우리가 가지고 있는 질문에 대해 알아보고자 하는 것이 아동연구이며 아동을 이해하기 위해서는 과학적인 연구가 필요하다. 과학적 연구란 행동 과학 또는 경험 과학에 기초하여 존재하는 사실이나 현상을 체계적으로 설명하기 위해 관찰된 변수들 간의 관계를 경험적으로 검증하는 일련의 과정이라 볼 수 있다. 과학적 연구는 경험적이며, 체계적이고, 논리적이고, 객관적이며, 구체적이고, 검증가능하며, 자기수정의 특성을 갖는다. 여기서는 아동 연구의 목적, 자료수집의 방법, 연구설계, 아동 연구의 접근법 등에 대해 개괄적으로 살펴보고자 한다.

1. 아동 연구의 목적 방법

1) 목적

기술(description)이란 어떤 현상이 있으면 왜 그런 현상이 나타나게 되었는지를 설명하는 것이 아니라 그 현상의 속성이나 특성을 있는 그대로 관찰하여 기술하는 데 주안점을 두고 있다. 예를 들면 만 1세 영아들의 운동발달이나 감각발달, 언어발달이 어떻게 이루어지는가를 있는 그대로 영아들의 행동을 관찰하여 사실적으로 기술하는 것이다. 이러한 기술을 통해서 연령별 영유아들의 평균적인 발달 수준과 개인차를 알 수 있게 된다.

2) 설명

설명(explanaion)이란 과학적 검증과정을 통해 특정 현상이 나타나게 되면 그 현상이 나타나게 된 이유를 제시하는 것이다. 즉, 어떤 현상이 있으면 왜 그런 현상이 나타나게 되었는지 그 이유를 설명하는 것이다.

예를 들어 연령에 따라 언어발달의 변화가 일어난다고 하면 연령에 따른 발달의 변화와 개인차를 설명해야 한다. 즉, 왜 이러한 변화가 일어났는지에 대해 규명하고 아동의 연령이 증가하면서 나타나는 현상과 개인의 경험 정도, 어휘력의 발달 등 그 이유가 무엇인지에 대해 설명하는 것이다.

3) 적용

아동 연구의 궁극적인 목적은 아동의 연구결과를 적용하고 다양한 영역에서 교육적으로 활용하여 아동복지의 증진과 삶의 질을 높이는 데 있다. 즉, 아동의 전인적인 발달을 도모하기 위해 창의적이고 효율적인 학습방법을 제시하고, 이를 유아교육현장에 실천적으로 적용하여 영유아들로 하여금 행복한 삶을 영위할 수 있도록 돕는 것이다. 예를 들면 하류층의 문화실조아들이 초등학교 입학할 무렵 지능검사를 했을 때 중상류층 아동보다 뒤떨어져 있다고 할 경우 이러한 차이를 낳게 하는 요인이 무엇인지 연구를 통해 밝힐 수 있다. 즉, 영양의 문제인지? 환경의 문제인지? 부모의 양육태도인지 등, 그리고 이 연구결과를 하류층 아동들의 문제를 극복할 수 있는 프로그램을 개발하는 데 사용할 수 있다. 예를 들면 헤드스타트 프로그램, 홈스타트 프로그램, 장난감 대여, 이동 도서관 등의 이와 같은 아동발달 연구는 이론적인 내용을 바탕으로 실천적인 프로그램으로 적용할 수 있기 때문에 매우 중요하다.

2. 자료수집의 방법

아동행동 연구를 위한 자료수집 방법에는 관찰법, 질문지법, 면접법, 사례 연구, 검사법 등이 있다.

1) 관찰법

관찰법(observation)은 아동의 행동을 관찰하고, 관찰한 행동을 객관적인 방법으로 기록하는 것으로 아동을 대상으로 하는 연구에 있어서 역사적으로 가장 오래된 연구 방법이다.

관찰이란, 일상생활에서 진행되는 자연스러운 인간의 행동을 연구하고 객관적인 자료를 수집하기 위하여 관찰 장면에 특별한 조작(operation)이나 제재(sanctin)를 가하지 않고 관찰자가 가지고 있는 기존의 지식을 사용하여 관찰대상의 행동을 있는 그대로 기술하는 활동이다.[1]

아동을 대상으로 하는 관찰 연구의 유형에는 표본식 기술, 일화기록, 시간표집법, 사건표집법, 평정척도법, 행동목록법이 있다.

표본식 기술은 미리 정한 어떤 기준에 따라 관련된 행동이나 사건 내용을 기록하고, 그것이 일어나게 된 환경적 배경을 상세하게 이야기식으로 서술하는 것이다. 일화기록이란, 한 인간의 성격 및 행동 특성, 적응 양식을 이해하기 위해 구체적인 행동 사례를 될 수 있는 대로 상세하게 일기식으로 기술하는 기록방법이다. 시간표집법이란 관찰자가 관찰행동을 미리 선정하여 정해진 시간 동안 일정한 시간 간격을 두고 여러 차례 관찰하여 그 결과를 기록하는 방법이다. 사건표집법이란 어떤 행동이나 사건이 발생하면 그 행동의 순서를 일정한 형식에 따라 자세히 기술하는 방법이다. 평정척도법이란 관찰에서 얻은 자료를 수량화하기 위해 고안된 방법으로 연속성이 있는 어떤 행동의 차원이나 영역에 대해서 연구대상의 행동을 관찰한 후 일정한 위치에 평정하여 수량화된 점수를 부과하는 것이다. 행동목록법이란 관찰할 행동의 목록을 사전에 만들어 놓고 관찰하면서 해당되는 행동이

---

1) 전남련 외(2008). 『유아관찰 평가의 이론과 실제』, 양서원, p. 19.

나타날 때마다 체크를 표기하는 방법이다.[2]

관찰의 종류에는 자연적 관찰과 통제된 관찰, 참여관찰과 비참여관찰이 있다.

자연적 관찰은 있는 그대로의 자연스런 상황에서 관찰이 이루어지며, 관찰 장면에서 일어나는 다양한 현상을 아무 제한 없이 관찰하는 것을 뜻한다. 통제된 관찰은 연구자에 의해 어떤 환경 조건이 의도적으로 계획되고 그 조건하에서 행동이 관찰되는 것으로 흔히 실험실 상황에서 이루어진다.

참여관찰이란 연구자가 관찰하는 대상의 집단 속에 들어가서 그 집단의 한 구성원으로서의 역할을 갖고 행동하면서 관찰하는 방법이다. 비참여관찰이란 관찰자가 현장에 있으나 그 장면에서 일어나는 활동에 전혀 개입하지 않고 관찰만 하는 것을 말한다.[3]

아동을 대상으로 하는 연구에 있어서 관찰방법이 권장되는 이유는 첫째, 관찰대상아동의 행동이 일어나는 현장에서 즉시 아동의 행동이나 사실을 포착할 수 있으며, 둘째, 관찰자의 존재에 대해 크게 개의치 않기 때문에 관찰아동의 자연스러운 행동을 관찰할 수 있다. 셋째, 유아들의 의사소통이 원활하지 못하기 때문에 면접법이나 질문지, 검사보다 관찰이 더 적합한 경우가 많고, 넷째, 유아들에게 어떤 조작을 가하지 않는다는 점, 다섯째, 피관찰자(아동)의 협력을 덜 필요로 한다는 것이다.[4]

관찰법을 사용할 때는 다음과 같은 오류를 범할 수 있으므로 오류를 최소화할 수 있는 방법을 모색해야 한다.

첫째, 관찰자가 관찰대상유아에게 미치는 영향이다. 즉, 관찰자가 관찰장면에 있다는 것 자체가 어떤 영향을 미치게 되어 오류를 범할 수 있으므로 이를 해결하기 위해서는 관찰대상유아가 관찰자의 존재를 덜 의식하도록 충분한 시간을 두고 관찰자의 존재에 익숙해지게 하거나, 관찰자가 관찰대상유아의 눈에 띄지 않는 방법을 선택하여 일방경(one-way mirrow)이 설치된 관찰실을 사용하거나 CCTV카메라를 장치해 놓고 모니터를 통해 관찰할 수 있다.

---

2) 전남련 외(2008). 전게서, pp. 27~30.
3) 전남련 외(2008). 전게서, pp. 22~24.
4) 전남련 외(2008). 전게서, pp. 19~20.

둘째, 관찰자 자신이 범하는 오류이다. 즉, 관찰자가 관찰상황 속에서 일어나는 행동을 사실적으로 기술하는 것이 아니라 일어나기를 기대하는 방향으로 기록함으로써 오류를 범할 수 있다. 또한 관찰자 개인적인 경험에 의해 생기는 과대한 일반화와 관찰유아 주변의 요소가 평정에 적용되는 후광효과(halo effect), 관찰자가 자신의 느낌에 기초하여 해석하는 주관적 해석의 가능성 등이 있다.[5]

그러므로 관찰법을 통해 자료수집을 할 때는 관찰자가 관찰법에 대한 기초적인 지식을 구축하고 관찰훈련을 통해 객관성 있는 관찰을 할 수 있도록 관찰기술을 발전시켜야 한다.

2) 면접법과 질문지법

면접(interview)은 특정한 목적을 가지고 특정한 내용에 관하여 사람과 사람이 직접 얼굴을 맞대고 일정한 시간에 언어를 매개로 하여 정보를 얻거나 의사나 감정을 전하는 양식을 말한다. 면접법의 종류에는 구조화 면담(structured interview)과 비구조화 면담(unstructured interview)으로 구분한다.

구조화 면담은 면담의 내용이나 순서가 미리 일관성 있게 준비되고 이에 따라 면담이 실시되는 형태이다. 구조화된 면담의 내용은 사전에 면담표를 작성할 때 이미 결정되므로 면담하는 과정에 융통성이 거의 없다. 그러므로 면담자는 면담을 실시할 때 어법이나 문항의 순서 등을 거의 바꿀 수 없다. 구조화 면담의 장점은 면담자의 행동의 일관성이 높고 자료의 신뢰도와 객관도가 높으며, 면담자의 훈련은 비교적 쉽다. 단점은 면담에 융통성을 부여하지 않기 때문에 면담표에서 구체화되지 않을 정보나 새로운 사실을 발견할 가능성이 적다.

비구조화 면담은 면담자에게 상당히 많은 자유재량권을 주고 절차상 융통성을 부여하는 형태이다. 비구조화 면담은 연구목적에서 크게 벗어나지 않는 한 질문의 내용이나 어법, 순서 등을 면담자에게 일임하는 방법이다. 비구조화 면담의 장점은 면담상황 시 융통성이 많이 부여되므로 자료의 타당도가 높고 새로운 사실이나 가설을 발견할 가능성이 크다. 단점은 면담자의 자질과 훈련 정도에 따라 면접에 크게 영향을 미칠 수 있고, 자료의

---

5) 전남련 외(2008). 전게서, pp. 30~31.

신뢰도에 문제가 생길 수 있으며 면접결과의 분석이 쉽지 않다.[6]

질문지법(questionnaire mathod)이란 어떤 문제에 대해 관해서 작성된 일련의 질문에 대해 피험자가 대답을 기술하도록 하는 방법으로 구두질문(oral question)에서 발전된 방법이다.

질문지의 유형은 개방식 질문, 찬부형식, 선다형식, 평정척도형식, 순위형식이 있다. 개방식 질문(open-ended question)은 자유기술형이라고 하며 응답자에게 선택의 범주를 제시해 주지 않고 자유롭게 응답하도록 하는 형식의 질문을 말하며, 찬부형식(checking method)은 체크리스트형이라고도 부른다. 어떤 질문에 대해 '예', '아니오', '있다', '없다' 등의 두 가지 중에 하나를 선택하는 방법이다.

선다형식(multiple choice method)은 선택형이라고도 하며, 문항의 질문에 대해 연구자가 사전에 3개 이상의 가능한 해답을 마련하고 그 중에 하나를 선택하는 형식이다. 평정척도형식(rating scale method)은 평정척도형이라고도 하며, 응답자가 가진 의견이나 태도를 조사하고자 할 때 응답자에게 사전에 정해진 척도에 따라 응답자의 생각을 평정하여 척도지 중의 하나를 선택하도록 하는 형식을 말한다. 순위형식(rating method)은 등위형이라고도 하며, 질문에 대한 응답에 어떤 제시된 기준에 따라 순위를 정하는 방법으로 순위 매기기, 서열식, 품등법이라고도 한다.

질문지의 장점은 경제적이며, 시간과 노력이 절약되고, 같은 질문을 동일한 방법으로 실시하게 되므로 표준화 검사를 사용하는 것과 같은 장점이 있으며, 연구대상에게 미치는 연구자의 영향이 가장 적으며, 수립하는 정보에 따라 익명으로 할 수 있기 때문에 솔직하게 자신의 의견을 밝힐 수 있고, 많은 자료를 조직적으로 수집하는데 효과적이다. 그러나 유아를 대상으로 할 때 문장이해능력이 제한적이므로 효과적이지 못하여 질문에 대한 응답 이외의 정보를 얻기 어렵고, 융통성이 부족하며 응답자의 동기수준을 알 수 없는 것이 단점이다.[7]

---

6) 전남련 외(2008). 전게서, pp. 254~255.
7) 전남련 외(2008). 전게서, pp. 269~282.

3) 사례 연구

사례 연구(case study)는 독특한 상황을 경험하거나 인생에서 어려운 상황에 처해 있거나, 사회적으로 적응하지 못한 사람들을 주의 깊게 연구함으로써 인간의 본질에 대해 알아보고자 하는 것으로 한 명이나 두 명의 피험자를 깊이 있게 연구하는 방법이다.[8]

임상적 사례 연구방법은 아동발달 연구에 필요한 많은 정보를 제공해 준다.

사례 연구의 목적은 아동의 심리적인 기능과 그와 관련된 경험에 관해 가능한 완전한 사실을 알고자 함이다. 임상방법은 숫자적으로는 적지만 광범위하고 다양한 특성을 가진 사람들의 발달 연구에 적절하다. 예를 들면 10세 전에 한 분야에서 전문가 수준의 능력을 가진 천재들의 성취요인이 무엇인지 알아내는 데 사용되었으며[9] Freud의 little Hans의 사례는 Oeidipus complex의 갈등을 겪고 있는 Hans가 아버지에게 거세불안을 느끼면서 억압된 성적충동이 말에 대한 공포심으로 나타나면서 집 밖을 나가지 못하는 예가 여기에 해당된다.

사례 연구는 통제된 연구에 아이디어를 제공해 주며, 발달에 영향을 주는 다양한 요인에 대한 통찰을 제공하고, 풍부하고 상세한 사례를 제공한다는 장점이 있으며 자료가 비체계적이며 주관적으로 수집되어 관찰의 객관성이 결여되어 있고, 연구자들의 이론적 선호에 따라 좌우될 수 있는 여지가 많이 있기 때문에 편파적인 해석을 내릴 수 있다. 또한 매우 제한된 수의 피험자의 경험에 의존하기 때문에 연구결과를 대상아동 외에 다른 사람에게 적용하거나 일반화하기 어렵다.[10]

---

8) 정옥분(2009). 전게서, p. 131.

9) H. Gardner(1998). Extraordinary cognitive achievements(ECA): A symbol systems appreach. In R. M. Learner(Ed.). Handbook of child psycholosy; vol. 1. Theoretical models of human development(5th ed.). New York : Wiley. pp. 415~466.

10) 박낭자 외 공역(2007). 전게서, pp. 44~45.

4) 검사법

검사법이란 발달의 특성을 이해하기 위하여 개인의 행동 표집을 끌어내기 위해 설계된 표준화된 검사를 말한다.

검사법은 연구대상이 되는 변인을 수량화하는 기법을 사용하여 관심이 되는 행동 특성을 일련의 문항으로 체계적으로 제시하고 그 결과를 점수화하고 대표적 집단에 의해 얻은 규준이나 채점표에 기초하여 각 관찰 대상자의 상대적인 위치를 파악할 수 있도록 해 준다.

검사법은 직접 관찰할 수 없는 심리 특성이나 구성개념을 수량화하여 개인차를 측정하는 것이 목표이다. 심리검사법은 인간의 능력, 지능, 흥미, 태도, 적성 등과 같은 심리적인 특성을 측정하기 위해 사용되며 지능검사나 발달검사 등이 이에 해당된다.[11]

표준화된 검사(standardized test)는 피험자로 하여금 일련의 질문에 답하게 하는 것으로 다음과 같은 특징이 있다.[12]

첫째, 개인의 점수가 집단 내 다른 사람들의 점수와 비교하여 상대적으로 어떠한가를 알아볼 수 있으며, 둘째, 표준화 검사는 개인차에 관한 정보를 제공해 준다. 표준화검사에 의해 측정되는 인성검사나 지능검사는 어느 정도의 안정성이 있기는 하지만 측정되는 상황에 따라 변할 수 있다.

표준화된 검사법의 장점은 첫째, 측정 순서와 방식이 표준화되어 있으며, 둘째, 반복하여 관찰할 수 있기 때문에 신뢰도를 얻기에 용이하며, 셋째, 체계적인 방법으로 수량화할 수 있다. 넷째, 검사결과 얻어진 자료를 기초로 개별 아동의 발달에 대한 상대적 비교가 가능하며 이를 바탕으로 개인차에 대한 구체적인 정보를 얻을 수 있다. 그러나 어린 유아에게 사용될 경우 검사 상황이 주는 심리적인 부담감으로 인해 올바른 결과를 파악하기 힘든 점이 있으며 검사도구의 개발에 있어서 검사문항이 특정문화나 성별에 편파성을 지닐 경우 검사결과에 부정적인 영향을 줄 수 있다는 것이 단점이다.[13]

---

11) 권민균 외(2006). 전게서, p. 76.
12) 정옥분(2009). 전게서, p. 132.
13) 권미균 외(2006). 전게서, p. 77.

자료수집 방법의 특징과 장·단점을 정리하면 〈표 1-1〉과 같다.

📊 표 1-1   자료수집 방법의 특징과 장·단점

방법	특징	장점	단점
1.관찰법 (Observation)	• 아동의 행동을 자연스러운 상황에서 관찰된 행동을 객관적인 방법으로 기록하는 것으로 역사적으로 가장 오래된 연구방법이다.	①관찰대상아동의 행동을 즉시 포착할 수 있다. ②관찰자의 존재에 크게 개의치 않는다. ③관찰대상 유아의 의사소통능력에 지배를 받지 않는다. ④관찰대상유아에게 특별한 조작이나 제재를 가하지 않는다. ⑤피관찰자의 협력을 덜 필요로 한다.	①관찰자가 관찰장면에 있는 그 자체가 어떤 영향을 미칠 수 있다. ②관찰자가 기대하는 방향으로 기록하는 오류를 범할 수 있다. ③후광효과가 나타날 수 있다. ④주관적인 해석이 가능하다.
2.면접법 (Interview)	• 특정한 목적을 가지고 특정한 내용에 관해 사람과 사람이 얼굴을 맞대고 일정한 시간에 언어를 매개로 하여 정보를 얻는 방법이다. • 구조화 면담 : 내용이나 순서가 일관성 있게 준비되어 있다. • 비구조화 면담 : 연구목적에 크게 벗어나지 않는 한 질문의 내용, 어법, 순서 등을 면담자에게 일임한다.	• 구조화된 면담 ①면담자의 행동에 일관성이 높다. ②자료의 객관도, 신뢰도가 높다. ③면담자의 훈련이 쉽다. • 비구조화된 면담 ①면담상황 시 융통성이 많이 있다. ②자료의 타당도가 높다. ③새로운 사실이나 가설을 발견할 수 있다.	• 구조화된 면담 ①면담에 융통성을 부여하지 않는다. ②면담표에 구체화되지 않는 정보나 새로운 사실을 발견할 가능성이 적다. • 비구조화된 면담 ①면담자의 자질, 훈련 정도에 따라 영향을 면접에 영향을 줄 수 있다. ②자료의 신뢰도에 문제될 수 있다. ③면접결과의 분석이 쉽지 않다.
3.질문지법 (Questionaire mathod)	• 어떤 문제에 관해서 작성된 일련의 문제에 대해 피험자가 대답을 기술하도록 하는 방법 – 개방식 질문 – 찬부질문 – 선다형식 – 평정척도형식 – 순위형식	①경제적이다. ②시간과 노력이 절약된다. ③표준화 검사를 사용하는 것과 같다. ④연구대상에게 연구자의 영향이 적게 미친다. ⑤익명으로 할 경우 자신의 의견을 솔직하게 밝힐 수 있다. ⑥많은 자료를 조직적으로 수립할 수 있다.	①유아에게 적용하기 어렵다. ②질문지에 있는 응답 이외에 정보를 얻기 어렵다. ③융통성이 부족하다. ④응답자의 동기수준을 알 수 없다.
4.사례 연구 (Case study)	• 독특한 상황을 경험한 한두 명의 피험자를 깊이 있게 연구하는 방법이다. • 아동의 심리적 기능과 관련된 경험에 관해 완전한 사실을 알고자 한다.	①아동발달 연구에 필요한 정보를 제공해준다. ②풍부하고 상세한 사례를 제공해 준다. ③통제된 연구에 아이디어를 제공해 준다.	①자료가 비체계적이다. ②관찰의 객관성이 결여될 수 있다. ③편파적인 해석을 내릴 수 있다. ④일반화하기에 어렵다.
5.검사법 표준화된 검사 (Standardizied test)	• 직접 관찰할 수 없는 특성이나 구성개념을 수량화하여 개인차에 대한 정보를 제공해 준다. • 지능검사, 발달검사, 적성검사 등이 해당된다. • 집단에 다른 사람과 비교하여 상대적 위치를 알 수 있다.	①특정순서와 방식이 표준화되어 있다. ②신뢰도가 있다. ③체계적인 방법으로 수량화할 수 있다. ④검사결과 자료를 통해 개인차에 대한 정보를 얻을 수 있다.	①유아에게 사용될 경우 심리적 부담감으로 올바른 결과파악이 어렵다. ②검사문항에 편파성이 있을 경우 검사결과에 부정적인 영향을 줄 수 있다.

출처 : 전남련 외(2010). 아동발달, 형설출판사, pp. 41~42.

3. 연구 설계

연구설계는 연구자가 자료를 수집하고, 분석하고, 해석하기 위한 구체적인 방법이다. 아동행동을 연구하는 데 사용되는 연구설계는 기본적으로 기술 연구, 상관 연구, 실험 연구 3가지가 있다.[14]

1) 기술 연구

기술 연구(descriptive)는 연구자가 연구상황에 어떤 조작이나 영향을 미치지 않고 현재 있는 상황과 조정들을 있는 그대로 기술하는 것으로 상관 연구(correlational study), 사례 연구(case study), 조사 연구(survey research), 면접(interview), 관찰(observation) 등의 방법이 있다.[15]

아동행동 연구의 목표는 아동의 사고와 감정, 그리고 행동을 있는 그대로 기술하는 것이다. 기술 연구는 현재의 상태를 묘사하기 위해 고안된 것으로 기록도 현재형으로 기술한다.

기술 연구의 연구방법 중 조사의 대표적인 예는 인구조사를 들 수 있다. 기술 연구의 또 다른 연구방법은 관찰법을 들 수 있다. 관찰법의 구체적인 내용은 전게서 수집방법 중 관찰법의 내용을 참고하기 바란다.

기술 연구의 장점은 현재 상태에서 무슨 일이 일어나고 있는지에 대해 자세히 기술하기 때문에 복잡한 내용을 간단하게 하며 현재 일어나고 있는 일에 대한 이해를 도와준다. 그러나 변수 간의 관계를 알 수 없는 것이 단점이다.

14) 정옥분(2009). 전게서, pp. 134~137.
15) 한국유아교육학회(1996). 『유아교육사전』, 한국사전연구사, pp. 98~99.

2) 상관 연구

상관 연구(correlation study)는 또는 그 이상의 변수 간의 관계를 알아보는 연구로 연구자가 주어진 현상을 조작하거나 통제하지 않고 자연조건에서 변인 간의 관계를 규명하려는 데 목적을 둔 연구이다.

이 연구의 특징은 연구자가 주어진 현상을 조작하지 않는다는 것과 독립변인과 종속변인에 관한 자료수집에서도 시간적인 순서는 차이가 없으며, 변인 간의 인과관계를 직접적으로 내포하고 있지 못한다는 점이다.

상관 연구에서 어떤 변인들 간의 관계가 신뢰롭다면 이 결과를 실제 예언에 사용할 수 있다. 상관 연구는 기술연구에 속하는 것으로 연구의 특징에 따라 이를 다시 예언 연구, 비교 연구와 분석 연구, 발달 연구, 역사 연구, 조사 연구 등으로 나눌 수 있다.[16]

상관 연구에서는 두 변수 간 관계의 정도를 밝히기 위해 통계적 분석에 기초한 상관관계를 사용한다. 상관 연구는 상관분석이라는 통계적 분석을 사용하여 두 변인 간의 상관관계를 밝히며, 상관분석에서는 변인 간의 관계를 나타내는 상관계수는 통계치로 산출하게 된다.

상관계수는 피어슨적률 상관계수(pearson product moment correlation coefficient)로 두 변인 간의 선형적 관계(liner relationship)에 기초하고 있다.

상관계수 r값은 -1에서 $+1$의 범위를 가지며, $r=0$일 경우, 두 변인 간에는 상관이 전혀 없음을 의미하며, 절대값이 1에 가까울수록 높은 상관관계가 있음을 의미한다. 대개의 경우 상관계수 $r=\pm.7\sim1.0$인 경우 높은 상관관계가 있음을 의미하며, $r=\pm.3\sim0$이면 낮은 상관관계를 의미한다.

상관관계 r값의 부호는 관계의 방향성에 대한 정보를 제공하는데 $r>0$인 경우 두 변인 간에는 정적인 상관관계가 있음을 의미하며, $r<0$인 경우에는 두 변인 간에 부적인 상관관계가 있음을 의미한다.[17]

---

16) 한국유아교육학회, 앞의 사전, p. 275.
17) 권민균 외(2006). 전게서, p. 68.

　상관 연구의 장점은 두 변수 간의 예상되는 관계를 검증하고 예측할 수 있기 때문에 현재 우리가 가지고 있는 정보로 미래를 예측할 수 있다는 것이며, 예를 들면 고등학교 내신 성적이나 수능점수 등으로 대학에서 학업성취능력을 예언할 수 있다는 것이다. 단점은 변수들 간의 인과관계를 알 수 없다는 것이다.

3) 실험연구

　실험 연구(experimental study)는 두 변인 간의 인과관계를 밝혀내기 위한 연구방법으로 체계적인 조작(manipulation)과 통제(control)에 의해 이루어진다. 실험 연구에서 변인(variable)이란 측정 가능한 조건으로서 양적으로 변하는 요인을 말한다. 실험에서 관심이 있는 사건과 행동은 독립변인과 종속변인 두 가지의 형태로 나누어진다. 독립변인(independent variable)은 다른 변인의 변화를 가져온 원인이고, 종속변인(dependent variable)은 독립변인에 의해 영향받는 것을 말한다. 즉, 독립변수는 원인이 되고 종속변수는 결과가 된다.

　예를 들면, 임신 중 흡연이 신생아의 건강상태에 어떤 영향을 미치는가에 대해 알아보려고 한다면 흡연을 하는 임산부와 흡연을 하지 않고 임산부를 무작위로 할당해서 두 집단으로 나눈다. 무작위로 할당하는 이유는 종속변인에 영향을 미칠지도 모르는 연령, 사회계층, 성격 등의 가외변인을 모두 통제하려는 것이다.

　이 연구에서 흡연을 하는지 안하는지 흡연과 비흡연이 독립변수가 되고 신생아의 건강상태가 종속변수가 된다. 실험 연구의 장점은 변수들 간의 인과관계를 알 수 있기 때문에 변인들 간의 관계연구가 가능하며, 단점은 실험실에서 연구가 이루어질 때 결과는 실세계에서 적용되지 않을 수 있으며 현장에서 연구가 이루어질 때, 통제가 어렵다. 결과는 처치와 다른 변인에 기인할 수 있다. 또한 모든 변수를 모두 조작할 수도 없다.

연구설계별 장·단점을 정리하면 〈표 1-2〉와 같다.

표 1-2 연구설계별 장·단점

연구설계 방법	내용	장점	단점
1.기술 연구 (descriptive study)	• 연구자가 연구 상황에 어떤 조작이나 영향을 미치지 않고 현재 있는 상황과 조건들을 있는 그대로 기술하는 연구이다.	• 현재 상태를 상세히 기록하므로 현재 일어나고 있는 일에 대한 이해를 돕는다.	• 변수 간에 관계를 알 수 없다.
2.상관 연구 (correlation study)	• 둘 또는 그 이상의 변수 간의 관계를 알아보는 연구로 연구자가 피험자들의 경험을 비교하지 않고 기존 집단의 정보를 얻을 수 있다.	• 변수들 간에 예상되는 관계를 검증하고 예측할 수 있다. 현재의 정보로 미래를 예측할 수 있다.	• 변수들 간의 인과관계를 알 수 없다. 인과관계에 대한 추론을 할 수 없다.
3.실험 연구 (experimental study)	• 연구자가 독립변인을 조작하고 종속변인에 대한 효과를 볼 수 있기 때문에 독립변수가 종속변수에 미치는 영향을 알 수 있다.	• 변수들 간의 인과관계를 알 수 있기 때문에 원인과 결과에 대한 예측이 가능하다.	• 모든 변수를 모두 조작할 수 없다.

출처 : C. Stangor(1998), Research methods for the behavioral science. Boston, New York : Houghton Mifflin Company, 정옥분(2009), 전게서, p. 137. 재구성.

4. 아동 연구의 접근법

아동 연구는 종단적 연구와 횡단적 연구, 종단 연구와 횡단 연구를 병행하는 순차적 연구로 나누어 볼 수 있다.

1) 종단적 연구

종단적 연구(longitudimal study)는 인간의 행동을 시간적으로 장기간에 걸쳐 관찰함으로써 한 개인의 정체성, 변화성을 세밀하게 연구하는 방법이다. 즉, 같은 집단 또는 개인을 연구대상으로 하여 그 대상의 특성을 일정기간 반복적으로, 계속적으로 연령마다 시간의 경과에 따라 변화해 가는 모습을 관찰하고 조사하는 방법이다. 성장과정에서의 개인차나 초기 경험과 후기 행동 간의 인과관계, 어떤 발달상의 변화를 가져오는 결정요소 등을 고찰하고자 할 때 흔히 종단적 연구방법을 선택한다. 연구기간은 몇 달이나 몇 년으로 짧을 수도 있고 십년 이상 혹은 평생에 걸쳐 연구할 수도 있다.

종단적 연구의 장점으로는 개인이나 집단의 성장과정 및 변화의 양상을 구체적으로 파악할 수 있어 개인차와 일반적인 발달형태를 알 수 있으며, 일상생활의 가능한 여러 측면과 함께 측정함으로써 변인들 간의 다양한 상호상관 혹은 인과관계를 규명할 수 있다. 단점으로는 비교적 장기간에 걸쳐 연구하는 것이므로 많은 노력과 경비가 들고, 오랫동안 일정한 대상을 추적해야 하기 때문에 연구대상자가 중간에 탈락할 수 있어 연구대상의 선정 및 관리가 쉽지 않다는 점이다. 또한 연구대상 집단이 오랜 시간 경과함에 따라 비교대상 집단과 매우 다를 수 있을 가능성이 있어 연구에서 얻은 결과를 직접 비교하기 어려울 수 있으며, 같은 특성을 반복적으로 측정함으로써 피험자들이 검사에 숙달되어 연습의 효과가 야기될 수 있는 문제가 연구의 초기에 사용되는 측정도구와 후기에 사용하는 측정도구가 달라짐에 따라 측정결과를 비교하기 어려운 기술적인 문제도 있다.[18]

2) 횡단적 연구

횡단적 연구(cross-sectional design)는 동시대에 속한 서로 다른 연령 집단을 연구하는 접근법으로 각각의 다른 연령집단에서 연구대상자를 표집하여 동시에 자료를 수집하여 연구하는 방법이다.

주로 관찰대상이 대표하는 연행구간을 행동발달이나 변화의 대략적인 양상을 파악할 때 사용한다. 예를 들면 1~5세 아동의 언어발달을 알아보고자 할 때 1세, 2세, 3세, 4세, 5세의 각각 다른 연령의 유아를 동시에 표집하여 비교한다.

횡단적 연구는 각 연령단계에서 표집된 사람들의 해당 연령층을 대표할 수는 없지만 그들의 사회적 · 역사적 배경 대체로 동질적이라고 가정해서 얻은 결과를 토대로 발달의 경향을 추정한다.[19]

---

18) 한국유아교육학회, 앞의 사전, p. 522.
19) 한국유아교육학회, 앞의 사전, p. 679.

횡단 연구의 장점은 자료수집이 비교적 짧은 시간 내에 이루어질 수 있으므로 시간이 절약되고 경제적이며, 연령에 따른 변화의 경향을 알 수 있기 때문에 피험자가 나이가 들 때까지 기다릴 필요가 없다. 또한 일회 측정을 통한 자료수집으로 피험자의 탈락이나 연습효과와 같은 연구과정상의 어려움이나 오류를 피할 수 있다. 단점은 첫째, 발달상의 중요한 의미가 있는 개인차를 파악하기 어렵고 둘째, 연구결과에서 나타나는 발달적 차이가 연령에 따른 차이인지 출생동시집단(cohort effect : 동시대에 출생한 집단) 효과인지 알 수 없다는 것이다. 예를 들면 2010년을 기준으로 볼 때 5세 아동이 출생한 연도는 2005년이고 15세 아동이 출생한 연도는 1995년이다. 1995년에 태어나서 자란 아동의 시대적 배경과 2005년에 태어나서 자란 아동의 시대적 배경이 아동의 사회성 발달에 미치는 영향은 같다고 보기 어렵다. 횡단적 연구에 의한 연령 차이는 연령이 증가해서 나타나는 발달적 변화의 결과로 보기보다는 연령집단의 공통적인 경험(동시대에 출생 집단 효과)이 그 원인이 될 수 있다.[20]

3) 순차적 접근법

순차적 접근법(cross-sequential design)은 계열적 설계라고도 하며, 종단적 연구와 횡단적 연구의 장·단점을 절충·보완한 연구방법으로 연령 효과와 동시대 출생 집단의 효과인 측정시기의 효과를 분리해 낼 수 있다.

이 설계는 몇 개의 동시대 출생 집단을 몇 차례에 걸쳐 측정하는 연구방법으로 몇 개의 종단적 연구를 합쳐 놓은 것과 같은 것이라 볼 수 있다.[21]

순차적 접근법의 장점은 다른 해에 태어난 같은 연령이나 같은 학년의 아동을 비교함으로써 동류집단 효과의 유무를 파악할 수 있고 종단적 비교와 횡단적 비교가 모두 가능하다.[22] 순차적 접근법의 단점은 시간이 오래 걸리고 복잡하며, 발달의 변화를 일반화하기가 어렵다.

아동발달 연구접근법의 내용과 장·단점은 〈표 1-3〉과 같다.

---

20) 정옥분(2009). 전게서. pp. 138~139.
21) 정옥분(2009). 전게서. pp. 139~140.
22) 박낭자(2007). 전게서. p. 54.

표 1-3 　아동 연구접근법의 내용과 장·단점

연구접근법	내용	장점	단점
1.종단적 연구 (longitudinal study)	인간의 행동을 동일 연령의 사람들을 대상으로 장기간에 걸쳐 세밀하게 연구하는 방법이다.	①개인이나 집단의 성장과정, 변화양상을 구체적으로 파악할 수 있다. ②개인차와 일반적인 발달형태를 알 수 있다. ③변인들 간의 다양한 상호관계, 인과관계를 알 수 있다.	①비용이 많이 든다. ②시간 소모가 많다. ③피험자의 탈락이 있을 수 있다. ④반복되는 검사로 인한 연습 효과가 있다. ⑤연구초기에 개발된 측정도구가 시간이 흐름에 따라 부적합한 도구가 될 수 있다.
2.횡단적 연구 (cross- sectional design)	동시대에 속한 서로 다른 연령 집단을 동시에 연구한다.	①시간이 절약되고, 경제적이다. ②연령에 따른 변화의 경향을 알 수 있다.	①개인차를 파악하기 어렵다. ②연령의 효과는 동시대 출생 집단 효과의 반영일 수 있다.
3. 순차적 접근법	횡단적 접근법과 종단적 접근법의 장·단점을 절충·보완한 연구방법	①동류집단효과의 유무를 파악할 수 있다. ②종단적 비교와 횡단적 비교가 모두 가능하다.	①시간이 많이 걸리고 복잡하다. ②발달의 변화를 일반화하기 어렵다.

5. 아동 연구의 윤리적 문제

아동은 성인의 비해 신체적·심리적으로 미성숙하기 때문에 아동을 대상으로 연구할 때는 여러 가지 어려움에 직면하게 된다. 인간을 대상으로 하는 연구는 그 대상 연령이 어떠하든지 간에 대상자의 권리가 존중되어져야 하고 권익을 보호받아야 한다.

미국 아동연구회(Society of Research in Child Development)[23]

원칙 1. 연구자는 아동에게 신체적으로나 심리적으로 피해를 줄 수 있는 연구과정을 절대로 적용하여서는 안 된다(No-harmful procedures).

원칙 2. 연구자는 아동에게 연구의 절차와 내용에 대해 아동이 이해할 수 있도록 정보를 알려주어야 하며 연구참여에 대한 동의를 받아야 한다(Inquired consent).

원칙 3. 연구자는 아동의 부모나 보호자 또는 교사나 학교장의 동의를 받아서 연구를 수행해야 한다(Parental consent).

원칙 4. 연구자는 부모나 보호자 이외에도 교사 등 아동과 상호관계를 맺고 있는 인사에게도 연구의 전반적인 특성에 관한 정보를 제공하고 연구참여에 대한 동의를 받아야 한다(Additional consent).

원칙 5. 연구참여자에 대한 보상은 정해진 범위 내에서 공정하게 이루어져야 한다 (Incentives).

원칙 6. 연구자가 연구의 절차와 내용에 대해 아동에게 정보를 제공하는 것이 원칙이기는 하지만, 연구의 성격상 정보를 주는 것이 연구결과에 긍정 또는 부정적인 영향을 줄 것으로 예측되는 경우 연구내용의 일부를 속이거나 정보제공을 유보하는 등의 필요한 조처를 취할 수 있다(Deception).

원칙 7. 학교나 기관에서 아동에 관한 기록에 접근할 때에는 담당자의 허락을 받아야 하며, 아동의 신상에 대한 익명성을 지켜야 할 뿐만 아니라 연구목적 이외에는 허가 없이 정보를 사용해서는 안 된다(Anonymity).

원칙 8. 연구의 시작에서부터 종료에 이르기까지 연구자, 부모 및 아동의 책임한계에 대한 분명한 상호 동의가 있어야 하며, 동의된 모든 상황과 약속은 반드시 지켜져야 한다(Mutual responsibility).

원칙 9. 연구자는 연구 중 아동의 복지를 위협하는 정보에 접하게 되었을 때 보호자 및 전문가와 의견을 나눔으로써 아동에게 도움을 줄 수 있는 적절한 조치를 취할 책임이 있다(Jeopardy).

원칙 10. 연구가 진행되면서 미리 예견하지 못했던 바람직하지 않은 결과가 아동에게 미칠 것이 예측되는 경우, 연구자는 즉시 이러한 결과를 수정할 적절한 조치를 취해야 하며 추후 연구에서는 연구과정을 재설계해야 한다(Unforeseen consequences).

원칙 11. 연구자는 연구참여자에 관한 모든 정보의 비밀을 보장해 주어야 한다(Confidenfiality).

원칙 12. 자료수집 종료 직후에 연구자는 연구참여자가 연구의 일반적인 결과에 대한 이해를 가질 수 있도록 보고할 의무가 있다(Informing participants).

원칙 13. 부모나 아동에게 연구결과를 알려줄 때는 아동에 대한 평가적 진술이나 제언 및 의견을 제시하는 데 매우 신중을 기해야 한다(Reporting results).

원칙 14. 연구의 결과를 발표할 때 연구자는 그 결과가 어떠한 사회적·정치적·인간적 의미를 가지게 될 것인지를 의식해야 한다(Implications of findings).

---

23) 강문희, 신현옥, 정옥한, 정전옥(2006). 『아동발달』, 교문사, pp. 23~24.

아동관찰 및 행동연구

PART 2

아동관찰의 유형

chapter 2

관찰연구 I

관찰(Observation)은 아동을 대상으로 하는 연구에 있어서 역사적으로 가장 오래된 평가 방법 중의 하나이다. 1800년대 전후의 아동연구가들은 신생아와 영유아를 대상으로 행동발달을 상세히 기술하여 유아들에 관한 전기로서 영유아들의 초기 발달에 관한 자료를 남겼는데 이렇게 시작된 관찰 방법은 최근에도 아동행동연구의 가장 기본적이며 필수적인 평가 방법이 되어 유아교육 현장에서 널리 사용되어지고 있다.[1]

유아교육 현장에서 관찰평가 방법이 널리 사용되어지는 이유는 첫째, 유아들은 관찰자(교사)의 존재에 대해 크게 의식하지 않고 자연스런 행동을 보이기 때문이며 둘째, 영유아들은 발달상 언어를 통한 의사소통(communication)이 원활하지 못하기 때문에 질문지법(questionaire method)이나 면접법(interview)보다 관찰 평가가 더 적합한 경우가 많기 때문이다. 셋째, 영유아를 대상으로 하는 평가는 윤리적인 관점에서 영유아를 대상으로 실험조작을 하기가 불가능한 경우가 많다. 그러한 점에서 관찰 방법은 영유아들에게 어떤 조작을 가하지 않아도 되기 때문에 다른 어떤 연구방법보다도 더 바람직한 평가방법이 된다. 넷째, 관찰 방법은 자료수집 과정에서 유아들의 언어적 표현이나 비언어적 표현인 행동의 관찰을 통해 연구자가 중요한 정보를 얻을 수 있기 때문에 아동연구방법에서 중요한 위치를 차지하고 있다.

---

1) 이은해(1996). 『아동연구방법』. 교문사, p. 135 참조.

그러므로 저자는 관찰을 다음과 같이 비유한다. 즉, 천문대에서 '달을 관찰하는 관찰자'를 유아교육 현장의 '교사'에 비유하고 '달'을 유아에 비유한다. 왜냐하면 '달을 관찰하는 관찰자'가 어떤 조작(operation)이나 제재(sanction)를 가하지 않고 달의 움직임을 있는 그대로 관찰하는 것처럼 유아교육 현장에서 교사도 마찬가지로 유아에게 어떤 조작을 가하지 않고 유아의 행동을 있는 그대로 관찰 기술하기 때문이다.

관찰법(observation method)을 유아교육사전에서는 다음과 같이 정리하고 있다.[2]

관찰법은 연구자가 자신의 감각기관을 사용하여 자료를 수집하는 방법이다. 이 방법은 언어를 매개체로 하는 질문지법이나 면접법과는 대립된다. 행동기록을 위한 비디오 카메라 등의 기계를 이용하는 사례도 있으나 이 경우에도 기록하고 나서 후에 관찰하는 것으로 기본적으로는 연구자가 측정도구의 역할을 하는 것이다. 관찰법의 분류 기준에 따라 여러 가지로 나눌 수 있다.

① 조건통제의 유무에 따라 실험적 관찰과 자연적 관찰

② 관찰의 계획성 여부에 따라 조직적 관찰과 비조직적 관찰

③ 관찰자가 장면 상황에 들어가느냐 들어가지 않느냐에 따라 참여관찰과 비참여관찰

④ 관찰시간 설정 방법에 따라 지속적 관찰법과 시간표집법

⑤ 관찰기록 방법에 따라 일화기록법, 행동목록법, 평정척도법 등으로 나눌 수 있다.

---

2) 한국유아교육학회, 앞의 사전, p. 55 참조.

1. 관찰의 정의

유아교육사전에서는 관찰(觀察: observation)이란 "사물의 상태나 현상을 기존의 지식을 사용해서 주의 깊게 자세히 탐색하고 기술하는 활동이다."[3]라고 말하고 있으며, 김병선과 이윤옥은 관찰이란 "특정 현상에 대한 객관적 자료를 수집하기 위한 절차로써 아동연구에 있어서의 관찰은 흔히 일상적인 상태에서 진행되는 자연스러운 인간의 행동을 직접 관찰하여 기록하는 절차를 말한다."[4]라고 했다. 그러나 저자는 '관찰'을 다음과 같이 정의한다. '관찰이란 일상생활에서 진행되는 자연스러운 인간의 행동을 연구하고 객관적인 자료를 수집하기 위하여 관찰 장면에 특별한 조작(operation)이나 제재(sanction)를 가하지 않고 관찰자가 가지고 있는 기존의 지식을 사용하여 관찰대상의 행동을 있는 그대로 기술하는 활동'이다.

관찰은 아동을 대상으로 하는 연구에 있어서 역사적으로 가장 오래된 방법 중의 하나이다.[5] 1930년대와 1940년대에는 주로 현장관찰 연구가 이루어지다가 1950년대에 들어서면서 점차로 비자연적 관찰기법(예: 면접 interview)이 주류를 이루게 되었고 1960년대 초반에는 실험연구로 바뀌게 되었다(Parke, 1979). 이로부터 관찰연구에 대한 관심이 지난 10년 동안 고조되기 시작했고 이렇게 시작된 관찰방법은 최근까지도 아동행동연구의 가장 기본적인 방법이며 필수적인 방법으로 다루어지고 있다. 아동을 대상으로 하는 연구에 있어서 관찰방법이 권장되는 이유는 다음과 같은 특징에서 찾아볼 수 있다.

첫째, 관찰은 관찰자가 관찰대상이나 관찰대상 아동의 행동이 일어나는 현장에서 즉시 어떤 행동이나 사실을 포착할 수 있다.

둘째, 대부분의 아동은 관찰자의 존재에 대해 크게 개의치 않으므로 관찰아동의 자연스러운 행동을 관찰할 수 있다.

셋째, 아동연구에서 관찰대상자인 아동들은 언어를 통한 의사소통이 원활하지 못하기 때문에 면접이나 질문지, 검사보다 관찰이 더 적합한 경우가 많다.

---

3) 한국유아교육학회, 앞의 사전, p. 54.
4) 김병선, 이윤옥 공저(1998). 『아동연구방법』, 양서원, p. 130.
5) 이은해(1995). 『아동연구방법』, 교문사, p. 135.

넷째, 유아들에게 실험조작을 하거나, 어떤 정보를 얻기 위해 통제와 조작을 가하는 것이 윤리적인 관점에서 문제가 제기될 수 있는 곤란한 경우에 관찰은 유아에게 어떤 조작을 가하지 않는다는 점에서 다른 연구방법과는 다른 특징을 갖고 있다.

다섯째, 관찰은 피관찰자의 협력을 덜 필요로 한다.

조사연구(survey research), 면접(interview), 질문지(questionnaire)의 경우에는 대상자의 협력이 절대적으로 필요하지만 관찰의 경우에는 비중이 훨씬 덜하다.

2. 관찰의 목적과 의의

관찰은 일상생활 속에서 진행되는 자연스러운 행동을 연구하는 데 가장 적합한 방법이다. 넓은 의미에서의 관찰은 어떤 현상에 대한 객관적 자료를 수집하기 위한 절차이다(예를 들면, 천문학자가 천체망원경으로 별자리의 움직임을 조사하는 것). 그러나 좁은 의미에서의 관찰은 일상생활 속에서 진행되는 자연스러운 인간의 행동을 연구하되, 연구자와 대상 사이에 미리 특별한 장치를 계획하지 않고 관찰 직후에 곧 기록하는 것을 전제로 하는 방법이다.[6] 이와 같은 관찰을 Wright는 직접적인 관찰(direct observation)이라고 하였다.

아동연구에서 관찰을 적용할 때 그 목적을 Wright는 다음과 같이 네 가지로 나누어 정의하였다.[7]

1) 환경적인 목적(ecological aim)

인간의 행동과 환경조건 간의 관계를 기술하기 위해서 관찰을 적용하는 경우다(예를 들면, 아파트 지역의 유아들과 일반 주택에 사는 유아들의 놀이 유형과 또래 집단 형성에 있어서

---

6) 이은해, 앞의 책, p. 136.

7) H. F. Wright(1960). Observation child study, Handbook of research methods in childdevelopment, ed. Paul H. Mussen(New York: John Wiley & Sons, 1960), pp. 77-79. 이은해, 앞의 책, p. 136에서 재인용.

어떤 차이점이 있는가를 알아보고자 할 때 또는 다양한 크기의 유치원 교실을 선정하여 공간의 과밀현상에 따른 유아의 공격적 행동 수준을 알아보고자 할 때 이때의 연구 목적은 환경적인 목적으로 볼 수 있다).

2) 규준 발견적인 목적(normative aim)

관찰을 통해서 유아들의 발달적인 규준을 기술하고자 하는 경우 관찰 연구의 목적은 규준 발견적인 목적이라 볼 수 있다.

3) 이론적으로 체계화하려는 목적(systematic aim)

관찰을 통해서 인간행동의 보편적인 어떤 변인들 간의 관계를 조사함으로써 이론적으로 정리하고 이를 일반화시키려는 의도를 말한다.

4) 개체 기술적인 목적(idiographic aim)

특정한 아동을 선정하여 그를 하나의 개체로서 통합적으로 연구하고자 할 때 관찰은 개체 기술적인 목적을 갖는다(예를 들면, Axline의 「딥스」에서 아동의 성격에 따라 어떻게 문제 상황을 해결하고 적응해 나가는가 하는 독특한 방식을 상세히 관찰하여 기술하고 있는 것을 들 수 있다).

이상의 4가지 목적은 일반화의 형태나 강조점에 있어서 차이가 있으므로, 관찰 방법을 적용할 때 관찰의 사용 목적을 분명히 하여야 한다.

Wright의 직접적인 관찰(direct observation)을 유아교육 현장에서 관찰함으로써 교사가 도움을 받을 수 있는 내용은 다음과 같다.[8]

① 유아가 각 발달 영역에서 어느 정도 발달하고 있는지를 알 수 있다.

② 자연스러운 상황 속에서 여러 번에 걸쳐 관찰된 유아들의 행동에서 유아 개개인의

---

8) 이정환, 박은혜(1995). 『유아관찰 워크북』, 한국어린이육영회, pp. 12∼13.

　　독특한 개성을 발견할 수 있다.

③ 유아가 가지고 있는 문제점이 무엇인지 분석하고 진단해 볼 수 있는 기회가 된다.

④ 관찰에서 얻어진 자료는 교사가 환경을 구성하고, 교수방법을 선택하고, 교육 Program을 개발하고, 평가하는 모든 교육활동의 기초자료가 된다.

⑤ 관찰에서 얻어진 모든 자료들은 학부모와의 정기적인 면담에서 중요한 자료가 된다(원아를 위한 학부모 상담 시 그 동안 실시한 관찰자료를 토대로 하여 원아의 발달사항, 개별성, 문제점 등을 알려주면 교사가 짐작해서 말하는 것보다는 훨씬 더 신뢰성이 있으며 더 객관적이기 때문이다).

⑥ 관찰은 교사가 자신의 수업을 평가해 보는 기초를 제공해 줄 수 있다.

⑦ 여러 가지 관찰 방법을 통하여 정기적으로 유아를 관찰했을 때 일정 기간이 지나면 관찰된 유아가 어떻게 성장해 왔는지를 알 수 있으며 또한 유아의 전체적인 발달을 볼 수 있다.

⑧ 관찰의 결과를 토대로 교사들의 편견을 줄이고 객관적으로 유아를 볼 수 있게 해 준다.

⑨ 유아의 성장기록에 관한 자료는 Program의 효과를 나타내 주는 중요한 증거자료가 된다.

　그러므로 관찰은 관찰 방법을 통해 얻어진 자료들은 유아를 전인적인 관점에서 볼 수 있게 해 준다. 또한 관찰은 유아의 성장·발달에 대한 정보를 제공해 줌으로써 발달에 적합한 활동을 계획하고 문제점을 밝혀내며 학부모에게 필요한 정보를 제공해 준다. 뿐만 아니라 관찰은 교사들의 교수-학습 방법에 대한 효과를 평가하고 수정할 수 있는 기초 자료를 마련해 주며 유아교육의 질적 향상을 위해 프로그램과 환경을 평가할 수 있도록 교사를 도와주기 때문에 의의가 있다고 보고 있다.

3. 관찰의 종류

1) 자연적 관찰과 통제된 관찰

관찰은 관찰 장면에 가해지는 통제의 유무에 따라 자연적 관찰(naturalistic observation)과 통제된 관찰(controlled observation)로 나눌 수 있다.

① 자연적 관찰(naturalistic observation)

자연적 관찰은 있는 그대로의 자연스런 상황에서 관찰이 이루어지며, 관찰 장면에서 일어나는 다양한 현상을 아무 제한 없이 관찰하는 것을 뜻한다.[9] 즉, 관찰 장면에서 발생하는 행동과 사상을 있는 그대로 관찰하는 것이다(예: 유아의 성장 발달을 기록하는 유아전기, 유아들의 놀이활동 등을 들 수 있다).

② 통제된 관찰(controlled observation)

관찰 장면에서 일종의 통제가 가해지는 관찰이다.

실험적 조작을 뜻하는 통제: 연구자에 의해 어떤 환경 조건이 의도적으로 계획되고 그 조건하에서 행동이 관찰되는 것으로 흔히 실험실 상황에서 이루어진다.[10]

관찰될 행동이나 시간을 미리 일정한 형태로 계획해 놓고 특정한 영역의 행동에 대해서만 관찰하는 것으로 대부분 자연스런 현장에서 이루어진다.[11]

아동연구에서 통제된 관찰이란 연구대상에게 주어지는 통제가 아니라 연구자 자신이 관찰을 계획할 때 한계와 체계를 갖고 있음을 뜻한다.

---

9) 이은해, 앞의 책, pp. 142~144.

10) M. Lewin(1979). Understanding Psychological Research(New York : John Wiley & Sons), p. 274.

11) G. R. Medinnus(1976). Child Study and Observation Guide(New York : John Wiley & Sons), p. 17.

2) 참여 관찰과 비참여 관찰

관찰자가 대상 집단의 일원으로 현장에 참여하는가 하지 않는가에 따라 참여 관찰과 비참여 관찰로 나눈다.

① 참여 관찰(participant observation)

연구자가 관찰하는 대상의 집단 속에 들어가서 그 집단의 한 구성원으로서의 역할을 갖고 행동하면서 관찰하는 방법이다(예: 유아의 놀이 활동에 함께 참여하여 어떤 역할을 하거나 특수한 집단의 생활을 알아보기 위해 일정한 기간 동안 그 집단에서 함께 생활하면서 집단의 일원이 되어 관찰할 때를 말한다). 참여 관찰은 관찰의 기회가 많고 다량의 정보를 수집할 수 있으나 대체로 시간의 소비가 많고, 관찰 장면에 연구자가 참여하기 때문에 객관성 유지에 문제가 있다.

② 비참여 관찰(nonparticipant observation)

관찰자가 현장에 있으나 그 장면에서 일어나는 활동에 전혀 개입하지 않고 관찰만 하는 경우를 말한다. 가장 바람직한 비참여 관찰의 예는 일방경(one-way mirror)을 통해서 관찰이 이루어질 때라고 할 수 있다. 참여 관찰에서보다 관찰의 기회가 적고 정보는 제한되지만, 연구자가 객관성을 유지하기에 더 쉽다.

4. 관찰의 일반적 절차

관찰은 그 절차에 있어서 대체로 세 단계의 과정을 거친다.[12]

첫째 단계는 관찰한 것을 기록하는 단계이고, 둘째 단계는 추론이다. 추론은 눈앞에 보이는 것을 넘어서서 행동의 원인, 그 행동을 할 때의 감정 등을 추측해 보는 것이다. 셋째 단계는 평가이다. 평가는 어떤 행동이 바람직한가 혹은 바람직하지 않는가, 긍정적인가 아니면 부정적인가?, 정상적인 발달을 하고 있는가 아니면 발달이 늦는가? 등을 판단하는 것이다. 추론 및 해석은 객관적인 관찰 기록에서 얻어지는 2차적인 자료이다. 즉, 객관적인

---

12) 이은해, 앞의 책, pp. 138~142. 이정환, 박은혜, 앞의 책, pp. 19~20. 김병선, 이윤옥 공저, 앞의 책, pp. 133~139.

기록 및 관찰이 이루어진 다음 단계에서 행해지는 것이 추론이다. 그러므로 관찰을 하면서 이 세 가지 과정은 분명히 구분되어야 하고 특히 실제로 어떤 행동에 대한 객관적인 기술 없이 이루어진 추론이나 평가는 그 타당성을 인정받을 수 없다. 그러므로 서술적인 관찰을 할 때는 기록하고 추론하고 해석하는 것을 분명히 구분할 줄 알아야 하며 추론을 할 때나 해석을 할 때는 반드시 객관적이고 충분한 관찰 기록을 근거로 하여야 함을 잊지 말아야 한다.

관찰 계획 시 반드시 결정되어야 할 사항은 다음과 같다.

1) 무엇을 관찰할 것인가?(행동표집)

연구자가 관찰계획을 세울 때 관찰할 행동이 무엇인지에 관해 명료하고 분명하게 결정해야 한다. 연구자는 대상의 행동을 가장 잘 대표하는 표집을 얻어 내는 일이 매우 중요하다. 목표행동을 가장 잘 대표하는 행동표집을 결정하여 정확하게 관찰해야 한다. 행동적 차원에서 표집이란 관찰자가 한 번 관찰할 때 대상의 어떤 행동에 초점을 두며 행동 단위를 얼마나 세분화하여 관찰할 것인가를 말한다.

2) 언제, 어디서 관찰할 것인가?(관찰 장면 선정)

관찰 장면(setting)의 선정은 관찰목표행동을 어느 곳에서 가장 잘 관찰할 수 있는지 그리고 그 행동이 나타나는 한 장면을 택할 것인지 아니면 여러 장면을 택할 것인지에 대한 결정이다. 관찰 장면은 어떤 행동이 일어나는 물리적 환경 및 장소를 의미한다. 따라서 유아교육기관의 활동실, 실외놀이터, 교실, 소아과 병원 등은 유아의 행동을 쉽게 관찰할 수 있는 장면에 속한다.

3) 어떻게 관찰할 것인가?(관찰기록)

관찰의 내용은 일정한 형식에 따라 일관성 있게 기록되어야 한다.

관찰을 기록하는 형식에는 대체로 다음의 세 가지 방법이 있다.

첫째는 서술형식(narrative type)으로써 일정한 양식에 구애됨이 없이 행동과 사건의 전모를 그대로 이야기체로 기술하는 형식이다.

둘째는 행동목록 형식(checklist type)으로써 일정한 행동의 영역에 대해 사전에 준비된 행동목록표를 사용하여 특정 행동이 출현할 때마다 표기하는 방식이다. 정의가 분명할 때 많이 사용된다(예: 공격성, 반사회적 행동 등).

셋째는 평정척도(rating scale)이다. 평정척도에 의한 기록은 관찰에 기초하여 어떤 특정 영역의 행동에 대해 판단을 한 후 준비된 척도에 표기한 방식을 말한다.

이상의 방법 중 어떤 형식을 택하든지 관찰기록에서 공통적으로 유의해야 할 점은 다음과 같다.

관찰기록 용지에 반드시 기입해야 할 사항은 관찰자, 관찰 유아의 이름, 성별, 생년월일, 관찰일 현재 유아의 연령, 관찰 일시, 관찰 장면 등이다.

관찰기록에서 유의할 사항은 실제 관찰된 사실과 관찰자의 해석을 분명히 구분해야 한다. 관찰대상의 언어는 가능한 한 실제 그대로 인용되어야 하고, 행동의 서술은 직접 관찰된 사실을 기술한다.

관찰기록은 가능한 한 관찰과 거의 동시에 또는 직후에 이루어져야 한다.

관찰 장면에서 완전히 기록을 하지 못한 경우에는 관찰 직후 확실히 기억할 수 있을 때 누락된 부분에 대해 보완해야 한다.

최근에는 여러 가지 관찰도구의 기술적인 발전으로 녹음기나 비디오 카메라를 사용하거나 관찰연구용 자동 기록 및 분석기계(automated recording and analysis devices) 등을 활용하고 있다. 이와 같이 기기를 사용하면 유아의 행동이나 언어를 하나도 빠짐없이 기록할 수 있고 연구자가 수시로 재관찰을 할 수 있으며, 신속히 움직이는 행동의 속도를 느리게 조정하여 분석을 쉽게 하게 하고 언제나 재분석을 할 수 있어서 좋다.

5. 관찰연구의 유형

아동을 대상으로 하는 관찰연구에는 여러 가지 유형이 있다. 여기에서는 유아교육기관에서 흔히 사용되어지고 있는 표본식 기술(specimen description), 일화기록(anecdotal records), 시간표집법(time sampling method), 사건표집법(event sampling method), 평정척도법(rating scale method), 행동목록법(behavior checklist)에 대하여 간단히 살펴보고 각각의 장에서 평가지와 함께 평가의 실제를 자세히 설명하고자 한다.

① 표본식 기술(specimen description)

미리 정한 어떤 기준에 따라 관련된 행동이나 사건 내용을 기록하고, 그것이 일어나게 된 환경적 배경을 상세하게 이야기식으로 서술하는 것이다. 연구자는 관찰대상 유아, 관찰 장면, 관찰 시간을 미리 선정한 후 그 장면에서 일어나는 유아의 행동과 상황을 모두 집중적으로 기술한다. 유아교육 현장에서 관찰할 때 어떤 부분만을 선택하여 관찰하는 것이 아니라 어떤 상황이나 행동을 자세히 묘사하기 때문에 연구자에게 유용한 자료를 제공해 준다.

② 일화기록(anecdotal records)

한 인간의 성격 및 행동 특성, 적응양식을 이해하기 위해서 구체적인 행동사례를 될 수 있는 대로 상세하게 기록하는 방법이다. 즉, 한 가지 행동이나 상황에 초점을 맞추어 기록하기 때문에 일화기록은 다양한 상황에서 아동의 자연적 행동에 관한 정보를 제공해 주므로 개인의 기본적이고 중요한 성격 특성을 이해할 수 있도록 해 준다.

③ 시간표집법(time sampling method)

관찰자가 관찰행동을 미리 선정하여 정해진 시간 동안 일정한 시간 간격을 두고 여러 차례 관찰하여 그 결과를 기록하는 방법이다. 이 방법은 어떤 행동의 특정한 측면에 대해 일정한 간격을 두고 일정한 시간 단위씩 측정하여 관찰함으로써 그 측정치를 통해 과정 전체를 추정하려는 직접관찰의 한 방법이다.

시간표집법을 사용하는 데 가장 큰 제한점은 다음과 같다.

첫째, 시간표집법의 사용은 비교적 자주 일어나는 행동의 연구에만 적절하다.

Arrington은 관찰하려는 행동이 평균 15분에 한 번 정도는 나타나야 사용할 수 있다고 했다.

둘째, 시간표집법은 관찰이 가능한 외적 행동(overt behavior)의 연구에 가장 적합하다.

내적 행동, 정신적 기능, 사고, 백일몽 등 인간의 내적 기능과 활동은 시간표집법에 의해 연구될 수 없다.

④ 사건표집법(event sampling method)

사건표집법은 단순히 어떤 행동의 발생 유무만을 관찰하기보다는 행동의 순서를 자세히 기술하려는 시도이다.

관찰자가 관심을 갖고 있는 어떤 특정 행동이나 사건이 나타나기를 기다렸다가 그 행동이나 사건이 일어나면 그 때 일정한 형식에 따라 기록을 남기는 방법이다.

사건표집의 방법은 어떤 행동이나 사건 그 자체에 있으므로 사건이 발생하기를 기다렸다가 관찰하는 것이 특징이라 하겠다.

사건표집법을 적용할 때 유의사항은 다음과 같다.

관찰하고자 하는 행동이나 사건을 명확히 정하고 이것을 조작적으로 정의해 둔다.

관찰하려는 행동 특성을 분명히 규정한 다음에 언제, 어디서 그러한 행동을 관찰할 것인지를 결정한다.

어떤 종류의 정보를 기록할 것인지를 미리 결정해 놓는다.

⑤ 평정척도법(rating scale method)

관찰에서 얻은 자료를 수량화하기 위해 고안된 방법이다. 평정척도는 연속성이 있는 어떤 행동의 차원 또는 영역에 대해서 연구 대상의 행동을 관찰한 후 일정한 위치에 평정하도록, 즉 수량화된 점수를 부과하도록 작성된다. 평정척도법은 관찰과 동시에 행할 수 없으며 관찰을 충분히 한 후에 그 결과를 요약하는 수단으로 사용된다. 평정척도의 대표적인 유형으로는 ① 기술 평정척도, ② 숫자 평정척도, ③ 도식 평정척도, ④ 표준 평정척도 등이 있다.

각 평정척도에 대해 간단히 살펴보면 다음과 같다.

• 기술 평정척도(category rating scale)

행동의 한 차원을 연속성 있는 몇 개의 범주로 나누어 기술하고 관찰자로 하여금 대상의 행동을 가장 잘 나타내는 진술문을 선택하는 방법이다. 이 때 진술문은 가능한 한 행동적으로 기술되어야 하며 범주간 차이가 구별될 수 있어야 한다. 한 행동에 대해 흔히 3~5개의 기술적인 범주에 따라 평정하게 된다.

• 숫자 평정척도(numberical rating scale)

각 척도치에 숫자를 부여함으로써 이루어진다. 이 때 숫자를 일종의 점수로써 평정된 자료를 수량화하고 통계적 분석을 가능하게 한다. 숫자를 배정하는 일반적인 규칙은 가장 긍정적인 척도치에 가장 높은 점수를 주는 것이다. 즉 5점 척도인 경우 5, 4, 3, 2, 1로 배정한다.

• 도식 평정척도(graphic rating scale)

도식 평정척도는 관찰자의 판단을 돕기 위해 기술적 유목에 어떤 선을 첨가시킨 형태를 말한다. 도식 평정에서 일정한 직선을 제시하고 직선상의 위치에 따라 판단을 할 때 관찰자는 직선을 하나의 시각적 단서로 활용하여 관찰하는 행동의 연속성을 가정하게 된다. 선은 일반적으로 횡축이 많이 사용된다. 선의 형태도 동간으로 나누어진 선 또는 나누어지지 않은 선, 연속선, 또는 점선 등으로 다양하다. 대체로 척도치에 따라 몇 개의 동간으로 나누어진 직선을 많이 사용한다.

• 표준 평정척도(standard rating scale)

관찰자에게 평정의 대상을 다른 일반 대상과 비교할 수 있도록 구체적 준거를 제시하는 방법이다. 이 유형은 기술 평정에서의 각 범주를 보다 객관적인 유목으로 기술한 형태라 할 수 있다.

⑥ 행동목록법(behavior checklist)

관찰할 행동의 목록을 사전에 만들어 놓고 관찰하면서 해당되는 행동이 나타날 때마다 체크로 표기하는 방법이다. 관찰 시 사용되는 기록양식을 행동목록 또는 행동목록표(behavior checklist)라고 한다. 이 방법은 관찰시간이 절약되고, 유아의 행동을 쉽게 관찰할 수 있으며, 그 결과를 학습계획 및 유아의 행동평가 등에 간편하게 적용될 수 있다. 그러나 목록에 없는 유아의 행동에 대한 평가는 할 수 없는 문제점이 있다.

6. 관찰의 오류

유아를 관찰하는 동안 다음과 같은 오류를 범할 수 있으므로 오류를 범하는 몇 가지 요인과 오류를 최소화시킬 수 있는 방법에 대해 살펴보고자 한다.

① 관찰대상 유아에게 미치는 관찰자의 영향 오류[13]

관찰자가 관찰 장면에 있다는 것 자체가 어떤 영향을 미치게 되어 관찰자가 있는 장면은 특수한 상황이 된다. 이것을 해결하기 위해서는 관찰대상 유아가 관찰자의 존재를 덜 의식하도록 충분한 시간을 두고 관찰자의 존재에 익숙해지게 하는 것이다.

- 관찰자가 관찰대상 유아의 눈에 띄지 않는 방법을 택하는 것이다. 즉, 일방경(one-way mirror)이 설치된 관찰실을 사용하거나 CCTV 카메라를 장치해 놓고 모니터를 통해 관찰, 기록하거나 관찰행동을 녹화한 후 나중에 평정하는 방식을 택할 수 있다.

- 관찰 상황에 유아에게 친근한 사람, 부모나 교사에 의해 관찰을 수행하게 하는 방법을 사용할 수 있다.

② 관찰자 자신이 범하는 오류[14]

• 관찰자의 기대

관찰자가 관찰상황 속에서 일어나는 행동을 사실적으로 기록하는 것이 아니라 일어나기를 기대하는 방향으로 기록함으로써 오류를 범하는 것이다. 관찰자가 관찰결과에 대해 어떤 개인적인 기대를 할 때 이로 인해 편견이 생길 수 있는 것이므로 주의해야 한다.

• 과대한 일반화

이 오류는 관찰자 개인적인 경험에 의해 생기는 지나친 일반화 문제이다. 관찰자에게 어느 정도 익숙한 경험은 어떤 현상을 당연한 것으로 간주하게 되는 경향이 있으므로 이 같은 경향은 어떤 행동의 중요성이나 특성을 상세히 변별하기 어렵게 만들 수도 있다.

---

13) 김병선, 이윤옥 공저, 앞의 책, pp. 140~141. 이은혜, 앞의 책, p. 149.
14) 김병선, 이윤옥 공저, 앞의 책, pp. 140~141. 이은해, 앞의 책, pp. 150~151.

• **후광효과**

　후광효과(halo effect)는 평가할 때 관찰 유아 주변의 요소가 평정에 적용하는 영향을 말한다. 즉, 관찰 유아에 대한 사전 정보나 호감, 인상이 평정에 영향을 주어 관찰 유아를 과대 혹은 과소평가할 수 있다. 원래 halo란 달이나 태양이 갓을 쓰고 있을 때 희미한 빛이 원둘레에 나타나는 현상으로 한 가지 요소가 주변까지 영향을 끼치는 것을 말한다. 예를 들면, 어떤 아이의 성적이 좋았으면 그 아이는 성격도 좋을 것이라고 생각하거나 용모나 자태가 의젓하면 지능이나 품성도 좋을 것이라고 판단하는 경우다. 관찰자는 관찰 유아의 어떤 특정한 행동 때문에 관찰 유아의 전반적인 평가에 영향을 미치지 않도록 주의해야 한다.

• **주관적 해석의 가능성**

　관찰자가 범하기 쉬운 또 다른 오류는 타인의 행동에 대한 주관적 해석으로 자신의 느낌에 기초하여 행동을 해석하는 경향이다. 다른 사람의 행동도 자신의 경험 내용과 같으리라는 가정은 어떤 현상에 대해 사실과는 전혀 다른 설명과 해석을 하게 하므로 관찰자는 의도적으로 이 같은 요인의 개입을 최소화시키도록 노력하고 관찰 훈련을 통해 보다 객관성 있는 관찰을 할 수 있도록 기술을 발전시켜야 한다.

chapter 3

관찰연구 II

1. 표본식 기술

1) 표본식 기술의 정의

표본식 기술(specimen description)은 미리 정한 어떤 기준에 따라 관련된 행동이나 사건내용을 기록하고, 그것이 일어나게 된 환경적 배경을 상세하게 이야기식으로 서술하는 것이다. 표본식 기술은 상황이나 행동을 자세히 묘사하기 때문에 유아들을 직접 다루는 교사들에게 유용한 자료를 제공해 주며 표본식 기술의 가치는 시간이 흐르면서 수집되는 정보의 양이 증가되고, 수집된 정보들을 서로 비교할 수 있고, 진행 상황을 도표화하거나 변화 양상을 검토하고 평가할 수 있다.[1]

표본식 기술은 서술 형식의 기록이라는 점에서 일화기록과 비슷하지만, 행동의 일화를 더욱 자세하고 완전하게 기록한다는 점에서는 일화기록과 차이가 있다. 표본식 기술은 관찰대상 유아, 관찰 장소, 관찰시간 등을 미리 선정한 후 그 상황에서 일어나는 유아들의 행동과 주변 상황을 상세하게 서술하는 방식이다. 정해진 시간 내에 발생하는 관찰대상 유아의 모든 행동을 충실히 기록하기 때문에 관찰자가 관찰대상 유아의 특별한 행동이나 의미있게 보이는 여러 가지 행동을 선택하여 기록하는 일화기록과는 차이가 있다.[2]

---

1) 한국유아교육학회, 앞의 사전, p. 633.
2) 김병선, 이윤옥 공저, 앞의 책, pp. 151~152.

표본식 기술은 행동의 일화를 가장 자세하고 완전하게 기술하는 방법이다. 그러므로 관찰대상 유아의 행동이 일어난 상황을 지켜보지 않은 사람도 표본식 기술만을 보고도 그 당시의 상황을 그대로 재현할 수 있다. 또한 표본식 기술은 어떤 계획을 수정하고 문제를 해결하기 위한 정보를 수집하는 방법으로서도 유용한 가치가 있다.

시간이 흐르면서 수집정보가 축적되고 정보의 양이 많아질수록 교사에게 더 유용한 자료를 제공해 줄 뿐 아니라 유아들의 비사회적인 행동이나 행동수정을 요하는 여러 가지 부정적인 행동이 출현될 때 이들의 행동을 수정하는 데 많은 도움을 줄 수 있는 자료를 제공해 줄 수 있다. 유아들의 행동이 진행된 상황들은 수집된 정보를 통해 서로 비교될 수 있고, 이런 자료들을 토대로 올바른 평가를 할 수 있을 것이다. 그러므로 저자는 표본식 기술을 다음과 같이 정의한다.

'표본식 기술'이란 관찰자(교사)가 관찰기록지에 미리 일정한 시간을 정해 놓고 유아의 어떤 행동이나 활동이 시작된 때부터 끝날 때까지 관찰대상 유아가 한 말과 행동을 될 수 있는 대로 상세히 유아의 행동이나 활동이 일어난 순서대로 객관적으로 기록하는 관찰 방법을 말한다.

2) 표본식 기술의 특징과 목적

표본식 기술은 서술적 관찰 방법 중에서도 행동의 일화를 가장 자세하고 완전하게 표현하는 방법이다. 관찰자는 관찰대상 유아의 관찰 장면, 관찰 시간을 미리 선정한 후 그 장면에서 일어나는 유아들의 행동과 상황을 있는 그대로 집중적으로 기록한다.[3] 좀 더 완전하고 자세한 기록을 원한다면 관찰자가 녹음기를 이용하여 관찰대상 유아들의 육성을 녹음하여 그들이 사용한 언어를 구체적으로 기록할 수 있고 비디오 카메라를 이용하여 관찰대상 유아들의 활동 장면이나 사건이 일어난 상황을 자세히 촬영하여 사용할 수 있다.

표본식 기술은 유아들의 행동이나 어떤 사건이 일어난 상황을 보지 않은 사람도 그 기록만을 보고도 그 당시의 상황을 그대로 재현할 수 있을 정도로 자세하게 쓴다는 것이 특징이다. 어느 정도로 자세하게 기록해야 한다는 정해진 규칙은 없지만 가능한 한 내용을

---

3) 이정환, 박은혜, 앞의 책, p. 22.

자세하게 기록해야 평가시에 많은 도움이 된다. 교사가 아무리 자세하게 기록한다 해도 하나도 빼놓지 않고 모든 것을 다 기록하는 것은 불가능하다. 그러므로 이럴 때는 관찰의 목적이 무엇인지를 염두에 두고 기록하면 된다.

표본식 기술의 목적은 관찰대상 유아들의 행동이나 상황을 있는 그대로 기록한 원자료를 가능한 한 많이 수집하려는 것이다.[4] 이렇게 수집된 원자료들은 다음에 관찰자나 또는 교사, 다른 연구자에 의해 재분석될 수 있다.

표본식 기술의 또 다른 목적은 유아들의 행동과 언어를 자세하고 객관적으로 기록함으로써 관찰대상 유아의 발달을 여러 측면에서 볼 수 있도록 하는 것이다. 따라서 표본식 기술은 교사가 어떤 유아가 갖고 있는 문제행동을 해결해야 할 경우나 학기 초에 새로운 환경의 적응도를 알고 싶을 때, 또는 유아들의 여러 가지 발달을 알아보고자 할 때, 유아들이 사용하는 언어에 대한 정보나 친구들과 놀이 상황에서 사회성 정도를 알아보고자 할 때 사용하면 많은 도움을 받을 수 있다.

3) 표본식 기술 관찰양식의 작성요령

표본식 기술에서 관찰자는 관찰대상, 관찰 장면, 관찰 시간을 미리 선정한 후 그 상황에서 일어나는 모든 행동이나 말 등을 기록해야 하는데 관찰자가 관심을 갖고 있는 어떤 특정한 부분만을 선택해서 하는 것이 아니라 모든 행동이나 말을 순서적으로 기록해야 한다. 표본식 기술에서는 관찰자가 일정한 시간 혹은 미리 정해진 활동이 끝날 때까지 유아가 말하고 행동한 모든 것을 자세하게, 객관적으로, 일이 발생한 순서대로 기록해야 한다.

표본식 기술 관찰양식의 작성요령은 다음과 같다.[5]

첫째, 관찰지에 관찰 날짜, 관찰 시간, 관찰 유아, 관찰자의 이름, 관찰 유아의 생년월일, 관찰일 현재 유아의 나이, 관찰 유아의 성별 등을 미리 적어 놓는다.

둘째, 관찰 유아의 행동이 관찰된 장소, 관찰 장면을 꼭 적는다.

4) 이정환, 박은혜, 앞의 책, pp. 22~23.
5) 김병선, 이윤옥 공저, 앞의 책, pp. 152~153 참조. 이정환, 박은혜, 앞의 책, p. 24 참조. 김희진, 박은혜, 이지현 공저(2000). 『유아교육 기관에서의 관찰』, 창지사, pp. 23~24 참조.

셋째, 1회의 관찰은 보통 10분 내외가 적당하며 30분을 초과하지 않도록 한다. 모든 행동을 전체적으로 기록한다. 즉, 사건이 일어난 순서대로, 행동이 출현된 순서대로 객관적으로 기록한다.

넷째, 관찰대상 유아들의 말과 행동을 있는 그대로 일상적인 용어를 사용하여 기록한다. 객관적인 사실만 기록하고 관찰자의 해석이나 주관적인 판단 또는 추론을 포함시키지 않는다. 꼭 필요할 경우에는 관찰 기록지의 오른쪽 한 면을 이용하여 활동에 대한 보충 설명이나 관찰자의 해석을 별도로 적어서 상황을 이해하는 데 도움이 되게 한다.

다섯째, 관찰대상 유아의 말과 행동뿐만 아니라 그 유아와 상호작용을 하고 있는 사람들(예: 다른 유아, 교사, 학부모, 보조교사)의 말과 행동도 기록한다.

여섯째, 사건이 일어난 순서대로 적는다.

일곱째, 표본식 기술은 사건이 일어나고 있는 현장에서 기록하는 것이므로 현재형으로 기록하고 직접화법을 이용하여 유아들의 대화를 그대로 기록한다. 관찰대상 유아가 한 말은 인용부호(" ") 속에 넣어서 기록한다.

여덟째, 유아들의 행동 지속시간이나 관찰 장면이 바뀔 때마다 시간 표시를 해 둔다. 왼쪽 여백을 이용하여 표시한다. 이것은 유아가 어떤 활동에 관심을 보이고 주의 집중시간은 어느 정도 되는가를 알아보는 데 유용한 자료가 된다.

아홉째, 관찰대상 유아들의 행동을 긍정적으로 기술한다. 예를 들면, 이런 말을 하지 않았다라고 부정적으로 기술하는 것보다는 이런 이런 말을 했다라고 긍정적으로 표현하도록 한다.

열째, 표본식 기술 관찰양식지 마지막에 발달 영역별로 간단하게 요약을 한다.

4) 표본식 기술의 장점과 단점

표본식 기술의 장점과 단점을 정리하면 다음과 같다.[6]

(1) 장점

첫째, 표본식 기술은 모든 장면을 아주 자세히 기록해 놓으므로 유아에 대한 많은 정보를 얻을 수 있으며 이 정보를 토대로 교육과정 계획에 큰 도움을 준다.

둘째, 표본식 기술은 특별한 관찰기술과 특별한 도구가 필요하지 않다. 유아들의 행동이나 상황을 있는 그대로 기록하면 되고 관찰 기록지와 필기도구만 있으면 된다.

셋째, 표본식 기술은 관찰된 행동이나 사건을 통해 사건의 전후관계를 알 수 있다.

넷째, 표본식 기술은 상황 묘사가 정확하기 때문에 객관적이고 체계적으로 잘 기록된 표본식 기술은 다른 교사가 그 장면을 이해하는 데 어떤 관찰 평가보다 이해를 쉽게 할 수 있고 정보를 더 많이 수집할 수 있게 한다.

(2) 단점

첫째, 표본식 기술은 기록하고 평가하는 데 시간이 많이 걸린다. 체크리스트나 평정척도법보다 훨씬 많은 시간을 요한다.

둘째, 수집된 자료를 분류하고 분석하는 일이 쉽지 않다. 너무 많은 자료를 수집했을 때 교사가 일일이 그 많은 내용을 읽고 분석하려면 시간 손실과 에너지 손실이 따르게 된다(정보를 기록하기 위해 일단 수집된 자료를 축소하고 분석하는 데 많은 시간이 소요된다).

셋째, 관찰자의 주관적인 해석이나 판단 추론으로 흐를 수 있다.

넷째, 한 번에 한 명의 유아밖에 관찰하지 못한다.

교사나 관찰자가 관찰대상 유아를 주시하고 기록해야 되기 때문에 한 번에 여러 명을 관찰하면 유아들의 중요한 행동이나 말을 놓칠 수 있기 때문에 한 번에 한 명을 관찰하는 것이 좋다.

---

6) 이정환, 박은혜, 앞의 책, p. 28 참조. 김병선, 이윤옥 공저, 앞의 책, p. 153 참조.

5) 표본식 기술의 관찰양식

표본식 기술 관찰기록

관찰 영·유아 :_____   생년월일 :_____   관찰일 현재 영·유아 연령 :   년   월

관 찰 자 :_____   성   별 : 남·여   관찰일자 :_____

관 찰 장 면 :_____   관찰시간 :_____

시간	기 록	주석

요   약

6) 표본식 기술의 실제

표본식 기술 관찰기록

사례 1)
관찰 영·유아 : 김연수   생년월일 : 18. 4. 11   관찰일 현재 영·유아 연령 : 1년 6월
관 찰 자 : 양정(새싹어린이집)   성   별 : 여   관찰일자 : 19. 10. 22
관 찰 장 면 : 오후 자유놀이시간 신체영역, 미술영역, 역할영역   관찰시간 : 오후 4:00~4:10

시간	기록	주석
오후 4:00	블록영역으로 걸어가던 연수가 냄비에 발을 넣었다 뺀 뒤 "어이~ 허허" 하며 목이 쉰 소리를 내며 양손에 쥐고 있던 토마토 모형과 파인애플 모형을 손을 뒤로 뻗어 던지며 교구장 쪽을 향하여 움직인다. 신체영역의 교구장 위를 잡고 다리를 구부려 교구장 윗 칸의 바구니에서 초록색 스카프를 꺼낸다. 꺼낸 스카프를 풀러 한 쪽 모서리를 잡고 귀퉁이 부분의 밑을 잡고 귀퉁이를 보며 거울 쪽으로 다가갔다 교사 쪽으로 방향을 틀며 스카프를 머리에 쓴다.	놀이상황: 스카프로 까꿍놀이를 한 뒤 하윤이가 놀이하는 놀잇감을 뺏는다. 놀이친구: - 하윤(역할영역에서 놀이하던 친구) - 민호(하윤이를 도와주는 친구) - 교현(하윤이 옆에서 놀며 놀잇감을 찾아주는 친구) 놀이교구: 토마토, 바나나 음식모형, 스카프, 다양한 음식모형, 냄비, 그릇 등
4:02	교사에게 다가와 스카프를 쓴 상태로 "아하하 캬캬"하며 웃은 뒤 소리내지 않고 입모양을 '오,아,오,아' 한다. 양 손을 들어 스카프를 머리 뒤로 넘기며 교사를 보고 "아꿍" 한다. 교사가 연수를 보며 "까꿍~연수 없다"하고 말하자 양손으로 스카프 양 끝을 잡아 팽팽하게 당긴 뒤 머리 뒤로 넘겼다 다시 얼굴 앞으로 가져와 목에 댄다. 교사가 "까꿍~"하고 말해주자 소리 내지 않고 미소 지으며 스카프를 허리에 대고 양손을 각각 허리 뒤로 넘기며 고개를 숙인다. 허리 뒤로 양손을 모으고 스카프를 허리에 고정시킨 뒤 소리 내지 않고 얼굴을 찡그리듯이 미소 지은 뒤 뒤돌아 미술영역 바깥쪽 책상을 돌아 언어영역 칠판 앞의 '주세요해야지' 책 앞에 쪼그려 앉았다 일어나 미술교구장을 지나 역할영역에 앉아 있는 교사에게 다가온다. 역할영역 책상으로 이동한 연수가 실리콘 그릇과 냄비에 음식을 담으며 놀이하던 하윤이의 오른쪽에 선다. 다리를 구부렸다 펴고 왼손으로 하윤이가 놀이하던 분홍색 냄비를 가져간다. 양손으로 분홍색 냄비를 쥐고 까치발을 섰다 내리자 민호가 연수의 반대 쪽 책상으로 다가와 책상을 짚고 연수 쪽으로 얼굴을 가져다 대며 연수를 바라본다. 연수가 "아이! 아야!"하며 오른손으로 앞에 있던 책상 위 레몬 모형에 손을 올리고 뒤로 던지자 하윤이가 인상을 쓰며 "어어!" 하고 민호는 던져진 레몬모형을 보며 일어선다. 교사가 "던지면 안 되지요, 연수. 언니 속상하잖아. 어디 갔지? 날아간거? 연수가 던진 거 어디로 갔어 하윤아?"하고 묻자 민호가 굴러간 레몬모형을 바라보고 연수는 하윤이 앞의 바나나 모형이 담긴 하얀 냄비를 당긴다.	

시간	기록	주석
4:06	하윤이가 냄비를 보며 입을 크게 벌리며 냄비를 당기고 민호가 "차아따" 하며 하윤이를 본다. 교현이가 "여기있다"하고 피망을 하윤이 옆에서 주워 하윤이에게 준다. 하윤이가 피망을 받고 연수가 "아자자자자!" 하고 큰 소리를 내고 웃으며 오른발을 옆으로 직각으로 크게 올렸다 내린다.	
4:07	민호가 레몬모형으로 달려가 주워 책상 위의 하윤이 옆에 올려주며 "또 이떠"하고 말한다. 교사가 "와, 민호가 찾아줬네, 교현이랑" 하고 말하자 연수가 하윤이 앞의 분홍색 실리콘 그릇 2개를 양손으로 하나씩 들고 하윤이 옆에 가까이 다가가 서 하윤이가 잡고 있던 하얀색 냄비 안의 바나나 모형을 가져가 분홍색 그릇에 넣는다. 　교사가 "하윤아, 연수랑 같이 놀아볼까? 연수도 하고 싶은가봐"하자 연수가 웃으며 고개를 들어 교사를 보고 오른다리를 두 번 구부렸다 펴며 흔든 뒤 하윤이를 바라본다.	
4:09	교사가 "연수랑 같이 하게 음식모형 더 꺼내볼까?" 하고 말하자 하윤이가 "어"하고 오른손으로 하얀 냄비위에 레몬을 넣고 왼손으로 레몬을 냄비 안에 굴리며 "아가 치치, 가가 이티 아내떠" 라고 한다. 교사가 "그랬어?"하고 말하자 "어～"한다. 연수가 바나나를 오른손에 들고 입에 넣으며 분홍색 그릇을 왼손에 들고 뒤돌아 까치발 걸음으로 걸어 하윤이 뒤에 있는 민호에게 다가간다.	
요　　약		

-물건 던지기를 좋아하며 다른 영아가 놀이하는 놀잇감에 흥미를 갖는다.
-옹알이를 하며 자신의 감정을 표현한다.

표본식 기술 관찰기록

사례 2)

관찰 영·유아 : 선영준	생년월일 : 18. 4. 11	관찰일 현재 영·유아 연령 : 1년 10개월
관 찰 자 : 홍양순(거원어린이집)	성 별 : 여	관찰일자 : 2018. 4. 20.
관 찰 장 면 : 자유선택놀이 역할영역, 음률영역, 대근육활동		관찰시간 : 오전 10:30～10:38

시간	기록	주석
오전 10:30	영준이는 아기인형을 오른쪽 어깨 위에 놓고는 왼손에는 컵을 쥔다. 그리고 오른쪽, 왼쪽을 한 번씩 오가기를 한 후 아기인형이 떨어지려고 하자 왼손으로 잡으며 아기인형을 왼손으로 2차례 토닥거리기를 한다. 아기인형이 바닥으로 떨어지자 왼손에 가지고 있던 컵을 오른손으로 옮기고 왼손으로 아기인형을 집고 친구의 놀이모습을 2초 본다. 그리고 컵을 교구장에 놓고 아기인형을 두 번 토닥이고 싱크대로 향한다. 아기인형을 싱크대에 거꾸로 넣고는 아기인형의 발바닥을 두 번 두드린다. 그리고 왼쪽 옆에서 친구가 놀이하는 싱크대를 3초간 쳐다보고 다시 자신이 놀이하던 싱크대로 몸을 향하며 움직인다. 아기인형의 배를 2번 두드리고는 왼손으로 안고 오른손으로 토닥거린다. 준수가 다가와 "뭐해?"라고 2번 물어보자 영준이는 고개를 위, 아래로 1번 흔들고는 "응"이라고 말한다. 다시 싱크대로 돌아와 아기인형을 토닥거리기를 한다. 이 때 지유가 다가와서 싱크대의 물건을 가져가자 지유를 바라보며 "아이～"라고 2번 말하며 음률영역으로 이동하는 지유를 따라간다.	놀이상황: 영준이가 역할영역의 싱크대에서 아기인형을 씻기고 놀이하다가 대근육활동 영역으로 이동하고 다시 음률영역에서 자유롭게 놀이하는 상황. 놀이 친구: 안준수, 송지유 미끄럼틀 캐스터네츠, 음식모형 (오이, 밥), 아기인형
10:34	영준이가 따라가다가 지유가 멈추자 오른손으로 지유의 등을 밀고는 가지고 있던 시금치음식모형을 6번 눌러 소리를 내고는 지유를 향하여 "아니～, 아니～"라고 말하며 쫓아가다가 아기인형을 바닥에 놓치고 지유를 바라보면서 시금치음식모형만 들고 소리를 내며 쫓아간다. 그러자 교사가 "왜요? 영준아!"라고 말하자 오른손에 쥐고 있던 시금치음식모형을 왼손으로 옮기고는 오른손으로 지유를 가리키며 "응, 응"하고 말한다. 교사가 "친구가 가져갔어요? 그럼 친구 줄래?"라고 말하자 "응"이라고 말하며 오른손을 내밀어 캐스터네츠를 받고는 캐스터네츠와 시금치음식모형을 2번 치기를 한다. 그리고 캐스터네츠를 6번 오른손으로 치기를 하고는 역할영역으로 이동한다.	
10:38	영준이는 음률영역으로 이동해서는 바닥에 있는 캐스터네츠를 집어 2번 치기를 한다. 그러다가 캐스터네츠로 놀이하고 있는 지유를 7초간 바라보고는 왼쪽으로 오른쪽으로 한 번씩 몸을 돌리다가 뒤에 있던 지유를 오른손을 뻗어 가리키며 위, 아래로 2번 흔들고 "아이～"라고 말한다. 그리고 교사를 바라보고는 오른손을 3번 저으며 "응 ～응～"이라고 말한다. 교사가 "친구가 안 빌려 준데요? 그럼 어떡하지?"라고 말하자 옆에 있던 지유가 가지고 있던 오이모형을 준다. 오이모형을 위, 아래로 3번 흔들고 교사가 "그거 맞아요?"라고 말하자 "응"이라고 말한다. 왼손에는 캐스터네츠, 오른손에는 오리를 쥐고 3초간 그대로 있는데 교사가 "이거 아니야?"라고 말하자 지유가 가지고 있던 밥모형을 받다가 밥모형은 바닥에 두고 노랑색 캐스터네츠를 영준이가 받아서는 왼손에 가지고 있던 파랑색 캐스터네츠는 지유에게 주고 노랑색 캐스터네츠를 4번 치면서 엉덩이를 오른쪽 왼쪽으로 10번 흔들며 친구들의 모습을 바라보면서 캐스터네츠를 2번 치기를 한다. 캐스터네츠 끈을 왼쪽 오른쪽으로 잡아당기다가 치기를 5번 반복한다. 그러다가 끈을 구멍에 끼우려는 듯 오른손에 캐스터네츠를 왼손에 끈의 끝을 잡고 구멍을 쳐다보며 끼우려고 집중한다.	

요 약

–영준이는 자신의 언어 발달 단계보다 늦은 "아이" "응～" "아니～"등 한 음절씩만 사용하며, 놀이할 때 언어를 거의 사용하지 않는다.

–자신의 욕구와 감정을 표정으로 표현하며 혼자놀이를 주로 한다.

–친근한 음악을 관심 있게 들으며 음악 듣기를 즐기고, 도구를 활용하여 움직임을 표현할 수 있다.

표본식 기술 관찰기록

사례 3)

관찰 영 · 유아 : 이은우	생년월일 : 2017. 9. 24.	관찰일 현재 영 · 유아 연령 : 2년 1월
관 찰 자 : 전정숙(새싹어린이집)	성 별 : 남	관찰일자 : 2019. 10. 22.
관 찰 장 면 : 오후 "선택놀이 역할영역, 쌓기영역		관찰시간 : 오후 3:10~3:20

시간	기록	주석
오후 3:10	은우는 간식을 다 먹고 천천히 걸어서 매트에 있는 토끼꼬리를 보고 잡고 일어난다. 토끼 꼬리 양쪽 끝을 잡고 토끼꼬리를 허리에 매려고 배를 쭉 내밀며 4초간 시도한다. 토끼 꼬리를 허리에 하는데 내려가 다시잡고 2초간 시도한다. 은우가 "언넹님" 하고 교사에게 달려가 토끼 꼬리를 내밀며 은우가 "해뚜" 하고 토끼꼬리를 해달라고 표현하며 말한다. 교사가 "누구 꼬리일까?"말해주자 은우가 "꼬끼"하고 말한다. 교사가 "토끼 꼬리구나! 토끼 꼬리는 부드럽다"하고 말해주니 은우가 꼬리를 한번 만진다. 토끼 꼬리를 은우 허리에 매주자 기분이 좋은지 탐색영역 교구장으로 폴짝폴짝 달려가 현우가 놀이하는 것을 한번 쳐다보고 앞으로 달려갔다 다시 또 뒤로 갔다 뛰어다닌다. 음악소리에 고개를 좌우로 까딱까딱하며 걸어가다 언어 휴식영역 매트에 떨어져있는 강아지인형을 발견하고 잡고 일어난다. 교사에게 걸어와 "언넹님"하고 강아지인형을 내밀며준다. 교사가 "이게 누구야?" 하고 말하자 은우가 "멍멍"하고 말한다. 교사가 "멍멍 강아지구나!"하며 은우 얼굴을 보며 은우 가슴에 대고 "은우야! 안녕~ 멍멍멍멍멍" 해주니까 간지러워 하며 뒷걸음질 치며 웃는다.	**놀이상황:** 은우가 친구들과 역할, 쌓기영역에서 자유롭게 놀이하는 상황 **놀이친구:** 김현우, 남정윤 **놀이교구:** 동물인형, 동물모자, 동물꼬리 사각블록
3:15	역할·쌓기영역에서 친구들이 사각블록을 끼우고 놀이하는 것을 보고 앉아 은우도 양손으로 잡고 끼우며 놀이한다. 양손으로 끼운 것을 붙여놓고 "짜따따" 하고 양손을 번쩍 든다. 은우가 이번에는 사각블럭을 길게 6개를 붙이려고 하다 끊어져 다시 시도한다. 은우가 블록놀이하는 바로 옆으로 현우가 지나가면서 은우 발을 밟고 은우와 동시에 뒤로 넘어진다. 은우가 울음을 보이면서 현우를 밀치려한다. 교사가 "은우야! 현우가 지나가다 모르고 그런거야! 은우야! 미안해 말해"하자 현우가 은우에게 다가가 미안하다는 표현으로 쓰다듬어준다.	
3:18	은우가 사각블록을 두 개씩 연결하여 밀며 가다 정윤이의 블록과 붙여지자 정윤이가 "아하"하고 소리를 낸다. 은우가 옆으로 몸을 돌려 블록을 끼우며 놀이한다. 길게 8개 나란히 끼워놓고 "해따"하며 박수친다. 위로 4개를 또 끼워 꽂아놓고 "짜따따"하며 말한다. 은우가 사각블록 하나를 들고 끼우려하는데 안 되자 교사에게 "해떠"하며 해달라고 블록을 내민다. 교사가 블록을 꽂아 도와주자 "짜따따" 하며 말하고 박수를 친다.	

요 약
–은우는 동물의 모양이나 꼬리를 보고 동물소리나 이름을 말하며 흉내낼 수 있다. –은우는 선생님을 "언넹님"이라고 하고 블록을 "짜따따"라고 한다.

표본식 기술 관찰기록

사례 4)

관찰 영·유아 : 홍서원	생년월일 : 2017. 9. 18.	관찰일 현재 영·유아 연령 : 2년 2월
관 찰 자 : 심수지(성동숲속어린이집)	성 별 : 여	관찰일자 : 2019. 11. 6.
관 찰 장 면 : 자유선택놀이 활동 중 쌓기 조작 영역		관찰시간 : 오전 11:23~11:39

시간	기록	주석
오전 11:23	서원이가 오른손에 잡고 있던 빨간색동그라미 구슬을 바닥에 내려놓은 뒤 바구니 안에 있는 초록색 끈을 집어 올린다. 왼손에 잡고 있던 파란색동그라미 구슬을 입고 있는 치마 위에 올려놓은 뒤 끈 끝을 잡고 양팔을 벌리고 오른손으로 왼손이 잡고 있는 끈 끝을 옮겨 잡는다. 왼손 검지손가락으로 끈 끝에 딱딱한 부분을 만져 본 뒤 고개를 들어 교사에게 끈을 앞으로 내밀어 "어, 어" 하고 소리를 낸다. 교사가 "서원아, 잡고 있는 끈으로 구슬 구멍에 끼워보는 거야. 어어" 하고 소리 내며 끈을 앞으로 더 내민다. 교사가 오른손으로 서원이의 치마 위에 올려있는 파란색구슬을 집어 올려 구멍을 보여 준다. 구슬을 왼손으로 옮겨 잡은 뒤 오른손으로 끈 끝을 잡아 구멍 안으로 집어넣는 시범을 보여 주고 손을 앞으로 내밀어 끈과 구슬을 서원이에게 전해준다. 왼손으로 끈을 오른손으로 파란색동그라미 구슬을 잡은 뒤 손바닥으로 끈을 밀어 구멍 안으로 넣는다. 반대편으로 끈 끝부분이 보이자 오른손가락을 펴고 구슬이 바닥으로 떨어진다. 떨어진 구슬을 집어 올려 같은 행동을 2번 반복하나 2번 모두 구슬을 바닥에 떨어뜨린다.	놀이상황: 쌓기 조작 영역에서 구슬 끼우기 교구를 이용해 끈과 구슬을 끼워 활동해 보려 하나 잘 되지 않자 쌓기활동으로 변경하여 놀이를 함.
11:28	왼손으로 파란색동그라미 구슬을 바구니에 집어넣은 뒤 왼손으로 노란색 정육면체 구슬을 꺼내 바닥에 내려놓는다. 다시 왼손으로 보라색 정육면체 구슬을 꺼내 노란색 정육면체 구슬 앞부분에 붙여 연결한다. 파랑, 빨강, 보라, 주황, 녹색, 보라, 보라 순으로 정육면체 구슬을 붙여 연결하며 내려놓는다. 두 손을 마주잡고 자신이 연결한 정육면체구슬을 바라 본 뒤 오른손을 뻗어 바구니 안에서 노란색 정육면체 구슬을 꺼낸 뒤 맨 끝에 보라색 정육면체 구슬 위에 올려놓는다. 파랑, 보라, 보라, 보라, 보라, 빨강 순으로 위로 쌓아 올린 뒤 허리를 펴고 손뼉을 3번 친다. 오른손으로 분홍 정육면체 구슬을 꺼내려 왼발로 쌓아 올린 구슬을 건드려 무너지자 분홍 정육면체 구슬을 바구니 안에 내려놓고 바닥에 떨어진 보라색 정육면체 구슬을 집어 올려 맨 끝에 위치한 보라색 정육면체 구슬 위에 올려놓는다. 좌우로 고개를 돌려 구슬을 보고 왼손을 뻗어 보라색 정육면체 구슬을 집어 올려 위로 쌓는다. 바닥에 떨어진 보라색 정육면체 구슬을 3개 더 위로 쌓아 올린다.	놀이친구: 교사, 전윤우, 김윤정 활동재료: 구슬 끼우기 교구
11:33	엉덩이를 움직여 뒤로 2번 이동한다. 고개를 숙여 자신의 분홍 조끼를 바라보고 오른손 왼손을 이용해 맨 아래에 있는 단추를 푼 뒤 순서대로 4개의 단추를 모두 풀어낸다. 오른손 왼손으로 조끼의 중간 부분을 잡고 손을 뒤로 뻗어 조끼를 벗으려 하나 벗겨지지 않자 한숨을 한번 쉬고 조끼를 잡고 있던 손을 푼 뒤 허리를 숙이고 오른손을 앞으로 뻗어 바구니 안에서 보라색 정육면체 구슬을 찾아 꺼낸다.	
11:36	보라색 정육면체 구슬을 왼손으로 옮겨 잡고 오른손을 뻗어 보라색 정육면체 구슬을 꺼내 잡는다. 무릎과 엉덩이를 이용해 앞으로 이동하여 보라색 정육면체구슬을 쌓아 올린 위치로 간다. 왼손을 아래에 오른손을 위로 하여 동시에 보라색 정육면체 구슬을 쌓는다. 구슬이 넘어지지 않고 쌓아지자 박수를 치며 "카하하" 하고 웃는다. 교사가 "서원아 보라색이 좋아? 보라색 구슬만 찾아서 쌓아보고 있네" 박수를 치며 몸을 앞뒤로 흔들고 고개를 위아래로 흔들며 끄덕인다. 교사가 "서원이가 보라색이 정말 좋은가 보구나. 선생님은 노란색이 좋은데, 여기 처음 시작하는 노란색 구슬 위에 선생님이 쌓아 봐도 될까?"하자 서원이가 교사를 쳐다보고 고개를 좌우로 갸웃거린다. 교사가 "맞아, 여기, 이게 노란색 구슬이지, 여기에 선생님이 이렇게 쌓아 보려고" 하고 말하며 노란색 정육면체 구슬을 위에 올려놓는다. 교사의 행동을 바라보던 서원이가 허리를 돌려 왼손을 뻗어 바닥에 있는 노란색 정육면체 구슬을 집어 올려 교사가 쌓은 노란색 정육면체 구슬 위에 올려놓는다. 교사가 "오~~ 우리 서원이가 같은 색을 찾아 쌓았네. 우리 또 같은 색 찾아서 한 번씩 번갈아 가면서 쌓아볼까?" 하고 말하자 고개를 위아래로 흔들며 오른손으로 바구니를 교사 앞으로 끌어당겨 놓은 뒤 두 손을 바구니 안에 넣어 휘저으며 노란색 정육면체 구슬을 찾아 집어 올린다.	

요약

- 예안이는 문장으로 말할 수 있다.
- 예안이는 한 가지 속성(모양)에 초점을 맞추어 분류할 수 있다.
- 예안이는 다른 사람과 사물을 나누고 공유할 수 있다.

표본식 기술 관찰기록

사례 5)

관찰 영·유아 : 박예안	생년월일 : 2016. 1. 6.	관찰일 현재 영·유아 연령 : 2년 3월
관 찰 자 : 정수임(거원어린이집)	성 별 : 여	관찰일자 : 2018. 4. 20.
관 찰 장 면 : 자유선택놀이 언어영역, 쌓기영역		관찰시간 : 오전 10:35~10:45

시 간	기 록	주 석
오전 10:35	예안이는 언어영역에 있는 뽀로로 전화기를 들고 와서 매트에 앉아 혼자서 왼손으로 전화기를 받치고 오른손 엄지손가락을 사용해서 노래가 나오는 초록색 버튼을 누른다. 버튼을 누를 때마다 다른 뽀로로 노래가 나오자 혼자 따라하면서 노래를 부른다. 그리고는 오른손 엄지손가락으로 숫자가 있는 버튼을 한 나씩 누르면서 "40야. 4"하고 이야기하고 다른 숫자 8을 누르면서 전화기에서 숫자에 맞는 음성이 나오니 "80이야 8~"이라면서 3번 연속으로 눌러 음성을 확인한다. 그러더니 오른손 엄지손가락을 사용해서 여러 번호를 누르면서 혼잣말을 하며 숫자를 따라 읽으면서 "5,8,9,2,4." 하면서 혼잣말을 한다. "엄마한테 전화 해야지" 하면서 숫자를 "1,0,5,7,9,5,6,3." 누르면서 수화기를 들고 "엄마 나야 끊어" 하고 수화기를 내려놓는다.	놀이상황: – 언어영역에서 전화 기로 역할 놀이를 하 고 있다. – 쌓기영역에서 와플 블록놀이 중 놀이친구: 송지유, 안준수 놀이교구: 뽀로로 전화기
10:38	예안이가 전화기에 있는 별모양을 누르자 별모양 안에 빨간 불이 켜지는걸 보고는 20초 동안 별모양을 10번 반복해서 누르며 불빛을 보더니 왼쪽 옆에 지나가는 준수에게 "빨간불이야, 빨간불이야." 하며 이야 기 해준다. 예안이가 음률영역으로 이동하여 노란색 짝짝이를 들고 와서는 자동차 노래를 흥얼거리며 노란색 짝짝 이를 오른손에 들고 사용하고 왼손은 살짝 흔들며 다리를 까딱거리며 30초 동안 춤을 춘다. 교사가 예안 이가 부르는 노래를 "빨간 자동차가 삐뽀삐뽀"하며 노래를 불러주자 예안이가 웃으며 교사의 왼쪽 옆에 서 몸을 앞으로 뒤로 팔을 움직이며 다리를 까딱하면서 연속으로 5회 춤을 춘다.	노란색 짝짝이
10:40	예안이가 롤러코스터 쪽으로 이동을 하더니 롤러코스터 하나를 들고 와서 영준이 오른쪽 옆에 앉는다. 그리고는 왼쪽 옆에 있는 지유에게 관심을 가지며 와플블록 놀이를 같이 하기 시작한다. 처음에는 지유 가 "내꺼야 내꺼야"하고 이야기 하니 지유 앞에 있는 와플 블록 바구니를 예안이가 빼앗아서 예안이 앞 에 놓고 "내가 할거야 같이 하자"라고 예안이가 이야기한다. 지유가 3초 동안 예안이를 바라보다가 예안 이가 지유에게 노란색 와플 블록을 주며 "노란색 노란색"하자 예안이와 함께 블록 놀이를 시작한다. 오른 쪽 옆에 있던 우혁이가 나타나 와플블록 바구니를 쏟아 버리자 예안이가 자기 앞에 있는 와플블록을 한 아름 안는 모습을 보이고 지유도 따라하기 시작한다. 교사가 "욕심 부리지 말고 같이 놀이 하면 어떨까?" 라고 이야기 하려하는 순간 예안이가 한 아름 안고 있는 블록을 바구니에 담는다. "빨강 많이. 노랑 많이" 하면서 자기 앞에 있는 와플블록을 담으며 엉덩이를 앞으로 점점 밀고 가면서 블록을 담아주자 왼쪽 옆 에 있는 지유도 같이 "많이 많이" 하면서 양손으로 블록을 잡는다. 예안이와 지유가 3회 블록을 한 아름 안고 정리를 하더니 지유는 음률 영역으로 이동을 하고 예안이는 끝까지 양손으로 블록을 주어서 바구니 에 정리한다.	와플블록
10:45	예안이가 1분 동안 몸을 앞으로 뒤로 움직여서 정리를 하더니 바구니를 두 손으로 들고는 고개를 양쪽 으로 돌려 주변을 살피고는 2걸 앞으로 나가 손에 들고 있던 바구니를 바닥에 내려놓고 "초록색이야. 여 기 또 있네." 하면서 오른손으로 초록색 블록을 바구니에 정리하고 다시 두 손으로 바구니를 들고 양쪽으 로 고개를 돌리며 주변을 살피더니 "하나도 없네. 다 했어." 하면서 바구니를 교구장에 정리하려는데 와 플바구니 자리에 십자블록이 떨어져 있자 바구니를 바닥에 내려놓고 십자블록을 왼손으로 꺼내 제자리 에 넣은 후 다시 와플블록 바구니를 두 손으로 들어 제자리에 정리한다. 교사가 이 모습을 보고 "예안이 가 혼자 정리도 다하고 아주 멋있구나."라고 칭찬을 해주자 예안이가 교사에게 다가와 "파이팅. 파이팅" 하면서 하이파이브 하자고 하여 양손으로 3번 하이 파이브를 하고 역할영역으로 이동한다.	

요 약

– 영준이는 자신의 언어 발달 단계보다 늦은 "아이" "응~" "아니~"등 한 음절씩만 사용하며, 놀이할 때 언어를 거의 사용하 지 않는다.
– 자신의 욕구와 감정을 표정으로 표현하며 혼자놀이를 주로 한다.
– 친근한 음악을 관심 있게 들으며 음악 듣기를 즐기고, 도구를 활용하여 움직임을 표현할 수 있다.

표본식 기술 관찰기록

사례 6)

관찰 영·유아 : 이유주	생년월일 : 15. 11. 12.	관찰일 현재 영·유아 연령 : 2년 5월
관 찰 자 : 전혜림(거원어린이집)	성 별 : 여	관찰일자 : 2년 5월
관 찰 장 면 : 자유놀이 선택활동 중 역할영역		관찰시간 : 오전 9:35~9:47

시간	기록	주석
오전 9:35	유주가 역할영역으로 가서 미용 놀이 바구니가 있는 보라색 드라이기 한 개를 만지작거리더니 네모난 미용놀이 바구니를 들고 다리를 오므리고 앉아 있는다. 주원이가 와서 양 손으로 미용놀이 바구니를 와르르 쏟자 입술을 내밀고 약 3초간 주원이를 쳐다본 뒤에 "강주원 하면 안돼. 다쳐 선생님 주원이가 이렇게 했어요." 하고 말을 한다. 주원이가 오른손으로 자기 가슴을 가리키면서 "나나"하고 말을 하자 유주가 주원이를 약 3초간 지긋이 바라보다가 "강주원 우리 같이 할까?"하고 말을 한다. 주원이가 "응" 하고 대답하자 오른쪽 가운데 손가락으로 교실 바닥을 가리키며 여기 앉아 하고 말을 하고 왼손으로 주원이 머리카락을 만지더니 한 움큼 잡고 오른손으로는 보라색 드라이기를 들고 주원이 머리에 가까이 가져간다. 주원이가 "헤헤"하고 웃자 양손에 보라색 드라이를 들고 주원이 머리카락에 가까이 가져가면서 입으로 "윙윙윙" 하고 소리를 낸다. 주원이가 왼손으로 자기 가슴을 가리키며 "나나나" 하고 말을 하자 유주가 자기 머리카락을 왼손으로 가리키며 "자 여기 해봐" 하고 오른 손으로 보라색 드라이기를 한 개 준다.	놀이 상황: 역할영역에서 친구와 교사에게 헤어드라이기를 사용해서 머리를 해준다. 놀이대상: 강주원(친구), 교사 놀이교구: 역할, 헤어드라이기, 거울
9:39	유주가 "나처럼 해봐"하면서 교실 바닥에 다리를 벌리고 앉자 주원이 앉아 있는 유주 뒤로 살며시 가서 왼손으로는 유주 머리카락을 잡고 오른 손으로는 드라이기를 유주 머리카락에 가까이 가져간다. 유주가 "강주원 이번엔 한 개 했으니까 두 개 해봐"하고 말을 하자 주원이가 양손에 보라색 드라이를 들고 유주 뒤로 가서 드라이기를 유주 머리카락에 대자 유주가 왼쪽 입꼬리가 살짝 올라간 웃음을 짓고 입으로 "윙윙윙"하고 크게 소리를 낸다. 주원이가 유주를 약 3초간 바라보다가 "헤헤헤"하고 웃자 유주도 주원이를 약 5초간 보다가 양쪽 입꼬리를 올리며 살짝 미소 짓는다. 주원이가 유주에게 오른손으로 핑크색 거울을 주자 유주가 왼손으로 거울을 잡고 거울 속에 비친 자기 모습을 보며 씩 웃더니 "강주원 해주었네. 우와 예쁘다."하고 주원이를 안아준다. 서로 마주 보고 앉아서 유주가 왼손으로 드라이기를 들고 주원이는 오른손에 드라이기를 들면서 서로 "윙윙윙" 하는 소리를 낸 후에 "깍 헤헤헤"하고 씩 웃는다.	
9:42	교사가 오른손으로 보라색 드라이기를 들고 "드라이기에서 소리가 나네"하고 말을 하자 유주가 교사를 바라보면서 오른쪽 가운데 손가락으로 작은 동그라미를 그리며 "어제 엄마가 했는데 이렇게 윙윙윙 소리가 났어요." 하고 이야기 한다. 교사가 "엄마가 집에서 드라이기를 자주 사용하니?"하고 묻자 "유주가 어린이집 올 때 엄마가 해요. 아주도 해줘요"하고 말을 한 뒤에 오른손으로 큰 동그라미를 그리면서 "이렇게 윙윙윙 소리가 나요." 하고 대답한다. 교사가 보라색 드라이기를 들고 "유주가 집에서 드라이기로 엄마 머리를 예쁘게 해주니?" 하고 묻자 동그랗게 눈을 크게 뜨고 교사를 약 3초간 바라보다가 "네. 어제도 했어요" 하고 말을 한 뒤에 앉아 있는 교사 뒤로 와서 오른 손으로 교사 머리카락을 만진다. "선생님 좋아요. 선생님 머리도 예뻐요. 아주도 오늘 선생님 해줄래요." 하고 말을 한다. 교사가 "선생님 머리도 엄마처럼 유주가 예쁘게 해줘"하고 말을 하자 "카카카"하고 큰 소리를 내며 웃는다. 왼쪽 가운데 손가락으로 교실 바닥을 가리키며 "선생님 앉아요"하고 말을 하고 교사가 다리를 오므리고 앉자 교사 뒤로 살포시 간다. 교사가 "드라이기 몇 개로 해줄 거에요?" 하고 묻자 잠시 교사를 3초간 바라보다가 두 눈을 찡긋거리며 큰소리로 "하나 둘 두 개요" 하고 말을 한 뒤에 양 손에 보라색 드라이를 들고 교사 머리카락에 가까이 대면서 작은 소리로 "윙윙윙"하고 큰 소리로 "윙윙윙윙윙" 하고 말을 한다. 교사 얼굴 앞에 오른손으로 핑크색 거울을 주며 "거울이에요. 선생님 예뻐요." 하고 이야기를 한다. 교사가 오른손으로 거울을 들고 보면서 "와. 유주가 선생님 머리를 예쁘게 해주었네요." 하고 말을 하자 씩 웃으며 뒤에서 앉아 있는 교사 뒤로 바짝 다가가 "으아으아"하고 소리를 내며 힘껏 안아 주면서 "선생님 예뻐 선생님 좋아"하고 말한다.	
요약		
– 친구의 잘못된 행동에 대해서 이야기해준다. – 생활주변의 간단한 도구에 관심을 갖는다.	– 다른 사람을 모방하여 극화놀이를 한다. – 과거 현재의 개념을 이해한다.	

표본식 기술 관찰기록

사례 7)

관찰 영·유아 : 이지아	생년월일 : 2017. 5. 25	관찰일 현재 영·유아 연령 : 2년 5월
관 찰 자 : 이진아(새싹어린이집)	성 별 : 여	관찰일자 : 2019. 10. 22
관 찰 장 면 : 자유선택시간 중 역할영역, 음률영역, 쌓기영역		관찰시간 : 오전 10:06~10:19

시간	기록	주석
오전 10:06	지아는 오른손으로 파인애플 과일모형 장난감을 잡아 역할영역에 있는 싱크대에 넣는다. 또 다른 포도 과일모형을 오른손으로 잡아 싱크대에 넣어 15초 동안 손동작으로 설거지 하는 흉내를 낸다. 제자리에 정리를 하지 않고 음률영역을 2초 동안 쳐다본다. 12발자국을 걸어 음률영역에 간다. 음률영역 교구장 앞에 쪼그려 앉아 양손으로 뽁뽁이 신발을 하나씩 잡아 바닥에 앉는다. 소리 나는 신발의 찍찍이를 1초 동안 쳐다본다. 찍찍이를 오른손으로 떼고 교사를 한번 쳐다보고 한쪽 발을 신발에 넣은 후 다른 한 쪽도 넣어보고 찍찍이를 붙여본다. 오른손으로 교구장을 잡고 일어난다. 5초 동안 제자리에서 5번 제자리 뛰기를 하다 신발에서 나는 소리를 들으며 씩 웃어보인다. 신발을 신고 교실을 두 바퀴 돈다.	놀이상황: 지아 혼자 교실의 역할영역,음률영역,쌓기영역에서 자유롭게 놀이하는 상황. 놀이 친구: 혼자 놀이
10:10	교사를 3초 동안 쳐다보며 오른손으로 2초 동안 코를 파며 교사 앞으로 걸어오며 "떤땡님 코 나왔떠요" 말한다. 교사가 "지아 코가 나왔구나 선생님이 닦아줄게" 하자 "네" 라고 대답한다. 코를 3번 푼 후 교사가 "지아가 휴지통에 버려줄 수 있겠니?" 하자 "네"라고 대답한다. 교사가 전달해준 휴지를 왼손으로 받아 2번을 교실을 두리번거린다. 쓰레기통을 2초 동안 쳐다보다 쓰레기통을 손가락으로 가리키며 교사를 쳐다본다. 교사가 손가락으로 가리키며 " 저기에 쏙 넣어주면 돼요" 하자 "네" 라고 하며 3발자국을 걸어 쓰레기통에 휴지를 넣으며 교사를 쳐다보며 "떤땡님 넣었떠요"라고 말한다. "잘했어요" 하자 씩 웃는다.	놀이교구: 과일·음식모형, 뽁뽁이 신발, 소프트블록
10:14	은서가 쌓기영역 에서 놀이하고 있는 모습을 2초 동안 쳐다보다 8발자국을 걸어 소프트 블록 앞에 앉는다. 소프트 블록을 양손으로 쌓아져 있는 블록 3개를 꺼내고, 다시 양손으로 2개를 꺼내어 그 위에 올려 쌓아본다. 쌓아본 블록을 2번 손가락으로 찔러보고 교사를 2초 동안 쳐다본다. 양손으로 바닥을 집고 일어나 쪼그려 앉아 지아가 쌓아둔 블록을 양손으로 들고 일어나 교사에게 다가온다. 블록을 교사 앞에 놓자 교사가 "우와 지아가 한거구나 멋있다" 하자 씩 웃는다. 지아가 쪼그려 앉아 양손으로 블록을 잡고 들고 일어나 소프트 블록 앞에 놓는다. 다른 소프트 블록 1개를 양손으로 꺼내어 한 번 더 그 위에 쌓아본다.	
10:19	지아가 자기의 머리에 꽂혀있는 머리핀을 왼손으로 3초 동안 만지다. "떤땡님"하고 부른다. 교사가 "네?" 하자 "아〜음〜 많이 했다. 은떠야 빨리와〜" 한다.	

요약
- 지아는 교사의 지시와 언어를 이해하고 행동한다. - "선생님"을 "떤땡님"이라고 부른다. - 지아는 원하는 것을 말로 요구한다.

표본식 기술 관찰기록

사례 8)

관찰 영 · 유아 : 이다희   생년월일 : 2017. 3. 26.   관찰일 현재 영 · 유아 연령 : 2년 8월

관 찰 자 : 윤재연(성동숲속어린이집)   성 별 : 여   관찰일자 : 2019. 11. 4.

관 찰 장 면 : 오전 자유놀이 중 역할영역, 감각탐색영역   관찰시간 : 오전 9:10~9:25

시간	기록	주석
오전 9:10	다희가 역할 영역의 앞치마 바구니를 꺼내 앞치마를 입으려고 펼치고 있다. 앞치마를 펼쳐서 머리를 넣으려고 하나 잘 입혀지지 않자 교사에게 앞치마를 주며 입혀달라는 듯 손짓을 한다. 교사가 "다희 앞치마 입고 싶어?"라고 묻자, 고개를 끄덕인다. 교사가 "입혀주세요~ 하고 이야기 하는거에요." 하자, "입혀주세요" 하고 따라 말한다. 교사가 앞치마를 입혀주자, 역할 영역에서 토마토, 가지 음식 교구를 꺼내어 냄비에 담고 오른손으로 나무 숟가락을 잡고 휘휘 여러 번 빨리 젓는다. 나무젓가락을 바닥에 놓고, 냄비를 교사에게 가져와 "다희가 만들었어" 하고 이야기 한다. 교사가 "아~암! 맛있다~ 잘먹었습니다~" 하고 먹는 흉내를 내자 다시 조리대 교구장으로 가서 냄비를 내려놓더니 옆에 있던 커피 머신 장난감에 컵을 넣고 버튼 누르는 행동을 하더니 "윙~"하고 3초간 입으로 소리를 낸다. 컵을 다시 교사에게 가져와서, 교사가 "이건 뭐에요?" 하고 묻자, 다희가 "커피! 커피!" 하고 이야기 한다. 교사가 커피 마시는 흉내를 내고 컵을 다희에게 주며 "잘마셨습니다~"하니 웃으며 다시 역할 영역으로 간다.	**놀이상황:** –다희가 역할 영역에서 자유롭게 놀이하는 상황 –교사에게 음식을 만들어 주는 상황에서 친구와 함께 놀이해 보는 상황 **놀이친구:** 양유주, 지재은 **놀이교구:** –소꿉놀이 그릇
9:15	쌓기영역에서 놀이하던 유주가 다희 오른쪽으로 다가와서 다희가 하는 모습을 지켜본다. 다희가 들고 있던 컵 장난감을 두 손으로 감싸 안으며 몸을 왼쪽으로 휙 돌리며 "다희꺼야" 하고 말한다. 그러자 유주가 "유주도..유주도.." 하며 교사를 바라본다. 교사가 "다희야~ 유주도 같이 하고 싶은가봐요~ 다희가 유주한테 맛있는거 만들어줄볼까?" 하고 이야기 하자, 다희가 "응" 하며 들고 있던 컵을 교구장에 내려놓고, 냄비에 양상추, 토마토, 사과 음식 교구를 담고 싱크대 교구장 위에 올려놓고 나무 숟가락으로 세 네바퀴 힘차게 돌린다. 너무 세게 돌려서 음식 교구가 냄비 밖으로 떨어지자 다시 주워 넣은 후 냄비를 유주에게 건네주며 "자"하고 말한다. 유주가 냄비를 받고 "아~암!"하고 먹는 흉내를 낸다.	–음식교구 –역할영역
9:20	다희가 감각탐색 영역에서 악어양치 교구판을 들고 책상에 앉는다. 재은이가 따라와 같이 앉자, "다희꺼야!" 하고 교구판을 등 뒤로 감추며 이야기 한다. 교사가 "재은아~ 그거는 다희가 먼저 꺼낸거에요~ 재은이 하고 싶으면 꺼내와서 해보자~"하고 이야기 하자 재은이가 교구장에서 꺼내온다. 이 모습을 보고 다희가 다시 책상 위에 교구판을 올려놓고 오른손으로 칫솔 교구를 들어 악어 그림에 양치질을 시켜준다. "치카치카~ 악어 치카!" 하며 교사를 보고 이야기 한다. 재은이가 옆에서 다희가 활동하는 모습을 5초간 보고있자 다희가 "재은이! 악어 치카! 치카~"하며 재은이에게 악어 양치질하라며 오른손으로 들고 있던 칫솔 교구로 재은이가 갖고 있는 교구판을 두 번 탁탁! 친다.	–악어양치교구

요 약

– 다희는 극화놀이 (~하는 놀이, 흉내놀이)를 하고 놀이한다.

– 다희는 기초적인 낱말의 문장을 듣고 이해한다.

– 다희는 자신이 하고 싶은 놀이를 한다.

표본식 기술 관찰기록

사례 9)

관찰 영·유아 : 임민호	생년월일 : 2017. 1. 17.	관찰일 현재 영·유아 연령 : 2년 9월
관 찰 자 : 김영신(새싹어린이집)	성 별 : 남	관찰일자 : 2019. 10. 23.
관 찰 장 면 : 오전 자유놀이시간 음률, 감각/탐색영역		관찰시간 : 오전 10:00~10:15

시간	기록	주석
오전 10:00	민호가 혼자 파란색 앞치마를 두르고 음률영역에서 레인보우 쉐이커를 위, 아래로 방향을 바꿔가며 세워 쉐이커 속의 구슬이 위에서 아래로 내려갈 때의 소리를 듣는다. 레인보우 쉐이커 안에 있는 구슬들을 손가락으로 짚어가며 보다가 매트 위에 세워보고 또 자신의 손바닥 위에도 세우고 양손으로 레인보우 쉐이커의 끝을 잡고 자신의 목 뒤로 옮겨 자세를 바꾸고 자리에서 일어난다.	놀이상황 : 음률영역에서 파란색 앞치마를 두르고 앉아서 레인보우 쉐이커를 가지고 놀이를 한다.
10:03	레인보우 쉐이커를 들고 옆에서 친구들과 놀이하고 있는 교사의 무릎 위에 앉는다. 주위에 친구들이 앉아 놀이하는데 우진이와 연수를 차례로 가리키며 "우진이" "연수"라고 이름을 말한다. 교사가 주위에서 놀이하고 있는 친구들을 가리키며 민호에게 이름을 물어보자 모두 정확하게 이름을 말하고 매트 위에 있던 '알록달록 빛깔놀이' 촉감동화책을 들어 교사에게 두 손으로 건네주고 책표지의 그림을 손가락으로 꾹꾹 누르며 가리키고 교사가 책의 내용을 행동으로 표현하며 읽어주자 책을 다보고 책을 가지고 미술영역으로 이동하여 책상 위에 놓고 책장을 넘기며 손가락으로 그림들을 가리키다가 나비 그림을 보고 "나비야"라고 말한다. 그림 위에 붙어 있는 촉감 천을 만지며 책을 다보고 옆에 앉아 있던 하윤이의 얼굴을 손가락으로 꾹꾹 누르다가 교사에게 다가와 어깨를 두드려준다.	놀이친구 : 교사, 이우진, 이하윤 놀이교구 :
10:07	감각/탐색영역으로 가서 연두색 손거울을 들고 음률영역에서 친구들과 놀이하고 있는 교사에게 다가가 다시 무릎 위에 앉아 교사의 얼굴에 손거울을 대고 자신의 얼굴에도 손거울을 대며 거울 보는 흉내를 낸다. 교사의 무릎 위에 몸을 펴고 누워 손거울을 손바닥으로 두드리다가 바닥에 놓았다가 다시 들기를 반복하다가 바닥에 놓아두고 옆에 있는 빨간색 핸드폰을 들어 버튼을 누르다가 몸에 힘을 주어 교사가 무릎을 비비며 "아야. 아프다."라고 말하자 일어나 앉는다.	
10:10	우진이가 울면서 교사와 민호가 있는 곳으로 다가오자 민호가 우진이의 눈물을 닦아준다. 교사가 민호에게 "울지마"라고 우진이에게 말해주라고 하자 다시 우진이의 눈물을 닦아주며 "울지마"라고 말하고 볼을 만지다가 오른손 검지로 콧물을 가리키며 "코, 코"라고 두 번 말한다.	
10:13	다시 교사 무릎 위에 몸을 펴고 눕는다. 앞에 앉아 있는 친구가 소꿉놀이 냄비를 가지고 놀이하는데 일어나더니 강제로 가져가려 한다. 친구가 주지 않자 교사의 무릎 위에 다시 누워 빨간색 핸드폰의 버튼을 누르며 "셋, 다섯, 여섯, 출동"이라고 말하고 일어나서 사물함 앞에 서서 빨간색 핸드폰을 계속 만지며 서있다가 교사의 등 뒤로 와서 옷 속으로 핸드폰을 넣어 떨어드리고 다시 주워 떨어뜨리기를 반복한다. 다시 주워 교사의 등 뒤에 기대어 핸드폰을 옷 속에 꽂고 "오 오 오"라고 말하며 옷을 잡아당기다가 바구니에서 파랑색 스카프를 꺼내 자신의 얼굴을 가리며 교사에게 다가온다.	

요 약
– 민호는 친구들과의 관계도 좋지만 교사와의 스킨십을 좋아하고 교사의 행동에 관심이 많다. – 자신보다 어린 동생들을 예뻐하며 잘 위해주고 도울 줄 준다. – 민호는 1에서 6까지 수를 셀 수 있지만 중간에 숫자를 빼고 세기도 한다.

표본식 기술 관찰기록

사례 10)

관찰 영·유아 : 이시안　　　　생년월일 : 2017. 2. 3.　　관찰일 현재 영·유아 연령 : 2년 10월

관　찰　자 : 오수연(성동숲속어린이집)　성　별 : 남　　관찰일자 : 2019. 12. 18.

관 찰 장 면 : 자유선택놀이 활동 중 언어영역, 쌓기영역　　관찰시간 : 오전 10:30~10:38

시간	기록	주석
오전 10:30	시안이가 책꽂이에 있는 동화책을 양손으로 꺼내 교사에게 가져와 내밀며 "이거 봐요" 하고 말한다. 교사가 책을 받아들며 "읽어줄까요?" 하고 묻자 고개를 끄덕이며 교사 앞에 앉는다. 시안이가 동화책의 표지를 오른손으로 가리키며 "토끼에요" 하고 말하자 수연이와 윤정이가 다가와 교사 앞에 앉는다. 교사가 "맞아요. 토끼에요 이 책의 제목은 나뭇잎 침대에요." 하고 말한다. 시안이가 따라 "나뭇잎 침대" 하고 말한 후 수연이가 "수연이가 좋아하는 토끼네?" 하고 말한다. 교사가 책장을 넘기며 동화를 읽어주자 책을 바라본다. 교사가 곰을 가리키며 "이건 무엇일까요?" 하고 묻자 시안이와 윤정이가 "곰" 하고 답한다. 교사가 "맞아요, 이건 곰이에요" 하고 말하자 수연이가 "곰이야?" 하고 묻는다. 교사가 다음 장을 넘기며 읽어주자 시안이가 오른손으로 가리키며 "어? 날아갔네" 하고 말하자 수연이가 "나뭇잎이 날아갔어." 하고 말한다. 시안이가 고개를 끄덕이며 "맞아, 없어졌네" 하고 말한다.	놀이상황: 언어영역에서 교사와 친구들과 책을 읽은 후 쌓기영역으로 이동해 친구와 우레탄블록을 쌓는다. 놀이친구: - 박수연, 김윤정 (언어영역) - 최우수, 전윤우 (쌓기영역) 놀이교구: '나뭇잎 침대' 동화책
10:34	쌓기영역으로 이동해 양손으로 우레탄 블록을 4개 꺼낸다. 노란색 블록을 양손으로 잡고 앞에 내려놓은 후 다시 파란색 블록을 잡아 위로 쌓는다. 바닥에 있는 빨간색 블록을 잡고 블록 위에 쌓는다. 우수가 옆으로 다가와 "우수, 우수" 하고 말한다. 시안이가 "같이 하자" 하고 말한다. 시안이가 빨간색 블록을 놓자 우수가 노란색 블록을 위로 쌓는다.	
10:38	시안이가 바닥에 넘어진 우레탄 블록을 양손으로 잡아 한 개씩 교구장에 정돈을 한다. 마지막 블록을 교구장에 넣은 후 레고 블록 바구니를 잡고 바닥에 내려놓는다. 노란색 블록을 양손으로 잡고 꺼내 오른손으로 잡고 왼손으로 빨간색 블록을 꺼낸 후 블록을 끼운다. 다시 왼손으로 노란색 블록을 꺼낸 후 블록 위에 끼운 후 바닥에 내려놓는다. 윤우가 다가와 양손을 내밀며 "줘" 하고 말하자 시안이가 고개를 저으며 "내꺼야" 하고 말한다. 윤우가 다른 영역으로 가자 시안이가 블록 바구니에서 노란색 블록을 꺼내 블록 위에 끼운다.	우레탄 블록, 레고 블록

요약
- 시안이는 두 단어를 조합하여 문장을 만들어 이야기할 수 있다. - 동화책 그림의 등장인물을 이야기할 수 있다. - 시안이는 친구와 함께 상호작용하며 놀이를 할 수 있다.

표본식 기술 관찰기록

사례 11)

관찰 영·유아 : 신유찬	생년월일 : 2015. 4. 1.	관찰일 현재 영·유아 연령 : 3년
관 찰 자 : 진지화(거원어린이집)	성 별 : 남	관찰일자 : 2018. 4. 20.
관찰 장면 : 자유선택놀이 활동 중 역할놀이		관찰시간 : 오전 9:40~9:50

시간	기록	주석
오전 9:40	유찬이가 친구들이 밀가루 놀이를 하고 있는 역할놀이 책상에 와서 앉으며 교사에게 "나도 밀가루 하고 싶어요."라고 말한다. 교사는 "유찬이도 밀가루 놀이하고 싶구나. 여기 있어요."라고 하며 밀가루 반죽을 주자 밀가루 반죽을 받은 유찬이는 책상 위에 놓은 후 손 바닥으로 반죽을 돌리며 10초 동안 길게길게 만들더니 교사를 보며 "똥이야"라고 말한다.	**놀이상황:** 역할영역에서 밀가루 반죽으로 친구와 상호작용하며 놀이한다.
9:42	유찬이가 바구니에 있는 숟가락을 가져오더니 밀가루 반죽을 숟가락에 붙인 다음 교사에게 "이거 이거 좀 봐."라고 한다. 교사는 "무엇을 만들었니?"라고 묻자 "이거 만두~ 만두를 만들었어요."라고 하며 보여준다. 교사는 "만두를 만들었구나. 만두를 먹어 본 적 있어요?"라고 묻자 "만두 맛있어요."라고 하며 손으로 밀가루 반죽을 주물러 본다. 오른쪽 옆에 앉아 있던 창혁이도 "나도 만두"라고 하며 밀가루 반죽을 보여 준다.	**놀이친구:** 박창혁
9:45	유찬이가 숟가락에 묻은 밀가루 반죽을 여러 번 꾹꾹 누르기를 한 후 왼쪽 옆에 있던 창혁이에게 밀가루 반죽이 묻은 숟가락을 보여주더니 "이거 봐 만두 내가 만두 만들었어."라고 한다. 창혁이는 유찬이에게 웃으며 "얼마나 먹고 싶었어?"라고 하자 유찬이는 창혁이의 머리를 손으로 쓰다듬더니 "안돼"라고 한다. 손으로 3번 반복하여 쓰다듬더니 "어~ 까만 머리네"라고 한다. 창혁이가 "어?"라고 말하자 유찬이의 머리도 유찬이가 1번 쓰다듬어 본다. 그리고 또 창혁이의 머리를 2번 쓰다듬어 본다.	**놀이교구:**
9:48	창혁인 몸을 책상에 숙이더니 유찬이가 가지고 놀이하는 뒤집기 주방 도구 놀잇감에 손을 뻗는다. 유찬이가 도구를 잡자 창혁인 "같이 놀자"라고 한다. 유찬이가 손에 쥔 도구를 창혁이가 가져가려 하자 재 빨리 유찬이 몸 쪽으로 도구를 가져오더니 만두를 만들었던 숟가락과 번갈아 가며 마주대고 1분 동안 놀이 한다.	
9:50	유찬이가 2번을 숟가락과 뒤집기 주방 도구 놀잇감을 마주 대며 잼을 바르듯 흉내를 내더니 창혁이에게 "이것 봐 치즈 발랐어."라고 말하며 보여준다. 창혁이가 뒤집기 주방 도구 놀잇감을 만져보니 유찬이가 "장난치면 어떻게?"라고 말하며 유찬이 입술에 가까이 하고 먹는 모습을 흉내 낸다. 창혁이에게 "먹어볼래?"라고 하니 창혁이가 아무 말이 없자 유찬이가 다시 가져가서 10초 동안 먹는 흉내를 내어 본다. 창혁이가 소꿉놀이용 칼로 밀가루 반죽을 치며 크게 "똥똥똥"하자 보고 있던 유찬이는 뒤집기 도구 놀잇감을 창혁이 왼쪽 옆에 놓아둔다. 창혁이는 뒤집기 도구 놀잇감으로 밀가루 반죽을 누르며 20초 동안 함께 놀이 한 후 유찬이에게 "자 먹어"라고 하자 유찬인 입을 벌려 먹는 흉내를 낸다.	

요약
- 유찬이는 다른 사람과 사물을 나누고 공유할 수 있다. - 유찬이는 낱말과 간단한 문장으로 말하기를 할 수 있다. - 유찬이는 극화놀이를 하며 논다.

표본식 기술 관찰기록

사례 12)

관찰 영·유아 : 도강우   생년월일 : 2016. 8. 24.   관찰일 현재 영·유아 연령 : 3년 1월

관 찰 자 : 배영란(햇살어린이집)   성 별 : 남   관찰일자 : 2019. 11. 8.

관 찰 장 면 : 자유선택활동 중 쌓기영역, 역할영역   관찰시간 : 오후 3:30~3:39

시간	기록	주석
오후 3:30	강우가 언어영역에 앉아 책을 2초 보다가 책장을 넘기며 손가락으로 가리키며 "자동차야~" 하고 한 장 넘기며 "트럭~ 짐 넣어" 하며 혼자말로 책을 읽고 있다가 책을 들고 벌떡 일어나 지후를 바라보고 걸어오면서 "트럭 짐 넣어"라고 하며 지후에게 책을 보여주며 웃는다. 지후가 "응~ 트럭은 짐 실어"라고 하며 손짓을 한다. 강우가 한 장 넘기며 "버스야"라고 하자 지후가 "맞아 버스~ 사람 타~"라고 하고는 손에 들고 있는 블록을 들고 쌓기 영역으로 가자 강우가 책을 들고 뛰어가 책장에 넣고 쌓기영역으로 뛰어간다.	**활동재료:** 동화책, 다빈치 블록, 사각블록, 탈것 사진자료 **놀이친구:** 박지후, 양지유, 신주연 **놀이상황:** -동화책을 읽다가 지후를 만나 함께 동화책의 탈것이름과 하는 역할을 이야기 하며 놀이함. -강우가 좋아하는 물차를 만들어 달리며 물을 뿌리며 놀이함. 친구가 관심을 보이지 않자 기차로 변형해 달리며 놀이 함. 친구에게 이야기 해도 관심을 보이지 않아 자동차로 다시 만들어 놀이하며 친구와 벽에 붙여진 육상교통의 종류를 말하며 놀이함.
3:33	쌓기영역에서 다빈치블록 빨간색 삼각기둥 1개, 노랑색 정사각기둥 3개, 파랑색 삼각기둥 1개를 연결하고 빨간색 십자모형 1개와 주황색 일자블록 1개, 주황색반원모형 1개를 연결해 조금 전 연결한 블록 위에 올려 연결 후 바닥에 밀며 "쒸쒸쒸~"라고 하며 밀다가 선생님을 보며 "선생님 이게 물차야~"라고 하며 1초 바라본다. "그렇구나~ 물차 잘 만들었구나"라고 하자 환하게 웃으며 더 큰소리로 "쒸쒸쒸~~~"라고 소리 내며 위의 반원을 손으로 잡고 물 뿌리는 흉내를 내며 "물 뿌리는 거야"라고 하고 지유가 놀고 있는 미술영역으로 "물차야~"라고 이야기하며 1초간 보다가 지유가 계속 그림을 그리고 있자 위의 십자모양과 일자, 반원모형을 떼서 쌓기영역으로 빠르게 달려가 다빈치 블록상자에 넣고 뛰어와 블록을 바닥으로 밀며 "칙칙 폭폭~ 칙칙 폭폭~칙칙 폭폭~" 반복해서 소리 내며 역할영역을 지나다가 주연이를 1초보며 "기차야"라고 하며 쌓기 영역으로 간다. 다빈치블록 파랑 삼각형 1개와 빨간 사각형 하나를 바구니에서 꺼내 기차 위에 붙여주고 앞의 빨간 삼각기둥을 뒤쪽에 붙인 후 "붕 붕 붕~" 소리를 내며 달린다. 지후가 지나가자 지후를 1초보며 '자동차야~"라고 하며 "붕 붕 붕~" 다시 소리를 낸다.	
3:39	지후가 벽에 붙어 있는 탈것 사진을 가리키며 달려가 "자동차"라고 하자 그대로 다빈치블록을 두고 뛰어가 "자동차야"라고 하며 마주보고 2초 깔깔깔 웃는다. 손가락으로 버스 사진을 가리키며 "버스야"라고 한다. 지후도 웃으며 "맞아~버스" 강우가 포크레인을 가리키며 "이게 뭐냐?"라고 하자 지후가 손으로 가리키며 "포크레인이야"이라고 하자 "응. 포크레인"이라고 따라 말하고 마주보며 1초 깔깔깔 웃고 강우가 그 자리에서 폴짝폴짝 뛰며 손가락으로 기차를 가리키며 "칙칙 폭폭 기차야"라고 하자 지후가 "맞아 칙칙 폭폭 기차"라고 하며 사진을 1초 바라보다 뛰어서 블록영역으로가 사각 자동차를 든다. 강우도 따라서 쌓기영역으로 이동 한다.	

요 약

– 강우는 탈것의 종류를 보고 이름을 이야기 할 수 있으며 탈것의 역할도 이야기 할 수 있다.

– 강우는 놀이 할 때 자신의 의사를 표현 할 수 있고 질문에 답할 수 있다.

표본식 기술 관찰기록

사례 13)

관찰 영·유아 : 이윤도	생년월일 : 2015.08.24	관찰일 현재 영·유아 연령 : 3년 3월
관 찰 자 : 서정남(성동숲속어린이집)	성 별 : 남	관찰일자 : 19. 12. 6.
관 찰 장 면 : 자유선택활동 쌓기영역		관찰시간 : 오전 8:50~9:06

시간	기록	주석
오전 8:50	윤도가 활동영역판에서 이름표를 가지고 와 쌓기영역에 붙이고 큰 블록 상자를 들고 내려 놓는다. 그때 지율이가 윤도를 바라보고 있다 윤도가 "지율아 같이 할래"라고 말하자 지율 이가 "그래" 한다. 윤도가 "그럼 너 이름표 붙여야지"라고 말하자 지율이가 얼른 뛰어가 이 름표를 가지고 와서 붙인다.	**놀이상황:** 윤도가 쌓기영역에서 블록을 이용해 공룡을 만들어 움직임과 소리를 내며 놀이한다.
8:52	윤도가 큰 블록 빨강4개를 바구니를 뒤적이며 찾아내어 옆으로 나란히 놓고 바구니를 막 뒤지며 파랑색 5개를 위층에 쌓는다. 초록색으로 2개씩 놓아 2개의 다리 모양과 블록 5개로 목이 긴 공룡을 만들어 움직이며 굵은 목소리를 내어 "나는 브라키오사우르스다." 라고 말 한다. 옆에 있던 지율이가 "진짜 목이 길다."라고 말하자 윤도가 "어. 초식공룡이야"라고 말 한다.	**놀이친구:** – 최지율 : 사각블록으로 아파트를 구성한 다. – 김은겸 : 눈송이블록으로 비행기를 만들어 놀이한다.
8:55	윤도가 만든 공룡을 움직이며 "지율아 근데 너 어제 왜 늦게 왔어?" 라고 묻는다. 지율이가 "어 …병원에 갔었어. 주사도 맞았다."라고 말하자 윤도가 "나도 맞았는데, 근데 안 울었어" 라고 말하자 지율이가 "맞아 형님이니까 이제 안 우는거야" 말한다. 윤도는 "웅 치키, 웅 .치 키" 하며 공룡을 움직인다. 가지고 놀던 공룡을 옆에 놓고 다시 블록을 바구니를 뒤적이며 고르다가 노랑색 블록을 3개를 찾아 두 줄로 놓는다. 그리고는 옆에 지율이가 만든 기차를 바라보며 "지율아 저거 나주면 안 될까?"라고 하며 노랑색 블록을 가리킨다. 지율이가 "안 돼, 내가 먼저 했어"라고 말하자 윤도가 "선생님이 양보하면서 같이 놀으라고 했어"라고 하 며 교사를 바라본다. 지율이가 "아니야 먼저 가지고 노는 거 뺏으면 안 돼"라고 하자 가만히 쳐다본다. 지율이가 2분 동안 기차를 구성하자 윤도는 다른 블록을 찾아보다가 빨강 블록을 노랑블록 위에 올려놓고 파랑블록 6개를 두 줄로 놓고 초록블록으로 길게 4개를 쌓는다. 빨 강블록으로 2개위로 1개를 올려놓는다. 그리고 "브라키오 만들자. 브라키오 와~~"하며 머리 부분의 입을 벌리는 모습을 하며 "어엉~" 하며 소리를 내자 지율이가 공룡 머리를 누르며 "띠띠"라고 하자 "아니야 그렇게 하지 말고" 하면서 "여기를 눌러야지" 하면서 초록블록을 누르더니 공룡이 입을 벌려 먹는 흉내를 낸다. 지율이가 초록색블록을 눌러주었더니 "아~응" 하고 공룡이 입을 벌리는 모습을 한다. 공룡 2마리를 옆에 놓는다.	**놀이교구:**
9:02	모양블록을 가지고 오더니 노란색 블록 4개, 파랑 4개, 빨강 3개를 쌓더니 초록블록 2개씩 날개 모양을 구성하고 "윙~" 하다 "발사" 하며 2번 반복한다. 그리고 양손에 잡고 바닥으로 민다. 은겸이가 "윤도야 공룡이 블록이 몇 개야?"라고 하며 윤도가 만든 공룡을 보면서 세 어보자 "아니야" 하면서 윤도가 "하나, 둘, 셋, 넷, 다섯, 여섯, 일곱, 여덟, 아홉, 열"이라고 하 며 손가락으로 짚어가며 세며 "10개야"라고 말한다.	
9:06	모양블록으로 초록색블록 5개, 파랑블록 옆으로 구성하고 노랑블록3개, 초록블록 1개를 위 로 쌓아 모양으로 만들고 있는데 우진이가 다가와 "뭐야?"라고 말하자 "장수풍뎅이야"라고 말한다. 우진이가 "남자 장수풍뎅이야" 라고 묻자 화난 목소리로 "아니야, 여자 장수풍뎅이 야"라고 말한다. 교사를 바라보며 "선생님 화장실 갔다 올게요"라고 말하고 화장실에 간다.	

요약
– 윤도는 약속과 규칙을 지켜야 함을 알고 지킨다. – 지난 일을 기억하고 생각해 친구에게 상황을 물어보며 상호작용을 한다. – 자신의 감정과 친구의 감정이 다름을 알고 생각해서 말한다.

표본식 기술 관찰기록

사례 14)

관찰 영·유아 : 박연아	생년월일 : 2016. 3. 22.	관찰일 현재 영·유아 연령 : 3년 6월
관 찰 자 : 임지윤(새싹어린이집)	성 별 : 여	관찰일자 : 2019. 10. 21.
관 찰 장 면 : 자유놀이 활동 중 미술영역, 쌓기영역		관찰시간 : 오전 3:40~3:50

시간	기록	주석
오후 3:40	연아가 스케치북을 3장을 넘기다가 여러 가지 그림이 그려져 있는 장면에서 멈추고 색연필 통에서 색연필을 뒤적이며 노랑색을 찾는다. 노랑색 색연필로 스케치북에 위, 아래로 20번을 끼적이며 "바나나 바나나 제일 좋아해. 바나나. 바나나. 제일 좋아해~"하며 음을 넣어 5번을 반복한다. 리원이가 자석판을 가지고 오자 하던 행동을 멈추고 리원이가 놀이하는 모습을 3초간 쳐다본다. 그리고는 "리원아~ 내가 도와줄까?"하며 손으로 리원이가 놀이하고 있는 자석판에 있는 구슬 하나를 누른다. 연아가 리원이가 활동하고 있는 그림 카드를 보며 "물고기야~ 이건 물고기 바꾸고~ 이거 힘든데 해줄까?" 한다. 리원이가 아무 말 없이 자석판을 흔들고 손으로 탕탕 친다. 연아는 그 모습을 보고 "그렇게 치면 부서지는데~ 내가 도와줄까? 말까?" 한다. 리원이는 "말깨" 한다. 리원이가 하는 모습을 3초간 쳐다보고는 다시 스케치북에 시선을 돌리고는 노랑색 색연필로 위아래로 그린 후 쌓기 영역에서 놀이하고 있는 친구들을 5초간 쳐다본다. 다시 스케치북에 노랑색으로 위아래~ 그린 그림을 손가락으로 가리키며 "선생님~ 이것은 바나나예요. 먹어봐요." 한다. 교사가 "와 맛있는데" 하자 다시 스케치북에 있는 그림을 가리키며 "이것은 꼬치예요. 이것도 선생님 먹어봐요." 한다. 교사가 "우와! 맛있겠다. 냠냠~" 한다.	**놀이상황:** 미술영역에서 그림 그리기, 쌓기영역에서 강아지 흉내를 내며 놀이를 한다. **놀이친구:** -김리원 -조윤서 -김하은 **놀이교구:** 스케치북 자석교구 색연필
3:44	연아가 다시 하던 행동을 멈추고 리원이가 놀이하는 것을 눈을 깜박이며 3초간 쳐다본다. 그때 하은이가 "선생님 리본이 떼여졌어요."하며 교사에게 온다. 연아가 벌떡 일어나서 하은이에게 가서 "누구건데?" 하며 물어본다. 하은이는 "내 양말 리본이 떼여졌어." 하자 연아는 하은이가 가지고 있는 리본을 들고 양말에 붙이는 흉내를 낸다. 리본이 양말에서 그대로 떨어지자 "선생님~ 하은이 리본이요.~" 한 후 다시 스케치북으로 간다. 다시 색연필 통에서 주황색 색연필을 꺼내 스케치북에 끼적인다. 그리고는 "나 그만 할거야~" 하며 스케치북을 접고 쌓기 영역에 있는 친구들을 2초간 쳐다보다가 스케치북을 두 손으로 접고 바구니에 정리를 한다.	
3:47	쌓기 영역에서 윤서가 "멍멍~" 하며 기어다니는 모습을 4초간 쳐다본다. 그리고는 블록으로 만든 울타리 안으로 들어가서 하은이를 쳐다보며 "멍~멍~" 한다. 하은이가 반응이 없자 다시 교사에게로 기어 오며 "멍멍~멍멍~선생님!! 나는 멍멍이에요."하고 다시 블록 울타리로 간다. 연아가 엎드린 채로 기어서 윤서에게 얼굴을 내밀자 윤서가 얼굴을 5차례 부비부비 해준다. 연아가 2×4 빨강색 블록 2개와 파랑색 블록 1개, 노랑색 블록 1개를 직육면체로 쌓은 후 엎드린 채로 블록에 얼굴을 대고 먹는 흉내를 낸다. 다시 "멍멍~" 하며 윤서에게 기어가서 얼굴을 내밀자 윤서가 머리를 토닥토닥한 후 다른 곳으로 간다. 연아가 소꿉영역 쪽을 4초간 쳐다본다. 그리고는 다시 "멍멍~" 하며 울타리 근처를 5초간 기어다닌다. 하은이에게 기어가서 엎드린 채로 고개는 위, 아래로 5번~ 엉덩이는 위, 아래로 5번 흔든다. 하은이가 쳐다보며 얼굴을 부비부비하고 간다. 연아가 일어나서 안쪽으로 가서 스네포블록 빨강색 2개와 노랑색 1개, 파랑색 1개를 꺼내 끼운다.	

요 약
– 연아는 낱말과 간단한 문장으로 자신이 원하는 것을 말 할 수 있으며 반복적으로 말하는 것을 좋아한다. – 자신의 생각과 느낌을 그림으로 끼적거리기를 할 수 있으며 간단한 도구를 이용하여 자발적으로 그리기를 한다. – 연아는 자신이 그린 그림으로 모방과 상상놀이를 한다.

표본식 기술 관찰기록

사례 15)

관 찰 영 · 유아 : 유서영   생년월일 : 2016. 3. 11.   관찰일 현재 영 · 유아 연령 : 3년 7월

관   찰   자 : 조아름(새싹어린이집)   성   별 : 여   관찰일자 : 2019. 10. 21.

관 찰 장 면 : 자유선택활동 중 역할영역   관찰시간 : 오전 3:40~3:50

시간	기록	주석
오후 3:40	서영이가 아기 인형을 품에 안은 채 음식 모형이 담겨 있는 그릇에 숟가락을 넣었다가 뺐다가 하며 "아기 밥 다 먹었어! 아기야, 핸드폰 보자."라고 말한다. 옆에서 똑같이 인형을 품에 안은 채 앉아있던 설린이가 전화기 모형을 들고 무언가를 찾는 척을 하며 "엄마가 재미있는 유튜브 보여줄게. 어딨지? 딕"이라고 말한다. 전화기 모형을 같이 쳐다보던 서영이가 "아기가 무섭대. 재밌는 거 틀어줄게."라고 말하며 가지고 있던 전화기 모형을 쳐다본다. 설린이가 서영이를 세 번 부르며 "언니가 더 재미있는 거 틀어줄게."라고 말하면서 서영이가 들고 있는 아기 인형 앞에 전화기 모형을 갖다 댄다. 서영이가 아기 인형의 손으로 설린이의 전화기 모형을 가리키며 "이것도 나와? 이거랑~ 이거랑~ 이거랑~ 다 나와?"라고 말한다. 설린이가 "우리 집에 라바 나와."라고 말하자, 서영이가 "우리 집에도 라바 나와."라고 말한다.	**놀이 상황:** 서영이가 역할영역에서 설린이와 함께 역할놀이를 함. **놀이 친구:** 정설린 **놀이 교구:** 음식 모형 아기 인형
3:44	서영이가 3초간 전화기 모형을 만지작거리다가 "설린아, 이제 아기 잔대!"라고 말하자, 설린이가 "빨리 꺼야겠다."라고 말하며 전화기 모형을 들고 이것저것 누른다. 서영이가 앉은 자세에서 엉덩이를 들어 왼쪽 바지춤에 전화기 모형을 끼웠다가 바로 뺀다. 그러고선 쌓기영역에서 놀이하는 다른 친구들의 모습을 약 10초간 바라본다. 설린이가 그릇에 담겨 있는 음식 모형을 숟가락으로 섞자, 서영이가 "아기 자, 설린아."라고 말하며 기침을 한다. 그러고선 아기 인형을 흔들며 "설린아, 아기가 깼어! 깜짝 놀랐잖아. 언니!"라고 말한다. 설린이는 전화기 모형을 쳐다보고, 서영이는 아기 인형을 데리고 냉장고 쪽으로 옮겨갔다가 다시 돌아와 전화기 모형을 약 5초간 만진다.	접시, 숟가락
3:47	설린이가 "우리 빨리 가자!"라고 말하자, 서영이가 아기 인형을 흔들며 "으쟈쟈쟈"라고 말한다. 둘이 아기 인형을 들었다가 내리며 "우차차차"라고 말한다. 설린이가 "너의 친구야."라고 말하며 자신이 가지고 있던 아기 인형을 서영이가 가지고 있는 아기 인형과 마주 보게 한다. 다시 서영이가 아기 인형을 높게 들며 아기 소리를 낸다. 그러고선 아기 인형을 책상에 치며 "애"라고 말하며 설린이에게 "설린아, 이거 빨리 밴드 붙여줘. 아기도 루피 밴드 좋아한대."라고 말하며 음식 모형을 내민다. 설린이가 파인애플 모형을 가져와 "루피 밴드야. 이건."이라고 말한다. 음식 모형을 아기 인형에게 붙여주는 척하다가 설린이가 "뿌지직. 똥 썼어."라고 말하자, 서영이도 '뿌지직. 똥 썼어.'라고 말하며 웃는다. 설린이가 "아기 너무 졸리대."라고 말하자, 서영이가 "아기 집에 데리고 가야 해."라고 말한다.	전화기 모형

요 약

– 서영이는 높은 단계의 사회적 놀이인 집단놀이를 한다.

– 서영이는 친구의 말과 행동을 모방하며, 역할놀이와 상징놀이, ~하는 척하는 놀이를 한다.

– 서영이는 4~5개의 단어를 사용하여 문법적인 문장으로 상황에 맞게 말할 수 있다.

표본식 기술 관찰기록

사례 16)

관찰 영·유아 : 배서연   생년월일 : 2016. 4. 7.   관찰일 현재 영·유아 연령 : 3년 8월

관 찰 자 : 박미정(성동숲속어린이집)   성 별 : 여   관찰일자 : 2019. 11. 6.

관 찰 장 면 : 자유놀이 중 블록영역, 역할영역   관찰시간 : 오전 10:20~10:30

시간	기록	주석
오전 10:20	서연이가 역할영역 바구니에서 가방을 하나 꺼내어 어깨에 멘 후 블록 통 안에서 초록색 네모 판을 찾아 "하나, 둘, 셋, 넷, 다섯 ,하나, 둘, 셋, 넷 ,다섯" 숫자를 세어가며 초록색 네모 판을 꺼내어 바닥에 내려놓는다. 초록색 1개를 집어 왼쪽에서 오른쪽으로 돌려 바닥에 있는 초록색 판의 둥근 홈에 끼워 맞춘다. 바로 판 1 개를 집어 반대쪽 홈에 끼워 초록색 판을 10개를 끼워 맞춘 후 엉덩이를 들어 블록 통 안을 보며 "어! 한 개가 어디 있지?" 하며 통 안에 오른손을 넣어 블록을 이리저리 찾는다. "아이~ 정말 대체 어디 있는 거야!"라며 블록 통 안에서 오른손으로 3초 정도 찾다가 "와우! 찾았다.~휴~겨우 찾았네!" 하며 초록색 판을 끼워 맞춘다.	**놀이상황:** – 서연이는 혼자서 블록영역에서 자유롭게 놀이를 하는 상황 – 블록을 이용해 서연이가 만들 것을 라현이 친구에게 선물을 줌.
10:25	빨강색 원기둥을 골라 초록색 판 위에 "하나, 둘, 셋, 넷, 다섯~ 여기에도 하나, 둘, 셋, 넷 ,다섯, 오~~~" 박수를 치며 자신의 앞에 놓은 후 원기둥 파랑색, 노란색, 파랑색, 노란색 순서대로 끼워 길게 연결을 한다. 서연이가 놀이를 하는 걸 본 민결이가 옆으로 다가와 "서연아~ 나랑 같이 놀자!" 하자 서연이가 "야! 개! 나 이거 만들꺼야!" 하자 민결이가 자리에서 그대로 일어난다. 서연이가 블록 통 안을 보더니 "그린색이 어디 있지? 아! 여기 있다~ 오예! 찾았다. 음~ 그 다음은 옐로우~" 원기둥을 블록을 순서대로 초록색, 노랑색, 초록색, 노랑색, 초록색, 노랑색 몰편블록을 길게 10초 동안 연결한다.	**놀이친구:** 유라현 **놀이교구:** 가방 몰편 블록
10:28	서연이가 "됐다! 야호!!!" 하며 파랑색 블록을 한 개씩 한 개씩 끼워 맞추어 5개를 길게 연결을 한 후 "와~~이제 3개다." 한다. 초록색과 노란색으로 만든 긴 막대를 오른손으로 잡고 일어나 세 발 작곡을 걸어 라현이 옆으로 가더니 오른손에 있던 긴 막대를 건네며 "자! 라현아 선물이야"하고 건네준다. 라현이가 "이거 뭐야?"라고 오른손으로 받으면서 묻자 서연이가 라현이를 보며 "응~ 이건 롤리 팝 이야~~먹어봐" 라며 자신이 가지고 있던 긴 막대를 이용해 입으로 가져 "냠냠냠 음~~달콤해" 하며 고개를 왼쪽 오른쪽 번갈아 가며 흔들면서 먹어본다. 라현이도 서연이가 먹는 걸 보며 "음~~난 초코 맛이야~~넌 어떤 맛이야?"라고 하니 서연이는 "난 음~~~똥 맛이야!" 큰소리로 이야기 하며 뒤로 넘어지며 웃는다.	

요약

– 서연이는 1~5까지 수를 셀 수 있다.

– 서연이는 다양한 블록의 색깔을 인지하고 패턴활동을 하여 놀잇감을 구성한다.

– 서연이는 친구와 상호작용을 하며 극화놀이를 한다.

표본식 기술 관찰기록

사례 17)

관찰 영·유아 : 오윤하	생년월일 : 2014. 11. 08.	관찰일 현재 영·유아 연령 : 4년
관 찰 자 : 윤희(성동숲속어린이집)	성 별 : 여	관찰일자 : 2019. 11. 08.
관 찰 장 면 : 자유선택활동 시간 언어·도서영역		관찰시간 : 오전 3:30~3:47

시간	기 록	주석
3:30	윤하가 왼손에는 세계 여러 나라 의상 교구와 오른손에는 글자카드통을 들고 책상 위에 올려놓은 후 다시 언어영역 교구장으로 가서 오른손으로 연필과 지우개, 왼손에는 부교재를 들고 책상에 돌아온다. 세계 여러 나라 의상 그림을 보며 윤하가 "우리나라 옷은 한복~"하며 왼손 엄지와 검지를 이용해 '한복'이라는 글자카드를 잡아 교구판에 붙이는데 현영이가 "나도 같이 하자~" 하며 부교재와 연필을 들고 다가오자 윤하가 "그래~ 너도 여기 앉아~" 하며 오른손으로 옆에 책상을 3번 두드린다. 현영이가 옆에 앉자 윤하가 "일본 전통의상은 기모노야. 그치?"라고 물어보며 윤하가 왼손으로 '기모노' 글자카드를 찾아 교구판에 붙인다. 현영이가 오른손에 연필을 잡고 부교재에 '기모노'라는 글자를 쓰는 도중 "글자가 안보여~" 하며 교구판을 왼손으로 잡고 당기자 윤하가 "그래? 그럼 여기에 놓고 같이 보자~"라며 교구판을 가운데에 끌어당겨 놓는다.	**놀이사항:** 윤하가 언어영역에서 세계 여러 나라 의상교구 활동을 하고 있음. 현우와 함께 도서영역에서 책을 읽음. **놀이친구:** 조현영, 전현우 **놀이교구:**
3:36	부교재에 글씨를 쓰던 중 현영이가 글씨를 다 쓰고 교구판을 넘기려고 하자 윤하가 "잠깐~! 기다려줘~~"라고 이야기를 하는데 현영이가 웃으며 장난으로 다시 넘기려고 하자 윤하가 "아이~ 기다려달라고~" 하며 같이 웃으며 부교재에 글자를 쓴다. 현영이가 교구판을 한 장 넘기며 "어~ 여기는? 사우디아라비아다~"라고 이야기 하자 윤하가 "사우디사우디사우디아라비아~~" 하고 음율을 넣어 노래를 부르며 사우디아라비아 전통 옷 글자를 오른손 검지로 4번 휘적거리다가 오른손 엄지와 검지로 글자카드를 찾아 교구판에 붙인 후 부교재에 토브 글자를 쓴다.	
3:41	부교재에 의상 이름을 다 쓴 후 "다했다~ 우리 이제 정리하자~" 하며 이야기 한 현영이 자리에서 일어나 연필과 지우개를 정리하자 윤하가 교구판에 있는 한복 글자카드를 오른손 엄지와 검지로 잡아떼며 "이거 떼야~" 하며 현영이에게 이야기한다. 현영이가 "알았어" 하며 다가오자 윤하가 "아니야~ 이거 내가 할게. 넌 부교재 정리해~" 하며 이야기 한다. 현영이가 다시 글자카드를 떼려고 하자 윤하가 "이거는 내가 한다고~ 넌 부교재 정리해~" 하며 오른손으로 글자카드를 하나씩 떼어 교구통에 넣는다. 왼손으로 뚜껑을 닫고 교구판을 들고 교구장 쟁반에 정리 한 후 책상 위에 있는 부교재를 오른손으로 들고 부교재를 정리한다.	
3:47	5대양 6대주 판을 보고 있던 현우에게 윤하가 "나도 같이하자~!" 하며 다가간다. 오른손 검지를 쭉 뻗어 노랑색 대륙 〈아시아〉을 가리키며 윤하가 "아시아에서 태평양을 지나서 여기도 지나고 또 여기를 지나서 유럽으로 여행하고 싶어~"라고 이야기 한다. 현우가 윤하의 왼손을 잡으며 "우리 도서영역에서 같이 책 보면서 세계 여러 친구들 만나러 가자~!"라고 이야기 한다. "그래~ 우리 세계 여러 나라 친구들 만나러가자~" 하며 현우와 윤하는 손을 잡고 도서영역으로 걸어가 도서영역 판에 이름표를 왼손으로 붙인 후 "우리 이 책 볼까?" 하며 책을 꺼내 책을 3장 넘긴 후 "여기 나라의 친구들 중에서 우리나라 친구 찾아봐~" 하며 현우에게 물어보자 현우가 "이거?" 하며 오른손가락으로 짚어보자 "아니?"라며 고개를 흔들며 대답한다. 현우가 손을 짚으며 계속 윤하에게 물어보자 윤하는 5초 동안 "NO~ NO~" 하며 고개를 흔든 후 "후훗~ 바로 얘야~" 하며 자신을 가리킨다. "내가 우리나라 친구잖아~" 하며 웃는다.	

요 약
- 윤하는 그림과 사진을 보며 이름을 붙여 말 할 수 있다.
- 다양한 쓰기 도구를 이용해 글자를 쓴다.
- 세계 여러 나라 사람들에게 관심을 갖으며 다양한 상황에서 친구와 놀이하는 것을 즐긴다.

표본식 기술 관찰기록

사례 18)

관찰 영·유아 : 윤서령 　　　　　생년월일 : 2014. 08. 13.　　관찰일 현재 영·유아 연령 : 4년 2월

관 찰 자 : 박은진(성동숲속어린이집)　성 별 : 여　　　　관찰일자 : 2019. 11. 01.

관 찰 장 면 : 자유선택활동 중 쌓기, 수·조작　　　　　관찰시간 : 오후 3:40~3:50

시간	기록	주석
오후 3:40	서령이가 예준, 지산이와 쌓기 영역에 들어간다. 이름표를 영역판에 붙이고 서령이가 꽃 도형 블록을 꺼낸다. 예준이가 다가와서 "우리 같이 만들자"라고 말하자 서령이가 "그래~ 그럼 꽃 도형 블록으로 만들어보자"라고 답한다. "나는 파란색으로 만들거야~"라고 말하며 파란색 꽃 도형 블록을 꺼내 연결한다. 12개의 꽃 도형 블록으로 형태를 만들고 "로봇 완성했다!"라고 외친다. 예준이가 "나는 잠수함 만들었어~" 하고 말한다. 서령이가 로봇으로 "이야~" 하며 예준이 잠수함을 공격하는 시늉을 한다. "으악~ 파란색 로봇이 공격한다~!"라고 말하고 서령이의 로봇을 잠수함으로 공격한다. "이야~내가 이겼다!" 하고 예준이가 말하자 서령이가 "으악~근데 아직 죽진 않았어. 다시 살아서."라고 말한다. 옆에 있던 지산이 "내 로봇은 더 커~"라고 말하자 서령이가 지산이의 로봇에 자신의 로봇을 부딪친다. 지산이가 "도망가야지! 슈우우웅" 하고 로봇을 오른손으로 들고 뒤로 돌아앉는다.	**놀이상황:** 쌓기영역에서 로봇놀이,수·조작영역에서 뱀, 장어놀이, 미술영역에서 뱀장어 연계놀이를 한다. **놀이친구:** – 김예준(쌓기영역) – 표지산(쌓기영역) – 최시우(쌓기영역자리 양보해 달라는 친구) – 박상훈(수·조작영역) – 이 준(수·조작영역) **놀이교구:** 꽃 도형 블록
3:44	서령이가 "우리 스펀지 블록 꺼내서 로봇집도 쌓자"라고 말하며 스펀지 블록을 꺼내 네모 모양으로 만든다. 서령이가 "예준아, 블록 7개만 더 있으면 돼~" 하자 예준이가 7개의 블록을 꺼내준다. 꺼낸 블록을 모두 쌓아 3층 높이의 네모로 지붕 있는 로봇집을 만든다. "예준이는 여기, 지산아 너는 이쪽에 있어, 나는 여기에 있을게" 하며 친구에게 자리를 배치해준다. 서령이가 로봇을 들고 "저기요, 누구세요?"라고 지산이에게 묻자 "으악! 큭큭큭큭, 나도 로봇인데 큭큭" 하고 웃는다. 옆에 있던 예준이가 "저는 잠수함입니다."라고 말하자 서령이가 "여기서 다들 뭐하시는 겁니까?"라고 두 친구에게 묻자 예준이는 "바다 속을 지나가고 있었습니다~"라고 말하고 지산이는 "배고파서 먹을 것을 찾고 있어요!"라고 답한다. 음률 역할영역에서 활동하고 있던 시우가 쌓기영역으로 와서 "너희 언제까지 할 거야? 나도 하고 싶어~"라고 말하자 서령, 예준, 지산이에게 말하자 서령이가 "알겠어, 금방 비켜줄게~조금만 기다려봐"라고 답하고 블록을 정리한다.	스펀지 블록 자석블록
3:46	쌓기영역에서 이름표를 떼고 나와 2분단을 한 바퀴 돌아서 1분단으로 가서 수·조작 영역판에 이름표를 붙이고 책상자리에 앉는다. 자석블록을 교구장에서 꺼낸다. 1분단 옆을 지나가던 상훈이가 "같이 하자"라고 말하며 이름표를 붙이고 서령이 오른쪽에 앉는다. 서령이가 파란색 자석블록을 3개 꺼내 이어붙인 뒤 파란색 자석블록을 꺼내서 모양을 만든다. 상훈이가 "너 뭐 만들어?"라고 묻자 "큰 드론 만들어~"라고 말한다. 상훈이가 "나도 만들어 줘~" 하자 서령이가 상훈이가 가지고 있는 파란색 자석블록을 보며 "그럼, 파란색 자석 주면 만들어주지~"라고 말한다. 상훈이가 파란 자석을 만지작거리며 "안 돼~"라고 말하자 "파란색 나한테 주면 큰 드론 만들어 줄 수 있다니까~라고 서령이가 말한다. 3초 동안 생각을 한 상훈이가 "음.... 그럼 줄 테니까 만들어 줘!"라고 말하며 파란색 자석을 떼서 서령이에게 준다. 15초 동안 파란색 자석 18개를 연결하고 "자~ 드론 완성!" 하고 상훈이에게 주자 "고마워"하고 상훈이가 드론을 받으며 말한다.	

시간	기 록	주석
3:50	준이가 수 · 조작영역판에 이름을 붙이고 "안녕하세요~" 하며 서령이 왼쪽에 앉는다. 서령이가 "누구한테 인사하는 거야~?"라고 묻자 "윤서령!"이라고 말하며 얼굴을 일그러뜨리며 개구진 표정을 짓는다. 준이가 흰색 자석으로 물결모양을 만든다. 준이가 "이건 뱀장어야~" 하자 서령이는 "나는 파란색으로 엄마 뱀장어 만들어야지"라고 말한다. "그럼 나는 아기 뱀장어야"라고 준이가 말한다. 서령이가 자석 뱀장어를 완성한 뒤 "이제 밥 먹을 시간이야"라고 말하자 "아~ 똥 싸는 시간이라고?" 하며 준이가 웃으면서 말한다. 서령이가 "아니~! 밥 먹어야 된다고!"라고 큰 소리로 다시 말하자 "아~똥이 아니라 쉬를 싸야 된다고요? 크크크크하하하하"라고 준이가 웃으며 말한다. 서령이가 뱀장어를 들고 "이리 와, 엄마 말 들어야지! 엄마처럼 밥을 잘 먹어야 튼튼하지!"라고 큰 소리치자 "으악~바다로 도망가야지. 크크크 엄마 엄청 웃겨 흐흐흐" 하고 말하며 1분단을 한 바퀴 돌며 서령이를 피한다. 서령이가 5초 동안 뱀장어를 잡으러 다닌다. "엄마 말 안 들으면 혼난다. 엄마 말 들어야지요~!" 하고 준이가 들고 있는 뱀장어를 보며 말한다. "서령아, 우리 뱀장어 스케치북에 그려보자" 하고 서령이에게 말하자 "그래~"라고 답하고 같이 자석블록을 정리하고 미술영역으로 자리를 옮긴다.	

요 약
– 서령이는 자신의 의견을 제안하며 놀이를 이끌어 나갈 수 있다. – 서령이는 소근육을 사용하여 입체 구조물을 만들고 조작활동을 할 수 있다. – 서령이는 친구와의 언어적 상호작용이 원활하며, 연합놀이를 한다.

표본식 기술 관찰기록

사례 19)

관 찰 영 · 유 아 : 남정연	생년월일 : 2015. 7. 22	관찰일 현재 영 · 유아 연령 : 4년 3월
관 찰 자 : 조연희(새싹어린이집)	성 별 : 남	관찰일자 : 2019. 10. 22
관 찰 장 면 : 자유선택활동 중 쌓기영역과 수 · 조작영역		관찰시간 : 오전 9:25∼9:40

시간	기록	주석
오전 09:25	정연이가 쌓기영역에서 로콘을 한 개씩 끼워 네 개를 연결하여 상자를 만든다. 왼손으로 로콘 상자를 들고 오른손으로 옆에 있던 공룡상자에서 티라노 공룡인형을 꺼내 로콘상자 안에 넣고 일어서서 옆에 앉아 있는 희수의 얼굴에 정연이가 만든 로콘상자를 오른손으로 들이대면서 "공룡집이.''말하자 희수가 '싫어'하면서 왼손을 들어 올렸다 내리며 로콘을 바닥에 떨어뜨린다. 상자로 만들었던 로콘이 바닥에 떨어지며 부숴지자 정연이가 "내 공룡상자 부숴줬잖아."하며 왼손으로 희수 얼굴을 꼬집는다. 희수가 울음을 보이며"나는 안 할거야"한다. 희수가 수영역으로 옮겨가자 정연이가 "내가 만든 공룡 집 니가 부쉈잖아" 라고 하고 쌓기영역에 다시 앉는다. 로콘 한 개를 들어 10초정도 로콘을 보다가 로콘 한 개씩 끼워 세 개로 앞이 뚫린 상자를 만들고 바닥에 놓는다. 로콘 한 개씩 끼워 세 개로 앞이 뚫린 상자를 한 개 더 만들고 바닥에 있던 로콘상자를 들어 뒤에 끼워 연결하고 상자를 오른손으로 위로 높이 들어"선생님 공룡집 크게 만들었어요." 라고 하며 티라노 공룡인형을 로콘상자 안에 넣는다. 공룡상자를 옆에 놓고 스네포 블록 한개씩 위로 길게 연결하여 높이 만들고 있는 도현이를 5초정도 보고 있다. 정연이가 상자 안에서 스네포 블록을 오른손으로 한 개를 꺼내 도현이에게로 던진 후 또 하나를 던지며 교사를 쳐다본다. 교사가 고개를 저어주자 3초정도 웃음을 보이고 자리에 앉아 스네포블록을 한 개씩 끼워 한줄기차로 연결하여 들고 도현이 옆에 가서 앉는다. 도현이가 '싫어'하자 정연이가 도현이 얼굴에 스네포 블록을 들이댄다. 도현이가 블록을 손으로 쳐 내며' 싫어' 라고 말하자 블록을 들어 도현이에게 던진다. 도현이가 울음을 보이자 도현이 정연이가 도현이 앞에 서서 오른손으로 도현이를 머리를 한번 만지며 "미안해"라고 하고 수 · 조작영역으로 간다.	**놀이상황:** 쌓기영역에서 공룡집 만들어 놀이하고 수 · 조작영역에서 마그네틱으로 컵을 만들어 주스 마시는 놀이를 한다. **놀이친구:** 노희수, 김도현 임민서, 김태건 **놀이교구:** 로콘, 공룡인형 스네포블록, 마그네틱
09:32	정연이가 교구장에서 마그네틱이 들어 있는 바구니를 들고 책상위에 올려놓는다. 자석칠판을 양손으로 들고 책상위에 내려놓자 태건이와 민서도 자석칠판을 한 개씩 들고 책상위에 내려놓는다. 정연이가 자석칠판위에 일자 마그네틱을 20개 정도 꺼내 올려 놓고 일자 마그네틱 한 개와 구슬 한 개씩을 붙여 육각형을 만들고 그 위에 구슬을 한 개씩 올려 2층으로 똑같은 모양을 만들어 "주스컵이야"라고 하고 민서 오른손에 올려준다. 민서가 "고마워" 하자 정연이가 일자 마그네틱을 길게 붙여 빨대모양을 만들어 컵에 꽂아주며 "주스 마시는 빨대야" 한다. 민서가 마그네틱에 입을 대며 먹는다. 태건이가 "나도 컵 만들어야지"라고 하고 마그네틱을 오른손에 쥐자 손에 있는 마그네틱을 빼앗으며 정연이가 "내가 할거야" 한다. 태건이가 "아냐 내가 만들 수 있어" 라고 하고 일자 마그네틱을 10개 정도 책상위에 놓는다. 민서가 "같이 만들면 되지."라고 하자 정연이가 마그네틱 상자에서 일자 마그네틱을 10개 정도 책상위에 올려놓는다. 정연이가 일자 마그네틱 한 개, 구슬 한 개를 붙여 육각형으로 만들어 일자 마그네틱을 한 개씩 세우며 "더 큰 컵을 만들어야지" 라고 하고 태건이에게 "똑같은 컵을 만들어 주스 마시자" 말한다. 태건이가 다 만들어 마그네틱 빨대를 꽂자 정연이도 마그네틱 빨대를 만들어 컵에 꽂으며 두 손으로 만든 컵을 들어 보이며 빨대로 마신다. 태건이가 "나는 포도주스야"라고 하고 정연이가 "나는 오렌지 주스다" 말한다.	

요약
– 정연이는 소근육을 이용하여 수평 수직으로 다양하게 조작활동을 할 수 있다. – 친구와 놀이 시 공격성이 보이지만 친구와의 갈등을 긍정적인 방법으로 해결한다. – 정연이는 일상생활의 경험을 극놀이로 표현할 수 있다.

표본식 기술 관찰기록

사례 20)

관찰 영 · 유아 : 김도윤   생년월일 : 2014. 1. 06.   관찰일 현재 영 · 유아 연령 : 4년 3월
관 찰 자 : 박수연(거원어린이집)   성 별 : 남   관찰일자 : 2018. 4. 20.
관 찰 장 면 : 쌓기영역, 역할영역   관찰시간 : 오전 10:30~10:40

시간	기록	주석
오전 10:30	도윤이가 재원이와 블록놀이를 하면서 블록으로 자동차 모양을 만든다. 재원이가 "자동차를 더 크게 만들어야해. 블록 줘."라고 말하자 도윤이가 "싫어. 나는 다른 자동차를 1개 더 만들거야."라고 말한다. 재원이가 고개를 양쪽으로 돌리며 주변을 5초 동안 살피더니 공룡을 가져와서 자기가 만든 자동차 위에 공룡을 태운다. 그 모습을 지켜본 도윤이가 "원래 빨강색 공룡은 내꺼였어."라고 말한다. 그러자 재원이가 "선생님 도윤이가 내꺼래요. 공룡 어린이집거지요?"라고 교사에게 이야기한다. 도윤이가 파란색 공룡을 가져와서 "재원아! 공룡 놀이하자!"라고 재원이에게 말한다. 재원이가 "싫어. 너랑 안 놀아"라고 말한다.	**놀이상황:** 도윤이가 쌓기 영역과 역할영역에서 친구들과 함께 자유롭게 놀이한다. **놀이친구:** 유재원, 임지민, 천동혁 **놀이교구:**
10:34	도윤이가 2초간 가만히 서 있다가 역할영역에서 놀고 있는 지민이와 동혁이를 보더니 오른손으로 이름표를 떼어 역할영역으로 자리를 옮긴 후 지민이에게 다가가 "지민아 나도 시켜줘."라고 말한다. 지민이가 "지금 자리가 없어."라고 말하자 도윤이가 "그럼 이 쪽에 앉으면 안 돼?"라고 말한다. 지민이가 "그러면 내가 만든 거 만지지마!"라고 이야기하자 도윤이가 싱크대 쪽을 가리키며 "나는 설거지 할게. 같이하자."라고 말하고 바닥에 소꿉놀이 교구로 만들어진 밥상에 있는 그릇을 싱크대 그릇에 담는다. 도윤이의 모습을 보고 있던 지민이가 "도윤아 우리 같이 설거지 하자."라고 말한다. 10초간 그릇 씻는 흉내를 내던 도윤이와 지민이는 다시 그릇을 꺼내서 밥상 위에 올려놓는다.	
10:38	오른쪽에서 보고 있던 동혁이가 도윤이에게 다가가서 그릇을 만지려하자 도윤이가 "내가 깨끗하게 씻어 놓은 그릇 만지지마! 더러워져."라고 말하자 동혁이가 역할영역으로 이동한다. 도윤이가 이동하는 동혁이를 5초간 바라보다가 공룡 놀이를 하고 있는 동혁이에게 간다. 동혁이가 공룡을 높이 들어 올리자 도윤이가 "점프하기 없어."라고 동혁이에게 말하며 동혁이가 놀이를 하고 있던 공룡을 빼앗더니 역할영역 바구니에 있는 다른 공룡을 꺼내 양손에 들고 손에 있는 공룡을 5초 동안 번갈아 보며 보다가 "둘이 키가 똑같네."라고 말하고 공룡을 다시 동혁이에게 돌려준 후 장난감통 뚜껑을 가져와서 시합하자고 한다.	
10:40	도윤이가 갑자기 장난감통 뚜껑을 흔들며 지진이 났다고 동혁이에게 말하자 동혁이가 도윤이의 말을 듣지 않고 바구니에 있는 다른 공룡을 가져온다. 도윤이가 또 동혁이가 들고 있던 공룡을 빼앗더니 "내가 먼저 잡았어."라고 하며 공룡을 가져간다. 동혁이는 도윤이를 2초간 바라보며 바구니에서 다른 공룡을 꺼낸다.	

요 약
- 도윤이는 자신이 원하는 것을 상황에 맞게 말할 수 있으며 스스로 하고 싶은 놀이를 한다. - 친구와 놀이 시 공격성을 보이지만 주의를 주면 자기의 잘못을 안다. - 도윤이는 극화 놀이(~하는 놀이, 흉내놀이)를 하고 논다.

표본식 기술 관찰기록

사례 21)

관찰 영·유아 : 한서연	생년월일 : 2014. 2. 4.	관찰일 현재 영·유아 연령 : 4년 9월
관 찰 자 : 김해솔(성동숲속어린이집)	성 별 : 여	관찰일자 : 2019. 11. 20.
관 찰 장 면 : 자유선택놀이 중 역할, 미술영역		관찰시간 : 오후 3:00~3:13

시간	기록	주석
오후 3:00	서연이가 오른손엔 케이크 한 조각, 왼 손엔 접시를 들고 책상 위에 올린 후 혜리에게 "윤혜리, 이번엔 너가 케이크 올려"라고 말하자 혜리가 "누구 생일이야? 한 서연 생일하면 되겠다!"라고 이야기 한다. 그러자 서연이가 "근데 촛불이 없네?"라고 하며 자리에서 일어나 "혜리야, 내가 촛불 만들어 올테니까 케이크 올려놓고 있어."라고 말하며 조형영역으로 간다. 조형영역에서 한서연 이름이 쓰여있는 스케치북과 필통을 꺼내 책상에 앉아 스케치북 종이 한 장을 뜯어낸다. 다시 일어나 스케치북을 제자리에 놓고 책상에 다시 앉는다. 검정색 색연필을 꺼내 촛불을 그린다.	놀이상황: 서연이, 혜리, 유진이가 역할영역에서 놀이를 하던 중에 서연이가 촛불이 필요해서 촛불이 필요하다며 조형영역으로 간다. 놀이친구: 윤혜리, 성유진 놀이교구: - 조각케이크 - 접시 - 책상 - 스케치북 - 필통(색연필) - 가위
3:07	촛불을 그리고 옆에 있는 유진이에게 "유진아 불은 빨간색이니까 빨간색으로 촛불 칠해줘 나는 촛불을 그릴게"라고 말하자 유진이가 "촛불은 주황색이랑 노란색도 보여 빨간색, 주황색, 노란색으로 촛불 색칠할게."라고 말한다. 서연이가 촛불을 5개 그리고 필통에서 빨간색 색연필을 꺼내 유진이와 촛불을 4분간 같이 색칠하기 시작한다. 5개의 촛불을 다 색칠하고선 서연이가 유진이에게 가위를 들고 "내가 잘 오리니까 내가 가위 쓸게"라며 촛불을 선 따라 자르기 시작한다. 오른손으로 가위를 잡고 왼 손으로 촛불 그림을 들고 3분간 가위질을 한다. 촛불 다섯 개를 다 오린 후 왼손에는 촛불 다섯 개와 오른손에는 유진이의 손을 잡고 다시 혜리가 있는 역할영역으로 간다.	
3:10	역할영역으로 돌아와 "혜리야 촛불 그려서 잘라왔어. 우리는 다섯 살이니까 촛불 다섯 개 가져온 거야."라고 말하고선 책상 앞에 유진이와 무릎을 꿇고 앉는다. 그러자 혜리가 "촛불을 케이크 위에 올리자. 생일 축하 합니다. 노래 부르자. 노래 시~작!"이라고 말하며 서연이와 혜리, 유진이가 다 함께 손뼉을 치며 '생일축하 합니다.' 노래를 부른다. 서연이가 촛불을 왼쪽에서 오른쪽으로 고개를 돌리며 "후~" 분다.	

요약
- 서연이는 자신의 경험을 회상하며 극화놀이를 한다. - 서연이는 색연필로 자신이 그리고자 하는 그림을 그려낼 수 있다.

표본식 기술 관찰기록

사례 22)

관찰 영·유아 : 김서하	생년월일 : 2015. 02. 21.	관찰일 현재 영·유아 연령 : 4년 9월
관 찰 자 : 최선미(성동숲속어린이집)	성 별 : 여	관찰일자 : 2019. 11. 8.
관 찰 장 면 : 자유선택놀이 활동 중 미술영역.정리시간		관찰시간 : 오전 9:56~10:10

시간	기록	주석
오전 9:56	서하가 자유선택이름표판 앞으로 걸어가 멈춘 후 오른손을 앞으로 뻗어 자신의 이름표를 찾아 미술 영역으로 세 발자국을 걸어가 미술영역판의 오른쪽에서 두 번째 비어 있는 까슬이에 오른손에 들고 있던 자신의 이름표를 붙인다. 색칠놀이 바구니 앞에 앉아 바구니를 왼손으로 잡아당긴 후 첫 장에 올려진 채소 그림 활동지를 오른손으로 꺼내 들고 오른쪽으로 고개를 돌리며 교사를 쳐다보고 "선생님! 이거 색칠해도 되요?"라고 질문한다. 교사가 "그래~ 어떤 채소가 있는지 색칠하면서 알아보자"라고 이야기하자 서하가 하은이에게 "하은아! 우리 색칠하자"라고 이야기한다. 서하가 오른손에 활동지를 들고 알림장을 정리하는 교사의 책상 방향으로 세 걸음 걸어가더니 교사 책상 위에 놓여진 유성매직을 왼손 검지손가락으로 가리키며 왼쪽으로 고개를 돌려 교사에게 "선생님! 이걸로 색칠하고 싶어요"라고 한다. 교사가 "사용해도 되지. 그런데 서하야! 매직 사용할 때 지켜야 하는 약속이 뭘까?"라고 하자 "미술판 깔고 색칠해요"라고 대답한 후 오른손에 들고 있던 활동지를 유성매직상자 위에 올리고 두 손으로 유성매직상자를 들어 세 걸음 걸어 미술 영역 책상 위에 내려놓고 뒤로 돌아 두 손으로 미술판을 꺼낸 후 다시 책상방향으로 돌아앉아 마주 보고 앉아 있는 예나 쪽으로 유성매직상자를 밀어 놓는다.	**놀이상황:** 미술 영역에서 유성매직을 이용해 채소활동지를 색칠하는 활동을 하고 정리한다. **놀이친구:** -김하은 -강예린 -김예나 -남윤아 -오도윤 **놀이교구:** 유성매직 미술판 활동지
9:58	유성매직 상자 위에 올려놓았던 활동지를 오른손으로 들어 미술판 위에 올린 후 오른손 엄지와 집게손가락을 이용해 빨간색 매직을 꺼내 왼손으로 뚜껑을 잡아당긴 후 왼손을 활동지 위에 올린 후 오른손에 들고 있는 빨간색 유성매직을 이용해 딸기 그림을 색칠한다. 딸기 색칠을 마친 후 오른손과 왼손을 동시에 가슴높이까지 들어 오른손에 들고 있던 매직을 왼손에 들고 있던 뚜껑에 끼운다. 뚜껑이 끼워진 매직을 오른손에 들고 앞에 있는 매직상자 3번째 빈칸에 끼운 후 빨간색 오른쪽에 있는 주황색 매직을 잡는 동시에 서하의 오른쪽에 앉아서 활동하던 예린이가 오른손을 뻗어 같은 주황색 매직을 잡는다.	
9:59	서하가 예린이를 쳐다보며 "야! 내가 먼저 잡았잖아" 라고 한다. 예린이가 아무 말도 하지 않고 3초가량 서하만 쳐다보고 있으니 "그럼 니가 먼저 쓰고 나한데 꼭 줘"라고 말하며 오른손에 잡고 있던 주황색 매직을 예린이에게 건네준다. 고개를 숙여 활동지를 한번 보고 고개를 들어 매직상자를 보더니 "그럼 나는 포도 색칠해야겠다."라고 말하며 보라색 매직을 꺼내 오른손에는 매직을 왼손에는 뚜껑을 잡고 포도를 색칠한다. 포도를 색칠하고 두 손을 들어 매직을 뚜껑에 끼우고 내려놓는 동시에 서하의 왼쪽에 앉아 활동하던 하은이가 보라색 매직을 가져가려고 하자 "야!! 내가 내려놓으면 가져가야지"라고 말하며 윗니로 아랫입술을 깨물더니 눈을 치켜뜨고 하은이를 쳐다본다. 하은이가 "뭐 어때~ 너 색칠 다 했잖아. 나도 쓰자"라고 하자 "알았어~ 우리 같이 쓰자"라고 말하며 웃는다. 파란색 매직을 꺼내던 서하가 왼손으로 매직의 뚜껑을 잡고 맞은편에 앉아 있는 예나를 바라보며 "김예나 뚜껑을 닫아놔야지 빨간색"이라고 말하고 옥수수 그림을 색칠한다. 미술영역 책상 옆을 지나가던 윤아가 "선생님! 김예나 많이 해요"라고 말하자 고개를 들어 예나의 얼굴을 보더니 예나와 눈이 마주치자 턱을 한번 위로 올리며 "쪼금만 해" 라고 말한다. 옥수수 그림을 다 색칠하고 매직을 뚜껑에 끼운 후 끝낸 활동지를 왼손에 들어 교사에게 보여주며 "다 했어요" 한다.	

시간	기 록	주석
10:03	교사가 "색칠 다 한 것 어떻게 할 거야?"라고 물어보자 왼손에 세로로 들고 있던 활동지를 오른쪽으로 돌리며 가로로 만들어 양손으로 잡은 후 완성된 활동지를 보고 "이거요? 집에 가져가야죠."라고 한다. 교사가 "그럼, 활동지에 서하 이름 써 보는 건 어떨까?" 하자 활동지를 책상 위에 올리고 분홍색 매직을 들어 뚜껑을 연다. 교사가 "서하야! 그런데 서하가 활동한 책상 한번 살펴볼래? 활동지 들어볼까?"라고 하자 왼손으로 활동지를 들고 책상 위를 쳐다본다. 책상 위에 색칠한 매직이 그대로 묻어 나온 것을 발견하고는 고개를 왼쪽으로 돌려 들고 있는 활동지 한번 고개를 숙여 책상 위를 한번 번갈아 가며 보더니 웃음을 보이고 교사를 바라본다. 교사가 "그래서 매직 사용 할 때는 미술판을 잘 깔고 사용해야 해." 하고 말하자 오른손에 들고 있던 분홍색 매직을 왼손에 들고 있는 매직 뚜껑에 끼우고 책상 위에 내려놓은 후 오른손으로 활동지를 미술판 위에 올린 다음 왼손으로 매직상자를 위로 밀어내고 미술판에 활동지를 맞추고 오른손으로 분홍색 매직을 잡고 채리 그림 아래쪽을 시작해 오른쪽으로 김서하♡ 라고 쓰고 채소 그림 중간중간에 보라, 빨강, 주황, 하늘색 매직을 사용해♡를 그린다. 주황색 매직을 이용해♡를 그린 후 매직을 정리 하고 엉덩이를 들더니 활동지를 들고 세로로 놓은 후 오른손은 종이의 오른쪽 위 귀퉁이를 잡고 왼손은 활동지의 왼쪽 3분의2 지점을 잡아 반으로 접은 후 오른손 엄지손가락을 이용해 오른쪽에서 왼쪽으로 밀면서 눌러주고 종이를 오른쪽으로 돌린 후 다시 반으로 접어 오른손 검지손가락으로 오른쪽에서 왼쪽으로 밀면서 눌러준다.	
10:08	접은 활동지를 오른손에 들고 일어나 물통이 있는 일상영역으로 세 걸음 걸어가고 다시 알림장을 놓는 곳으로 네 걸음으로 걸어간다. 다시 뒤로 돌더니 다섯 걸음을 걸어 미술 영역 책상으로 돌아와 활동한 책상 위에 남아 있는 종이 2장을 오른손으로 잡아 들은 후 여섯 걸음으로 걸어 쌓기 영역 앞으로 간다. 쌓기 영역에서 활동하고 있는 지율이에게 활동지를 흔들어 보여주며 "나~ 이거 색칠했다."라고 하고 빠른 여섯 걸음으로 자신의 사물함인 역할영역 씽크대 오른쪽 첫 번째 사물함의 문을 잡은 채 첫 번째 사물함 윗 칸에 활동지를 넣고 사물함 문을 오른손을 이용해 닫은 후 몸을 왼쪽으로 돌려 여덟 걸음으로 걸어 미술영역 책상으로 돌아온다. 책상 위에 남아 있는 미술판 하나를 오른손에 잡고 미술영역 교구장으로 걸어간다. 하은이가 색칠한 활동지를 들고 가는 것을 보더니 "다됐어?"라고 물어보며 오른손에 있던 미술판을 왼손으로 바꿔 잡고 오른손은 미술영역 교구장에 올린다. 왼손을 아래로 한번 내리고 이마 쪽으로 올리더니 이마를 네 번 닦은 후 일어선 채로 왼쪽 다리만 살짝 구부린 채 미술판을 정리한다. 자리에 앉더니 고개를 숙여 미술영역 책상 아래를 살펴본 후 고개를 들고 자리에서 일어나 왼쪽 이마를 왼쪽 엄지, 검지손가락을 이용해 네 번 긁는다.	

요 약
- 서하는 상황에 맞는 이야기를 할 수 있다. - 서하는 자신의 기분을 말로 이야기 할 수 있다. - 서하는 다양한 색을 이용하여 그림을 그리고 색칠 할 수 있다.

표본식 기술 관찰기록

사례 23)

관찰 영·유아 : 박채아	생년월일 : 2015. 6. 12.	관찰일 현재 영·유아 연령 : 4년 9월
관 찰 자 : 강혜정(어울림어린이집)	성 별 : 여	관찰일자 : 2020. 3. 26.
관 찰 장 면 : 자유선택 놀이 활동 중 역할 놀이		관찰시간 : 오전 9:25~9:35

시간	기록	주석
오전 09:25	채아가 아이스크림가게 놀잇감 앞에 서서 아이스크림을 만진다. 수빈이가 다가와 "우리 같이 아이스크림놀이하자"라고 말하자 채아가 "그래 그럼 내가 주인을 할게 니가 손님을 해"라고 말하자 수빈이가 "그래"라고 말하고는 "내가 가방을 가지고 올게"하면 4발자국을 걸어 역할영역 바구니에서 검정색 가방을 찾아 왼쪽 어깨에 메고 다시 4발자국 걸어와 채아 앞에 서서 "아이스크림 사러 왔어요."라고 말한다.	**놀이상황:** 역할영역에서 아이스크림 가게 주인과 손님 역할을 정하고 놀이를 한다.
09:27	채아가 오른손으로 바코드 기계를 들고 "어서 오세요 손님 어떤 아이스크림을 드릴까요?"라고 말하자 수빈이가 3초간 생각을 하고는 오른손 검지손가락으로 딸기 아이스크림과 초코 아이스크림을 차례로 가르키며 "이거하고 이거 주세요."라고 말한다. 채아가 왼손으로 딸기 아이스크림을 집어 들고 오른손에 들고 있던 바코드 기계를 가져다 대며 "삑"하고 한번 소리를 낸다. 그리고는 딸기아이스크림을 내려놓고 다시 왼손으로 초코 아이스크림을 잡아 오른손에 들고 있던 바코드 기계를 가져다 대며 "삑"하고 소리를 낸다. 그리고는 오른손에 들고 있던 바코드 기계를 내려놓고 다시 오른손 검지손가락으로 계산기의 숫자를 "탁탁탁탁탁" 5번 두드리며 "5만원입니다 손님"이라고 말하며 수빈이를 바라본다. 수빈이가 오른쪽 어깨에 메고 있던 회색가방의 끈을 내려 왼손에 들고 오른손으로 지퍼를 열어 파란색 신용카드를 꺼낸다. "잠깐만요 나 빵이랑 우유랑 사과도 살게요."라고 말하고는 오른손으로 빵을 잡아 품에 안는다. 그러고는 다시 오른손으로 우유를 잡아 품에 안고 또다시 오른손으로 사과를 잡아 안고 있던 빵과 우유와 함께 채아에게 내밀며 "이것도 계산해 주세요."라고 말한다. 채아가 수빈이가 건네준 사과와 빵과 우유를 왼손으로 차례로 잡으며 오른손의 바코드 기계를 가져다 대며 "삑 삑 삑"하며 3번 소리를 낸다.	**놀이친구:** 박채아–가게주인 유수빈–손님 **놀이교구:** 회색 가방, 보자기 **역할영역:** 아이스크림 가게 놀잇감
09:32	채아가 노란 보자기를 꺼내와 바닥에 펼치며 "우리 이제 아이스크림을 가지고 소풍을 가자. 나는 엄마 할게 너는 아기를 해"라고 말하고는 오른발과 왼발에 회색 샌들을 차례대로 신으며 빨간색 가방을 오른쪽 어깨에 맨다. 그리고는 수빈이를 향해 "아가야 우리 놀이동산가자"라고 말한다. 수빈이가 "알겠어요. 엄마"라고 말하고는 노란 보자기에 앉으며 오른손에 들고 있던 딸기아이스크림과 왼손에 들고 있던 초코 아이스크림을 보자기위에 내려놓는다. 채아가 노란 보자기에 앉으며 오른손으로 딸기 아이스크림을 들고 "우리 목마르니까 아이스크림먹자 아가야"라고 말하고는 먹는 행동을 한다. 수빈이도 오른손으로 초코 아이스크림을 들고 채아를 보며 함께 먹는 행동을 따라 한다. 채아가 "우리 이제 회전목마 타러가자"라고 말하며 들고 있던 아이스크림을 바닥에 내려놓자 수빈이도 들고 있던 아이스크림을 내려놓으며 "네 엄마 회전목마 엄청 재밌어요."라고 말하며 채아와 손을 잡고 미술영역으로 걸어간다.	

요 약
– 채아는 사회관계 영역의 더불어 생활하기 내용 범주 중 '친구와 서로 사이좋게 도우며 사이좋게 지낸다.'의 내용과 예술경험 영역의 창의적으로 표현하기 내용 범주 중 '극놀이로 경험이나 이야기를 표현한다.'의 내용을 말하며 사회·정서발달 과업에 맞는 범주에서 놀이한다. – 채아는 친구에게 놀이를 제안하고 역할을 정하며 놀이를 주도적으로 리드하며 놀이한다. – 채아는 높은 단계의 사회적 놀이인 협동놀이를 하며 높은 단계의 인지적 놀이인 역할놀이를 하고 논다.

표본식 기술 관찰기록

사례 24)

관찰 영·유아 : 오진성　　　　　　생년월일 : 2013. 2. 21.　　관찰일 현재 영·유아 연령 : 5년 2월

관 찰 자 : 김유신(거원어린이집)　　성 별 : 남　　　　　　관찰일자 : 2018. 4. 19.

관 찰 장 면 : 자유선택 놀이활동 중 역할영역, 쌓기영역, 과학영역　　관찰시간 : 오전 9:20~9:35

시간	기록	주석
오전 9:20	진성이가 쌓기 영역 교구바구니에서 종이 블록을 꺼내서 둥그렇게 하나씩 이어 붙이기를 하다가 블록을 하나씩 꺼내다 한꺼번에 양손을 이용해 와르르 무너뜨리며 꺼낸다. 왼쪽으로 교사와 친구들을 번갈아 보며 뒤돌아서며 양손에 들고 있던 종이 블록을 하나씩 옮긴다. 성연이가 다가와 "같이 놀자" 말하자 "그래 그러자"하며 한 손의 검지 손가락을 입에 물며 대답한다. 진성이가 "성연아, 하나씩 만들어보자" "하나씩 놓아보며 길게 만들자" 말한다. 진성이가 한 개씩 놓으면서 "이것은 기다란 기차~"라고 말한다. 성연이가 "나 잠깐만 화장실 다녀올게. 다시 오면 내가 만들 거야"하며 화장실에 다녀온다. 진성이가 문을 열고 나가는 성연이를 3초 바라보며 "빨리 와~시작할거야"라고 말한다.	놀이상황: 역할영역 쌓기영역 과학영역 음률 영역에서 블록을 사용하여 바다 잠수함 놀이를 하는 상황 놀이친구: – 박준성(과학영역에서 공룡이야기를 만들며 놀이를 시작한다.) – 이성연(등원하면서 역할쌓기 영역 놀이를 시작한다.) – 신정현(공룡놀이를 위해 과학영역에서 놀이 준비를 한다.)
9:28	진성이가 종이블록으로 한 개씩 한 개씩 바닥에 닿게 늘어놓는다. 옆에서 지켜보던 준성이가 과학영역에서 물고기와 기차 장난감을 가지고 와서 종이 블록 위에 쌓아 올린다. 진성이가 "여기는 기차 잠수함이야. 무서운 상어가 나타날 거야." 혼잣말로 말한다. 완성된 잠수함을 보고 과학영역에서 공룡을 가지고 준성이가 달려온다. 종이블록 맨 앞에 앉아서 운전을 시작한다. 손으로 핸들처럼 움직이더니 "자 출발합니다." 한다. 차례차례 들어가 뒤에 앉아 진성이가 "출발하자, 출발. 뛰뛰 빵빵~" 한다. 그리고 정현, 성연이에게 역할영역에 있던 색깔 스카프를 꺼내서 뒤로 던지며 말한다. 진성이가 "여기서는 물고기들이 날아다녀", "이거 받아, 이게 물고기야" 한다. 정현이가 "여기는 모래 위야. 모래에서 살면 물고기는 죽어. 우리 상어가 나타나면 만날 수 있도록 하나, 둘 소리를 크게 내야해" 하고 구령을 붙이며 수영을 하는 모양을 만든다. 성연이가 "진성아~빨리 앉아~. 물이 엄청 들어오잖아"하고 진성이에게 문을 닫으라고 한다. 진성이가 문을 닫기 위해 손을 다리에 붙이고 웅크리며 아빠다리를 한다. 아빠다리를 하는 진성이와 똑같이 성연이와 정현이도 구부리며 바닥에 발을 내려놓는다.	
9:35	진성이가 과학영역에 앞 쪽 자리에서 자리를 바꾸고 와서 콧물을 들이 마신 후 수영을 하고 있는 정현에게 "야~이리 나와 봐~ 2번 말해도 계속 수영을 하는 준성를 향해 "이제 니 자리 없다." 큰 소리로 "니 그러면 나 너랑 안논다." 하며 블록으로 문을 만들어 보이면서 말한다. 성연이가 레고 블록을 가지고 와서 "모두 나를 따르라"하며 오른쪽 옆에서 말하자 진성이도 쌓기 영역으로 가서 레고 블록을 하나 가지고 와서 "나를 따르라"하고 똑같이 말한다. 진성이가 가져온 레고 블록으로 누르는 모양을 만들며 "바다는 괜찮을까~"하며 진성이가 숫자번호도 누르면서 무전기를 만든다. "나와라 오바. 괜찮나 오바~"한다. 블록 안과 밖을 2회 뛰기하며 왔다갔다하다 "나 이제 다른 놀이 할래"하며 이름표를 떼어서 과학영역에 가서 붙인다. 정현이가 "다른 영역에 가려면 이거 정리하고 가야지" 큰 목소리로 말하니 "알았어~"하며 정리정돈을 시작한다.	

요 약
– 진성이는 사회성 발달이 좋아 또래의 말을 듣고 반응을 잘 보이며 상호작용을 잘한다. – 진성이는 쌓기 영역에서 극화놀이를 활발하게 하며 논다.

표본식 기술 관찰기록

사례 25)

관찰 영·유아 : 노윤슬 생년월일 : 2013. 9. 13. 관찰일 현재 영·유아 연령 : 5년 5월
관 찰 자 : 이진희(거원어린이집) 성 별 : 여 관찰일자 : 2018. 4. 17.
관 찰 장 면 : 자유선택 놀이 활동 중 역할 쌓기 영역 관찰시간 : 오전 9:15~9:30

시간	기록	주석
오전 9:15	윤슬이가 자유선택활동 시간에 역할영역에 있는 싱크대 위에 가방을 가져가 어깨에 메고 앉는다. 미술영역에서 그림그리기 색연필을 가져오던 종연이가 "이름표를 붙이고 놀아야지"하고 말한다. 그 소리를 듣자 윤슬이가 출석표가 붙어 있는 곳으로 가서 이름표를 가져와 역할영역에 붙인다. 이름표를 붙인 후 종이 블록을 양손으로 한꺼번에 들면서 윤슬이가 "돼지 집을 지을 거야." 하며 바로 왼쪽 옆에서 이름표를 붙이고 역할영역에 서 있던 현서에게 "다 만든 다음에 들어오라고 아직 안 만들었다고"하며 다른 영역에서 놀이하고 있는 친구들이 들리게 말한다. 그 소리를 들은 하연이가 이름표를 붙이고 역할영역에 들어오자 윤슬이가 하연이에게 "네가 늑대해."라고 말한다. 하연이가 "난 두 번째 돼지 할래."하니 블록을 하나씩 네모 모양으로 만들며 짓고 있던 윤슬이가 "아니야, 넌 늑대 해야지."라고 한다. 이야기를 듣고 있던 준이가 "내가 쌍둥이 늑대 할까? 안되겠다. 나무를 해야겠다."라고 말한다. 윤슬이가 그 이야기를 듣고 "안돼, 나무 안돼."라고 말한다. 미술영역에서 그림을 완성해 가고 있던 종연이가 "나 이거 하고 나무하고 싶다"라고 하니, 윤슬이가 네모 집을 거의 다 만들고 나서 "그래 종연아, 네가 나무해. 이거, 튼튼한 집이야."라고 말하자 종연이가 윤슬이 오른쪽 옆에 서서 다리를 모으고 양팔을 벌려 나무 모양을 만든다.	**놀이상황:** 역할영역, 쌓기영역, 과학영역, 음률 영역에서 가방 블록 음식물 모형을 이용하여 돼지 삼형제 놀이를 준비하는 상황

놀이친구:
– 조하연 : 놀이를 함께 준비하지만 놀이를 준비하는 상황을 지켜본다. |
| 9:23 | 윤슬이가 종연이에게 "나무는 이렇게 해야지."라고 말하며 다리를 모으고 서서 팔을 벌려 나무를 흉내 내는 모습을 보여준 후 "난 첫 번째 돼지야, 첫 번째 돼지, 세 번째 돼지가 벽돌로 사다리를 쌓아서 불 끄라고, 이렇게"라고 말하며 엉덩이를 뒤로 빼고 양손으로 땅을 짚는 모양을 만들며 "이렇게, 이렇게"라고 말한다. 하연이가 과학영역으로 달려가 얼음모형을 가져오며 "이걸로 밥을 만들자."라고 말하니 윤슬이가 바구니에서 얼음을 꺼내서 블록으로 만든 집밖으로 "늑대가 미끄러지는 돌을 하자."라고 말하며 하나씩 꺼내놓는다. 종연이가 이름표를 붙이고 과학영역에 가서 돌고래, 상어, 모형을 바닥에 뿌려 놓으며 "윤슬아, 그럼 여기를 늑대가 오는 바다라고 하자. 늑대가 오는 바다."라고 말하자 싱크대에서 엉덩이를 앉았다 섰다 하던 윤슬이가 "사다리 타고 오면 되잖아."라고 하니 준이가 "늑대가 책상 밑에 숨었다 와도 되잖아."라고 한다. 왼쪽 옆에 앉아 있던 하연이가 "나 물 마시러 온다."라고 하니 윤슬이가 "여기 엄청 많아. 그래서 나가면 못 들어와."라고 한다. 윤슬이가 블록으로 만들어 주었던 집안으로 들어가 "여기는 돼지집입니다."라고 말하자 준이가 오른손에 전화기를 들고 "따르르릉"소리를 내며 엎드려서 돼지 집에 들어오려고 한다. 윤슬이가 준이에게 "늑대는 밤에 나와, 지금 밤이야."하며 엎드리자 준이가 오른손에 있던 전화기를 놓아두고 큰 목소리로 "나무 옆에 거미도 나타났다."라고 말하며 집안으로 기어들어가 구석에 들어가 숨는다. 준이가 기어들어오다 블록을 한 개가 무너지자 윤슬이가 "네가 기어 들어와서 망가졌잖아."라고 한다. | – 박준이 : 늑대역할이 되어서 쌓기 영역밖에서 놀이 시작을 기다린다.

– 원종연 : 미술영역에서 자신의 미술표현하기를 마무리 한 후 놀이에 참여한다.

놀이교구:
|
| 9:26 | 윤슬이가 음식물 모형 놀잇감 중에 파인애플을 오른손에 들고 와 늑대인 준이에게 건네며 "그런데, 이 파인애플을 먹고 늑대가 아팠데."라고 하며 왼쪽 옆에 있는 미술영역으로 달려가 분홍색 색연필을 꺼내와 주사바늘을 만든다. 윤슬이가 "야, 여기 색연필에 꿀이 많이 들어 있데."라고 말하며 파인애플 모형에 색연필을 꽂는 모습을 만들고 "늑대가 꿀을 좋아하니까 파인애플에 꿀을 바르는 거야."라고 말한다. 그 바로 왼쪽 옆에서 나무를 하던 종연이가 "노윤슬, 나 그릴래, 늑대게?"라고 물어보자 윤슬이가 오른손에 들고 있던 파인애플을 가지고 와서 왼손에 색연필을 들고 파인애플에 색연필을 꽂는 모양을 만들며 "늑대야 꿀 많이 들어가 있어, 꿀 많이 짰어. 꿀 엄청 많이 넣었다."라고 말한다. 준이가 점프하며 파인애플을 가져가려고 하자 윤슬이가 큰소리로 "야! 야! 망가 트리지마, 망가 트리지마."라고 말하며 집으로 다시 돌아간다. | |

요 약

– 윤슬이는 자신의 경험에 대해 다섯 문장으로 된 짧은 이야기를 자신의 말로 재현할 수 있다.
– 자신과 다른 사람이 여러 감정을 가지고 있음을 알고 나의 소유물과 다른 사람의 소유물을 구별할 수 있다.
– 윤슬이는 친구와 집단놀이를 하며 극화놀이를 한다.

표본식 기술 관찰기록

사례 26)

관찰 영·유아 : 원휘연 　　　　생년월일 : 2014. 3. 13 　　관찰일 현재 영·유아 연령 : 5년 7월
관 찰 자 : 현효선(새싹어린이집)　　성 별 : 남 　　　　관찰일자 : 2019. 10. 21.
관 찰 장 면 : 자유선택활동 중 쌓기영역, 미술영역 　　관찰시간 : 오후 3:33~3:43

시간	기록	주석
오후 3:33	휘연이가 쌓기 영역에서 지후, 재민이와 함께 스테포 블록을 한다. 블록상자는 가운데 있고, 지후, 재민이가 휘연이가 서로 다른 방향에서 만든다. 14초 정도 고개를 숙이고 블록을 끼운다. 다 완성한 스네포 블록 모형을 휘연이가 교사에게 보여주며 "이거 담수함이예요."라고 이야기를 한다. 교사가 "휘연이가 만든 건 바퀴가 없네"라고 이야기를 하자 휘연이가 "이건 담수함이라고요"라고 이야기를 한다. "그럼 잠수함은 왜 바퀴가 없을까?"라고 이야기를 하자 휘연이가 금방 "담수함은 바다 속에 있어서 바퀴가 없어요."라고 한다. 지후가 "나 이제 그만 할래"라고 하자 휘연이도 "나도 그만해야지"하며 블록을 하나씩 빼서 스네포 상자에 넣어 둔다. 넣어둔 블록은 재민이가 사용을 한다고 해서 상자는 그냥 두고 미술영역으로 들어간다.	**놀이상황:** - 쌓기 영역에서 잠수함 만들어 소개하기 - 미술영역에서 색종이로 만든 개구리 움직이기 **놀이친구:** - 전지후 (쌓기, 미술영역) - 김재민(쌓기영역) **놀이 교구:** 〈스네포 블록〉 〈색종이〉
03:37	휘연이가 미술영역으로 들어가서 색종이 상자를 꺼내 "나 색종이 접기 해야지"한다. 다른 친구들과 종이접기를 하는 있는 교사에게 색종이를 가져다 주며 "선생님 저 개구리 접어주세요."라고 이야기를 한다. 휘연이가 "난 초록색 색종이로 해야지"하며 초록색 색종이로 골라서 다시 꺼낸다. 휘연이가 "난 작은 개구리 만들어야지."라고 이야기를 한다. 교사가 "왜 작은 개구리를 만들어 싶어?"라고 묻자 "작은 개구리가 귀여워요."라고 대답을 하며 웃는다. 휘연이가 웃음을 보이며 "청개구리는 말을 안들어요."라고 하자 교사가 "왜 엄마 말을 안들은 거 같아?"라고 묻자 "엄마 말을 안들어서 엄마가 죽었어요."라고 한다. 옆에서 함께 종이접기를 하던 지후가 "나도 청개구리 본 적 있어요. 그런데 멀리 가버렸어요."라고 이야기를 하자 휘연이도 "나도 청개구리 봤어."라고 이야기를 하였다. 교사가 "휘연이는 어디에서 봤어?"라고 묻자 "바다에서?"라고 끝말을 올린다. 교사가 웃으면서 휘연이는 바라보자 "물인가?..."라고 말을 하며 고개를 갸우뚱한다. 교사가 완성한 개구리를 휘연이에게 건네자 휘연이가 "고맙습니다."라고 인사를 한다.	
03:40	휘연이가 완성한 개구리를 가지고 미술영역 책상에서 움직이기 놀이를 한다. 손가락으로 엉덩이 부분을 누른다. 연속해서 세 번 엉덩이를 눌러 움직이기를 한다. 잠깐 생각하더니 미술영역에 있는 연보라색 미술 색연필을 가져온다. 색연필을 뒤집어 개구리 엉덩이를 누른다. 개구리가 조금씩 움직인다. 휘연이가 엉덩이를 들며 다시 색연필로 개구리 엉덩이 반복해서 누르자 조금씩 옆에 있는 교사에게로 움직이자 "어~개구리가 현효선 선생님한테 간다."라고 이야기를 하며 웃는다. 교사가 "왜 선생님한테 오지?"라고 하자 "선생님은 개구리를 본적이 없어서요."하며 웃는다. 그 모습을 보던 지후가 "난 잘 안 움직여요"라고 하니까 휘연이가 "난 연필로 하는데"하며 큰 목소리로 이야기를 하며 지후에게 연필을 보여준다. 지후도 휘연이처럼 연필을 가져와 연필로 개구리를 움직여 본다. 교사가 "휘연이는 왜 연필로 했어?"라고 묻자 "손가락으로는 잘 안되서 색연필로 했어요"라고 이야기를 한다. "나 이제 그만해야지"하며 개구리를 사물함에 넣는다.	

요 약
- 휘연이는 자신의 느낌이나 생각을 적절한 문장과 낱말로 말 할 수 있다. - 들었던 동화의 내용을 기억하고 이야기를 전달할 수 있다. - 휘연이는 생활도구를 이해하고 활용 할 수 있다.

표본식 기술 관찰기록

사례 27)

관찰 영·유아 : 김수현	생년월일 : 2012. 4. 19.	관찰일 현재 영·유아 연령 : 6년
관 찰 자 : 송혜영(거원어린이집)	성 별 : 여	관찰일자 : 2018. 4. 19.
관 찰 장 면 : 자유선택활동 수·조작 영역		관찰시간 : 오전 9:30~9:40

시간	기록	주석
오전 9:30	수현이가 오른손에 숫자 수수께끼를 들고 연우를 보며 연우에게 "우리 숫자 수수께끼 하자"라고 하니 3초 후 연우가 수현이를 보며 수현이에게 "우리 둘이 하는 것 보다 새봄이 오면 하자"라며 6초간 수·조작 영역에서 기다린다. 수·조작 영역에 새봄이가 오자 수현이가 새봄이를 보며 "새봄아 연우랑 숫자 수수께끼 할래?"라며 물어본다. 새봄이가 2초 후 수현이와 연우를 보며 "응 같이 하자"라고 대답 하고 수현, 연우, 새봄이가 의자에 앉는다. 수현이가 "우리 가위 바위 보로 정하자"라고 이야기 하니 연우가 "그래 빨리 정하자"라며 세 명이 가위 바위 보를 한다. 수현이는 오른손으로 바위, 새봄이는 오른손으로 가위, 연우는 오른손으로 가위를 낸다. 수현이가 숫자 수수께끼를 가지고 왼손으로 숫자 수수께끼를 들고 오른손으로 3번 넘기고 수수께끼에 숫자 7이 나오자 자신이 본 숫자가 몇인지를 맞추도록 문제를 낸다. 연우가 오른손을 들고 수현이에게 "4"라고 물어보니 2초 후 수현이가 연우를 보며 "아니 4보다 커"라고 대답한다. 새봄이가 왼손을 들고 "6"이라고 물어보니 수현이가 새봄이를 보며 "오른손 들고 질문 해야지"라고 말한다. 3초 후 새봄이가 수현이를 보며 "6"이라고 다시 물어보니 수현이가 "아니 6보다 커"라고 대답한다. 5초 후 연우가 오른손을 들고 "8"이라고 물어보니 수현이가 연우를 보며 "아니 8보다 작아" 라고 대답한다. 새봄이가 오른손을 들고 "그럼 7이네"라고 대답하니 수현이가 새봄이를 보며 "어 맞아"라고 수현이가 대답한다.	놀이상황: 수현이와 연우가 먼저 수·조작영역에서 있다가 새봄이가 수·조작영역에서 오니 1~10까지 수수께끼를 하기 시작한다. 놀이친구: 이연우, 한새봄(수조작 영역) 놀이교구: 숫자(1~10)
9:35	수연이가 오른손으로 수수께끼 숫자를 새봄이에게 주자 새봄이가 오른손으로 숫자 수수께끼를 받아 왼손으로 2번 넘기고 2초 후 문제를 내려고 하다가 연우를 보며 "연우야 네가 내"라며 새봄이가 오른손으로 숫자 수수께끼를 연우에게 건네준다. 3초 후 연우는 왼손으로 숫자 수수께끼를 들고 오른손으로 5번 넘기고 수수께끼에 8이 나오자 자신이 보고 있는 숫자를 맞힐 수 있도록 문제를 낸다. 새봄이가 오른손을 들고 "10보다 커"라고 물어보니 연우가 새봄이를 보며 "아니 작아"라고 대답한다. 수현이가 오른손을 들고 "5보다 작아"라고 물어보니 2초 후 연우가 수현이를 보며 "아니 5보다 커"라고 대답한다. 수현이가 오른손을 들고 "9보다 작아"라고 물어보니 연우가 수현이를 보며 바로 "응 9보다 작아"라고 대답한다. 새봄이가 오른손을 들고 "6보다 커"라고 물어보니 연우가 새봄이를 보며 2초 후 "응 6보다 커"라고 대답한다. 수현이가 오른손을 들고 "그럼 8 맞아" 라고 물어보니 연우가 수현이를 보며 "응 맞아"라고 대답한다.	

요약
– 수현이는 수의 세기를 한 후 숫자만큼 더하고 빼기를 연결할 수 있다. – 수현이는 놀이 시 규칙을 세울 수 있다. – 수현이는 친구들과 화목하게 지내며 사회성이 발달이 좋다.

표본식 기술 관찰기록

사례 28)

관찰 영·유아 : 양유준　　　　생년월일 : 2012. 04. 24.　　관찰일 현재 영·유아 연령 : 6년
관 찰 자 : 김지나(거원어린이집)　　성 별 : 남　　　　관찰일자 : 2018. 04. 19.
관 찰 장 면 : 자유선택활동 중 언어 영역　　　　　　관찰시간 : 오전 09:20~09:35

시간	기록	주석
오전 09:20	유준이가 언어영역에서 생활 속 긴급 전화번호가 적힌 카드와 전화기를 꺼내 책상 위에 올려놓고 의자에 앉는다. 지나가던 유빈이가 유준이 왼쪽 옆에 앉아 카드를 여러 개 잡아 자신의 책상 앞에 놓는다. 유준이가 남아있는 카드를 펼친 후 오른손 집게손가락으로 카드를 짚으며 "1, 2, 3, 4, 5, 6, 7, 8, 9"라고 센 후 옆에 있는 유빈이의 카드도 오른손 집게손가락으로 짚으며 "그리고 10, 11, 12, 13, 14, 15. 넌 15개야. 아니다. 1, 2, 3, 4, 5, 6 넌 6개네. 내가 더 많다."라고 말한다. 유빈이가 "난 112있어."라고 말하자 유준이가 자신의 카드를 3초 동안 훑어보더니 "난 119랑 128, 114도 있어."라고 말한 후 119가 적힌 카드를 잡아 전화기에 꽂는다.	놀이상황: 언어영역에서 유빈이와 전화기로 역할 놀이를 하고 있다.

놀이친구: 조유빈

놀이교구: 전화기, 생활 속 긴급 전화번호가 적힌 카드 |
| 09:23 | 유준이가 얼굴을 찡그리며 전화기에 적힌 숫자 버튼 중에서 1, 1, 9 버튼을 오른손 집게손가락으로 차례대로 누른 후 전화기를 오른쪽 귀에 대고 "여보세요. 여보세요. 불이 났어요. 우리 집이 불이 났어요. 빨리 오세요. 여기는 거원 아파트 205호에요. 네?" 하고는 전화기를 귀에서 뗀 후 유빈이를 쳐다보며 "야 소방차 빨리 온데."라고 말한다. 유빈이가 유준이의 오른손에 들고 있는 전화기를 두 손으로 잡아 자기 쪽으로 틀어 전화기에 꽂힌 카드의 그림을 보며 "너 119에 전화한 거야? 뒤에 봐봐."라고 말한다. | |
| 09:27 | 유준이가 오른손으로 카드를 뽑아 뒤집어 본다. "맞아 119. 으아악~~" 소리를 내며 일어나 의자에 무릎을 꿇은 채 앉아 오른손에 들고 있는 핸드폰을 좌우로 3번 흔들어 책상에 내려놓는다. 유빈이를 보며 "야 빨리 대피해. 숙여. 숙여."라고 말하며 의자에서 일어나 허리를 숙이고 옷 앞쪽을 끌어당겨 입과 코까지 올린 후 책상 주변을 4초 동안 빠르게 돌아 다시 자기 자리에 앉는다. 유빈이도 뒤따라오며 옆에 앉는다. 왼쪽 옆에 앉은 유빈이를 보며 "야 살았다. 그지?"라고 묻자 유빈이가 고개를 두 번 끄덕이며 "나 엄청 빨리 돌았어."라고 말한다. | |
| 09:30 | 유빈이가 책상 위에 있는 전화기를 두 손으로 잡아 "야 이번에 내가 할게. 112 어디 있냐?"라고 묻자 유준이가 고개를 두 번 좌우로 움직이며 카드를 보고 경찰관 그림이 그려진 카드를 두 손으로 잡아 뒤집어 본다. "112맞아 이거 넣어 봐봐."라고 말하며 오른손으로 카드를 유빈이에게 건넨다. 유빈이가 왼손으로 카드를 받아 전화기에 꽂고 왼쪽 귀에 대고 "여기 도둑 있어요. 야. 우리 집에 컴퓨터랑 닌텐도 가져갔어. 크헝."라고 말하며 두 팔을 책상 위에 뻗고 고개를 숙여 이마를 책상에 붙인다. 유준이가 두 손으로 유빈이의 어깨를 들어올리며 "야 경찰아저씨 왔어. 경찰입니다. 조금만 기다리세요."라며 목소리에 힘을 주어 말한다. 유빈이가 "야 도둑 잡아라."라며 소리 지르고 의자에서 일어나 책상 주변을 4초 동안 빠르게 돌자 유준이도 의자에서 일어나 유빈이 뒤를 따라 빠르게 돈다. 앞에 가는 유빈이의 어깨를 두 팔로 감싸 안으며 유준이가 "잡았다."라고 소리 지르자 유빈이가 유준이의 팔을 풀며 유준이와 마주보고서는 "야 나 도둑 아니잖아."라고 말하며 5초 동안 서로 웃는다.

지나가던 시헌이가 "야 우리 과학가자."라고 말하자 유준이가 고개를 내밀어 과학 영역을 쳐다본다. 유준이가 "그래. 야, 가자. 야, 과학에 아무도 없어."라고 말하며 책상 위에 있는 바구니에 전화기를 넣고 양팔로 카드를 쓸어 담아 바구니에 넣는다. 다 정리한 바구니를 오른손으로 교구장에 넣고 언어영역 교구장에 붙여있는 자신의 이름표를 떼어 과학영역으로 달려간다. | |

요 약

− 유준이는 다양한 낱말을 사용하여 상황에 맞게 말한다.
− 유준이는 수 세기를 15까지 하며 많고 적음을 비교할 수 있다.
− 유준이는 112와 119와 같은 생활 속 긴급 번호와 응급상황에서의 인과관계를 잘 인지하고 있다.

표본식 기술 관찰기록

사례 29)

관찰 영·유아 : 이연주	생년월일 : 2013. 7. 16.	관찰일 현재 영·유아 연령 : 6년 3월
관 찰 자 : 김선용(성동숲속어린이집)	성 별 : 여	관찰일자 : 2019. 11. 8.
관 찰 장 면 : 자유선택놀이 활동 중 미술영역		관찰시간 : 오전 9:25~9:40

시간	기록	주석
9:25	연주가 이면지 바구니에서 이면지를 한 장을 꺼내다가 다른 종이가 바닥에 떨어지자 종이를 왼손으로 옮기고 오른손으로 떨어진 종이를 주워서 바구니에 다시 넣었다. 그리고 책상에 앉으며 종이를 책상 위에 올려놓았다. 자기 필통 안을 2초 보다가 자를 꺼내어 종이의 왼쪽 편에 올려놓고 직선을 그린다. 그리고 왼쪽으로 종이를 1번 돌려서 좀 전에 그린 직선에 이어지게 자를 놓고 직선을 그리고 다시 왼쪽으로 종이를 1번 돌려서 다시 직선을 그리고 다시 왼쪽으로 종이를 1번 돌려서 직선을 그려서 ㅁ(사각형)을 그리고 난 후 2분 동안 사각형 집 위로 삼각형 지붕 2개와 집안에 4칸 사각형 창문 1개, 전등, 문을 그린 후에 "와~ 다 됐다!" 라고 말한다. 연주가 말을 하자 앞에서 그리던 지원이가 "연주야 이리와, 나랑 같이 할래?"라고 한다. 지원이가 사용하던 자와 볼펜을 필통에 하나씩 넣고 오른손으로 필통과 종이를 들고 지원이 옆으로 간다.	**놀이상황:** 미술영역에서 현승이, 지원이와 집을 그리는 상황 **놀이친구:** 박지원, 노현승 **놀이교구:** 가위
9:29	지원이 옆으로 가서 앉으며 종이는 책상 위에 올려놓고 필통은 책상 아래에 놓는다. 그리고 옆에 집을 그리고 있던 지원이 그림을 3초 쳐다보자 지원이가 "연주야 창문부터 색칠할까?"라고 묻자 "그래"라고 대답하며 자신의 필통에서 "하나, 둘, 셋 쏙~"라고 혼잣말을 하며 필통을 열어서 연두색 형광펜을 꺼내어 뚜껑을 열어 펜 뒤에 꽃은 후 왼쪽 창문 칸부터 한 칸씩 색칠을 시작한다. 연두색 형광펜 뚜껑을 덮고 필통에 넣은 후 가위를 오른손으로 꺼내어서 왼손으로는 종이를 들고 집을 11초간 위로 길게 자르다가 왼쪽으로 종이를 돌려서 자르다가 다시 왼쪽으로 한번 더 돌려서 오린다. 그리고 앞쪽 책상에 있던 현승이 "문은"이라고 묻자 "문 뚫어야 해"라고 대답한다. 집을 오린 후 문은 문의 반만 가위로 오린 후 오린 만큼만 접는다. 그리고 연주가 지원이와 현승이에게 "이거 봐봐. 짜잔~" 하며 문을 열고 닫는 모습을 보인다. 지원이가 연주를 보며 "오~ 그렇게 하자"라고 말한다. 연주가 가위를 필통에 넣으면서 "아~ 라디오를 그려야겠다."라고 말하며 분홍색 형광펜을 필통에서 꺼내어 책상을 그리고 그 위에 라디오, 라디오 전원버튼, 안테나를 그린다. 연주가 "지원아 나 자 좀 써도 돼?"라고 물어보자 지원이가 모양자를 준다. 연주가 오른손으로 모양자를 받으며 "고마워"라고 말한다. 모양자를 라디오 안테나 위쪽으로 놓고 빨간색 볼펜으로 모양자에 있는 음표를 따라 그린다. 그리고 자를 치우고 그려진 음표를 쳐다보더니 모양자를 대고 음표 1개를 그리고 자기가 알고 있던 음표(♪) 1개를 더 그린다. 음표 옆에 검정색 볼펜으로 높은음자리표를 그리고 난 후 지원이에게 "이게 높은음자리표야"라고 말하자 지원이가 "우와 잘 그린다."라고 말한다. 그러자 높은음자리표를 1개 더 그린다. 연주가 "이제 집 색칠하자"라고 지원이에게 제안하자 지원이가 "그래"라고 대답했다. 집안에 있는 전등은 금색으로 30초 색칠하고 난 후 은색펜을 꺼내어 라디오를 30초간 칠한다. 그리고 노랑형광색펜을 꺼내어 책상을 40초간 색칠한다.	자(모양자) 종이  테이프 

시간	기 록	주석
9:40	집을 다 색칠한 후에 지원이가 "집을 이제 세워볼까?"라고 말하자 3초간 대답 없이 집을 바라보다가 "집이 잘 안세워지니까 여기 아래에 이거 붙여볼까?" 하면서 다른 이면지 종이를 이면지 바구니에서 꺼내어 보여준다. 그리고는 집 2개를 교실바닥에 놓고 "지원아 테이프 좀 줘봐, 내가 붙일게"라고 말하며 2개의 집을 서로 붙도록 연결해서 두 손으로 집을 누른다. 지원이가 테이프를 주자 오른손으로 테이프를 받고 왼손은 2집의 연결부분을 누르고 받은 테이프를 집의 윗부분부터 차례대로 하나씩 붙인다. 테이프를 다 붙인 후 집을 반으로 접었다 펴서 세우자 "지원아 집 들어봐"라고 말한다. 지원이가 두 손으로 집을 들자 연주가 집 아래로 다른 이면지를 놓고 "여기에 올려놔" 한다. 지원이가 집을 내려놓자 집 밖으로 나가는 종이 부분을 연필로 선을 긋는다. 그리고 가위를 오른손으로 들고 연필로 그린 부분을 자른다. 지원이가 집과 종이를 잡고 연주가 테이프를 떼어서 붙이고 2면에 테이프를 다 붙인 후 "와~ 완성. 현승아 우리 집 다 만들었어."라고 하며 집을 두 손으로 들어서 일어선다.	필통(볼펜&색연필)
요 약		
– 연주는 친구의 의견을 존중하며 친구에게 놀이를 제안한다. – 다양한 재료와 도구를 이용하여 미술활동을 즐기며 자신의 생각을 꾸미기나 만들기로 표현한다. – 사물의 면적을 측정하고 생활도구를 이해하고 활용한다.		

표본식 기술 관찰기록

사례 30)

관찰 영·유아 : 유다혜	생년월일 : 2013. 04. 19.	관찰일 현재 영·유아 연령 : 6년 6월
관 찰 자 : 최은경(성동숲속어린이집)	성 별 : 여	관찰일자 : 2019. 11. 7.
관 찰 장 면 : 오전 자유선택놀이 활동 중 역할영역		관찰시간 : 오전 9:35~9:48

시간	기록	주석
오전 9:35	역할영역에서 다혜가 오른손에는 핸드폰을 들어 귀에 대고 왼손은 요리사 모자를 들어 어깨에 올렸다가 팔을 돌리며 싱크대 앞에 앉아서 요리하고 있는 수연이에게 다가간다. 3초간 수연이가 요리하는 모습을 지켜보다가 다혜가 "수연아 너 요리하냐?" 하자 수연이가 고개를 끄덕이며 "나 야채 요리해 그런데 요리를 먹을 사람이 없어" 한다. 다혜가 "친구야 혼자 놀면 재미없어 우리 같이 놀자"라고 말한다. 수연이가 다혜를 잠깐 바라보다가 "내가 요리를 잘하니깐 내가 엄마 할래." 말한다. 다혜가 싱크대 위 설거지 그릇 옆에 있는 야채 접시를 옆에 있는 테이블로 옮기고 의자에 앉으며 "나는 형아 할래." 하자 테이블 옆 의자에 앉아서 핸드폰을 만지던 지니가 "나는 언니해도 되지" 말한다. 다혜가 "지니야 언니 말고 동생해라" 하자 지니 핸드폰을 교구 바구니에 정리하며 "알았어. 내가 동생할게."라고 말한다.	**놀이상황:** 역할영역에서 다혜가 엄마 아빠 놀이를 제안하고 요리를 하며 지폐를 가지고 놀이한다. **놀이친구:** – 박수연:엄마역할을 하며 지폐를 나누어 준다. – 유지니:동생역할을 하며 놀이를 바라본다.
9:38	역할영역 교구장문을 열어 다혜가 야채 교구바구니를 테이블 위에 놓고 의자를 끌어당겨 앉는다. 테이블을 둘러 지니와 수연이가 앉아있다. 다혜가 야채 바구니에서 야채를 하나씩 꺼내며 테이블 위의 냄비에 넣으며 "당근도 넣고 피망도 넣고 토마토도 넣고 고추도 넣고" 냄비의 야채가 넘쳐서 바닥에 떨어진다. 지니가 "야 이게 뭐야" 바닥에 떨어진 토마토 야채를 주워서 테이블에 올린다. 다혜가 "동생아~ 미안해 언니가 너무 맛있는 요리를 해서 그래"한다. 옆에 의자에 앉은 수연이가 모형 돈을 세며 다혜에게 오만원권을 건네주며 "오만원이다"한다. 다혜가 오만원권을 받아 야채 바구니에 넣으며 "오만원이다"한다. 수연이가 천원을 건네주자 "천원이다" 한다. 다혜가 야채 바구니에 넣은 오만원을 야채 냄비에 꽂으며 "오만원도 넣고" 하며 천원지폐를 냄비에 꽂으며 "천원도 넣고~" 한다. 텅 빈 야채 바구니를 들어 냄비 위에 올리며 "박스도 넣고" 하자 지니가 "야 넘치자나 몇 개만 빼자" 하자 다혜가 "안돼 많이 먹어야 된단 말이야" 한다.	**놀이교구:** 지폐 냄비 야채 가방
9:42	다혜가 야채 냄비 위의 야채 박스를 테이블 위에 놓으며 수연이에게 "엄마 돈 주세요" 한다. 다혜 옆에서 모형 돈을 세며 놀이하던 수연이가 돈을 테이블 위에 올려놓고 옆으로 쭉 늘어놓으며 다혜에게 오만원 지폐을 주며 "오만원이다" 한다. 지니에게 오만원을 주며 "오만원이다"라고 말하며 수연이가 다혜와 지니에게 하나씩 지폐를 나누어준다. 다혜는 수연이가 주는 지폐를 받아 야채박스에 하나씩 쌓으며 "하나, 둘, 셋, 넷..." 숫자를 센다. 다혜와 지니에게 돈을 나누어 주던 수연이가 돈을 세며 "몇 개인데? 11개냐" 하자 다혜가 "11개가 얼마인데?" 한다. 다혜가 야채박스에서 지폐를 꺼내서 테이블에 늘어놓으며 "하나, 둘, 셋...세며 나 9개 받았어" 한다. 수연이가 "그럼 가방에 찾아봐"하자 다혜가 몸을 옮겨 가방 교구 바구니의 파란색 가방의 지퍼를 열고 손을 넣어 가방 안에서 지폐를 찾는다. 5초간 가방을 살핀 다혜가 가방을 뒤집으며 수연이에게 보여주며 "야 없어"한다. 수연이가 지니에게 "야 핸드폰 엄마 줘~ 엄마는 채소 먹는단 말이야" 한다. 다혜가 "진짜 9개 밖에 없어" 하자 수연이가 "근데 진짜 다 채소 싫어한다고" 한다. 다혜가 수연이에게 지폐를 보여주며 "야 이거 4개지 4만원" 하며 오만원 지폐를 보여준다. 다혜가 "이게 5장이자나 그러니깐 9장 맞지" 하자 수연이가 테이블 위의 지폐를 살펴본다. 다혜가 "그러면 우리 합쳐서 아껴서 쓸까?" 하자 수연이가 "알았어" 한다. 다혜가 테이블 위의 닭고기를 들고 "만원", 당근을 들고 놓으며 "오천원" 한다.	

요약

– 다혜는 친구에게 놀이를 제안하고 역할을 정하며 주도적으로 놀이한다.
– 사회성이 잘 발달되어 친구와 갈등이 생기면 협상할 수 있다.
– 화폐의 단위를 알고 수량을 셀 수 있다.

2. 일화기록

1) 일화기록의 정의

일화기록(anecdotal records)은 한 인간의 성격 및 행동특성, 적응양식을 이해하기 위해서 구체적인 행동사례를 될 수 있는 대로 상세하게 기록하는 방법이다.

이 방법은 주로 아동의 정의적 학습과 사회적 적응의 평가에 사용되나 일반 지적 영역에 대한 평가를 위해서도 이용된다. 하나의 문제행동을 해결하는 데 그것이 어떠한 발달과 변화과정을 거쳐 왔는가에 관한 과거의 지식이 중요하기 때문에 이 방법은 특정한 아동의 문제행동을 연구하는 데 특히 도움이 된다.[7]

일화기록은 일기식 기술과 거의 비슷한 시기에 발달하여 두 번째로 오래된 역사를 갖고 있는 관찰의 한 기록 형태이다. 일화기록은 어떤 짧은 내용의 사건, 즉 일화에 대한 서술적인 기록이다. 사건이나 행동을 서술할 때 마치 사진을 보는 것과 같이 사실적으로 묘사되는 글이라 하여 일화기록은 글로 묘사된 사진(word picture)이라고 표현하기도 한다.[8]

일화기록은 한 가지 행동이나 상황에 초점을 맞추어 기록하기 때문에 관찰자는 유아 행동의 패턴이나 변화, 발전, 특기할 만한 사건 혹은 미리 정해진 범주에 따라 유아들의 행동을 관찰할 수 있다.[9]

일화기록은 다양한 상황에서 아동의 자연적인 행동에 관한 정보를 제공해 주므로 개인의 기본적이고 중요한 성격 특성을 이해할 수 있게 해 준다. 일화기록은 최근까지도 아동교육 현장에서 많이 사용되고 있는 관찰의 한 형태이며 교사가 아동을 이해하고 그들의 발달을 파악하는 데 중요한 역할을 한다.

---

7) 한국유아교육학회, 앞의 사전, p. 458.
8) 이은해, 앞의 책, p. 157 참조.
9) C. A. Cartwright and G. P. Cartwright(1974). Developing observation skills(New York: McGraw-Hill Book Co.), p. 131. 이은해, 앞의 책, p. 156.

2) 일화기록의 특징

일화기록은 특정한 시간이나 사건에 제한 없이 언제 어디서나 관찰 기록할 수 있다. 뿐만 아니라 어떤 일정한 행동의 범주나 다른 부호를 가지고 어떤 패턴에 맞추어 기록하는 것이 아니므로 특별한 준비나 계획이 없어도 관찰자가 흥미 있다고 생각되는 것이라면 어떤 것이라도 그때그때 기록하면 된다. 일화기록은 서술식으로 기록하는 것과 특별한 준비나 시간의 제한이 없다는 점에서 일기식 기술과 유사한 점이 많다. 그러나 일기식 기술은 극히 제한된 소수의 아동에 대한 연속적인(연속성이 있는) 기록인데 반해, 일화기록은 아동에 대한 연속성보다는 행동이나 반응의 일반적인 특성에 더 관심을 둔다.[10]

관찰자는 유아들의 특정한 영역의 발달에 관심을 갖고 그 영역에 관련된 일화만을 기록할 수 있는데 예를 들면 다음과 같다.

① 관찰자가 유아의 공격성에 관심이 있다고 하면 유아들의 자유놀이 시간에 장난감을 갖고 놀이하는 것을 관찰하면서 장난감을 서로 빼앗기지 않기 위해 친구를 때린다거나 언어적인 공격을 가한다면 그 상황을 있는 그대로 묘사하여 기록할 수 있다.

② 유아들의 가상행동이나 상징놀이(symbolic play)에 관심이 있다면 놀이시간에 빈 컵으로 물을 마시는 척한다거나 적목을 갖고 전화를 거는 척하거나 역할놀이(role play)를 하면서 엄마처럼, 아빠처럼 말하고 행동하는 장면을 있는 그대로 기술하여 유아의 발달이 어느 정도인지를 분석할 수 있을 것이다.

③ 유아들의 편식이나 식생활 습관을 알고 싶으면 간식시간이나 점심시간을 이용해서 기록할 수 있다.

이와 같이 일화기록은 직접관찰의 형태로서는 가장 다양하게 적용할 수 있는 방법이며 다음과 같은 특징을 갖는다.

첫째, 일화기록은 관찰된 사건에 대한 사실적, 객관적인 기록이다.

둘째, 일화기록은 여러 가지의 직접적인 관찰방법 가운데 가장 쉽고 간단한 기록 방법이다. 일화기록은 어떤 일정한 패턴에 정해진 행동의 범주에 따라 부호를 갖고 기록하는 것이 아니라 관찰자가 기록할 만한 가치와 흥미가 있는 일화라면 언제 어디서나 관찰하여 간단하게 기록할 수 있기 때문이다.

---

10) 이정환, 박은혜, 앞의 책, p. 34.

셋째, 일화기록은 예기치 않던 행동에 대한 기록이다. 유아교육 현장에서 가끔 교사가 전혀 기대하지 않은 상상 외의 행동을 유아가 할 때가 있는데 이 때 우발적인 행동을 기록하는 방법으로 일화기록이 가장 적합하다고 볼 수 있다.

넷째, 일화기록은 관찰자가 관심이 있는 특정한 어떤 행동이나 영역에 초점을 두고 관찰하여 기록할 수 있다. 예를 들어, 입학 초기에 엄마와 격리될 때 유아들의 표정, 반응의 크기, 울음소리, 인사말 등을 있는 그대로 기록함으로써 유아들의 행동을 통해 격리 불안 정도를 알 수 있을 것이다.[11]

일화기록 방법에 일정한 양식이 있는 것은 아니지만 일반적으로 다음과 같은 내용과 특징이 있다.

① 어떤 행동이 언제, 어떤 조건하에서 발생되었는가의 사실적인 기술이 있어야 한다.

② 이러한 행동에 대한 해석과 처리 방안은 분리되어 기록하여야 한다.

③ 하나의 일화기록은 하나의 사건의 기록이 되어야 하며 여러 시기의 사건을 총괄하여 종합적으로 기록해서는 안 된다.

④ 하나의 기록된 사건은 그 아동의 발달과 성장을 이해하는 데 의의가 있는 것이어야 한다.

3) 일화기록 관찰양식의 작성요령

일화기록은 신문기사를 쓰듯이 사실적으로 어떤 상황이 언제, 어디서, 어떻게 일어났으며 유아가 그 상황에서 무슨 말을 하고 행동했는지를 있는 그대로 적는 것이다.

Brandt는 일화기록이 아동에 관해 유용한 자료로 수립되기 위해서는 관찰양식의 작성에 있어서 몇 가지 유의해야 할 점을 다음과 같이 설명하고 있다.[12]

첫째, 일화기록은 어떤 일화나 사건이 발생한 후 될 수 있는 대로 즉시 기록해야 한다. 관찰자는 항상 필기도구와 메모지를 준비하여 주머니 속이나 교실 내의 선반 또는 적당한

---

11) 한국유아교육학회, 앞의 사전, p. 458.
12) R. M. Brandt(1972). Studying behavior in natural settings(New York: Holt, Rinehart and Winston), pp. 84~85. 이은혜, 앞의 책, p. 159 참조.

위치에 놓아두었다가 관찰자가 관심을 갖고 있던 유아들의 행동이 발생하면 즉시 내용을 기록하여야 한다.

둘째, 관찰대상 유아의 행동과 말을 구별해서 기록한다. 관찰대상 유아가 어떤 말을 했고 어떤 행동을 했는지를 구별하여 구체적으로, 간단명료하게 적는다.

셋째, 일화기록지에 관찰 날짜, 관찰 시간, 관찰 장소, 관찰 장면, 관찰 아동의 이름, 생년월일, 관찰자 등을 꼭 기록한다. 관찰 장면, 장소, 시간, 날짜 등을 기록해 둠으로써 그때의 상황이나 사건의 배경 등을 잘 알 수 있는 지침이 되기 때문이다.

넷째, 관찰대상 유아의 행동과 언어를 기록할 뿐 아니라 그 상황에 있는 다른 사람들의 반응도 기록한다. 예를 들면, 옆에 있던 친구들의 행동이나 반응이 어땠는지 그 상황에 같이 있었던 다른 유아들의 행동이나 언어적 반응도 있는 그대로 기술한다.

다섯째, 일화가 일어난 순서대로 기록한다. 즉, 일화의 시작과 중간 끝의 내용이 있어야 한다.

여섯째, 대상의 정확한 의미를 파악하기 위해 관찰대상 유아가 사용한 말을 그대로 인용한다. 사건 내의 주요 인물이 한 말과 행동도 그대로 기록하여야 하며 특히 관찰대상 유아가 한 말을 인용 부호(" ") 속에 삽입하여 있었던 그대로를 기록한다.

일곱째, 관찰대상 유아가 한 행동을 기술할 때 동일한 용어로 일관성 있게 기록한다. 예를 들면, 관찰대상 유아가 놀이에 참여하지 않고 가만히 있을 때(비놀이 활동) 아무 말 없이 가만히 서 있었다, 또는 얌전하게 서 있었다, 또는 무표정하게 서 있었다라고 기록할 때 이와 같은 언어가 갖는 각기 다른 의미 때문에 주관적인 해석을 할 수 있으므로 동일한 용어로 일관성 있게 기록한다.

여덟째, 객관적이고 사실적이며 완전한 기록이어야 한다. 관찰자의 주관적인 관점이나 편견이 배제되어야 하며 관찰대상 유아의 행동을 있는 그대로 사실적으로 기록하여야 한다.

4) 일화기록의 장점과 단점

일화기록의 장점과 단점을 살펴보면 다음과 같이 정리할 수 있다[13].

(1) 장점

첫째, 일화기록은 유아들의 언어나 행동을 집중적으로 관찰함으로써 좀 더 명확하고 분명하게 그 때의 상황을 기록으로 남길 수 있다.

둘째, 일화기록은 사전 준비나 별도의 계획 없이도 진행될 수 있기 때문에 다른 관찰 기록방법에 비해 실시하기가 간편하다. 일화기록을 위해 필요한 것은 메모지와 필기도구뿐이고 사건 직후에 일어난 일에 대해 교사가 아무 때나 편리할 때 적을 수 있기 때문에 여러모로 편리하다.

셋째, 일화기록은 아주 간결한 형태로 기록되므로 표본식 기술에 비해 시간을 많이 필요로 하지 않는다.

넷째, 여러 번에 걸쳐 관찰된 일화기록은 다른 관찰 기록들과 비교될 수 있으며 교사가 유아의 독특한 발달 패턴, 행동 변화, 흥미, 유아의 능력, 필요로 하는 것 등을 정확하게 이해할 수 있다.

(2) 단점

첫째, 정확하고 객관적인 관찰기록이 아닐 경우 오히려 유아에 대한 잘못된 인상을 심어 줄 우려가 있다.[14] 예를 들면, 관찰자의 주관적인 판단이나 감정적인 내용이 포함되어 있을 경우다.

둘째, 시간이 지난 후에 기록하게 되는 경우에 관찰자의 편견이 들어가거나 그 때의 상황을 잊어버리는 경우가 생길 수 있다.

셋째, 표본식 기술보다는 덜 하지만 일화기록은 기록하는 데 시간이 많이 소요되기 때문에 관찰자가 부담을 가질 수 있다. 체크리스트나 평정척도보다는 훨씬 더 많은 시간을 요하기 때문에 하루 일과를 바쁘게 보내야 하는 교사로서는 평가에 대한 심적인 부담을 가질 수 있다.

넷째, 유아들의 행동 중 일부만(한 가지 사건) 기록하기 때문에 해석할 때 오류를 범할 가능성이 있다. 바람직하지 못한 행동이나 관찰자의 눈에 띄는 행동일 경우 그 같은 행동이 관찰대상 유아의 모든 것을 대표하는 것처럼 판단될 가능성이 있다.

다섯째, 표본식 기술에 비해 상황 묘사가 적다.

---

13) 이정환, 박은혜, 앞의 책. p. 39 참조.
14) 김병선, 이윤옥 공저, 앞의 책, p. 151.

5) 일화기록의 관찰양식

<table>
<tr><td colspan="3" align="center"><h1>일 화 기 록</h1></td></tr>
<tr>
<td>관찰 영 · 유아 : _____</td>
<td>생년월일 : _____</td>
<td>성　별 : 남 · 여</td>
</tr>
<tr>
<td>관　찰　자 : _____</td>
<td>관찰일자 : _____</td>
<td>관찰시간 : _____</td>
</tr>
<tr>
<td>관찰일 현재 영 · 유아 연령 : 　년　　월</td>
<td colspan="2">관찰장면 : _____</td>
</tr>
<tr><td colspan="3" align="center">기　　록</td></tr>
<tr><td colspan="3" height="600">　</td></tr>
<tr><td colspan="3">• 발달영역 :</td></tr>
<tr><td colspan="3" align="center">요　약</td></tr>
<tr><td colspan="3" height="150">　</td></tr>
<tr><td colspan="3">※ 일화기록 양식지는 특별한 형식이 없으므로 교사가 기록하기 좋은 형식을 만들어 사용하면 된다.</td></tr>
</table>

6) 일화기록의 실제

일 화 기 록

사례 1)

관찰 영·유아 : 김연수	생년월일 : 2018. 4. 11.	성 별 : 여
관 찰 자 : 양정(새싹어린이집)	관찰일자 : 2019. 11. 13.	관찰시간 : 오후 4:10
관찰일 현재 영·유아 연령 : 1년 7월	관찰장면 : 역할놀이	

기 록

　연수가 역할영역에서 삑삑이 신발을 꺼낸다. 바닥에 앉아 오른발에 신발을 끼우고 발을 들었다 내려놓고 벨크로를 붙여 신은 뒤 일어나 왼쪽 삑삑이 신발을 들고 교사에게 다가와 내민다.

　교사가 신겨주자 역할영역에서 아기 인형을 들고 세면대 앞에 선다. 거울을 보고 씩 웃은 뒤 아기인형을 왼손에 쥐고 오른손으로 아기인형 얼굴을 문지른다. 까치발을 서서 수도꼭지에 손을 뻗었다가 아기인형의 얼굴을 몇 번 더 문질러준다.

　교사가 "연수야, 아가 세수 시켜주는거야?"하고 묻자 고개 숙여 아기인형을 보고 고개와 상반신만 오른쪽으로 틀어 뒤쪽의 교사를 돌아보고 웃는다.

• **발달영역 :** 사회성, 인지발달

요 약

– 연수는 모방행동을 할 수 있으며, 언어이해력이 좋다.

– 벨크로를 붙였다 뗄 수 있으며, 도움을 요청할 수 있다.

일 화 기 록

〈사례 2〉

관찰 영·유아 : 김고은	생년월일 : 2017. 12. 15.	성 별 : 여
관 찰 자 : 윤재연(성동숲속어린이집)	관찰일자 : 2019. 12. 17.	관찰시간 : 오전 11:05∼11:15
관찰일 현재 영·유아 연령 : 2년	관찰장면 : 오전 자유놀이활동 중 역할/쌓기/음률신체영역	

기 록

고은이가 언어영역의 전화기를 들고 원형 책상 주변을 두 바퀴 돈다. 그림 그리기 놀이하는 태린이 오른쪽에 전화기를 놓은 후, 태린이의 색연필 통에서 연두색 색연필을 꺼내다 태린이가 "태린이꺼!" 하고 소리치자 다시 넣어 놓는다. 역할영역의 말 자동차 두 개를 들고 바닥에 굴린다. "까∼" 하고 박수를 치며 좋아하고는, 다시 자동차를 들고 놀이한다. 옆에서 같은 종류의 장난감을 갖고 놀이하던 태연이의 자동차를 만지자, 태연이가 "내꺼야∼!"하며 소리친다. 만지던 동작을 멈추고, 음률영역의 리본막대를 오른손에, 갖고 놀던 자동차를 왼손에 들고는 리본 막대를 흔든다. 흔들며 놀이하던 종, 가지고 놀이하던 자동차 두 개를 제자리에 놓고, 리본막대를 양손에 들고 흔든다. 시윤이와 다희가 옆으로 오자 가지고 놀이하던 리본막대를 제자리에 놓고, 북을 잡는다. 북 속에 있는 나무채를 꺼내려다 북 속에서 걸려 나오지 않자 "잉∼" 한번 하고서는 교사에게 가져온다. 교사가 나무채를 꺼내고 북과 함께 주자, 나무채만 꺼내들고는 다시 음률영역에 간다. 음률영역의 봉고를 나무채로 3∼4번 두드리더니 손목 방울을 잡고 발목에 달아보려 한다. 방울이 잘 달리지 않자 방울을 바닥에 두고, 봉고 두 개를 바닥에 놓은 후, 나무채 두 개를 양손에 쥐고는 봉고를 두드린다.

• **발달영역** : 인지, 사회성 발달

요 약

– 연수는 모방행동을 할 수 있으며, 언어이해력이 좋다.

– 벨크로를 붙였다 뗄 수 있으며, 도움을 요청할 수 있다.

일 화 기 록

〈사례 3〉

관찰 영·유아 : 이은우	생년월일 : 2017. 9. 24.	성 별 : 남
관 찰 자 : 전정숙(새싹어린이집)	관찰일자 : 2019. 11. 1.	관찰시간 :
관찰일 현재 영·유아 연령 : 2년 1월	관찰장면 : 오전자유놀이	

기 록

은우가 등원하면서 손에 하얀색 강아지인형을 들고 있던 것을 "언냉님~~"하며 교사에게 인형을 준다. 교사가 가방과 옷을 벗겨주며 은우가 가방에 인형을 넣어보게 하자 은우가 가방에 인형을 넣는다. 태윤이, 경규가 책상 앞에 앉아서 효소를 마시고 있다. 은우도 친구들이 마시고 있는 책상 앞으로 걸어간다. 앉아서 따라놓은 효소를 마신다. 효소를 마시고 있는데 연우와 현우가 장난감을 들고 언어영역에서 후다닥 뛰어가는 것을 쳐다본다. 다시 언어영역에서 출입문 쪽으로 뛰어가는 모습을 쳐다본다. 은서도 같이 함께 뛰어가다 넘어져 친구가 우는 모습을 쳐다보며 따라놓은 효소는 마시지 않고 있다. 은우에게 효소를 마실 수 있도록 도와주자 양손으로 들고 효소를 다 마시고 경규가 소프트블록으로 쌓기놀이 하는 곳으로 걸어간다. 은우도 소프트블록을 잡고 하나씩 끼우며 놀이한다. 매트에 있는 블록을 경규와 동시에 발견하고 잡으려하자 경규가 "내꺼"하며 잡아당긴다. 은우도 블록을 손에서 놓지 않고 잡아당긴다. 은우가 한손으로 경규를 밀치자 경규도 은우를 밀친다. 은우가 이번에는 경규 옷을 잡고 흔들며 얼굴을 할퀴려고 한다. 교사가 "은우야! 옆에 블록이 있으니까 다시 쌓아보자"하고 말해주자 은우가 블록을 끼우며 쌓기놀이를 한다.

• **발달영역** : 역할/쌓기영역

요 약

– 은우는 블록을 차지하기 위해 공격적인 행동을 한다.

– 은우는 교사의 지시에 따를 수 있다.

일 화 기 록

〈사례 4〉

관찰 영·유아 : 김도연	생년월일 : 2017. 10. 27.	성 별 : 여
관 찰 자 : 이임경(햇살어린이집)	관찰일자 : 2019. 11. 07.	관찰시간 : 오전 8:50~9:00
관찰일 현재 영·유아 연령 : 2년 1월	관찰장면 : 등원, 자유선택활동 중 역할영역	

기 록

도연이가 등원 해 현관에서 엄마와 헤어진 후 교실에 들어온다. 교사가 "도연이 왔어요. 인사해보자" 말하며 안아주고 등을 토닥이니 교사 눈을 마주보며 빙그레 웃는다. 교사가 "도연이 안녕" 하고 인사해주니 고개를 숙이며 동작을 따라 하지만 언어로는 표현하지 않는다. 가방을 내리고 교사가 "도연이 기저귀에 쉬 했어요?" 물으니 좌우로 고개를 흔든다. "도연이 변기에 쉬할까?"라고 물으니 고개를 끄덕인다. 교사의 도움으로 화장실로 이동 해 변기에 앉아'쉬'를 하고 일어나 변기를 손으로 가리키며 "쉬"라고 말한다. 손을 잡고 물을 내린 후 변기 물의 움직임에 신기한지 3초간 응시한다. 교사가 "도연이 변기에 쉬했어요. 우와. 대단하다" 하며 손을 내밀며 "화팅" 해주니 동작을 따라 손바닥을 마주친다. 교사가 "도연이 손 씻을까?"라고 물으니 세면대로 다가가 발판 위에 올라 비누를 양손에 잡고 5~6회 비빈 후 용기에 올려두고 수도 레버를 올린 후 서툴지만 손 씻기를 하며 10초 가량 수도꼭지 물에 손을 씻으며 교사를 올려다본다. 교사가 "도와줄까요?"라고 묻자 고개를 끄덕인다. 비누거품을 씻은 후에 교사가 "물 잠글까?"라고 물으니 수도 레버를 아래로 내린다. 교사가 "수건에 손 톡톡 닦자" 말하니 발판에서 내려와 수건걸이 앞으로 다가가 수건에 손을 닦는다.

친구들이 놀이하고 있는 역할영역으로 다가가 교구장에서 슬리퍼를 꺼내 신고 모형접시에 모형빵을 담아 뒤뚱거리며 급한 걸음으로 교사에게 다가와 건네주며 "선생님 빵"이라 말하며 먹어보라는 몸짓을 한다. "도연이가 빵을 요리했어요. 음!!! 맛있다. 고마워 도연이 요리 잘하네." 하며 교사가 엄지손가락을 올리며 "엄지 척"이라 해주니 따라서 손을 올리며 1초 정도 빙그레 웃으며 기분 좋아한다. 교사가 "도연이도 먹어볼까?" 물으니 고개를 좌우로 흔든다. 모형접시에 빵을 담고 돌아서서 역할영역으로 이동 해 교구장에서 바구니와 모형음식, 과일들을 꺼내 앞에 두고 소꿉놀이를 한다.

• **발달영역** : 사회·정서발달, 언어발달

요 약

- 도연이는 스스로 놀이를 찾아 자유롭게 놀이하며 가상놀이를 할 수 있다.
- 도연이는 상황에 맞게 표정, 몸짓을 하며 두 세 단어를 사용하여 간단한 언어로 자신의 감정을 표현한다.

일 화 기 록

〈사례 5〉

관찰 영·유아 : 이윤찬	생년월일 : 2015. 11. 14.	성　별 : 남
관　찰　자 : 이원경(거원어린이집)	관찰일자 : 2018. 4. 20.	관찰시간 : 오전 9:10~9:18
관찰일 현재 영·유아 연령 : 2년 5월	관찰장면 : 오전 자유 선택놀이 중 감각·탐색영역	

기　　록

윤찬이가 오른손으로 숟가락을 들고 파란색 솜 공을 들며 "아이스크림 사세요" 라고 말한다. 3번 정도 말을 하고 나서 왼쪽 옆에 있던 주희에게 "아이스크림 사세요" 라고 말하고 주희 입으로 가져다 댄다. 주희가 먹는 시늉을 하자 윤찬이가 "지금 먹고 있는 건포도 맛입니다" 라고 한다. 주희가 먹지 않자 윤찬이가 솜 공을 냄비 안으로 넣고 초록색 솜 공을 왼손으로 잡고 오른손으로 잡고 있던 숟가락에 올려놓는다. 주희가 먹지 않자 솜 공을 내려다 놓고 교사를 15초 동안 바라본다.

교사 앞에 있는 밀가루 반죽을 보고 "우유 맛 아이스크림이다!" 라고 소리치며 밀가루 반죽을 오른 손으로 3번 주물럭 하고 왼손으로 3번 주물럭 한 후 밀가루 반죽을 두 손으로 찢어보고 오른손과 왼손에 있는 밀가루 반죽을 합쳐 동그랗게 만들어 윤찬이에게 준다. 윤찬이가 오른손으로 숟가락을 다시 잡고 왼손으로 밀가루 반죽을 올리고 다시 주희에게 "아이스크림 사세요." 라고 말하며 입으로 가져다 댄다. 주희가 먹지 않고 고개를 돌리자 윤찬이가 숟가락에 있는 밀가루 반죽을 책상으로 던지고 숟가락으로 누른다.

윤찬이가 숟가락으로 누른 밀가루 반죽은 주희에게 주고 "파란색은 여기" "빨간색은 여기" "검정색은 여기" 라고 말하며 솜 공을 냄비 안에 넣는다. 냄비 안에 들어간 솜 공을 한번 보고 일어나서 두 손으로 냄비를 든다. 냄비를 들고 "짜잔!" 이라고 외치며 냄비 안에 있던 솜 공을 머리 위로 쏟는다. 바닥에 있는 솜공을 보고 "여기에 아이스크림이 모두 쏟아졌네?" 라고 말하고 역할영역으로 뒷짐을 지고 걸어간다.

윤찬이가 역할영역에 있는 옷을 꺼내어 솜 공이 있는 책상으로 여섯 발자국 걸어온다. 옷을 바닥에 대고 20초 동안 닦으며 "아이스크림이 옷에 묻으면 안되니까 이렇게 닦아야 돼" 라고 말한다. 솜 공이 모두 책상 아래로 들어가자 "다 닦았다 이제 옷도 더러워 졌겠네?" 라고 말하며 오른 손으로 옷을 잡고 역할영역으로 뛰어간다. 역할영역에 있는 세탁기를 열고 "빨래를 해야지" 라고 말하고 교사를 보며 웃는다.

• **발달영역 :** 사회·정서발달, 언어발달

요　　약

– 윤찬이는 솜 공을 보고 "아이스크림" 이라고 말하며 상상놀이를 할 수 있다.

– 윤찬이는 사물에 호기심이 많고 3~4개 단어를 이어서 말할 수 있으며 존댓말도 가능하다.

– 윤찬이는 숟가락을 사용할 수 있으며 간단한 사물을 조작할 수 있다.

일 화 기 록

〈사례 6〉

관찰 영·유아 : 박수연	생년월일 : 2017. 2. 2.	성 별 : 여
관 찰 자 : 오수연(성동숲속어린이집)	관찰일자 : 2019. 12. 10.	관찰시간 : 오전10:45~10:53
관찰일 현재 영·유아 연령 : 2년 10월	관찰장면 : 자유선택활동 시간 자유놀이	

기 록

수연이가 오전 자유놀이시간에 언어영역으로 이동한다. 교구장에서 '같은 색을 찾아보아요' 교구 바구니를 양손으로 잡고 들어 꺼내어 책상 위로 가져와 내려놓는다. 자리에 앉아 오른손으로 노란색 병아리 그림을 잡고, 왼손으로 빨간색 사과를 꺼낸다. 지유에게 오른손을 내밀며 "이거 병아리야" 하고 말한다. 지유가 고개를 끄덕이며 "맞아, 병아리야" 하고 말한다. 수연이가 병아리 그림을 노란색 판에 붙인 후 왼손의 사과 그림을 빨간색 판에 붙인다. 지유가 사과 그림을 가리키며 "이거 뭐야?" 하고 묻는다. 수연이가 사과 그림을 오른손으로 가리키며 "이거, 이거 빨간색 사과잖아" 하고 말한다. 지유가 "빨간색이야?" 하고 되묻자 수연이가 "응 빨간색" 하고 답한다. 수연이가 "나는 빨간색 좋아해" 하고 말하며 오른손으로 바구니에서 빨간색 소방차 그림을 꺼낸다. 왼손으로 색깔 판을 잡고 빨간 판에 소방차 그림을 붙인다. 양손으로 색깔판을 잡고 판을 세우며 "빨간색, 예뻐" 하고 말하자 윤정이가 수연이를 바라보며 "나도 빨간색 좋아하는데" 하고 말한다. 수연이가 "수연이도 좋아해, 빨간색" 하고 말하며 빨간색 판을 양손바닥으로 문지른다. 윤정이가 다가와 오른손을 내밀며 색깔 판을 잡자 수연이가 "안돼" 하고 말하면서 판을 잡아당긴다. 교사가 "수연아, 윤정이도 수연이랑 같이 보고 싶은가봐. 책상에 놓고 같이 봐볼까요?" 하자 수연이가 "윤정이가 같이 하고 싶데?" 하고 물어 교사가 고개를 끄덕이며 "네, 같이 해볼 수 있을까요?" 하고 말하자 수연이가 고개를 끄덕이며 "응, 윤정이랑 같이해" 하고 말하며 색깔 판을 책상에 내려놓는다. 윤정이가 오른손으로 가리키며 "이건 뭐야?" 하고 말하여 수연이가 "핑크색 돼지" 하고 말한다. 윤정이가 "돼지야?" 하고 묻자 수연이가 "돼지야, 핑크색에 붙여야 돼" 하고 말한다.

• **발달영역** : 사회성발달, 언어발달

요 약

– 수연이는 자신의 의견을 이야기할 수 있으며 색깔을 알고 구분하여 이야기할 수 있다.

– 카드의 그림의 명칭과 색깔을 구분하여 이야기할 수 있다.

– 놀잇감으로 인한 다툼이 있을 때 교사의 말을 이해하고 행동을 수정한다.

일 화 기 록

〈사례 7〉

관찰 영 · 유아 : 박수연	생년월일 : 2017. 2. 2.	성 별 : 여
관 찰 자 : 심수지(성동숲속어린이집)	관찰일자 : 2019. 12. 17.	관찰시간 : 오후 3:10~3:20
관찰일 현재 영 · 유아 연령 : 2년 10월	관찰장면 : 자유선택활동 중 쌓기, 감각 탐색 영역	

기 록

수연이가 "선생님 이게 뭐야?"하고 교사에게 질문하다 교사가 "이거, 선물 블록이야~" 하고 대답해주자 "선물 블록?" 하고 따라 말한다. "응" 교사가 "선생님이, 소개해주고 쌓기영역 교구장에 놓아줄거야." 하고 말하자 수연이가 "여기 선물 있어? 수연이 선물 받고 싶은데" 하고 대답한다. 교사가 "우리 선물상자 같이 흔들어볼까? 흔들어보면 소리가 날까?" 하고 질문하자 수연이가 "소리가 나?" 한다. 교사가 "상자 안에 뭐가 들어 있으면 소리가 나겠지?" 하고 반응해주자 수연이가 손가락으로 선물상자를 가리키며 "응. 여기 선물 들어 있어" 하고 대답한다. 교사가 "자 그럼 여기 선물 상자 수연이한테 줄 테니까 한번 확인해볼까?" 하고 선물상자를 전해주자 수연이가 두 손으로 선물 상자를 잡고 위아래로 흔든다. "달그락" 소리가 들리자 고개를 들어 교사를 쳐다보고 "소리가 나. 뭐가 있어" 하고 말한다. 교사가 "어떤 소리가 나는데?" 하고 질문하자 수연이가 "여기여기 소리가 나잖아" 하고 말하며 두 손을 앞으로 내밀며 교사에게 다가와 위아래로 흔들어 보인다.

교사가 "수연이 말이 맞네. 소리가 나네. 도대체 뭐가 있어서 이런 소리가 나는 걸까? 우리 한번 확인해볼까?" 하자 수연이가 "응." 하고 대답하며 고개를 끄덕이며 한 손으로 상자를 잡고, 다른 손으로 뚜껑을 연다. 수연이가 "어, 여기 여기 보라색 상자가 있어" 하고 손가락으로 가리킨다. 교사가 "맞아. 상자가 또 있네. 그런데 이 상자 색이 보라색이야?" 하고 묻자 수연이가 고개를 끄덕이며 "응. 가지랑 똑 같은 색이야. 가지도 보라색이야" 하고 대답한다. 교사가 "수연이 보라색 좋아해. 핑크색 좋아하는 거 아니었어?"하고 묻자 수연이가 "핑크도 좋고, 보라도 좋아. 선생님은 무슨 색이 좋아?" 하고 질문한다. "선생님은 노란색" 하고 대답해주자 수연이가 "병아리가 노란색이잖아. 수연이 병아리 좋아. 병아리 삐약삐약 울어" 하고 말한다. 교사가 "맞아. 수연이 잘 알고 있네" 하고 말하자 수연이가 "엄마가 책도 읽어 줬어. 수연이가 노래도 부를 줄 알아. 삐약삐약 병아리. 음매음매 송아지~~~" 하고 동요를 부른다. 교사가 "수연이 노래도 잘 하네" 하고 칭찬해주자 수연이가 "응" 하고 대답하며 웃는다.

• **발달영역 :** 언어발달, 사회 · 정서발달

요 약

– 수연이는 한 손으로 물건을 쥐고 다른 손으로 조작할 수 있다.

– 상황에 맞는 단어를 사용하고, 자신의 욕구, 요구와 관련된 단어를 말할 수 있고 사용하는 어휘 수가 200단어 이상이다.

일 화 기 록

〈사례 8〉

관찰 영·유아 : 김지아	생년월일 : 2015. 3. 28	성 별 : 여
관 찰 자 : 백지현(거원어린이집)	관찰일자 : 2018. 4. 19.	관찰시간 : 오전 10:00~10:10
관찰일 현재 영·유아 연령 : 3년 1월	관찰장면 : 자유선택활동 중 쌓기·역할 영역	

기 록

지아가 쌓기 영역에서 오른손에는 노란색 와플블록을 왼손에는 초록색 와플블록을 들고 양손을 모아 박수를 치며 놀이한다. 아람이가 다가와 지아의 오른손에 있는 노란색 와플블록을 만지자 지아가 "지아꺼야!"라고 소리치며 양손을 가슴으로 모아 블록을 끌어안는다. 아람이가 "같이 놀자."라고 말하자 지아가 아람이를 5초간 바라보다가 아람이에게 "같이 안 할거야."라고 말하며 오른손에 있던 노란색 블록을 바닥에 던지고 일어난다.

지아가 역할영역으로 이동하여 바닥에 앉아 교구장 안에 있는 아기 인형을 양손으로 꺼낸다. 꺼낸 인형을 자신의 무릎 위에 올린 후 인형의 머리를 양손으로 만지며 1분 동안 놀이하다가 오른손으로 인형의 얼굴을 잡고 오른쪽으로 던진다. 30초 동안 주위를 둘러보더니 교구장 안에 있는 똑같은 아기 인형을 발견하고 왼손으로 아기 인형을 꺼내 뒤로 던진다. 고개를 돌려 던진 인형을 3초간 바라보더니 교구장을 양손으로 잡고 일어나 교구장 위에 있던 인형을 오른손으로 잡아 하나씩 뒤로 던진다.

인형을 던지다가 마지막으로 남은 코코몽 인형을 보더니 웃으며 "우와. 코코몽이네."라고 말하고 인형을 양손으로 잡아 끌어안는다. 인형을 들고 왼쪽으로 다섯 발자국 움직이더니 교사에게 코코몽 인형을 내밀며 "선생님 코코몽 정말 귀엽다."라고 말한다. 그러자 오른쪽에 있던 주원이가 "우와."라고 말하며 코코몽 인형을 만지자 지아가 "하지마!"라고 말하며 오른손으로 주원이의 가슴을 밀어 주원이를 넘어뜨린다.

• **발달영역 :** 사회·정서발달

요 약

– 지아는 자기 물건에 대한 소유 의식을 보인다.

– 지아는 다른 사람에서 자신의 감정을 나타낸다.

일 화 기 록

〈사례 9〉

관찰 영·유아 : 유라현   생년월일 : 2016. 11. 17.   성   별 : 여

관   찰   자 : 박미정(성동숲속어린이집)   관찰일자 : 2019. 12. 9.   관찰시간 : 오전 10:20~10:45

관찰일 현재 영·유아 연령 : 3년 1월   관찰장면 : 오전 자유놀이 활동 중 탐색영역

기   록

라현이가 역할영역에 있는 가방 바구니를 보며 고개를 갸우뚱거리며 "어디 있지? 음~" 하며 친구들의 놀이를 쳐다본다. 놀이를 하지 않고 친구 봄이가 움직이는 동선을 따라 눈동자가 움직이며 봄이만 바라본다. 교사가 라현이에게 다가가 "라현아~ 어떤 놀이를 하고 싶니?"라고 물어보니 라현이가 "선생님! 핑크색 가방~ 봄이가 가지고 놀고 있어요." 한다. 교사가 "라현이도 핑크색 가방을 갖고 놀고 싶구나! 어떡하지? 봄이가 가방을 메고 활동을 하고 있구나! 라현이가 조금 기다려 줄 수 있니?"라고 교사가 물어보니 라현이가 봄이에게 다가가 "봄이야! 핑크색 가방 다 놀고 난 다음 나 빌려줄래?"라고 이야기를 하니 봄이가 활동을 하다가 멈춘 후 라현이를 쳐다보면서 "음~ 내가 다 놀고 너 줄게~"라고 이야기를 한다. 라현이가 봄이를 바라보며 "알겠어! 너 음~~조금만 놀고 나 빌려줘~" 하며 탐색영역으로 가서 바구니 안에 있는 같은 모양 찾기 선긋기 활동지 한 장을 들고 창문 앞의 선반위에 있는 자신의 필통을 오른손으로 집어들어 책상에 앉는다. 라현이가 "원은 어디 있나~ 여기 사각형은 어디 있나 여기~ 삼각형은 어디 있나 여기~ 다이아몬드는 어디 있을까~ 여기!!!" 노래를 부르며 활동지 안에 있는 모양을 손가락으로 가리키며 노래를 부르면서 같은 모양끼리 4B연필을 이용해 선을 그어 본다.

선을 같은 것끼리 짝을 지어 완성된 종이를 보며 혼잣말로 "완성!" 하며 필통 안에서 풀을 찾아 뚜껑을 열고 활동지 뒷면 위쪽에 풀을 칠한 후 벽면 탐색영역에 붙여본다. 지나가던 지웅이에게 다가가 "지웅아! 나 잘했지?"라며 지웅이에게 자랑을 하니 지웅이가 라현이를 보며 양손의 엄지를 세우며 "짱짱 멋있어~"라며 웃어준다. 라현이가 "고마워~~지웅아!" 하며 봄이가 활동하는 모습을 바라보며 역할영역 쪽으로 간다.

• **발달영역** : 인지발달, 사회성발달, 신체발달〈소근육〉

요   약

- 라현이는 상황에 맞는 적절한 단어를 사용하여 또박또박 말한다.

- 기본적인 도형〈모양〉을 알고 연필을 이용해 같은 모양을 찾아 짝을 지어 선을 그을 수 있다.

- 상황에 맞는 인사표현을 할 수 있으며 규칙을 지킬 수 있다.

일 화 기 록

〈사례 10〉

관찰 영·유아 : 양우진	생년월일 : 2015. 9. 23.	성 별 : 여
관 찰 자 : 서정남(성동숲속어린이집)	관찰일자 : 2019. 12. 9.	관찰시간 : 오전10:00~10:10
관찰일 현재 영·유아 연령 : 3년 2월	관찰장면 : 자유선택시간 쌓기 영역	

기 록

우진이는 쌓기 영역에서 눈송이 블록 3개로 다리 2개를 만든다. 만든 블록을 옆에 두고 다시 눈송이 블록으로 네모 모양으로 블록을 쌓는다. 옆의 친구를 보며 "이거 신비아파트야 거기 귀신도 나온다."라고 하며 블록으로 만든 것을 들었다 놓으며 말한다. 옆에 있던 수혁이가 "그거 뭐하는 거야" 하며 바라본다. "이거 내가 만들어 줄까?" 하면서 우진이가 가진 모양과 색깔이 같게 만든다. 수혁이도 함께 도와서 모양을 만들면서 우진이가 "우리집에 공룡 많이 있다."라고 하면서 주황색 블록으로 7개로 몸이 둥근 모양을 만들고 다리도 만든다. 만든 것을 옆에 두고 다시 연두, 빨강으로 만든 후에 이것은 "장수풍뎅이야. 장수풍뎅이 아빠도 있고 엄마도 있어"라고 하며 날아가는 모습을 하며 "휘~익"이라고 하자 옆에 있던 수혁이도 "나는 기린이야" 하고 하며 "슈~웅" 하며 같이 날아가는 모습을 한다. 수혁이가 "야 기린이 어떻게 날아가"라고 하자 "빨리 가는거야"라고 하면서 우진이의 블록을 부딪치자 다리 하나가 떨어진다. 우진이가 "안돼"라고 말한다. 그러자 수혁이가 "내가 만들어 줄께"라고 하면서 끼워준다. 모양블록으로 동그라미, 네모, 세모 모양으로 사슴벌레를 만들어 "사슴벌레 엄마야"라고 하면서 들어서 보여주며 "이거는 다리고 여기가 머리야"라고 하면서 친구에게 말해준다.

• **발달영역** : 사회성 정서발달

요 약

– 우진이는 친구들과 놀이를 제안을 하며 구성하기를 한다.

– 우진이는 자신의 생각을 블록으로 표현할 수 있다.

일 화 기 록

〈사례 11〉

관찰 영 · 유아 : 갈경민	생년월일 : 2016. 7. 18.	성 별 : 남
관 찰 자 : 신지은(하모니어린이집)	관찰일자 : 2019. 9. 14.	관찰시간 : PM 12:00
관찰일 현재 영 · 유아 연령 : 3년 2월	관찰장면 : 점심시간	

기   록

경민이가 책상 앞에 앉아 혜주 쪽으로 몸을 기울이며 도시락을 연다. 혜주가 "야아아 쫍아아"라고 말하자 경민이가 "으으응 싫어" 하며 자리를 옮기지 않는다. 교사가 쳐다보자 혜주가 "선생님 어 경민이가 어 안가요"라고 하여 교사가 "경민아, 혜주가 좁대. 옆으로 조금 가줄까?"라고 하니 교사를 한 번 쳐다보고 아랫입술을 살짝 내밀며 옆으로 자리를 옮긴다.

음식을 배식 받은 후 감사 노래를 부른다. 교사가 젓가락으로 참나물 무침을 집으며 "이건 참나물이에요. 한 번 먹어봐요"라고 이야기하자 경민이가 젓가락으로 참나물을 집고 교사를 쳐다보며 "이게 뭐예요?"라고 물어본다. 교사가 "참나물 무침이에요. 경민이도 먹어봐요"라고 말하자 경민이가 "찬나물 무팀이에여? 왜 찬나물 무틴이에여?"라고 물어본다. 교사가 "이 나물의 이름이 참나물인데 참나물을 무쳐서 만든 음식이라서 참나물 무침이에요"라고 답해주자 경민이가 "탐나물을 왜 무치는 거에여?"라고 물어본다. 교사가 "우리 친구들 맛있는 참나물 먹고 몸 튼튼해지라고 냠냠선생님이 만들어 주신거지요"라고 이야기 해주자 경민이가 "탐나물은 왜 탐나물이에요?"라고 물어본다. 교사가 웃으며 "경민이는 왜 경민이에요?"라고 물어보니 경민이가 말 없이 국 국물 속에 있는 호박을 젓가락으로 집어먹는다.

경민이가 젓가락으로 김치를 집어 교사를 보며 "경미니 김치 잘먹어요"라고 말한다. 교사가 "맞아 우리 경민이 김치 잘먹지~ 오늘도 먹어봐요"라고 이야기하자, "네!"라고 대답하고 김치를 국물에 씻는다. 씻은 김치를 입에 넣었다가 뺐다가 2번 반복한다. 교사가 "경민이 김치 잘 먹어요?"라고 물어보자 김치를 입에 쏙 넣고 씹으며 "경민이 김치 잘 먹어요!"라고 말한다.

• **발달영역** : 신체발달, 언어발달

요   약

– 경민이는 의문문과 부정문을 사용하여 말할 수 있다.

– 경민이는 'ㅁ'자를 'ㄴ'으로 발음하며, 'ㅊ'은 'ㅌ'으로 발음한다.

– 경민이는 호기심이 많아 질문을 많이 한다.

일 화 기 록

〈사례 12〉

관찰 영·유아 : 이동욱	생년월일 : 2016. 9. 27.	성 별 : 남
관 찰 자 : 이경원(햇살어린이집)	관찰일자 : 2019. 11. 5.	관찰시간 : 오전 10:30~
관찰일 현재 영·유아 연령 : 3년 2월	관찰장면 : 자유선택활동 중 쌓기영역, 역할영역	

기 록

동욱이가 쌓기영역 사각블럭통으로 가더니 파랑색으로만 길게 만든 다음 곡선까지 만들더니 터널까지 만든다. 옆에 블록으로 만들고 있는 강우를 보면서 "우리 기차놀이 할래?"라고 말한다. 강우는 "그래" 대답을 한 후 블록으로 기차를 만들며 동욱이가 만든 기찻길 위에 놓는다. 뒤에 앉아서 블록놀이를 하던 서준이가 동욱이가 만든 파랑색으로 길게 만든 기찻길을 쓰윽 만지려고 하자 동욱이가 "내꺼야"라며 큰소리로 말하며 밀쳐낸다. 그래도 서준이는 또 한번 만지니까 "내꺼야"라며 길게 만든 기찻길을 가지고 옆 책상으로 옮긴다. 강우도 동욱이를 따라간다. 그 사이 터널을 서준이가 가져간다. 그 터널을 자기가 블록을 만드는 것과 합체를 한다. 동욱이는 터널이 없어질 걸 알고 "누가 터널을 가지고 갔지"하며 두리번거리다 다시 만든다.

동욱이와 강우가 기차놀이를 하다가 동물놀이를 하는 지후와 아름이를 보더니 갑자기 역할영역에 가서 아빠사자와 아기 사자, 아기 호랑이를 들고 온다. 그러더니 지후가 갖고 있는 사자까지 빼앗아 4개를 움켜잡는다. 지후는 뺏긴 사자를 가져가려고 하다가 힘에 밀려 포기하고 상어를 가지고 와서 "이건 상어야"라며 이야기를 하며 동욱이에게 상어를 준다. 동욱이는 상어를 받아들고 상어가 사자꼬리를 무는 시늉을 한다. "아야 아야" 하니까 지후, 아름이 강우가 웃는다. 동욱이는 아빠 사자 등위에 아가사자를 업히며 "아빠 아빠 업어줘.." 하며 애기소리를 흉내 낸다. 그런 모습을 본 아름이도 아기 호랑이가 되어 "아빠, 아빠"하며 따라다닌다.

동욱이가 벽돌블록으로 둥글게 만든 지유를 본 후 동물을 가지고 "같이 만들자" 하며 지유가 둥글게 만든 곳에 잽싸게 들어간다. 지유는 "그래" 하며 같이 만든다. 블록 위에 동물들을 올려놓기 시작한다. 벽돌 위에 동물들을 가지런히 놓은 다음 "왜!! 집 다 만들었다" 하며 외치자 동욱이가 손으로 집을 무너뜨린다. 옆에 사각블록 놀이하던 강우가 오더니 같이 무너뜨려버린다.

• **발달영역** : 사회성. 정서발달

요 약

– 동욱이는 놀이를 제안하여 이끌어나가며 집단놀이를 한다.

– 동욱이는 블록놀이를 하면서 극화놀이(흉내놀이)를 하고 논다.

– 같은 색깔끼리 분류할 수 있다.

일 화 기 록

〈사례 13〉

관찰 영·유아 : 이하진	생년월일 : 2015. 8. 4.	성 별 : 남
관 찰 자 : 최선미(성동숲속어린이집)	관찰일자 : 2019. 12. 13.	관찰시간 : 오후 4:10~4:25
관찰일 현재 영·유아 연령 : 3년 4월	관찰장면 : 오후 자유선택활동 중 쌓기영역	

기 록

하진이가 이름표를 들고 쌓기 영역으로 걸어가 이름표를 붙이고 먼저 활동하고 있던 윤아와 석민이 옆으로 간다. 석민이가 "우리가 개구리 정원을 만들었어! 우린 개구리야" 라고 이야기하자 하진이가 "그럼 나도 개구리로 변신한다." 하며 자리에 쪼그리고 앉아 다리 사이에 두 팔을 넣고 개구리처럼 뛰기 시작한다. 윤아가 "이제 개구리 하지마!"라고 하자 하진이와 석민이가 "알았어"라고 하며 자리에 앉는다. 하진이가 쌓기영역 교구장 첫 번째 칸에 있는 흰색 꽃 블록 바구니를 꺼내 바닥에 내려놓고 바구니에서 빨간색과 파란색 긴 직사각형블록을 교차로 끼우고 파란색 블록 위에 노란색 동그라미 블록을 끼우고 초록색 세모 모양 꽃 블록을 5개 바구니에서 꺼낸 후 동그라미 꽃 블록에 끼우고 석민이를 부르며 "석민아! 이거 꽃이다."라고 이야기 한다. 완성된 꽃 모양 블록을 왼손에 들고 오른손을 가슴에 올린 후 자리에서 일어나더니 "석민아! 나 좀 봐! 나 은진미륵이다."라고 하자 석민이가 "우~와! 이하진 진짜 은진미륵같다."라고 한다. 하진이가 "그럼 우리 이제 백제금동대향로 만들어 볼까?"라고 하자 석민이는 "그건 너무 어려울 것 같아."라고 한다. 하진이가 "네모 모양 쓰면 되지"라고 하며 꽃 블록 바구니에서 노랑, 파랑, 빨강, 초록색 네모블록만 골라서 꺼낸 후 블록을 초록, 노랑, 빨강, 파랑, 파랑, 빨강, 노랑, 초록, 빨강, 초록, 빨강, 초록, 초록, 노랑, 노랑, 파랑, 파랑색 순서로 연결하며 위로 쌓는다. 석민이도 옆에서 빨강, 빨강, 노랑, 노랑, 초록, 초록, 파랑, 노랑, 초록, 빨강색 순서로 블록을 끼워 위로 쌓는다. 하진이가 석민이가 만든 블록을 들고 옆으로 가더니 높이를 비교하며 "우~와 우리 진짜 높게 쌓았다"라고 이야기 한다. 하진이가 "선생님! 나 우리아빠 보러 갈 때 이렇게 큰 백제금동대향로 봤어요."라고 한다. 교사가 "맞어! 하진이 아빠 일하는 곳이 부여네! 거기 가다보면 진짜 큰 백제금동대향로가 있어" 하고 이야기 하자 "맞아요."라고 이야기 하며 석민이에게 "우리 누구 키가 더 큰지 키대보자"라고 이야기 하며 만든 블록을 들고 앉아 있는 석민이의 주위를 뱅글뱅글 걸어 다닌다. 두 바퀴째 돌면서 석민이가 만들어 놓은 블록을 밟아 버리자 석민이가 "우리 이거 부시고 다른거 하자"라고 하니 "그래 그럼 정리하자" 하며 바구니에 꽃 블록 5개를 넣고는 바구니를 들고 "석민아1 여기에 넣어봐~ 내가 들고 있을게"라고 한다. 석민이가 블록을 넣으려고 하면 바구니를 오른쪽 왼쪽으로 움직인다. 석민이가 "야! 이하진 움직이지마!"라고 외친다. 그러자 웃으며 "알았어"라고 말하며 바구니를 바닥에 내려놓고 석민이와 함께 정리하기 시작한다.

• **발달영역 :** 인지. 사회성 발달

요 약

– 하진이는 분류의 개념을 가지고 있어, 같은 모양끼리 분류할 수 있다.

– 하진이는 사물의 높이, 길이를 비교할 수 있다.

– 하진이는 친구와 함께 장난감을 나누어 쓰는 친사회적인 행동을 한다.

일 화 기 록

〈사례 14〉

관찰 영·유아 : 유서영	생년월일 : 2016. 3. 11.	성 별 : 여
관 찰 자 : 조아름(새싹어린이집)	관찰일자 : 2019. 10. 25.	관찰시간 : 오전10:10~10:17
관찰일 현재 영·유아 연령 : 3년 7월	관찰장면 : 자유선택활동 중 감각·탐색 영역	

기 록

서영이가 감각·탐색 영역 책상 앞에 무릎을 꿇고 앉아 오른손으로 머리를 긁으며 교사가 제시해놓은 '가을 열매 옮기기' 교구를 약 3초간 바라본다. 서영이가 오른손으로 바구니에 있던 숟가락을 들고 왼손으로는 접시를 하나 꺼내 자신의 앞에 놓는다. 오른손에 있는 숟가락으로 밤을 한 개 뜨려고 하는데 잘 안 되자, 왼손으로 밤을 밀어 숟가락에 올라가도록 한다. 교사가 손을 대지 않고 해볼 수 있도록 하자, 오른손에 있는 숟가락만을 이용해서 약 5초 동안 밤 한 개를 옮긴다. 다른 영역에서 놀이하던 서연이가 다가와 서영이 옆에 앉아 바구니에 있던 숟가락을 들고 접시를 꺼내 자신의 앞에 놓는다. 교사가 서영이는 밤을 옮기고 서연이는 대추를 옮겨보도록 놀이를 제안하자, 서연이는 교사를 바라봤다가 아무 대답 없이 다시 밤을 옮기고 서연이도 열매를 옮기기 시작한다. 서영이가 왼손으로 대추를 거르며 오른손에 있는 숟가락을 이용해서 빠르게 밤만 옮긴다. 옆에 있던 서연이가 대추와 밤을 다 옮기자, 서영이가 약 4초 동안 서연이를 바라보다가 "너 그거 아니야." 하며 서연이의 접시에 있는 밤을 왼손으로 집어 모두 자신의 접시에 놓는다. 그러고 나서 서연이에게 "너는 이거야."라고 말하며 대추를 가리킨다.

• **발달영역** : 신체발달, 인지발달, 사회성발달

요 약

– 서영이는 숟가락을 사용하여 정확하게 물건을 뜰 수 있으며, 눈과 손의 협응이 잘 된다.

– 서영이는 사물의 공통점과 차이점을 인식하고, 구분할 줄 안다.

– 서영이는 자신이 할 일을 끝까지 수행한다.

일 화 기 록

〈사례 15〉

관찰 영·유아 : 박연아   생년월일 : 2019. 3. 22.   성 별 : 여

관 찰 자 : 임지윤(새싹어린이집)   관찰일자 : 2019. 3. 21.   관찰시간 : 오후 2:10~2:15

관찰일 현재 영·유아 연령 : 3년 8월   관찰장면 : 친구이름표 보고 관심 가지는 장면

기 록
교사가 아이들 교재에 이름표를 붙이자 연아가 관심을 보이며 "연아 것은 어디 있어요?" 하고 묻는다. 교사가 "글쎄 ~ 한 번 찾아 볼까?" 하자 연아는 이름표에 관심을 보이며 옆에 놓은 이름을 손으로 찾아본다. 정의영 이름표를 보고 '정의영' 한다. 교사가 연아를 바라보며 "와 맞았네." 하며 격려를 해주자, 연아가 밝게 웃는다. 다시 이름표들을 뒤적이다 조하윤 이름표를 쳐다보고는 잘 모르겠는지 옆으로 빼 놓는다. 그리고는 다시 이름표를 뒤적이다가 김리원 이름표를 보고 "김하은"이라고 한다. 교사가 "그래 '김'은 '김하은'하고 같은데 '리'자가 다르지? '김리원'이야."하고 읽어준다. 연아는 이름을 자세히 보며 " 김리원"하고 천천히 한자 한자 읽는다. 3초 후 박연아 이름이 나오자 얼른 손으로 잡으며 "이거 내 이름이지요? 박연아" 하고 큰소리로 웃는다. 그리고는 얼른 스케치북을 가지고 와서 "선생님~ 박연아 ~ 크게 써 주세요." 한다. 교사가 연아의 스케치북에 박연아라고 크게 써 준다. 연아는 교사가 써준 이름을 색연필로 따라 써 보고는 아래에 이름을 따라서 끼적여 본 후 교사에게 보여주며. "선생님~ 저도 박연아라고 썼어요." 한다. 교사가 "우리 연아 이제 이름도 잘 쓰네." 하며 이야기를 하자 연아는 다시 교사에게 스케치북을 밀며 "선생님 연아 이름을 색칠할 수 있게 그려 주세요." 한다. 교사가 박연아라고 이름을 크게 써서 색칠을 할 수 있도록 하자 색연필을 하나하나 꺼내 "빨강색은 레드~ 검정색은 블랙~ 노랑색은 엘로우에요." 한다. 그리고는 빨강색으로 이름을 색을 칠하다가 "선생님 너무 힘들어요. 도와주세요." 한다.

• **발달영역 :** 인지, 사회성, 언어발달

요 약
– 자기 이름을 알고 있으며 친구의 이름에 관심을 가지며 친구의 이름을 읽으려고 노력한다. – 연아는 또래와의 상호작용하기 보다 교사와의 상호작용을 더 잘하며 교사의 관심을 많이 받고 싶어 한다.

일 화 기 록

〈사례 16〉

관찰 영·유아 : 추인준	생년월일 : 2014. 2. 13.	성 별 : 남
관 찰 자 : 조경숙(거원어린이집)	관찰일자 : 2018. 4. 19.	관찰시간 : 오전 9:30~9:40
관찰일 현재 영·유아 연령 : 4년 2월	관찰장면 : 자유선택활동 역할/쌓기	

기 록

인준이는 여러 가지 블록으로 집 모양을 만들고 있고, 레고로 4개의 방을 만들면서 놀이하고 있다. 왼쪽에 앉아있던 승효가 "그런데 집이 너무 좁은 것 같아 강아지만 들어갈 수 있잖아?"라고 말하면서 오른쪽 옆에 있던 레고 박스에 가서 왼손으로 파랑색 레고를 가지고 와서 "잠깐 내가 도와줄게"라고 말하고 "좋은 생각이 났어" 하면서 레고 조각을 이곳저곳에 놓으니 인준이가 내가 해볼게 하면서 "여기다가 놓을까"라고 말하고 "잠깐 여기다가 놓을까"라고 말한다. 인준이가 레고 블록을 위로 쌓으며 놀이하다가 파랑색 블록이 무너지자 승효 얼굴을 보면서 3초 동안 웃고 난 후 다시 조각을 맞추어 본다. 파랑색 레고 두 개를 오른쪽 왼쪽 방향으로 5회 돌리면서 원하는 모양이 된 후 승효에게 "승효야 여기에다가 놓아죠."라고 말하니 승효는 "아니야 좋은 생각이 있어 여기다가 놓으면 어떨까?"라고 말하고 나머지 파랑색 레고를 맞추니 인준이가 "와 완성이다"라고 말하면서 박수를 7번 친다.

인준이가 박수를 치자 승효는 그 모양을 왼손으로 들고 쳐다보더니 마음에 들지 않았는지 "내가 다시 만들어 볼게"라고 말한다. 인준이는 "아니야" 하면서 블록을 분해해서 다시 만들려고 하자 승효는 "아니야. 아니야."라고 말한다. 승효가 인준이에게 "인준아 이거 빼봐 라고 말하고 나서 둘이서 레고로 만든 방을 7초 동안 보고 있는데, 오른쪽 옆에서 놀이하는 것에 관심을 보이고 있던 민석이가 리듬막대 두 개를 가지고 와서 인준이의 오른쪽 옆에서 악기를 두드리며 연주하니, 인준이가 민석이의 얼굴을 3초 동안 쳐다보더니 들고 있던 리듬 막대를 빼앗아서 리듬막대 정리하는 곳에 넣는다. 민석이가 다른 리듬 막대를 가지고 와서 다시 파랑색 레고 블록 위에 놓으니 인준이가 "여기다 놓으면 안 돼. 여기는 방이야"라고 말해준다. 민석이는 일어나서 음률영역에 다섯 발자국 걸어가서 귀로 악기를 가지고 와 인준이의 오른쪽 옆에서 왼손으로 두드리니 승효가 귀로 악기를 어떻게 연주하는지 알려주다가 다시 인준이가 하고 있는 레고 방 만들기 놀이에 관심을 보인다.

- **발달영역** : 언어발달, 사회·정서발달

요 약

- 인준이는 친구에게 놀이를 제안하고 어떻게 놀이해야 하는지에 대해서 알려주고 주도적으로 놀이한다.
- 놀이를 방해하는 친구에게 이야기하기보다는 먼저 행동으로 표현한다.
- 인준이는 다른 사람의 감정을 알고 자신의 감정을 다른 사람에게 나타낸다.

일 화 기 록

〈사례 17〉

관찰 영·유아 : 남정연	생년월일 : 2015. 7. 22.	성 별 : 남
관 찰 자 : 조연희(새싹어린이집)	관찰일자 : 2019. 10. 28.	관찰시간 : 오전10:05~10:15
관찰일 현재 영·유아 연령 : 4년 3월	관찰장면 : 자유선택활동 중 쌓기영역	

기   록

정연이가 오전 자유선택활동시간에 쌓기 영역으로 이동한다. 쌓기영역 매트에 다리를 쭉 펴고 앉는다. 로콘 상자 안에 양손을 넣고 오른손으로 빨간 로콘을 두 개 잡는다. 매트 밖에서 로콘으로 팽이를 만들어 팽이시합을 하는 은찬이와 재완이를 쳐다보며 아무 말 없이 가만히 앉아 있다. 은찬이가 일어나 매트에 앉는다. 정연이가 "나도 팽이 시합 할래." 하자 은찬이가 "팽이가 없잖아" 라고 한다. 양손을 로콘 상자 안에 넣어 파란색 세모 로콘4개와 네모 로콘 1개를 가지고 연결하여 은찬이가 들고 있는 똑같은 팽이를 만든다. 은찬이가 "나랑 똑같은 팽이야"하며 은찬이가 로콘상자 안의 로콘을 뒤적이며 하얀색 세모4개와 네모1개를 정연이에게 준다. 정연이가 "나는 검은색 할꺼야" 라고 하고 검은색 네모 로콘에 세모 네 개를 끼워 삼각뿔을 만들어 팽이모양을 만든다. "재완이는 무지개 팽이, 은찬이는 파란 팽이, 나는 검정 팽이네" 라고 한다. 정연이가 '시합하자'라고 하며 "준비~"라고 하고 팽이를 바닥에 놓고 양손 엄지, 검지손가락으로 팽이를 잡는다. 은찬이와 재완이도 양손 엄지, 검지 손가락으로 팽이를 잡아 돌릴준비를 한다. 정연이가 "샷"이라고 하고 팽이를 돌린다. 은찬이 팽이가 먼저 돌아가고 재완이 팽이가 늦게 돌아간다. 먼저 돌아가는 은찬이 팽이가 멈춘다. 정연이와 재완이 팽이가 돌아가자 은찬이가 "멈춰" 라고 하고 돌아가는 팽이를 잡는다. 정연이가 "내가 이겼어" 라고 하고 팽이를 들고 "준비~"라고 한다. 은찬이가 큰소리로 "내가 해야지 대장이니까"라고 하고 "준비~"한다. 정연이가 "대장 없어"라고 하고 팽이를 양손 엄지, 검지손가락으로 팽이를 잡는다. 정연이가 "준비~ 샷"하자 정연이 팽이가 돌고 재완이 팽이가 돌아간다. 은찬이가 "나는 팽이 시합 안해"하며 로코을 들고 상자 안에 넣는다. 재완이 팽이가 멈추고 정연이 팽이도 멈춘다. 재완이가 "나도 안해"하며 일어나 상자 안에 로콘을 넣고 수영역으로 이동해서 수놀이판을 책상위에 올려놓고 수세기를 한다.

• **발달영역** : 신체발달, 사회성발달

요   약

– 정연이는 엄지와 검지손가락으로 물건을 잡을 수 있고, 소근육을 이용하여 조작활동을 할 수 있다.

– 정연이는 높은 단계인 사회적 놀이인 집단놀이를 하고 논다.

일 화 기 록

〈사례 18〉

관찰 영·유아 : 이재하	생년월일 : 2015. 8. 19.	성 별 : 남
관 찰 자 : 이주영(햇살어린이집)	관찰일자 : 2019. 11. 11.	관찰시간 : 오전 9:00
관찰일 현재 영·유아 연령 : 4년 3월	관찰장면 : 오전 자유선택 활동 중 쌓기 영역	

기 록

　재하가 쌓기 영역에서 초록색 빨간색 십자블록을 끼우고 놀이를 하다가 우진이가 등원하자 고개를 돌려 우진이를 쳐다본다. 우진이가 가방을 정리하는 모습을 6초간 쳐다보더니 고개를 돌려 교사를 쳐다보며 "선생님 저 우진이랑 키 대보면 키 똑같아요."라고 말하고 우진이를 쳐다보며 "그치 우진아"라고 말한다. 우진이가 "그런가"라고 말하고 고개를 돌리자 재하는 고개를 내려서 블록을 쳐다보고 초록색 빨간색 십자블럭을 만지작거린다.

　초록색 십자블록 5개를 이어 붙이고 빨간색 십자블록 두 개를 초록색 블록 사이에 끼워 놓더니 교사를 쳐다보고 "선생님 이건 꽃이에요."라고 말하며 초록색 넓은 십자블록 판을 11개 가져와서 정사각형으로 만든다. 옆에서 블록을 하던 현우가 블록을 가지고 다른 영역으로 가니 재하가 현우를 보고 "현우야 블록은 여기서 하는건데 나는 여기서 하는데..."라고 말한다.

　우진이가 가방을 정리하고 쌓기영역으로 오자 재하가 일어나서 우진이 옆에 서더니 손을 올리고 우진이 머리와 자기 머리를 손으로 왔다갔다 하면서 키를 재본다 옆에 앉아있던 현우가 일어나서 "아~내가 제일 크네"라고 말하자 재하가 "아니야 선생님이 제일 커. 밥을 잘 먹어서 키가 제일 커"라고 말하고 교사를 쳐다본다.

다시 자리에 앉아서 정사각형으로 만든 블록 11개를 다 빼고 한 줄로 길게 연결한다. 고개를 들고 교사를 쳐다보며 "이건 미끄럼틀이에요."라고 말한다. 옆에 있던 현우가 공룡모형을 들고 와서 재하를 쳐다보며 "내가 공룡 미끄럼틀 태울게"라고 말하고 공룡모형을 재하가 만든 미끄럼틀에 놓자 재하가 "공룡이 미끄럼틀을 타네. 미끄럼틀이 무거워서 무너지겠다."라고 말한다.

• **발달영역** : 사회성 · 인지발달

요 약

– 재하는 친구와 본인의 키를 비교 할 수 있다

– 재하는 친구와 협동하여 놀이할 수 있다

일 화 기 록

〈사례 19〉

관찰 영·유아 : 박민채	생년월일 : 2015. 9. 7.	성　별 : 남
관　찰　자 : 김해솔(성동숲속어린이집)	관찰일자 : 2019. 12. 16.	관찰시간 : 오후 12:35∼12:42
관찰일 현재 영·유아 연령 : 4년 3월	관찰장면 : 오후 자유선택 활동 중 역할 영역	

기　　록

민채가 역할영역에서 선웅이와 함께 책상 위에 접시를 올려 접시 위에 과일과 채소 모형을 올려놓는다. 민채가 조각케이크를 들고 "맛있게 드세요."라며 선웅이에게 준다. 선웅이가 조각케이크를 들고 민채를 쳐다보자 민채가 "맛있는 초코 케이크에요."라고 이야기 하며 포크를 준다. 선웅이가 케이크를 접시에 담아 책상 위에 올려두자 민채가 "오늘은 백선웅의 생일이에요"라며 손가락을 하나씩 피며 "하나, 둘, 셋, 넷, 다섯, 다섯 살이니까 초를 다섯 개 꽂아야겠다."라고 말한다. 선웅이가 "오늘 내 생일 아니야! 저번에 나 생일 지났어!"라고 큰 소리로 말하자 민채가 "진짜 아니잖아!"라고 큰 소리로 말한다. 그러자 옆에 있던 혜리가 "여긴 역할영역이잖아, 가짜 생일파티잖아 가짜 생일파티."라고 말한다. 민채가 고개를 끄덕이며 "그럼 백선웅 생일 말고 윤혜리 생일 해야지."라고 말하며 "생일 축하합니다. 생일 축하 합니다. 사랑하는 윤혜리 생일 축하합니다." 생일 축하 노래를 부른다. 그러자 선웅이가 "내 생일이라며! 왜 윤혜리 생일을 축하한다고 해!"라고 하자 민채가 "백선웅 너가 생일 아니라고 했잖아!. 그래서 내가 윤혜리 생일이라 생일 축해 해준거야!"라고 한다. 선웅이가 "흥"이라고 하며 역할 영역을 나가자 민채가 "흥"이라고 하며 "안 놀거야!"라고 말한다.

• **발달영역** : 사회성·정서발달

요　　약

- 해솔이는 극화놀이(∼하는 척 놀이, 흉내놀이, 역할놀이)를 할 수 있다.
- 해솔이는 역할놀이에서 초 의사소통을 하며 논다.

일 화 기 록

〈사례 20〉

관찰 영·유아 : 이석현	생년월일 : 2014. 06. 11.	성 별 : 남
관 찰 자 : 윤희(성동숲속어린이집)	관찰일자 : 2019. 12. 17.	관찰시간 : 오후 1:20~1:26
관찰일 현재 영·유아 연령 : 4년 6월	관찰장면 : 자유선택활동 중 수영역	

기 록

석현이가 수영역 교구장 앞에 서있는 하린이에게 다가가 "나랑 주사위 놀이하자~"라고 물어보자 하린이가 "그래~ 그거 같이하자"라는 이야기를 듣고 석현이가 교구쟁반을 두 손으로 잡고 뒤를 돌아 2번 걸은 후 책상 앞에 무릎을 꿇고 내려놓으며 앉는다. 석현이가 하나의 교구판을 오른손으로 잡아 "이거는 너꺼" 하며 하린이에게 건네주고 왼손으로 자신의 교구판을 꺼낸다. 하린이가 교구통을 열어 주사위를 꺼내는 모습을 보고 있던 석현이가 "안내면 진다 가위바위보" 하며 오른손을 높이 들고 가위 바위 보를 한다. 석현이는 주먹, 하린이는 보자기를 낸 모습을 보고 "아~ 너가 이겼어. 주사위 돌려." 하며 이야기 하자 하린이가 오른손으로 주사위를 잡고 책상위에 굴린다. 주사위가 3바퀴 돌고 멈추자 석현이와 하린이가 동시에 "3"이라고 말한다. 하린이가 오른손으로 교구통에서 "하나, 둘, 셋" 그림카드를 3개를 꺼내 교구판에 붙인다. 석현이가 주먹을 쥔 오른손을 하늘 높이 들고 "안내면 진다. 가위바위보" 노래를 부른다. 석현이가 가위, 하린이는 보자기를 내자 석현이가 "아싸~ 내가 이겼다~ 주사위 줘~" 하며 하린이 쪽으로 오른손바닥을 보여주며 이야기한다. 하린이가 주사위를 주자 손바닥에 올려 주사위를 책상 위에 굴린다. 굴러간 주사위가 멈추자 석현이가 "5" 하며 왼쪽 엄지와 검지 두 손가락을 이용해 그림카드를 꺼내 교구판에 붙인다. 주먹을 쥔 손을 위아래 흔들며 "안내면 진다. 가위바위보" 하며 석현이는 보자기, 하린이는 주먹을 내자 석현이가 "오예~ 또 이겼어~" 하며 오른손으로 주사위를 잡아 책상에 굴린다. 주사위가 5바퀴 돌아 멈춘 숫자를 보며 "2" 하며 교구통에서 그림카드를 왼쪽 엄지와 검지로 잡아 교구판에 붙인다. 다시 오른손을 내밀어 가위 바위 보를 한다. 석현이가 보, 하린이는 주먹을 낸다. 왼손으로 주사위를 잡아 위로 던진다. 주사위가 멈추고 나온 수를 보며 오른손을 교구통에 넣은 후 "하나, 둘, 셋" 하며 교구판에 그림카드를 붙인다. 오른손 검지로 그림카드를 가리키며 "나는 지금 10개야. 내가 이겼어" 하며 하린이에게 말한다.

• **발달영역** : 사회성·인지발달

요 약

― 또래에게 놀이를 제안할 수 있다.

― 수의 개념에 대해 알고 1~10까지 수를 세고 수량을 이해한다.

일 화 기 록

〈사례 21〉

관찰 영·유아 : 박서준   생년월일 : 2015. 03. 01.   성　별 : 남
관　찰　자 : 이주희(하모니어린이집)   관찰일자 : 2019. 10. 25.   관찰시간 : 오전 9:20∼9:25
관찰일 현재 영·유아 연령 : 4년 7월   관찰장면 : 자유선택활동 수·조작활동

기　　록

　서준이가 수·조작영역에서 휘찬이와 활동을 하며 동물 모형을 가지고 동물을 고르고 있다. 서준이가 "휘찬아, 넌 무슨 동물 가지고 놀래?"라고 말하자, 휘찬이가 말과 젖소를 꺼내며 "난 이거 가지고 놀래"라고 말한다. 서준이가 "난 이거랑 이거" 라고 말하며 기린이랑 고래를 들고 휘찬이에게 보여준다. 서준이가 동물을 가지고 "휘찬아, 기린은 목이 길어"라고 말하며, 기린모형을 책상 위에 두 번 두드린다. 그리고는 휘찬이가 "재미없다. 다른 거 가지고 놀까?" 라고 말하며 정리를 하자, 서준이도 같이 정리한다. 서준이가 또 다른 동물블록을 가지고 주황, 초록, 분홍색을 차례대로 연결하자, 휘찬이가 "너 뭐 만들어?"라고 말한다. 서준이가 "이건 수영장이야"라고 말하면서 블록으로 큰 원을 만들자, 휘찬이가 "나도 수영장 만들어줘"라고 말한다. 서준이가 "내가 더 크게 만들어야 되서 안돼"라고 말한다. 휘찬이가 "그래? 알겠어."라고 말하며 낚시블록을 꺼내고 서준이는 계속 커다란 원을 만들며 수영장을 만들고 있다. 2분 동안을 만들고는 서준이가 "나 이거 써도 돼?"라고 말하며 휘찬이의 낚시 블록에 있는 낚시터 모형을 가지고와 동물블록을 담기 시작한다. 그리고는 휘찬이에게 "이거 낚시할까?"라고 말하자, 낚시놀이를 하고 있는 휘찬이가 다가와서 "그래. 한번 낚시해볼까?" 라고 말한다. 낚시대를 가지고 낚시를 하기 시작하는데, 동물 블록이 낚아지질 않자, 서준이가 "이거 안 되나보다. 손으로 할까?"라고 말한다. 교사가 간식 먹을 시간이 되어 "샘물반 친구들 우리 정리할까요?"라고 말하자 서준이와 휘찬이는 서로 마주보더니 "우리 이제 정리해야 겠다"라고 말하며 놀잇감을 정리한다.

• **발달영역** : 신체발달, 사회성발달, 의사소통

요　　약

– 서준이는 기본도형으로 여러 가지 모양을 구성할 수 있다.

– 서준이는 협동놀이가 가능하나 대화의 주제가 빨리 바뀐다.

– 서준이는 자신의 의견을 말할 수 있으며 또래와 상호작용하며 대화를 주고받을 수 있다.

일 화 기 록

〈사례 22〉

관찰 영 · 유아 : 김하람	생년월일 : 2014. 2. 8.	성 별 : 남
관 찰 자 : 박은진(성동숲속어린이집)	관찰일자 : 2019. 12. 2.	관찰시간 : 자유선택활동 중
관찰일 현재 영 · 유아 연령 : 4년 10월	관찰장면 : 자유선택활동 중 쌓기영역	

기 록

쌓기영역에서 서령이와 지산이랑 꽃도형 블록으로 모양을 만들고 있다. 초록색 세모와 빨간색 세모를 블록통에서 3개씩 꺼내 연결한다. 지산이에게 "이건 다리야~이제 몸통이랑 팔 만들어야 해"라고 말한다. 노란색 네모를 블록통에서 꺼내 다리 위에 연결한다. 블록통에서 초록색 네모를 꺼내며 "서령아, 넌 뭐 만들어?"라고 물어본다. 서령이가 "나는 칼 로봇 만들고 있어. 그래서 무기가 칼이야"라고 답해준다. 꽃도형 블록 끼우기를 4번 반복한다. "완성~! 이건 스피드 로봇이야~"라고 서령이를 보며 말한다. 서령이가 만든 로봇을 4초간 쳐다보고 스피드 로봇을 들고 "슈웅~" 하고 나는 흉내를 한다. 스펀지 블록을 꺼내 2개 꺼내 바닥에 놓는다. 스펀지 블록을 3개를 쌓아서 꺼내어 바닥에 놓여진 블록 옆에 길게 세운다. "얘들아, 우리 집도 만들자" 하고 말하고 스펀지 블록을 서령이와 3번씩 반복해서 쌓아 올린다. 서령이가 "여기는 칼로봇 집이고, 이쪽은 지산이랑 네가 만든 로봇 집이야"라고 말하자, "그래, 그럼 여기에 있다가 날아가는 거야~"라고 말한다.

• **발달영역** : 사회성 · 언어발달

요 약

‒ 하람이는 친구와 협동하여 블록으로 구성할 수 있다.

‒ 하람이는 함께 활동하는 친구와 활발하게 상호작용을 하며 활동한다.

일 화 기 록

〈사례 23〉

관찰 영·유아 : 홍예율   생년월일 : 2014. 11. 09.   성   별 : 남
관   찰   자 : 이리제(하모니어린이집)   관찰일자 : 2019. 09. 27.   관찰시간 : 오전 09:30
관찰일 현재 영·유아 연령 : 4년 11월   관찰장면 : 오전 자유선택활동 역할영역

기   록

　예율이는 빨강색 색종이로 나비넥타이를 만들어 테이프로 자기 옷 카라목에 붙인 뒤 준식이와 은총이가 놀고 있는 역할영역으로 달려간다.

　예율이는 밥상 차리는 준식이에게 "야 이준식, 나도 이제 같이 놀자." 하고 말한다. 준식이는 "난 다른 영역 가고 싶은데 이은총이 하자고 해서……."라고 조용하게 말하며 은총이를 한번 쳐다보고 눈치를 본다. 은총이는 "야~ 그래도 이번엔 이거 하기로 약속 했잖아!."하고 말하고 준식이와 예율이를 번갈아가며 눈을 흘겨본다. 예율이는 "잠깐만, 잠깐만."하고 은총이에게 말하고, 준식이의 귀에 대고 귓속말을 한다. 준식이는 귓속말을 듣더니 "난 찬성."이라고 말하자 은총이가 "너네 둘이만 비밀 얘기 하는거냐." 하며 팔짱끼고 눈을 흘긴다. 예율이는 "아냐 너한테도 말 할라고 했어. 난 똑같이 공평해." 하면서 자리를 이동하여 은총이 옆으로 가서 귀에 대고 귓속말을 한다. 그러자 은총이가 "알았어. 한번도 안 해봤는데……." 라고 이야기 한다.

　예율이는 "자~ 시작한다?." 하고 말하고 일어나서 "똑똑똑" 하고 노크소리를 낸다. 은총이는 "어서 오십시오 손님. 기다리고 있었습니다." 하고 문을 연다. 예율이는 영국신사처럼 팔을 벌려 인사하면서 "제가 왔습니다. 초대해주셔서 감사합니다." 하고 말하며 갑자기 은총이를 향해 "크앙!." 하면서 달려든다. 은총이는 "꺅꺅!" 하며 소리 지른다. 교사는 예율이가 입을 크게 벌리고 은총이 목에 자기 머리를 들이미는 모습을 보고 몸싸움 놀이로 생각하여 말리려고 급히 다가서는데 예율이랑 은총이가 몸으로 뒹굴던 것을 멈춘다. 그리고 "으흐흐흐흐……." 하면서 이상한 웃음소리를 내기 시작한다. 예율이와, 준식이와, 은총이는 잠깐 놀이를 멈추고 갑자기 다가온 교사를 쳐다본다. 교사는 일단 말리려 달려가던 것을 다른 일을 하러 달린 척 하며 아이들과 눈을 마주치지 않고 다시 옆에서 지켜본다. 교사가 다른 일을 하고 있는 것을 확인하자 다시 놀이를 시작한다. 예율이가 "나의 정체를 이제 알겠지? 으흐흐흐흐……."라고 말하자 은총이가 고개를 숙이고 눈을 위로 치켜뜨며 준식이에게 나지막한 목소리로 "여보…… 나도 드라큘라가 되어버렸어요……."라고 말을 한다. 준식이는 "이럴수가…. 안돼 여보~!" 하고 말하지만 예율이랑 은총이는 준식이의 목에 또 얼굴을 들이밀고 셋이 카펫에서 뒹군다. 준식이는 "으악~!" 하며 소리 지르는 척 하다가 조금 뒤 "으흐흐흐……." 하며 셋이 똑같이 이상한 웃음소리를 내기 시작한다. 예율이가 소꿉놀이 밥상이 차려져 있는 것을 가리키며 "여러분, 이제 우리는 이런 게 아니라 이런 밥을 함께 하는 가족입니다." 하고 말하며 미술영역에서 빨강색 색종이를 가져와, 밥상이 있는 소꿉놀이 컵과 냄비에 빨간색종이를 찢어 넣기 시작한다. "색종이를 피라고 하자"라고 말하면서 먹는 척 하자, 준식이와 은총이는 웃으며 같이 먹는 척 하며 예율이와 같이 소꿉놀이의 새로운 패러다임인 드라큘라 소꿉놀이로 놀이를 시작한다.

• **발달영역** : 신체발달, 언어발달, 사회정서발달

요   약

– 예율이는 자신의 경험을 놀이로 만들어 즐기며, ～인척 하는 가상의 놀이를 할 수 있다.
– 예율이는 또래와 의견을 조율하며, 자신의 생각을 전달하고 상대방을 설득시킬 수 있다.
– 예율이는 높은 단계의 인지적놀이인 역할놀이와 규칙있는 게임이 나타난다.

일 화 기 록

〈사례 24〉

관찰 영·유아 : 유다윤	생년월일 : 2015. 4. 6.	성 별 : 여
관 찰 자 : 강혜정(어울림어린이집)	관찰일자 : 2020. 3. 26.	관찰시간 : 오후 3:30 ~ 3:40
관찰일 현재 영·유아 연령 : 4년 11월	관찰장면 : 오후 자유선택활동시간 중 역할영역	

기 록

다윤이가 역할영역에서 미용실놀이 놀잇감을 꺼내며 "수빈아 우리 미용실 놀이하자"라고 하자 수빈이가 "알겠어."라고 한다. "내가 원장을 할게 니가 손님을 해"라고 말하고는 "어서 오세요 손님. 여기 앉으세요." 라고 말하자 수빈이가 의자에 앉는다.

다윤이가 "안녕하세요. 어떻게 해드릴까요 손님" 하고 말하자 수빈이는 "저는 그냥 예쁘게 해주세요."라고 말한다. 다윤이가 "그래요 앉아보세요 예쁘게 해줄게요"라고 말하며 보자기를 목에 둘러주고는 고대기를 들고 머리카락에 대고 빙글빙글 돌린다. 수빈이가 "머리가 산발이 됐어요 어떡해요?"라고 말하자 다윤이가 "이따가 다 끝나고 자를 거에요." 라고 말한다. 수빈이가 "지금 잘라 주세요"하고 수빈이가 말하자 "알겠어요. 지금 잘라드릴게요"라고 말하고는 가위를 찾아 머리카락을 자르는 시늉을 하며 입으로 "싹둑싹둑"하며 소리를 낸다. 수빈이가 고개를 숙이자 다윤이가 "가위질을 할땐 위험하니까 움직이지 마세요."라고 말한다. 다윤이가 수건을 들고 싱크대에 서서 "자 이제 머리를 감겨 줄게요. 손님. 이리오세요 부드러운 샴푸로 감아드릴게요"라고 말하자 수빈이가 싱크대로 걸어와 머리를 숙인다. 샴푸를 뿌리고 머리를 감겨주는 시늉을 하자 수빈이는 간지럽다며 웃는다.

"자 이제 머리를 말려드릴게요. 손님 빨리 앉으세요. 물기가 떨어지면 차가워요"라고 말하고는 드라이기를 꺼내 "윙~" 하며 소리를 내며 머리카락을 말린다.

집게핀으로 머리카락을 돌돌 말아 묶어주며 "자 이제 파마를 시작할게요."라고 말하고는 고대기로 머리카락을 펴는 시늉을 한다. 그때 수빈이가 움직이자 다윤이가 "이건 뜨거우니까 조심해요 해요"라고 말한다.

"자 이제 머리를 조금만 더 자를 게요 하자 수빈이가 "앞머리도 잘라주세요."라고 말한다. 다윤이는 가위를 들고 "싹둑싹둑" 소리를 내며 "이렇게요?"라고 말하고는 거울을 보여준다. 거울을 본 수빈이가 "네 예뻐요"라고 말하자 "자 이제 똥 머리를 만들어 줄게요."라고 말하며 머리에 핀을 꽂아준다. 보자기를 풀어주며 "자 이제 다 끝났습니다 손님. 마음에 드세요?"라고 말하자 수빈이가 "네 마음에 들어요."라고 말하며 거울을 보며 웃는다.

• **발달영역 :** 사회성·정서발달. 인지발달

요 약

– 다윤이는 예술경험 발달영역의 창의적으로 표현하기 내용 범주 중 '극놀이로 경험이나 이야기를 표현한다.'의 내용을 극놀이로 표현할 수 있다.

– 다윤이는 높은 단계의 사회적 놀이인 집단놀이와 인지적 놀이인 역할놀이를 하고 논다.

– 극화놀이(~하는 척 놀이, 역할놀이)가 활발하게 일어난다.

– 다윤이는 자연탐구 영역의 생활 속에서 탐구하기 내용범주 중 '도구와 기계에 대해 관심을 가진다.'의 내용을 극놀이에 사용할 수 있다.

일 화 기 록

〈사례 25〉

관찰 영·유아 : 한도윤   생년월일 : 2015. 7. 6.   성 별 : 여
관 찰 자 : 안승희(햇살어린이집)   관찰일자 : 2019. 11. 7.   관찰시간 : 오전 09:15～09:25
관찰일 현재 영·유아 연령 : 5년 4월   관찰장면 : 자유선택놀이활동 중 쌓기영역, 미술영역

기 록

　도윤이가 하린이와 쌓기영역에 앉아 벽돌 블록을 네모모양으로 차곡차곡 옆으로 이어서 쌓는다. 도윤이와 하린이가 쌓기영역 안의 벽돌블록으로 만든 네모모양 안에 들어가서 도윤이가 2초 동안 주머니 안에 있는 종이를 만지작거리며 꺼낸다.

　도윤이가 미술영역에서 만든 카드 종이를 하린이에게 보여주며 "야 하린아 이게 뭐게?"라고 말하자 하린이가 "그거 엄마, 아빠 아니야? 그건 왜?"라고 말하자 도윤이는 하린이에게 종이 카드를 들고 보여준다. 도윤이가 하린이에게 "이건 너가 엄마, 아빠가 보고 싶을 때 생각하라고 내가 만들었어. 이거 너 주는거야!"라고 말하자 하린이는 도윤이에게 "나한테 주는 선물이야? 고마워～"라고 말한다. 그러고는 하린이를 3초 동안 바라보고 있던 도윤이는 "또 너가 보고 싶은 사람이 있으면 나한테 말해! 내가 또 만들어서 주면 되니깐～"라고 말한다.

　하린이가 5초 동안 조용히 생각하다 도윤이에게 "그럼 나 하늘나라에 있는 할머니가 보고 싶은데 너가 할머니도 만들어주면 안돼?"라고 말하며 도윤이에게 묻는다. 그러자 도윤이는 "할머니? 그래! 내가 그럼 할머니도 그려줄게. 잠깐만 기다려봐!"라고 말하며 바로 미술영역으로 가서 색종이를 가로로 1번 세로로 1번씩 잘라 4등분으로 만들어 색종이 안에 색연필로 할머니를 그리기 시작한다. 할머니를 다 그리고 나서 종이를 4등분으로 접어 하린이가 있는 쌓기영역으로 가며 "하린아! 자～ 여기 너 할머니야! 어때?"라고 말하며 오른손을 하린이에게 뻗으며 색종이를 건넨다. 그러자 하린이가 색종이를 받으며 색종이를 펼쳐보고는 "우왜! 진짜 우리 할머니! 고마워 도윤아!"라고 말하자 도윤이는 웃으며 하린이를 쳐다보며 방긋 웃는다.

• **발달영역** : 사회·정서발달

요 약

－ 도윤이는 친구의 정서를 이해하고 친구에게 감사할 수 있다.

일 화 기 록

〈사례 26〉

관찰 영·유아 : 원휘연	생년월일 : 2014. 3. 13.	성 별 : 남
관 찰 자 : 현효선(새싹어린이집)	관찰일자 : 2019. 11. 6.	관찰시간 : 오전 10:20～10:25
관찰일 현재 영·유아 연령 : 5년 8월	관찰장면 : 실외활동 준비(겉옷 입기)	

기 록

교사가 실외활동 시간을 알리며 "화장실에 다녀와서, 겉옷을 입어보세요"라고 이야기를 하자 휘연이가 화장실을 빠르게 다녀와서 손을 씻는다. 옷을 꺼내는데 가방도 함께 떨어지자 "어 가방이 떨어졌네" 한다. 옆에서 지후가 겉옷을 꺼내고 돌아서면서, 가방이 떨어져 있는 모습을 확인하고는 "선생님 지후 가방이 떨어졌어요"라고 이야기를 한다. 교사가 "휘연이가 지후에게 가방이 떨어졌다고 이야기 해 줄 수 있니?"라고 이야기를 하자 "지후야 니 가방 떨어졌어"라고 하자 지후가 "고마워"라고 한다. 휘연이가 겉옷을 꺼내 입으려고 오른팔을 넣고 몸을 펴서 왼손을 넣으려 하는데, 팔 부분에 잘 끼워지지 않는다. 휘연이 표정이 점점 변하고 얼굴이 빨개진다. 옷을 다 입은 서영이가 그 모습을 보고는 왼쪽 팔 부분을 올려준다. 휘연이가 팔이 안 끼워지자 울먹이는 표정을 짓는다. 서영이가 "선생님 휘연이 팔이 안돼요" 한다. 교사가 휘연이에게 다가가 옷 입는 걸 도와서 옷을 잡아주고 힘껏 팔을 넣어 입어 볼 수 있도록 하자 긴팔 옷이 겉옷과 함께 올라가 휘연이가 화를 내며 빼내려 한다. 교사가 옷을 다시 벗기고 "소매를 잡고 다시 옷을 입어 볼까?"라고 하자 휘연이가 "아～"하며 소매를 잡고 팔을 다시 끼운다. 옷이 마음에 들게 입혀지자 교사에게 웃음을 보인다. 교사가 "다음부턴 소매를 잡고 입어 볼 수 있지?"라고 하자 큰소리로 "예"라고 대답을 한다.

• **발달영역** : 신체발달, 사회성발달

요 약

– 휘연이는 교사의 말을 잘 알아듣고 약속을 할 수 있다.

– 휘연이는 자신의 감정을 상황에 맞게 조절할 수 있다.

– 휘연이는 친구들과 서로 도움이 필요할 때 주고받을 수 있다.

일 화 기 록

〈사례 27〉

관찰 영·유아 : 이동호	생년월일 : 2013. 12. 20.	성　별 : 남
관　찰　자 : 김유리(햇살어린이집)	관찰일자 : 2020. 1. 7.	관찰시간 : 오전 9:00~9:14
관찰일 현재 영·유아 연령 : 6년	관찰장면 : 오전 자유선택활동 중 미술영역	

기　록

동호가 "가현아"라고 부르며 미술영역으로 빠른 걸음으로 걸어간다. 가현이가 "왜?"라고 하자 동호가 종이를 한 장 접으며 "나랑 로케트 접어서 시합하자"라고 하며 가현이 옆자리에 앉아 종이를 접는다. 가현이가 접고 있는 종이와 동호의 종이를 번갈아보며 로켓을 접는다. 동호가 먼저 로켓을 완성하고 동호의 로켓을 엄지손가락을 이용해 꾹 누르며 가현이가 다 접기를 기다린다.

교실 문이 열리자 동호가 고개를 들어 문 쪽을 바라본다. 수아가 들어오자 동호가 수아를 검지손가락으로 가리키며 "야 야 김수아왔다"라고 큰 목소리로 말한다. 수아가 사물함으로 걸어가자 동호가 수아 쪽을 향해 걸어가 "너 뭐타고 왔어?"라고 물어본다. 수아가 "나 엄마차"라고 하고 수아가 가방정리 하는 모습을 5초 동안 보고는 다시 앉았던 자리로 걸어가 앉는다.

가현이가 로켓을 완성하여 동호 얼굴 앞에서 흔들자 동호가 웃으며 "야 야 이제 누가 멀리가나 시합하자"하며 가현이와 동호가 책상 왼쪽 끝으로 가서 앉는다.

가현이와 동호가 로켓을 같은 선에 놓고 오른손 검지손가락으로 로켓의 뒷부분을 눌러 준비 자세를 취한다. 가현이가 "너가 먼저 해"라고 하자 동호가 반동을 주며 종이에서 손가락을 뗀다. 로켓이 날아가는 모습을 눈을 동그랗게 뜨고 쳐다본다. 로켓이 두 번째 책상 앞 선에 착지하자 동호가 "아 별로 못갔어"하며 시무룩한 표정을 짓는다. 가현이가 "비켜봐 이제 나야"하며 로켓 뒷부분을 오른손 검지손가락으로 2초 동안 누르고 반동을 주며 손가락을 뗀다. 동호와 가현이가 날아가는 로켓을 바라본다. 로켓이 두 번째 책상 중간에 착지하자 동호가 미소를 지으며 "내가 졌다"라고 말한 뒤 로켓을 가져온다. 가현이는 "흥 내가 이겼지?"라고 하며 로켓을 가져온다.

- **발달영역** : 사회성, 정서발달

요　약

- 동호는 다른 사람에게 관심을 가지고 먼저 다가가 대화를 시도한다.
- 동호는 순서도를 보고 종이접기를 할 수 있다.
- 동호는 높은 단계의 사회적 놀이인 집단놀이를 한다.

일 화 기 록

〈사례 28〉

관찰 영·유아 : 노현승	생년월일 : 2013. 05. 23.	성 별 : 남
관 찰 자 : 김선용(성동숲속어린이집)	관찰일자 : 2019. 12. 13.	관찰시간 : 오후 12:50~1:10
관찰일 현재 영·유아 연령 : 6년 6월	관찰장면 : 오후 자유선택활동 중 역할영역	

기 록

현승이가 역할영역에서 소율이와 지우와 함께 음식점놀이를 하고 있다. 현승이가 "자 이번에 뭐 만들어 볼까?"라고 말하자 소율이가 "토마토로 요리를 만들자"라고 대답한다. 현승이가 야채 모형바구니에서 토마토를 꺼낸다. "이건 내가 씻어서 자를게"라고 말하며 싱크대 쪽으로 가서 물을 트는 흉내를 내며 싱크대에 토마토를 넣고 토마토를 씻는척한다. 그리고 가져와 지우에게 "지우야 도마랑 칼 좀 줘"라고 한다. 지우가 도마와 칼을 주자 "고마워, 내가 만들어서 너 줄게"라고 이야기한다. 토마토를 도마 위에 올려놓고 가로로 먼저 자르고 세로로도 자르는 척한다. 자른 토마토를 후라이팬에 넣고 후라이팬을 앞뒤로 흔들며 "애들아 이것봐~ 나 요리사 같지"라고 하며 웃는다. 그리고는 "자 토마토 요리 다 됐습니다."라고 하며 토마토를 접시에 놓는다. 그리고 소율이를 보며 "이제 또 뭘 할까?" 라고 묻는다. 소율이가 "콩으로 하자"라고 하자 현승이가 콩을 꺼내와 "자 이번엔 콩을 잘라서 요리해 줄게"라며 싱크대에 가서 다시 콩을 씻어와서 도마에 올려놓는다. 그리고 콩을 길게 옆으로 올려놓고 반으로 자르며 "이렇게 잘라서 콩껍질을 벗겨야 해"라고 말하며 콩 껍질을 벗긴 후에 도마에 있는 콩을 칼로 계속 자르는 행동을 반복한다. 후라이팬에 콩을 넣고 앞뒤로 흔들고 난 후에 "자 짜잔 맛있는 콩 요리 완성!!" 이라고 말한다. 그 소리를 듣고 지우가 현승이에게 와서 "토마토 요리랑 콩 주세요. 얼마예?"라고 묻자 토마토 요리를 가리키면서 "이건 3,000원입니다." 그리고 콩을 가리키며 "이건 2,000원입니다"라고 대답한다. 지우가 "돈 여기요"라면서 지폐를 많이 주자 현승이가 "5,000원입니다"라고 말하며 준 돈에서 5장을 세어서 5장을 가져가고 남은 돈을 지우에게 "자 여기요"라고 말하며 다시 준다. 그리고 상위에 토마토, 콩이 담긴 접시와 숟가락, 포크를 올려놓고 "맛있게 드세요"라고 말한다.

• **발달영역** : 사회성, 정서발달, 인지발달

요 약

‒ 현승이는 높은 단계의 사회적놀이인 집단놀이와 높은 단계인 인지적 놀이인 역할놀이를 한다.

‒ 극화놀이(~하는 척 놀이)가 활발하게 일어난다.

‒ 수를 정확하게 인지하며 한자리수 덧셈을 할 수 있다

일 화 기 록

〈사례 29〉

관찰 영·유아 : 김도희   생년월일 : 2014. 04. 24.   성   별 : 여
관 찰 자 : 도은영(햇살어린이집)   관찰일자 : 2019. 11. 06.   관찰시간 : 오전 9:00~9:15
관찰일 현재 영·유아 연령 : 6년 7월   관찰장면 : 오전 자유선택활동 중 역할영역, 쌓기영역

기   록

　도희가 자신의 이름을 떼서 역할영역에 이름표를 붙이고 주방놀이 앞에 서서 그릇을 만지고 있는데 서연이가 역할영역 쪽으로 오더니 이름표를 붙이고 도희에게 다가간다. 도희가 서연이를 보더니 "엄마, 아빠 놀이할래?"라고 묻는다. 서연이가 "그래, 나는 애기 할래"라고 말하니 도희가 3초간 생각 후 "그럼, 난 엄마!"라고 말하며 도희가 앞치마를 두르고선 뒤를 돌아 그릇에 계란을 놓는 시늉을 하고 상 위에 올려놓는다. 도희가 "아기야 밥 먹어야지"라고 하자 서연이가 "엄마 나 고기 먹고 싶어요" 대답한다. 5초간 생각하는 표정을 짓더니 도희가 "이거 먹으면 이따가 고기 해줄게~"라고 하자 서연이가 "싫어!! 서연이 고기 먹을거야!"라고 대답한다.

　도희가 뒤를 돌더니 냉장고 문을 열고 4초간 뒤적거리더니 햄을 꺼낸다. 접시 위에 햄을 올려놓은 후 "서연아, 서연이가 좋아하는 햄이야!"라고 말한다. 서연이가 미소를 지으며 상에 앉아 "잘 먹겠습니다." 하고 '냠냠' 하면서 먹는 흉내를 내자 도희가 "맛있어?" 한다. 서연이가 "엄마 최고! 너무 맛있어요!" 하며 밥 먹는 시늉을 한다. 서연이가 밥을 다 먹고 일어나면서 "잘 먹었습니다!"라고 하니 도희가 "그래, 엄마는 설거지해야 하니까, 서연이는 책 읽고 있어."라고 하며, 도희가 그릇을 정리하고 앞치마를 벗은 뒤 쌓기영역으로 간다.

• **발달영역 :** 사회성, 정서발달

요   약

– 도희는 친구에게 놀이를 제안하고 역할을 정하여 놀이할 수 있다.
– 도희는 친구의 정서와 생각을 존중해주며 함께 협동놀이를 한다.

일 화 기 록

〈사례 30〉

관찰 영·유아 : 이채윤	생년월일 : 2013. 01. 13.	성　별 : 여
관　찰　자 : 최은경(성동숲속어린이집)	관찰일자 : 2019. 12. 10.	관찰시간 : 오후 1:00~1:30
관찰일 현재 영·유아 연령 : 6년 11월	관찰장면 : 자유선택활동 시간 중 수 조작 영역	

기　　록
채윤이가 수 조작 영역에서 겨울음식 매트릭스 교구를 가지고 자리에 앉으며 "민지야~ 우리 게임 할래?" 이야기한다. 민지가 "무슨 게임인데" 대답하자 채윤이가 민지에게 게임판을 보여주며 "여기 겨울음식 매트릭스라고 써 있자나" 말한다. 민지가 "나~ 이 게임 알아. 누가 먼저 시작하지?" 하자 채윤이가 "가위 바위 보로 누가 먼저 할 건지 정하자" 한다. 채윤이와 민지가 "안내면 진다 가위 바위 보" 하며 가위 바위 보를 한다. 채윤이가 가위 바위 보에서 이기고 채윤이가 먼저 파란색 주사위를 던진다. 채윤이가 "어~ 30이네" 하며 게임판 위의 파란색숫자 3에 주사위를 올려놓고 노란색 주사위를 던진다. 채윤이가 "2니까" 파란색 주사위와 노란색 주사위를 동시에 양손으로 잡고 게임 판에서 움직여 만나는 자리 위에 "내가 좋아하는 붕어빵" 하고 게임카드를 놓는다. 민지가 "이제 내 차례지 내가 주사위 던질거야~ 나는 빙고 만들면 좋겠다." 한다. 채윤이가 "야~ 이건 빙고 게임 아니자나~ 이건 매트릭스 게임이라고" 말한다. 민지가 "나도 알아. 매트릭스 게임 어떻게 하는 건지 내가 빙고 게임을 좋아한다니깐" 한다. 채윤이가 손가락으로 매트릭스 게임판의 가로세로 대각선을 가리키면서 "이렇게 놓으면 빙고자나 그러면 우리 빙고 게임도 할까?"라고 한다. 민지가 "그래~ 게임판 다 채우는 빙고게임하자~" 한다. 채윤이가 "너 차례니깐 주사위 던져" 한다. 민지가 주사위를 던져서 게임판에 게임카드를 올려놓고 채윤이 차례가 되자 채윤이가 "민지야~ 빙고 한 개 만들 때마다 1점이다." 한다. 채윤이가 옆에 있는 민준이를 부르며 "너 여기서 나 좀 도와줄래? 니가 심판해라" 한다. 민준이가 손가락으로 숫자 0과 1을 만들어 보인다. 채윤이가 "그게 아니라 숫자판을 가지고 와야지" 한다. 민준이가 교구장에서 숫자판 교구를 가지고 오면서 "내가 도와주려고 했는데 주문도 많다." 하며 민준이가 채윤 옆에 앉으며 "알았어. 그래도 내가 도와주지 내가 심판이다" 한다. 민준이를 바라보며 채윤이가 "빙고 하나 만들면 1점이야", "민지 너 무슨 색" 하자 민지가 "나는 빨간색" 한다. 채윤이 "그러면 내가 파란색 할께"한다. 채윤이가 주사위를 던지고 게임 판에 게임카드를 올려놓는다. 민지도 주사위를 던지고 게임판을 채우면서 게임을 하며 채윤이 차례가 되어 주사위를 던지며 "2 나왔으니깐 이제 1 나오면 되겠다." 한다. 채윤이가 민준이를 바라보면서 "민준아 나 이길라고 하자나 잘 봐" 하자 민준이가 "나 원래 심판 잘 본다니까?" 한다. 채윤이가 주사위를 던지며 "아쌔! 1 나왔다 빙고입니다" 하자 민준이가 숫자판의 숫자를 1로 바꾸며 "1:1입니다" 한다. 채윤이와 민지 주사위를 던지며 게임을 계속한다.

• 발달영역 : 인지, 사회성 발달

요　　약
– 또래에게 놀이를 제안하며 주도적으로 놀이를 한다. – 수를 활용한 놀이를 하며 물체의 위치와 방향을 구별할 수 있다.

6) 일화기록을 위한 관찰의 발달별 범주

유아들을 대상으로 일화기록을 할 때 발달별로 포함되어질 수 있는 범주는 다음과 같다.[15]

(1) 신체발달

① 신체적 특징

- 다른 유아들과 구분되는 신체적 특징이 있는가?
  뚱뚱하다, 말랐다, 키가 크다, 키가 작다…

- 유아의 일반적인 자세는 어떠한가?
  앉을 때, 걸을 때, 서 있을 때의 자세…
  행동이 어떠한가?

② 대근육 활동

- 관찰대상 영유아가 주로 하는 대근육 활동은 어떤 것이 있는지 관찰해 본다.

- 바닥을 기어다니기, 계단 오르내리기, 깡충뛰기, 기어오르기, 높이뛰기, 뒤로 걷기, 옆으로 걷기, 높은 데서 뛰어내리기, 구르기, 걷기…

- 영유아의 힘 세기 정도를 알아본다.

- 밀기, 당기기, 들어 올리기, 던지기, 끌기, 구부리기, 잡기…

- 균형잡기의 능력을 알아본다.

- 평균대에서 걷기, 교실이나 유희실에 줄을 그어 놓고 줄따라 걷기, 모래영역에서 가장자리를 따라 걷기

- 위의 행동을 통해 유아가 균형을 잡으려 할 때 몸의 균형을 어떻게 하는지 관찰해 본다.

- 신체를 이용한 활동에 적극 참여하는지 알아본다.

- 깡충뛰기, 뜀뛰기, 말처럼 뛰어보기(gallop), 음악에 맞추어 몸 움직이기, 줄넘기하기, 훌라후프, 그네뛰기, 미끄럼타기, 터널 통과하기, 공놀이, 고무줄놀이, 게임에 참여하기 등

---

15) 이정환 박은혜, 앞의책 pp. 39~44를 참조하여 재정리함.

• 활동을 얼마나 오래 하는지 지속도를 관찰해 본다.

• 달리기, 뛰기, 밀기, 자전거 타기, 공 주고받기…

• 여러 가지 신체적 기술을 종합하여 사용하는지를 관찰해 본다.

• 목표를 정해 놓고 사물을 던진다(고리 던지기, 전통놀이 사방치기), 두 바퀴 자전거를 탄다, 롤러스케이트를 탄다, 고무줄 뛰기를 한다, 유아용 농구놀이를 한다, 제기차기를 한다.

③ 소근육 발달

• 영유아들의 기본생활 습관과 관련된 활동을 할 때 소근육 활동을 관찰해 본다. 숟가락, 포크의 사용, 주스, 우유, 물 따르기, 병따기, 단추 채우기, 지퍼 올리기, 양말 신기, 장갑 끼기, 손씻기, 용변 보기, 세수하기, 양치하기, 흘린 물건 주워 담기, 간식 먹은 자리 정리 정돈하기 등…

• 조작놀이를 하는 동안 어떤 소근육 활동을 하는지 관찰해 본다.

• 사물이나 교구를 넣기, 빼기, 퍼즐 맞추기, 끈 끼우기, 종이 직조, 매트 짜기…

• 미술활동을 하는 동안 어떤 소근육 활동을 하는지 관찰해 본다.

• 색종이를 뜯어 붙이기, 종이접기, 가위질하기, 색연필, 크레파스 칠하기, 풀칠하기, 그리기

④ 기타

• 양손 중 어느 쪽의 손을 더 선호하는지를 관찰해 본다.

• 건강 상태가 어떠한지 관찰해 본다.

(2) 언어발달

① 말하기, 듣기

- 유아들이 사용하는 단어들을 관찰해 본다.

- 식물, 동물, 사람, 색깔, 가족관계, 공간, 시간, 도형, 의복, 날씨, 음식, 기계, 신체 부위, 장난감, 책, 인형, 정서와 관련된 단어, 부정적인 언어, 긍정적인 언어, 격려하는 말 등…

- 교사의 언어적 지시를 잘 이해하고 따르는지를 관찰해 본다.
   예 : 이야기 나누기 시간에 카펫 앞으로 모이기
       간식시간에 손닦고 예쁘게 앉아 있기
       작업시간에 친구와 함께 용품 나누어 쓰기

- 상황에 알맞은 말을 하는지 관찰해 본다.

- 자신의 감정을 말로 표현할 수 있는지 관찰해 본다.
   자신의 의사나 느낌을 말로 표현하는가?

- 동화나 동시를 즐겨 듣는지 관찰해 본다.

- 교사나 친구의 말을 주의 깊게 듣는지 관찰해 본다.

- 어떻게(how)로 시작되는 질문을 하는지 관찰해 본다.

- 그리고(and), 그러나(but) 등의 접속사를 사용하여 말하는지 관찰해 본다.

- 사물을 비교하여 말할 수 있는지 관찰해 본다.

② 읽기, 쓰기

- 글자의 기초모양을 알고 있는지 관찰해 본다.

- 주변의 글자에 관심을 갖고 있는지 관찰해 본다.

- 상표나 간판을 보고 읽어 달라고 하거나, 글자 모양대로 따라 쓰기를 하고 있는지를 알아본다.

- 글자를 읽고 쓸 때는 왼쪽에서 오른쪽으로 해야 하는 것을 이해하고 있는 지를 관찰해 본다.

- 쓰기에 관심을 가지는지 관찰해 본다.

- 글자 모양대로 따라 쓰기, 자기 이름 쓰기, 친구 이름 쓰기, 동시 쓰기

- 읽는 것에 관심을 가지는지 관찰해 본다.

- 동화책, 그림책을 읽어 달라고 한다.

- 교사나 윗사람의 도움 없이 혼자 책을 읽는다.

- 사물함에 적힌 친구의 이름을 보고 읽는다.

- 자주 책 읽기를 좋아한다.

(3) 인지발달

- 분류 개념이 있는지 관찰해 본다.

  같은 사물끼리 분류를 할 수 있다.

  같은 모양끼리 분류를 할 수 있다.

  같은 색깔끼리 분류를 할 수 있다.

  같은 크기끼리 분류를 할 수 있다.

- 수의 기초개념을 이해하고 있는지를 관찰해 본다.

  1:1 대응을 할 줄 안다.

  생일케이크의 수만큼 초를 가져간다.

  사물의 수량이 많고 적음을 변별한다.

    －많다, 적다.

  사물의 크기를 변별한다.

    －크다, 작다.

  사물의 높이를 변별한다.

    －높다, 낮다.

  1~10까지를 알고 있는지를 사물을 통해 관찰한다.

  일상생활에서 수를 활용하는지 관찰해 본다.

- "내가 한 번 하고 너에게 줄게"

- "다섯까지 세면 줄게"

- "내가 열 번 타고 네가 일곱 번 타" …

측정에 대한 기초적인 개념이 있는지 관찰해 본다.

사물의 무게, 사물의 크기, 높이, 길이에 따라 비교한다.

인과관계를 이해하는지 관찰해 본다.

예 - "오늘은 비가 와서 우산을 쓰고 왔어요."

- "내일 또 비가 오면 장화를 신고 올게요."

- "밤이 되어서 깜깜했어요."

- "날씨가 더워서 반팔옷을 입었어요."

- "날씨가 추워서 코트를 입었어요."

공간 개념이 있는지 관찰해 본다.

위, 아래, 안, 밖, 앞, 뒤, 옆, 넓다, 좁다, 깊다, 얕다, 왼쪽ㆍ오른쪽 구분하기

시간 개념이 있는지 관찰해 본다.

하루의 일과 순서를 안다.

과거, 미래에 대한 개념이 있다.

어제, 오늘, 내일을 알고 사건의 순서를 안다.

도형의 이름을 알고 형태를 구분할 수 있는지 관찰해 본다.

동그라미, 네모, 세모의 이름을 안다.

각 도형의 모양을 찾아낼 수 있다.

어떤 일을 예측할 수 있는지 관찰해 본다.

- "봄이 되면 따뜻해서 꽃이 피어요."

- "여름이 되면 더워서 물놀이를 할 수 있어요."

- "겨울이 되면 춥고 눈이 와요."

(4) 사회성 발달

- 다양한 놀이에 참여하는지 관찰해 본다.

- 친구와 함께 장난감을 나누어 쓸 수 있는지 관찰해 본다.

- 친구의 의견을 존중하는지 관찰해 본다.

- 자신의 물건과 다른 사람의 물건을 구별할 수 있는지 관찰해 본다.

- 놀이에서 주로 어떤 역할을 하는지 관찰해 본다.

- 또래와 주로 어떤 방법으로 놀이나 활동을 제안하는지 관찰해 본다.

- 문제 상황이 생겼을 때, 친구와 갈등이 생겼을 때 어떻게 해결하는지 관찰해 본다.

- 다른 친구의 물건을 사용할 때 어떻게 허락을 구하는지 관찰해 본다.

- 친구로부터 도움을 받았을 때 어떻게 하는지 관찰해 본다.

- 집단생활에서 협동을 하는지 관찰해 본다.

- 학급 내의 규칙을 지키고 이행하는지 관찰해 본다.

- 차례를 지키고 기다리는지 관찰해 본다.

- 친구의 놀이나 활동을 방해하지 않는지 관찰해 본다.

- 친하게 지내는 친구가 많은지 관찰해 본다.

- 인사하는 태도를 관찰해 본다.

- 친숙한 성인에게 어떻게 반응하는지 관찰해 본다.

- 자기보다 약한 동생에게 어떻게 대하는지 관찰해 본다.

- 교사의 지시 없이도 스스로 하는 활동이 어떤 것이 있는지 관찰해 본다.
  예 휴지 줍기, 간식 책상 치우기, 친구나 교사 돕기…

- 자신의 능력이나 기술에 대해 어떻게 생각하는지를 관찰해 본다.
  예 교사가 특정 유아에게 일을 시키면 "저도 시켜 주세요", "저도 할 수 있어요." 한다.

(5) 정서발달

- 자기의 감정을 말이나 신체로 표현하는지 관찰해 본다.

- 유아의 흥미를 끄는 사물이나 활동이 무엇인지 관찰해 본다.

- 유아의 기분을 상하게 하는 것이 어떤 것이 있는지 관찰해 본다.

- 유아가 어떨 때 공포와 두려움을 느끼는지 관찰해 본다.

- 유아의 성격을 관찰해 본다.

- 다른 사람의 감정에 어떤 반응을 보이는지 관찰해 본다.

- 음악을 들었을 때 어떤 반응을 보이는지 관찰해 본다.

- 친구가 다쳤거나 울고 있으면 어떤 관심을 갖고 반응하는지 관찰해 본다.

- 자신의 감정이나 행동을 어떻게 상황에 맞게 조절하는지를 관찰해 본다.

- 자신이 하고자 하는 일에 방해를 받거나 요구가 거절되었을 때 어떻게 반응하는지 관찰해 본다.

- 예쁜 꽃이나 좋은 그림을 보여주면 어떻게 반응하는지를 관찰해 본다.

- 자신이 원하던 일이 달성되면 어떻게 하는지를 관찰해 본다.

- 슬퍼하는 친구를 보고 어떻게 반응하는지를 관찰해 본다.

- 유아가 자신의 신체나 용모에 대해 어떻게 생각하고 있는지 관찰해 본다.
  예 "나 이쁘지?", "나 공주님 같지?", "나는 왕자야."

- 자신의 가치를 어떻게 생각하는지를 관찰해 본다.

- 새로운 환경에 어떻게 적응하는지를 관찰해 본다.

- 어떤 상황에서 잘 우는지를 관찰해 본다.

- 친구에게 장난감을 빼앗겼을 때 어떻게 하는지를 관찰해 본다.

- 타인의 감정을 이해하고 있는지를 관찰해 본다.

(6) 친사회적 행동발달

- 친구가 아프거나 울 때 어떻게 위로하는지를 관찰해 본다.

- 친구나 교사에게 나누어 주기를 하는지를 관찰해 본다.

- 친구나 교사에게 양보를 하는지를 관찰해 본다.

- 친구나 교사에게 친절한지를 관찰해 본다.

- 친구에게 관용을 베푸는지를 관찰해 본다.

- 친구와 대화를 교환하는지를 관찰해 본다.

- 친구와 장난감을 교환하는지를 관찰해 본다.

- 장애물이 접근했을 때 자기를 방어하는지를 관찰해 본다.

- 또래와 언어적 논쟁이 일어났을 때 자기 주장을 할 수 있는지를 관찰해 본다.

- 친구를 안심시켜 주는 행동을 하는지를 관찰해 본다.

- 친구에게 격려를 하고 있는지를 관찰해 본다.

- 친구를 위해 돕는 행동을 하고 있는가를 관찰해 본다.

- 나보다 어려운 처지에 놓여 있는 사람에게 동정심을 보이는가를 관찰해 본다.

- 놀이시간에 친구와 협동해서 노는지를 관찰해 본다.

- 미술작업 시간에 친구와 협력하는지를 관찰해 본다.

- 교사나 친구를 도와주는지를 관찰해 본다.

- 다른 사람의 부탁을 들어 주는지를 관찰해 본다.

- 자신의 것을 다른 사람에게 그저 주는지를 관찰해 본다.

- 어떤 일이 발생했을 때 그것을 언어적으로 인정하는지를 관찰해 본다.

- 친구에게 장난감을 나누어 주는지를 관찰해 본다.

3. 시간표집법

1) 시간표집법의 정의

시간표집법(time sampling method)은 특수한 시간 체계 내에서 행동을 표집하는 방법으로, 미리 선정된 행동을 정해진 짧은 시간 동안 관찰하며 시간 간격에 맞추어 여러 차례 반복하여 관찰하는 것이다. 이 때 정해진 시간에 나타나는 행동은 일상적인 행동의 표집으로 간주된다.[16]

유아교육사전에서는 시간표집법을 "일정한 시간 간격을 두고 일정한 시간 단위씩 측정 또는 관찰함으로써 그 측정치를 통하여 과정 전체를 추정하려는 직접 관찰의 한 방법으로써, 시간선택 관찰법이라고 한다."고 정의한다.[17] 최초의 시간표집법 연구는 정상아의 습관에 관한 연구를 들 수 있는데, 최근에 미네소타 대학교에 아동발달 연구소를 설립한 Willard C. Olson이 1926~1927년 사이에 이 기법을 고안했다.

Olson의 동료인 Florence L. Goodenough는 1934년 Development Psychology에서 "시간표집법 절차에서는 아동이나 성인을 짧은 시간 동안 관찰하고 그 시간 동안에 그들이 한 행동을 일상적인 행동의 표본으로 간주한다."라고 설명하고 있다.[18]

표집을 위해 짧은 시간 동안 행동을 관찰할 경우 행동이 어느 정도로 자주 나타나야 하는가 하는 문제가 발생하는데 Ruth Arrington(1943)은 관찰하는 행동이 15분 동안 평균 한 번이 채 나타나지 않으면 시간표집법을 사용할 수 없다고 주장했다.[19]

시간표집법을 이용한 가장 유명한 초기의 연구 중 하나는 Mildred B. Parten의 유아놀이에 관한 연구(1932~1933)이다. Parten은 1926년 10월부터 1927년 1월까지 2세 미만에서부터 5세에 이르는 유아들을 관찰했는데, 여기서 유아의 사회적 참여와 놀이참여의 6가지 범주(비참여놀이, 관망, 혼자놀이, 병행놀이, 연합놀이, 협동놀이)에 관심을 가졌다.

---

16) 이은해, 앞의 책, p. 164.

17) 한국유아교육학회, 앞의 사전, p. 326.

18) 홍순정(1993). 『아동연구』, 한국방송통신대학교 출판부, p. 113.

19) R. Arrington(1943). Time sampling in studies of social behavior: Acritical review of techniques and results with research suggestions, Psychological Bulletin, 40, pp. 81~124.

시간표집법이 사용되기 시작한 후 제2기의 다른 연구자들은 주로 시간 간격의 길이, 거리, 횟수에 관심을 가졌으며 오랫동안 시간표집법은 자연적 연구와 실험 연구에 중요한 도구가 되었다.[20]

시간표집법은 서술식 관찰기록과는 달리 관찰을 하기 전에 언제, 어디서, 무엇을, 어떻게 기록할 것인지를 미리 결정해야 한다. 시간표집법에서 관찰을 실시하는 기준은 시간이다. 즉 관찰자가 관찰을 할 때 미리 정해 놓은 시간 간격에 맞추어 그 시간 동안 관찰자가 관심을 갖고 있는 특정한 행동이 발생했는지, 또한 관찰 횟수는 얼마나 되는지를 기록하는 것이다(예: 1분 내에 유아가 몇 번이나 친구와 장난감을 교환하며 놀았나). 시간표집법은 계획된 시간 내에 계획된 방법으로 행동을 표집하기 때문에 서술적인 관찰기록처럼 풍부한 정보를 얻을 수 없으며 행동이나 사건에 대한 연속적인 기록을 하기가 어렵다. 그러나 시간표집법은 일정한 기간 동안에 어떤 특정한 행동이 얼마나 발생했는가를 양적으로 알아볼 수 있기 때문에 통계처리가 편리하고 객관적이다. 또한 시간표집법을 사용하면 짧은 시간 내에 다양한 상황 속에서 여러 유아들을 관찰할 수 있는 이점이 있다.

2) 시간표집법의 절차

시간표집법을 이용하려면 다음의 절차를 고려해서 작성한다.

① 시간표집법에서 관찰하고자 하는 행동이나 사건을 설명하는 데 쓰이는 용어가 분명하게 정의되어야 한다. 관찰자나 관찰결과지를 읽는 사람들이 각 용어가 어떤 의미로 사용되었는지를 분명히 이해하고 있어야만 정확한 의사전달이 가능하기 때문이다.

② 관찰하고자 하는 행동을 보기 위해 미리 시간 단위를 정해야 한다. 이때 시간의 간격은 한 개인을 얼마 동안 관찰할 것인가, 그리고 관찰결과를 기록하는 시간을 얼마로 할 것인가에 따라 전체 관찰시간이 달라진다(예: 30초 관찰 10초 기록, 15초 관찰 5초 기록에 따라 관찰 기록에 소요되는 시간이 달라진다). 시간표집법을 사용한 과거의 연구를 살펴보면 시간의 길이가 5초에서 20분까지 다양하고, 대부분의 연구에서 5분 이하의 시간 단위를 사용하였다. 그리고 관찰시간 단위 간에 얼마나 간격을 둘

---

20) 홍순정, 앞의 책, pp. 114~115.

것인가에 대해서는 관찰시간 단위의 길이, 관찰대상 유아의 수, 얼마나 상세한 기록을 요구하느냐 등의 요인에 의해 결정된다(관찰시간과 시간의 간격, 기록 시간 등은 관찰자가 관찰내용에 따라 다르게 결정할 수 있다).

③ 관찰 횟수는 연구 대상별로 총 몇 회에 걸쳐서 관찰할 것인지, 즉 관찰에만 소요된 총 시간의 결정은 대표적인 표집을 얻는데 필요하다고 생각되는 시간에 따라 다르게 할 수 있다. 일반적으로 행동의 변산이 크고 많이 연구되지 않은 영역의 행동에 대해서는 더 많은 횟수의 관찰이 필요하며 따라서 관찰시간도 더 많이 소요된다.

④ 관찰결과의 기록을 위한 관찰 범주에 대한 부호체계는 관찰자가 빨리 기억할 수 있도록 논리적이고 일정한 규칙을 지니고 있어야 한다. 관찰 범주에 대한 부호를 기록하는 데는 직접 부호를 기록하는 방법이 있다(예: S=단독놀이(solitary behavior)). 이 부호는 각기 범주의 첫 글자를 가지고 만들어서 기억하기 쉽게 한 것을 알 수 있다. 우리말로 할 때에도 역시 기억하기 쉽게 우리말의 첫 글자를 따서 부호화하든가 또는 글자의 획을 줄이기 위해 첫 글자의 첫 자음만 가지고 사용할 수도 있다(예: 단독놀이 = 단 또는 ㄷ). 직접 부호를 기록하는 것 외에도 미리 마련된 하위 행동의 범주들의 관찰시간내 해당되는 칸에 행동의 출현 유무를 체크(v)로 표시하는 방식과 일정한 시간 단위 내에서 같은 행동의 출현이 있을 때마다 그 범주에 세기표(/)로 표시하는 방식이 있다. 대체로 이 두 가지 방식이 많이 쓰인다. 이 외 행동의 지속시간을 추가하여 표시하는 방법이 있다. 이것은 일정한 행동이 나타났을 때 체크나 세기표를 한 후 그 행동이 잠시 일어난 것인지 아니면 지속적인 것이었는지를 구분하기 위해 지속시간을 기록하는 방식이다. 이 세 번째 방식은 관찰의 시간 단위가 아주 짧을 때는 물론 적용되지 않으며 적어도 30초나 1분 이상의 단위가 적용될 때 사용된다.[21]

⑤ 관찰 기록 용지에는 예기치 않게 생긴 사건이나 어떤 방해가 있을 때 이것을 기록할 수 있는 여백을 남겨 두어야 한다. 이 같은 사건은 관찰하는 현상과 무관해 보일지라도 그 상황에 있는 대상의 행동에 중요한 영향을 미칠 수 있으며 후에 참고가 될 수 있으므로 기록해 둘 필요가 있다.

---

21) 이은혜, 앞의 책, p. 171.

3) 시간표집법의 지침

① 시간표집법은 자주 나타나는 행동에 대해서만 적합하다(평균 15분마다 한 번 나타나는 행동). 만약 이 점에 의심이 가면 예비관찰을 통해서 그 행동이 자주 나타나는 것인지 아닌지를 결정하고 행동에 영향을 미치는 개인적이거나 상황적인 요인을 규명해야 한다.

② 시간표집은 행동이 관찰 가능할 때만 사용한다. 시간표집은 외현 행동(overt behavior)의 연구에 가장 적당하다. 내적 행동, 즉 정신기능, 사고, 백일몽 등 인간의 내적 기능과 활동은 시간표집법에 의해 연구될 수 없다.

③ 관찰자는 조작적 정의를 내림으로써 다른 사람들이 모든 용어를 분명히 이해할 수 있도록 해야 한다.

④ 시간표집 연구의 구성 방법을 결정하기 위해서 관찰의 목적을 밝히는 것이 중요하다. 관찰 목적은 다음과 같은 사실을 결정하는 데 도움을 준다.

 • 관찰하는 데 필요한 피험자의 수를 결정하는 데 도움을 준다.

 • 관찰의 초점이 개인인지 집단인지의 문제를 결정하는 데 도움이 된다(예: 유아가 교실에서 하는 행동을 변화시키려고 한다면 그 유아만 관찰하고 유아들에 대한 아버지의 반응이나 어머니와의 애착관계를 알아보고자 할 때는 많은 피험자가 필요하게 된다).

 • 대표성 있는 표본이 되기 위해 필요한 관찰 횟수와 시간을 정하는 데 도움을 준다(예: 주로 행동 수정에 관심 있는 교사들은 유아들에게 나타나는 반사회적인 행동이나 부적응 행동을 일주일에 며칠씩 관찰해서 기초자료를 얻을 수 있는 것이다).[22]

⑤ 기록용지의 형식을 결정한다. 기록용지는 쉽게 기록할 수 있도록 단순하게 작성하고 예기치 않게 생긴 사건이나 어떤 방해가 있을 때 이것을 기록할 수 있는 여백을 두는 것이 좋다.

---

22) 홍순정, 앞의 책, pp. 115~116.

4) 시간표집법의 장점과 단점

시간표집법은 연구자가 실제 관찰을 하기 전 계획 단계에서 상당한 시간과 노력을 들여야한다. 즉 연구자는 관찰의 행동 범주를 나누고, 조작적으로 정의하고, 부호화하여 기록양식을 만든다. 또한 관찰에 어떤 시간 단위를 사용하고 얼마나 자주 관찰할 것인가도 결정해야 한다. 사전계획에서 위와 같은 노력이 있음으로 인해 연구자는 결과를 종합하고 분석할 때 서술적 자료보다 훨씬 쉽고 빠르게 할 수 있다.

시간표집법은 다른 관찰 유형과 비교할 때 몇 가지 장·단점이 있다.[23]

(1) 장점

첫째, 서술적인 관찰 방법에 비해 시간과 노력이 덜 들고 효율적으로 관찰할 수 있다.

둘째, 특수한 행동에 초점을 두고 있는 연구일 경우에 시간표집법은 다른 어느 관찰유형보다 신뢰도, 객관성, 대표성이 높다. 이는 관찰하는 시간의 한계가 분명하고 관찰하려는 행동에 대한 조작적 정의로 인해 통제가 이루어지는 관찰이기 때문이다.

셋째, 단시간 내에 많은 정보를 얻을 수 있다. 이것은 일정한 시간 내에 대표성 있는 행동을 표집하기 쉽게 해 준다.

넷째, 행동이나 사건 발생 빈도를 파악함으로써 행동 수정 프로그램을 작성하거나 평정척도 같은 측정도구를 만드는 데 기초자료가 될 수 있다.

다섯째, 시간표집은 수량화가 용이하다. 시간표집의 결과로 수집된 자료는 통계적으로 처리될 수 있으며 다른 변인과의 관계를 발견하고자 할 때도 도움이 된다.

여섯째, 관찰 대상 유아들의 일상생활을 방해하지 않고서도 기록과 채점이 가능하다.

(2) 단점

첫째, 시간표집법은 자주 나타나는 비교적 높은 빈도로 발생하는 행동과 외현 행동에는 적합하나 그렇지 못한 경우에는 적용이 어렵다(예: 어떤 행동이 최소 15분에 한 번 정도는 나타나야 시간표집이 적용될 수 있고 관찰자가 시각적으로 분별하기 어려운 사고나 백일몽 등 인간 내적 기능이나 활동은 연구하기가 부적합하다).

---

23) 이은혜, 앞의 책, pp. 172~173. 홍순정, 앞의 책, pp. 121~122.

둘째, 자료를 기록체계에 따라 기록하지 않으면 행동이 어떤지 또는 그 질에 관한 정보를 얻을 수 없다.

셋째, 시간표집법은 특정 행동에만 초점을 두기 때문에 수많은 인간 행동 간의 상호관계는 밝히기 어렵다.

넷째, 체크리스트 관찰 형식에 미리 정해 놓은 범주만 사용함으로써 관찰의 내용을 편견으로 이끌 가능성이 있다.

다섯째, 인과 관계를 밝혀 주지 못한다.

5) 시간표집법의 관찰양식

시간표집법에서 관찰을 기록하는 세 가지 방법은 첫째는 행동의 출현 유무를 표시하는 체크(v) 방식과 둘째는 행동이 나타나는 빈도수를 표시하는 세기표(/)로 표시하는 방식과, 셋째는 행동의 지속시간을 추가하여 표시하는 방식이 있으나 대체로 체크 표시(v)와 세기표(/) 두 가지 방식이 많이 쓰인다.

(1) 적목놀이의 발달단계 시간표집법

여기서는 이정환과 박은혜가 정리한 내용을 중심으로 살펴본다.[24]

적목은 유아교육기관에서 가장 널리 사용되는 교구 중의 하나이다. 적목놀이도 여러 단계의 발달단계를 거치는데 각 유아마다 각기 다른 발달단계를 거치면서 놀이가 성숙되어져 간다. 관찰자는 관찰에 들어가기 전에 적목놀이 행동의 정의와 범주를 자세히 읽고 이것을 ( ) 속의 약칭과 함께 기억해야 한다.

관찰 양식은 단순한 그 행동의 출현 여부만을 체크하여 기록하도록 한다.

---

24) 이정환, 박은혜, 앞의 책, pp. 63~64.

① **적목놀이 행동의 정의 및 범주**

- 단계 1 : 적목 나르기 – 유아는 적목이 쌓기에 이용된다는 것을 잘 모르는 단계로 적목을 가지고 그냥 들고 돌아다닌다거나 아니면 탁탁 부딪쳐서 소리를 내게 한다거나 적목을 이쪽에서 저쪽으로 나르는 행동을 적목 나르기 행동으로 정의한다. 이 단계는 유아가 적목에 대해 배우기보다는 시작하는 단계로 촉감, 소리, 무게, 모양 등의 속성을 파악하게 된다.

- 단계 2 : 적목 늘어놓기와 쌓기 – 이 단계는 유아가 적목을 쌓기 시작하는데 단순히 수평이나 수직으로 반복적인 쌓기나 늘어놓는 행동을 말한다.

- 단계 3 : 다리 만들기 – 몇 개의 적목을 이용하여 다리 만드는 행동을 말한다.

- 단계 4 : 울타리 쌓기 – 적목으로 담을 두르듯이 빙 둘러 쌓는 행동을 말한다.

- 단계 5 : 설계하기 – 적목이 충분히 있을 때 장식적인 패턴이 나타나는 데 대게 양쪽에 균형잡힌 형식으로 나타난다. 이 때 유아들은 대칭, 평형, 그리고 형태에 매력을 느낀다.

- 단계 6 : 이름 붙이기 – 자기가 만든 것에 이름을 붙이기 시작하며 적목으로 만든 것을 가지고 극화놀이를 하기도 한다.

- 단계 7 : 정교한 구성물 만들기 – 유아들이 일상생활에서 보았던 구조물들을 재생하고 이들을 극화놀이에 자주 이용한다.

적목놀이의 발달단계 관찰기록 양식지

관찰일자 : _____ 성 별 : 남 · 여 생년월일 : _____

관 찰 자 : _____ 이 름 : _____ 관찰일 현재 영 · 유아 연령 : _____

관찰시간 : _____

시간\단계	1단계 나르기	2단계 쌓기	3단계 다리 구성	4단계 울타리 만들기	5단계 설계	6단계 이름 붙이기	7단계 구성물 만들기	비놀이 (Non play) 몰입하지 않는행동	비놀이 (Non play) 쳐다보는 행동	비놀이 (Non play) 전환	활동 (Activity)	메모 (Memo)
15초												
15초												
15초												
15초 (1분)												
15초												
15초												
15초												
15초 (2분)												
15초												
15초												
15초 (3분)												
15초												
15초												
15초												
15초 (4분)												
15초												
15초												
15초												
15초 (5분)												
합계 (Total)												

② **적목놀이의 발달단계 관찰기록 양식지의 작성요령**

　㉮ 적목 영역에서 놀이를 하고 있는 유아들의 이름을 관찰기록 용지 1매에 유아 1인씩 이름을 적는다.

　㉯ 이름을 적어 놓은 순서대로 제일 처음 유아를 15초 관찰하고 5초간 기록한다.

　　예 오종환, 김지웅, 강현민, 김세원 4명의 유아가 적목영역에서 놀이를 하고 있으면 제일 처음 오종환을 15초 관찰하고 5초간 기록하고 그 다음 김지웅, 강현민, 김세원 순으로 4명을 1회씩 관찰한다. 15초 내에 관찰한 행동이 어느 단계에 속하는지를 평가하여 적합한 항에 v로 표시한다.

　만약 관찰 유아가 15초 동안 여러 단계에 속하는 놀이 행동이 나타나면 나타난 여러 단계 놀이 행동 중 가장 길게 놀이한 항에 v표시한다.

　　예 나르기를 5초 동안 하고 설계를 10초 동안 했을 경우에는 설계에 v표시하고 메모란에 나르기 5초라고 Memo한다.

　㉰ 1회 관찰이 끝나면 다시 오종환, 김지웅, 강현민, 김세원 순으로 하여 15초 관찰 5초 메모로 20회를 관찰한다.

　㉱ 한 번에 관찰하는 유아 수가 너무 많으면 놀이상황도 복잡하게 되고 교사가 관찰하는 데도 많은 어려움이 있으므로 1회 관찰을 유아 3~5명 선으로 하는 것이 가장 적절하다.

　㉲ 각 유아당 20회씩 관찰한다. (15초×20회=5분)한 유아당 5분씩을 관찰하게 된다.

(2) 사회적 놀이(social play)

① 사회발달적 입장

여기서는 지성애가 정리한 놀이 이론을 중심으로 살펴보면 다음과 같다.[25]

사회발달적 입장에서 본 놀이는 1932년 유아들에게 제공할 수 있고 적절한 교육환경에 관한 연구를 했던 Parten(1932; 1933)의 연구결과를 기초로 한다.

---

25) 지성애(1994). 『유아놀이지도』, 정민사, pp. 58~61.

Parten(1932; 1933)은 관찰의 연구에서 남녀 유아들이 선호하는 놀이 자료와 영역에 관한 정보와 유아의 사회놀이 발달단계에 대해 설명했는데 이것은 오늘날에도 유아의 사회적 놀이 발달단계의 준거가 되고 있다.

유아의 사회적 놀이행동은 유아의 사회적 능력과 문제해결 기술이 반영되어 표출된다. 많은 학자들은 유아의 사회적 놀이 행동은 유아의 인지능력과 깊은 관계가 있음을 명시하고 있다.

② 사회적 놀이의 가치

놀이는 사회성 발달에 큰 영향을 미칠뿐 아니라 다음과 같은 가치가 있다.

- 사회적 기술(social skill)을 발달시킨다.
- 사회·인지능력을 배양한다.
- 사회적 놀이 행동에 유아는 사회능력의 발달 정도를 표출하므로 사회성 발달 측정에 준거가 된다.

③ 사회적 놀이 이론의 배경

놀이활동을 통해 유아는 '탈중심화'되어 가며 사회적 세계에 관한 관찰의 지식을 확장한다. Piaget는 "자기 중심형(self-centrism)을 감소시키는 것이 사회적 놀이의 가장 중요한 기능"이라고 했다.

유아는 사회적 상호작용 참여에 본능적으로 동기유발되어 있다고 Piaget(1962)는 시사하고 있다. 유아는 사회적 놀이에 참여함으로써 '탈중심화(decentration)'와 동시에 한 가지 이상의 견해를 생각할 수 있게 된다.

탈중심화는 사회기술(social skill) 발달에 기본적인 요소가 된다.

④ Parten의 사회적 놀이 발달단계

Parten은 1932, 1933년에 미네소타 대학 부속 유아원 유아들을 대상으로 자유놀이 시간 동안 사회놀이 행동을 관찰·분석하여 다음과 같은 사회적 놀이 단계를 발표했다.

- 몰입하지 않은 행동(unoccupied behavior)

  놀이에는 참여하지 않으면서 놀이를 하는 다른 유아들을 쳐다본다. 유아가 다른 유아의 놀이 활동에 관심이 있는지 없는지를 판단할 수 없으며, 놀이하는 영역에 서 있거나 왔다 갔다 하는 것을 말한다.

- 쳐다보는 행동(onlooker beharior)

  대부분의 시간을 다른 유아가 노는 것에 관심을 갖고 쳐다보며 보낸다. 놀이를 하는 유아들을 쳐다보면서 주의집중을 끌기 위해서보다는 집단에 좀 더 접근하기 위해 질문이나 제안을 하는 것을 말한다.

- 혼자놀이(solitary play)

  혼자서 장난감을 갖고 독립적으로 노는 놀이로써 다른 유아와 가까이 놀면서도 다른 사람이 무엇을 하든지 상관없이 서로 다른 놀이를 하며 사회적 접촉 또는 어떤 대화도 이루어지지 않는 것을 말한다.

- 평행놀이(parallel play)

  같은 공간에서 또래들과 비슷한 놀이 자료를 가지고 옆의 유아를 의식하고 놀이를 하고 있지만 옆의 유아들의 활동에 영향을 미치려 하지 않는다. 다른 유아와 함께 상호작용하며 놀이를 하는 것이 아니라 단지 옆에서 노는 것을 말한다.

- 연합놀이(associative play)

  서로 장난감을 교환하기도 하며, 다른 유아를 따르기도 한다. 집단의 유아들이 비슷한 활동을 함께 하고 있을지라도 놀이활동의 특별한 목적(예: 집을 짓기) 아래 각 유아에게 할당된 역할이 조직되어 있지 않은 것을 말한다.

- 협동놀이(cooperative play)

  유아들 서로 협동하여 놀이 활동을 하는데 멤버십(membership)이 있다. 놀이 규칙에 따라 각각의 역할이 정해져 있고 그에 따라 놀이를 조직적으로 진행시키고 있는 것을 말한다.

⑤ 사회적 놀이 평가 방법

㉮ 관찰지에 관찰하고자 하는 유아들의 이름과 날짜, 생년월일 등을 기록한다.

㉯ 1회 관찰에 3~5명을 관찰한다.

㉰ 1회 15초 동안 1명을 관찰한 후 그 다음 유아를 관찰, 또 그 다음 유아를 관찰한 후 3~5명의 유아가 1회씩 관찰되면 2회 관찰로 들어간다.

㉱ 회 15초 관찰하고 5초 기록한다. Piaget / Parten척도의 한 관찰 사례의 관찰시간은 15초로 하는 것을 추천하고 있다. 15초 동안 관찰자는 유아의 놀이행동 유형을 충분히 판단할 수 있을 뿐 아니라 15초의 관찰시간 동안 유아가 다른 유형의 놀이활동을 할 수 있는 확률이 낮기 때문이다.

㉲ 15초 관찰 중 6초는 혼자놀이를 하고 9초는 평행놀이를 했을 경우 평행놀이에 체크한다.

Piaget/Parten 사회적 놀이 척도 관찰기록지

관찰일자 : _____   성 별 : 남 · 여   생년월일 : _____

관 찰 자 : _____   이 름 : _____   관찰일 현재 영 · 유아 연령 : _____

관찰시간 : _____

초 (Second)	사회적 놀이 (Social play)			비놀이 (Non play)			활동 (Activity)	메모 (Memo)
15초 동안	혼자 놀이	평행 놀이	집단 놀이	몰입하지 않는행동	쳐다보는 행동	전환		
15초								
15초								
15초 (1분)								
15초								
15초								
15초								
15초 (2분)								
15초								
15초								
15초								
15초 (3분)								
15초								
15초								
15초								
15초 (4분)								
15초								
15초								
15초								
15초 (5분)								
합계 (Total)								
요약								

ⓑ 본 관찰지는 Piaget / Parten척도의 놀이행동을 사용하게 되므로 사회적 놀이 단계는 혼자놀이, 평행놀이, 집단놀이로만 구분한다.

- 혼자놀이(solitary play): 서로 이야기할 수 있는 거리에서 떨어져 사물과 함께 혹은 사물 없이 혼자 하는 놀이로서, 다른 유아들과 사회적 접촉 혹은 어떤 대화도 이루어지지 않는다.

- 평행놀이(parallel play): 다른 유아들과 아주 근접한 거리에서 놀이 자료를 가지고 놀이활동을 하든가 비슷한 놀이활동에 참여하는 놀이 상대를 인식하고 있으나 놀이를 같이 하자고 시도하지 않는다.

- 집단놀이(group play): 다른 유아들과 함께 사회적 상호작용을 이행하면서 참여하는 놀이로서, 각자 역할이 할당되기도 한다.

ⓢ 비활동놀이

- 몰입하지 않는 행동(unoccupied behavior): 놀이를 하지 않고 순간적으로 흥미있는 것을 쳐다보고, 흥미로운 일이 발생하지 않으면 자기의 몸을 이용해서 놀거나 의자에 오르내리거나 주위를 두리번거리거나 교사를 따르거나 또는 한 장소에 앉아서 주의를 흘끗 보는 등의 행동을 말한다.

- 쳐다보는 행동(onlooker behavior): 집단 내에서 다른 유아들이 하는 것을 관찰하는 것에 많은 시간을 보내며 언어적 상호작용을 하기도 하지만 신체적으로 그들과 상호작용하거나 연합하지는 않는 행동을 말한다.

- 전환(transition): 유아가 한 활동에서 다른 활동으로 옮겨가는 행동을 말한다.

- 예를 들면, 유아가 한 영역에서 놀다가 다른 영역으로 옮겨가는 동안의 행동을 말한다.

- 위의 내용이 관찰되면 해당되는 란에 체크한다.

ⓐ 활동: 학술적 활동과 교사가 분담하여 준 과업을 수행하는 것으로 놀이가 아닌 다른 활동으로서, 예를 들면 책읽기, 금붕어 먹이 주기, 화분에 물주기, 색칠하기, 컴퓨터하기 등이 포함된다. 놀이가 아닌 활동을 했을 경우 활동에 체크한다.

ⓐ 어느 쪽에 해당되는지 인식이 잘 되지 않을 경우 Memo란을 이용해서 기술해 놓고 관찰이 끝난 후 참고하여 체크한다.

㉛ 1인에 20회씩 관찰이 끝나면 각 영역에 체크된 수만큼의 수를 기록한다.

㉜ 사회적 놀이 발달단계와 유아의 연령을 비교하여 놀이 상황이나 내용을 간단히 요약한다.

㉝ 작성된 자료는 잘 보관했다고 학부모 상담 시나 원아 발달을 평가할 때 유용한 자료로 활용한다.

(3) 인지적 놀이(Cognitive play)

① 인지발달적 입장

인지적 놀이에 대해 지성애는 다음과 같이 정리하고 있다.[26]

1960년대에 들어오면서 유아의 지적 발달에 있어서 놀이가 중요한 역할을 담당한다고 주장한 Piaget와 더불어 동 시대 러시아의 학자 Vygotsky에 의해 많은 영향을 받게 되었다. Smilansky는 Piaget의 이론을 준거로 하여 유아놀이에 관한 연구를 교사들과 연구자들에게 실제에 적용할 수 있도록 조직하여 1968년에 발표했으며 Burner와 Sutton-Smith도 놀이가 인지 발달에 중요한 효과가 있다는 것을 시사했다.

② 인지적 놀이의 가치

• 유아의 인지, 언어 발달 정도가 놀이 행동에 표출되므로 인지 발달 정도를 파악하는 준거가 된다.

• 호기심, 탐구력, 창의력, 사물 상황, 역할의 상징적 전환능력, 물리적 표상능력, 논리적 추리력, 사회적 지식, 보존능력, 공간능력, 연속성, 시간의 순서, 분류, 조망능력 등과 연결된 인지능력을 발달시킨다.

• 유아놀이 활동을 인지 발달의 도구적 기능으로 규정하고 있는 또 다른 측면은 놀이가 활동에 적극적으로 참여하도록 내적으로 동기를 유발하는 매체가 된다는 것에 있다.

---

26) 지성애, 앞의 책, pp. 52~55.

③ 인지적 놀이 이론의 배경

1960년대에 들어오면서 Piaget와 Vygotsky의 인지이론에 학계의 관심이 모아지자 정서적 적응에서의 놀이의 역할을 관망하던 추세에서 인지 발달에 놀이가 미치는 영향에 관심을 갖기 시작했다.

스위스의 심리학자 Jean Piaget(1962)는 유아의 인지발달에 관해 세부적인 이론을 설명했다. 유아는 성인과 같은 사고 능력을 갖게 될 때까지 4단계의 인지발달단계 – 감각운동기(sensorimotor period), 전조작기(preoperatimal period), 구체적 조작기(concrete operational period), 형식적 조작기(formal operaional period)를 거치면서 발달한다.

유아를 발달하는 과정에서 관찰의 인지능력과 부합된 유형의 놀이에 참여한다고 보았다.

〈Piaget의 놀이 발달단계와 놀이 유형〉

연령	인지발달단계	놀이유형
0~2세	감각운동기(sensorimotor period)	연습놀이(practice play)
2~7세	전조작기(preoperational period)	상징놀이(symbolic play)
7~11세	구체적조작기(concrete operational period)	규칙있는 게임(game with rules)

④ Smilansky의 인지적 놀이 발달단계

Smilansky(1968)는 놀이가 창의력과 지적 발달에 중요한 역할을 담당한다고 했으며 그는 Piaget의 놀이 발달 유형을 준거로 인지 발달에 따른 놀이 유형을 재조직했다. Smilansky가 제시한 인지놀이 유형은 오늘날 인지놀이 유형의 준거가 된다. 놀이의 단계 및 형태는 다음과 같다.

• 기능놀이(functional play): 사물을 가지고 혹은 사물 없이 운동의 움직임을 계속 반복하는 놀이이다(예: 뛰기, 달리기, 기기, 모으기, 부수기, 물건 · 자료 조작하기).

• 구성놀이(constructive play): 사물(예: 블록, 장난감) 또는 자료(예: 모래 · 점토, play dough, 물감)를 가지고 새로운 것을 창조하거나 무엇을 만드는 놀이이다.

• 역할놀이(dramatic play): 역할 이행 / 또는 가상하는 놀이이다.

- 역할 모방(role playing): 부모, 아기, 소방관, 영웅, 괴물, 공주, 슈퍼맨 등의 역할 이행하기

- 가상전환(make believe transformation): 자동차 운전하는 척하기(팔동작 움직임), 연필로 주사 놓는 척하기

- 규칙 있는 게임(games with rules): 미리 정해진 혹은 새롭게 정해진 규칙을 확인하고 그것을 인식하고 수용하면서 진행하는 놀이 활동이다(예: 말뚝박기, 과녁 맞추기, 카드 게임 등이 있다).

인지적 놀이 척도 관찰기록지

관찰일자 : _____   성 별 : 남 · 여   생년월일 : _____

관 찰 자 : _____   이 름 : _____   관찰일 현재 영 · 유아 연령 : _____

관찰시간 : _____

초 (Second) 15초 동안	인지적 놀이 (Cognitive play)				비놀이 (Non play)			활동 (Activity)	메모 (Memo)
	기능 놀이	구성 놀이	역할 놀이	규칙있는 게임	몰입하지 않는행동	쳐다보는 행동	전환		
15초									
15초									
15초									
15초 (1분)									
15초									
15초									
15초									
15초 (2분)									
15초									
15초									
15초									
15초 (3분)									
15초									
15초									
15초									
15초 (4분)									
15초									
15초									
15초									
15초 (5분)									
합계 (Total)									
요약									

⑤ 인지적 놀이 평가 방법

㉮ 관찰지에 관찰하고자 하는 유아들의 이름과 날짜, 생년월일 등을 기록한다.

㉯ 1회 관찰에 3~5명을 관찰한다.

㉰ 1회 15초 동안 1명을 관찰한 후 그 다음 유아를 관찰 또 그 다음 유아를 관찰한 후 3~5명의 유아가 1회씩 관찰되면 2회 관찰로 들어간다.

㉱ 1회 15초씩 관찰하고 5초 기록하다.

㉲ 15초 관찰 중 5초 구성놀이를 하고 10초는 역할놀이를 했을 경우 역할놀이에 체크한다.

㉳ 본 관찰지는 Smilansky의 인지적 놀이 발달단계에 맞춰 사용하게 된다. 인지적 놀이 발달단계는 기능놀이, 구성놀이, 역할놀이, 규칙있는 게임으로 구분한다.

• 기능놀이: 사물을 가지고 혹은 사물 없이 운동의 움직임을 계속 반복하는 놀이(예: 뛰기, 달리기, 기기, 모으기, 부수기, 물건·자료 조작하기)

• 구성놀이: 사물(예: 블록, 장난감) 또는 자료(예: 모래, 점토, play dough, 물감)를 가지고 새로운 것을 창조하거나 무엇을 만드는 놀이

• 역할놀이: 역할 이행 / 또는 가상하는 놀이(symbolic play)

　　－ 역할 모방－부모, 아기, 소방관, 영웅, 괴물, 공구, 슈퍼맨 등의 역할 이행하기

　　－ 가상전환－자동차 운전하는 척하기(팔동작 움직임), 연필로 주사 놓는 척하기 등

• 규칙있는 게임: 미리 정해진 혹은 새롭게 정해진 규칙을 확인하고 그것을 인식하고 수용하면서 진행하는 놀이활동(말뚝 박기, 과녁 맞추기, 카드 게임 등이 있다) 15초 동안 관찰한 후, 어느 곳에 해당되더라도 해당되는 놀이에 체크한다.

㉴ 비활동놀이

• 몰입하지 않는 행동: 놀이를 하지 않고 순간적으로 흥미있는 것을 쳐다보고, 흥미로운 일이 발생하지 않으면 자기의 몸을 이용해서 놀거나 의자에 오르내리거나 주위를 두리번거리거나 교사를 따르거나 또는 한 장소에 앉아서 주의를 흘끗 보는 등의 행동을 말한다.

- 쳐다보는 행동: 집단 내에서 다른 유아들이 하는 것을 관찰하는 것에 많은 시간을 보내며 언어적 상호작용을 하기도 하지만 신체적으로 그들과 상호작용하거나 연합하지는 않는 행동을 말한다.

- 전환: 유아가 한 활동에서 다른 활동으로 옮겨가는 행동을 말한다. 예를 들면, 유아가 한 영역에서 놀다가 다른 영역으로 옮겨가는 동안의 행동을 말한다. 위의 내용이 관찰되면 해당되는 란에 체크한다.

㈏ 활동: 학술적 활동과 교사가 분담하여 준 과업을 수행하는 것으로 놀이가 아닌 다른 활동으로서, 예를 들면, 책읽기, 금붕어 먹이 주기, 화분에 물 주기, 색칠하기, 컴퓨터하기 등이 포함된다. 놀이가 아닌 활동을 했을 경우 활동에 체크한다.

㈐ 어느 쪽을 체크해야 될지 혼란이 오면 메모란에 간단히 메모만 해놓고 관찰이 끝난 후 참고하여 체크한다.

㈑ 1인에 20회씩 관찰이 끝나면 각 영역에 체크된 수만큼의 수를 기록한다.

㈒ 인지적 놀이 발달단계와 유아의 연령을 비교하여 놀이 상황이나 내용을 간략히 요약한다.

㈓ 완성된 자료는 잘 보관했다가 학부모 상담 시나 원아 발달을 평가할 때 유용한 자료로 활용한다.

(4) 사회 · 인지적 놀이(Social · cognitive play)

① Piaget / Parten 척도

여기서는 지성애가 정리한 내용과 전남련이 정리한 내용을 중심으로 살펴본다.[27] 유아들은 발달하여 감으로써 점차 타인과의 사회놀이에 참여하게 되며, 구성놀이, 역할놀이, 그리고 규칙이 있는 게임과 같은 성숙된 단계의 인지놀이 유형에 참여한다.

Rubin, Maioni, 그리고 Hornung(1976)은 Parten(1932)의 사회참여 척도를 보완하여 혼자놀이, 평행놀이, 집단놀이 행동으로 사회놀이 단계를 분류했다.

---

27) 지성애, 앞의 책, pp. 142～146 참조. 전남련, "극화놀이 주제에 따른 유아의 놀이 행동이 유아의 놀이에 미치는 영향", 중앙대학교 대학원 석사학위 논문, 1997, pp. 24～26 참조.

보완된 Parten의 사회놀이 단계와, Piaget(1962)의 인지놀이 발달단계를 보완하여 Smilansky (1968)가 제시한 인지놀이 단계를 복합하여 한 번에 유아의 사회·인지적 놀이 행동을 평가할 수 있도록 Rubin과 그의 동료들(1976)은 Piager / Parten 척도를 고안했다.

〈유아놀이의 사회적·인지적 놀이 준거〉

사회적 놀이 인지적 놀이	혼자놀이	평행놀이	집단놀이
기능놀이	혼자-기능놀이	평행-기능놀이	집단-기능놀이
구성놀이	혼자-구성놀이	평행-구성놀이	집단-구성놀이
역할놀이	혼자-역할놀이	평행-역할놀이	집단-역할놀이
규칙있는 게임	혼자-규칙있는 게임	평행-규칙있는 게임	집단-규칙있는 게임

Rubin과 그의 동료들(1976)은 Parten(1932)의 사회참여 척도 중 '연합놀이'와 '협동놀이' 행동을 구분하기 어려운 점을 보완하고자 이 둘의 놀이 유형을 합쳐 '집단놀이'로 수정·보완했다.

Piaget / Parten척도는 12개의 놀이 유형에 따른 행동목록들과 '쳐다보는 행동', '몰입하지 않는 행동' 등 놀이활동에 포함될 수 없는 특별한 행동 등이 비놀이 활동 목록에 포함되고 있다.

② Parten / Piaget 놀이 범주의 종류와 조작적 정의

• 인지적 수준(cognitive paly level)

- 기능놀이: 사물을 가지고 혹은 사물 없이 운동의 움직임을 계속 반복하는 놀이로서 뛰기, 달리기, 모으기, 쌓기, 부수기, 조작하거나 만지작거리기 등이 포함된다.

- 구성놀이: 적목, 레고 블록, 모래, 점토, 물감 등의 재료를 가지고 무엇인가 만들고 구성하는 놀이이다.

- 극화놀이: 유아가 상상을 사용하여 ~하는 체하는 행동을 하는 것으로서 신체를 이용한 가상 전환과 사물을 이용한 가상 전환이 포함된다.

- 규칙있는 게임: 유아가 규칙을 정하고 그 규칙에 의해 놀이하는 것으로서 말뚝 박기, 카드놀이, 과녁 맞추기 등이 포함된다.

- 사회적 놀이 수준(social play level)

  - 혼자놀이: 유아가 사물과 함께 혹은 사물 없이 혼자 하는 놀이로 다른 유아들과의 사회적 접촉, 또는 어떤 대화도 이루어지지 않는다.

  - 평행놀이: 유아가 다른 유아들과 아주 근접한 거리에서 하든가 비슷한 활동에 참여하는 놀이로서 상대를 인식하고 있지만 같이 놀이를 하고자 시도하지 않고 서로 상호작용하지 않는다.

  - 집단놀이: 다른 유아들과 함께 사회적 상호작용을 하면서 놀이하는 것으로 공통의 목표에 따른 역할 분담이 일어난다.

- 비놀이 행동(non play)

  - 비참여 행동: 놀이를 하지 않고 순간적으로 흥미있는 것을 쳐다보고, 흥미로운 일이 발생하지 않으면 자신의 몸을 이용해서 놀거나 의자에 오르내리거나 주위를 두리번거리거나 교사를 따르거나 또는 한 장소에 앉아서 주위를 흘끗 보는 등의 행동을 말한다.

  - 쳐다보는 행동: 집단 내에서 다른 유아들이 하는 것을 관찰하는 것에 많은 시간을 보내며 언어적 상호작용을 하기도 하지만 신체적으로 그들과 상호작용하거나 연합하지는 않는 행동을 말한다.

  - 전환: 유아가 한 활동에서 다른 활동으로 옮겨가는 행동을 말한다. 예를 들면, 유아가 한 영역에서 놀다가 다른 영역으로 옮겨가는 동안의 행동을 말한다.

  - 활동: 학술적 활동과 교사가 분담하여 준 과업을 수행하는 것으로 놀이가 아닌 다른 활동으로서, 예를 들면, 책읽기, 금붕어 먹이 주기, 색칠하기, 컴퓨터하기 등이 포함된다.

③ Piaget / Parten 척도의 관찰기록 실례

다음은 여러 종류의 유아놀이 행동들을 Parten / Piaget 척도로 부호화하는 방법을 설명한 것이다.

- 두 유아가 역할놀이 영역에서 놀이 활동을 하고 있다. 각각 요리를 하는 시늉을 하고 있고, 가상적인 음식을 준비한다. 유아들은 상대 유아가 놀이 활동을 하는 것을 인식은 하고 있으나 서로 상호작용은 하지 않는다(평행 역할놀이).

- 여러 유아가 교실에서 서로 뒤쫓고 있는 중이다(집단 기능놀이).

- 한 유아가 블록으로 구조물을 만들고 있다. 다른 유아들은 가까이 하지 않는다(혼자 구성놀이).

- 여러 유아들이 윷놀이를 한다(집단 규칙있는 게임).

- 세 명의 유아들이 블록으로 자신의 로봇을 만들고 있다. 서로 인식은 하고 있으나 상호작용을 하지 않을 뿐 아니라 관심을 갖지 않는다(평행 구성놀이).

- 세 명의 유아들이 의사, 아기, 간호사의 역할을 분담하여 역할놀이 활동을 하고 있다(집단 역할놀이).

- 한 유아가 장난감 전화기로 혼자서 전화하는 가상놀이를 한다(혼자 역할놀이).

- 한 유아가 역할놀이 영역에서 놀이 활동하는 것을 쳐다보고 있다(쳐다보는 행동).

- 유아들이 도서 영역에서 책을 읽고 있는 중이다(비놀이 활동).

- 두 유아들이 각각 장난감 자동차를 바닥 위에 굴리고 있다. 서로 인식은 하고 있으나 가상놀이 활동은 하지 않을 뿐 아니라 상호작용도 하지 않는다(평행 기능놀이).

- 한 유아가 공을 바닥에 튀기면서 놀이를 하고 있다. 많은 유아들 중 관찰 대상 유아가 근처에 있으나, 아무도 이 유아와 상호작용하지 않으며 관심도 갖지 않는다(혼자 기능놀이).

- 유아가 특별한 활동을 하지 않으면서 주위를 배회하고 있다(비참여 행동).

- 여러 유아들이 함께 블록으로 고속도로 건설을 함께 하고 있는 중이다(집단 구성놀이).

- 두 유아가 과학놀이 영역에서 쥐들에게 먹이를 주고 있는 중이다(비놀이 활동).

- 여러 유아가 음식을 만드는 흉내를 내거나 음식을 먹는 척하고 있다(집단 역할놀이).

사회 · 인지적 놀이 관찰기록지

관찰일자 : _____   성 별 : 남 · 여   생년월일 : _____

관 찰 자 : _____   이 름 : _____   관찰일 현재 영 · 유아 연령 : _____

관찰시간 : _____

초 (Second)	사회적 놀이 (Social play)			인지적 놀이 (Cognitive play)				비놀이 (Non play)			활동 (Activity)	메모 (Memo)
15초 동안	혼자 놀이	평행 놀이	집단 놀이	기능 놀이	구성 놀이	역할 놀이	규칙있는 게임	몰입하지 않는행동	쳐다보는 행동	전환		
15초												
15초												
15초 (1분)												
15초												
15초												
15초												
15초 (2분)												
15초												
15초												
15초												
15초 (3분)												
15초												
15초												
15초												
15초 (4분)												
15초												
15초												
15초												
15초 (5분)												
합계 (Total)												

6) 시간표집법의 실제

(1) 적목놀이의 발달단계 관찰기록의 실제

적목놀이의 발달단계 관찰기록

〈사례 1〉

관찰일자 : 2019. 11. 2.   성 별 : 남   생년월일 : 2017. 9. 24.

관 찰 자 : 전정숙(새싹어린이집)   이 름 : 이은우   관찰일 현재 영·유아 연령 : 2년 1월

관찰시간 :

단계\시간	1단계 나르기	2단계 쌓기	3단계 다리 구성	4단계 울타리 만들기	5단계 설계	6단계 이름 붙이기	7단계 구성물 만들기	비놀이 (Non play)			활동 (Activity)	메모 (Memo)
								몰입하지 않는행동	쳐다보는 행동	전환		
15초								V				경규가 블록으로 놀이하는 것을 보고 걸어간다.
15초		V										소프트블록을 만지며 끼우고 쌓는다.
15초	V											경규가 만지려고 하자 밀며 무너뜨린다.
15초 (1분)									V			무너뜨린 블록으로 경규가 울자 교사를 쳐다본다.
15초	V											기분이 좋아지고도 짜증내며 블록을 무너뜨린다.
15초	V											바구니에 블록을 꺼낸다.
15초		V										블록을 꺼내어 쌓는다.
15초 (2분)		V										몰두하며 블록을 하나씩 위로 쌓는다.
15초								V				끼우려는 블록을 은서가 뺏어가자 "선생님" 말한다.
15초		V										다시 블록을 옆으로 끼운다.
15초		V										끼운 것을 손짓하며 "이거"하고 말한다.
15초 (3분)						V						"멍멍이" 하며 말한다.
15초								V				은서가 만지려하자 민다.
15초									V			블록이 무너지며 울음보이고 교사를 쳐다본다.
15초								V				기분이 나아졌지만 짜증내며 울음을 보인다.
15초 (4분)									V			블록쌓기 놀이하는 정윤이를 쳐다본다.
15초					V							블록위에 인형을 올린다.
15초					V							올렸던 인형을 내려놓고 끼운다
15초					V							블록을 다시 하나 씩 끼운다.
15초 (5분)						V						블록을 4개 끼우고 "후" 촛불 끄는 흉내내고 박수친다.
합계 (Total)	3	4			3	2		4	3			

적목놀이의 발달단계 관찰기록

〈사례 2〉

관찰일자 : 2019. 12. 9.　　　성 별 : 여　　　생년월일 : 2017. 10. 39.

관 찰 자 : 오수연(성동숲속어린이집)　이 름 : 김가을　관찰일 현재 영·유아 연령 : 2년 2월

관찰시간 : 오전 10:40~10:45

단계 시간	1단계 나르기	2단계 쌓기	3단계 다리구성	4단계 울타리 만들기	5단계 설계	6단계 이름 붙이기	7단계 구성물 만들기	비놀이 (Non play) 몰입하지 않는행동	쳐다보는 행동	전환	활동 (Activity)	메모 (Memo)
15초								V				블록 한 개를 들고 돌아다닌다.
15초		V										벽돌블록을 길게 3개를 이어놓는다.
15초					V							블록을 그 위에 2개를 가로로 쌓는다.
15초 (1분)					V							블록을 그 위에 2개를 세로로 쌓는다.
15초									V			교사를 쳐다본다.
15초					V							벽에 부착된 이글루를 가리킨다.
15초					V							블록을 벽에 붙여 2개를 세로로 쌓는다.
15초 (2분)		V										양손으로 무너뜨리며 "크하하" 하고 다시 쌓는다.
15초		V										앉아서 블록을 3개 쌓은 후 자리에서 일어나 1개를 세로로 쌓는다.
15초									V			콧물이 나오자 교사를 바라보며 "코, 코" 하고 말한다.
15초								V				블록을 한 개 잡아 교사에게 "이거, 이거" 하고 건넨다.
15초 (3분)						V						블록을 가리키며 "할머니" 하고 말한다.
15초						V						아기인형을 가져와 바닥에 눕힌다.
15초					V							인형의 머리와 팔 옆으로 블록을 쌓는다.
15초					V							교사에게 "코자" 하고 말한다.
15초 (4분)	V											블록을 한 개씩 양손으로 잡아 바닥에 2번 친다.
15초					V							세로로 블록을 놓은 후 그 위에 세로로 세운다.
15초						V						"나무" 하고 말하며 창문을 가리킨다.
15초					V							바구니에서 블록을 한 개 꺼내 쌓는다.
15초 (5분)					V							또 무너뜨리고 다시 높이 쌓기를 반복한다.
합계 (Total)	1	3			7	5		2	2			

적목놀이의 발달단계 관찰기록

〈사례 3〉

관찰일자 : 2019. 12. 17.　　　　성 별 : 여　　　　생년월일 : 2017. 8. 25.
관 찰 자 : 윤재연(성동숲속어린이집)　이 름 : 지재은　관찰일 현재 영·유아 연령 : 2년 3월
관찰시간 : 오전 자유놀이활동

단계 / 시간	1단계 나르기	2단계 쌓기	3단계 다리 구성	4단계 울타리 만들기	5단계 설계	6단계 이름 붙이기	7단계 구성물 만들기	비놀이 (Non play) 몰입하지 않는행동	쳐다보는 행동	전환	활동 (Activity)	메모 (Memo)
15초	V											벽돌 블록 바구니를 꺼내 바닥에 놓고 블록을 꺼낸다.
15초		V										블록을 높이 쌓는다.
15초	V											쌓고 있던 블록을 두 손으로 흩으며 무너뜨린다.
15초 (1분)		V										다시 블록을 쌓는다.
15초	V											쌓고 있던 블록을 다시 무너뜨린다.
15초				V								블록을 옆으로 길게 세운다.
15초										V		태린이가 옆으로 오자 "으~응" 하며 자기 것이라고 하며 블록을 껴안는다.
15초 (2분)		V										벽돌 블록을 옆으로 세워 쌓는다.
15초	V											벽돌 블록을 정리한다.
15초	V											옆에 있던 레고 블록 바구니를 꺼낸다.
15초				V								4개의 레고 블록을 옆으로 길게 줄 세운다.
15초 (3분)					V							줄 세운 블록 위에 다른 블록을 끼워 쌓는다.
15초					V							블록을 8개 정도 쌓은 후, 위에 세 개를 빼고 5개 정도 더 끼운 후 블록을 보며 박수를 친다.
15초	V											"에에!" 하며 교사를 보고 자신이 만든 것을 가리킨다.
15초										V		태린이가 자기 옆으로 오자 블록을 껴안으며 "으~응" 하고 막는다.
15초 (4분)					V							태린이가 가자 그 위에 블록을 더 끼워 쌓는다.
15초	V											놀이하던 블록을 바구니 안에 정리한다.
15초	V											옆에 있던 동물 인형을 꺼낸다.
15초						V						책상 위에 동물 인형을 옆으로 줄 세운다.
15초 (5분)						V						돼지 인형 위에 호랑이 인형을 올려놓는다.
합계 (Total)	8	3		2	3	2				2		재은이는 자신의 발달 단계에 맞는 적목놀이를 하고 있다.

적목놀이의 발달단계 관찰기록

〈사례 4〉

관찰일자 : 2019. 12. 10.　　　성 별 : 여　　　　생년월일 : 2017. 3. 24.

관 찰 자 : 심수지(성동숲속어린이집)　이 름 : 김윤정　　관찰일 현재 영·유아 연령 : 2년 9월

관찰시간 : 오전 10:35

단계 / 시간	1단계 나르기	2단계 쌓기	3단계 다리구성	4단계 울타리 만들기	5단계 설계	6단계 이름 붙이기	7단계 구성물 만들기	비놀이 (Non play) 몰입하지 않는행동	쳐다보는 행동	전환	활동 (Activity)	메모 (Memo)
15초					V							대형 레고블록을 꺼내어 위로 끼워 쌓아 올린다.
15초					V							오른쪽 위치에 있는 레고 블록 위로 다른 레고 조각을 계속 끼워 쌓아 올린다.
15초					V							맨 위에 블록 양 끝에 대칭을 이루며 블록을 끼워 쌓아 올린다.
15초 (1분)	V											자신이 만든 블록을 두 손으로 들고 일어나 세발 자국 이동해 바닥에 내려놓는다.
15초		V										쌓아올린 블록을 하나씩 빼내어 바닥에 내려놓고 일렬로 늘여 놓는다.
15초		V										블록과 블록 사이 빈 공간에 블록을 놓아 간격을 좁히고 계속하여 블록을 일렬로 늘여 놓는다.
15초		V										팔을 뻗어 놓을 수 있는 위치까지 늘여 놓는다.
15초 (2분)					V							네모 큰 레고블록을 바닥에 놓고 일렬로 늘여 논 블록을 집어 그 위에 끼우기 시작한다.
15초					V							양 쪽 끝 블록 위치에 번갈아 가며 블록을 끼운다.
15초					V							윤우가 다가와 윤정이가 활동하는 교구에 블록을 끼워 넣는다.
15초					V							윤우가 끼운 블록 위에 윤정이가 블록을 연결하여 끼워 넣는다.
15초 (3분)					V							윤우가 블록을 윤정이에게 주자 받아 들고 위로 끼워 탑을 만든다.
15초					V							블록이 무너지자 서로 얼굴을 쳐다보고 웃을 뒤 블록을 주워 올려 다시 끼워 쌓는다.
15초					V							여러 개 끼워져 있는 블록을 다시 양손으로 빼냈다 끼운다.
15초					V							끼운 블록을 다시 분리하여 바닥에 놓은 뒤 사각형 모양으로 끼워 쌓는다.
15초 (4분)					V							자기 머리 위치까지 모양을 유지하며 끼워쌓는다.
15초					V							블록이 무너지자 한 칸짜리 블록만 찾아 한 줄로 끼운다.
15초										V		6개의 블록을 깨운 뒤 앞으로 내밀어 교사에게 보여 준다.
15초					V							사각형 모양만 찾아 끼워 올린 뒤 1칸짜리 블록을 끼워 쌓은 곳 옆에 놓는다.
15초 (5분)	V											바닥에 있는 블록을 주워 바구니에 넣는다.
합계 (Total)	2	3			14					1		

적목놀이의 발달단계 관찰기록

〈사례 5〉

관찰일자 : 2019, 11, 25,　　　성 별 : 남　　　생년월일 : 2017. 1. 17.

관 찰 자 : 김영신(새싹어린이집)　　이 름 : 임민호　　관찰일 현재 영 · 유아 연령 : 2년 10월

관찰시간 : 오전 10:00 ~ 10:05

단계 / 시간	1단계 나르기	2단계 쌓기	3단계 다리 구성	4단계 울타리 만들기	5단계 설계	6단계 이름 붙이기	7단계 구성물 만들기	비놀이 (Non play) 몰입하지 않는행동	쳐다보는 행동	전환	활동 (Activity)	메모 (Memo)
15초		V										소프트블록을 넓게 연결한다.
15초					V							가장자리에 블록을 울타리 모양으로 세운다.
15초						V						만들어 놓은 블록 위에 눕는다.
15초 (1분)						V						잠자는 흉내를 낸다.
15초								V				연교가 다가와 민호 옆에 누우려다가 가장자리에 세워놓은 블록을 무너뜨린다.
15초				V								민호가 일어나 블록을 다시 세운다.
15초						V						인형과 손수건을 가져와 블록 위에 앉는다..
15초 (2분)						V						인형을 블록 위에 눕히고 손수건으로 덮어준다.
15초						V						"자장 자장"이라고 말하며 인형을 토닥인다.
15초						V						교사를 보며 "인형 코 자"라고 말한다.
15초						V						연교가 옆에 앉아서 보자 민호가 연교도 누우라고 한다.
15초 (3분)						V						연교에게도 "코 자"라고 말하며 토닥인다.
15초										V		언어 영역으로 이동한다.
15초										V		벽에 걸려 있는 엄마 손인형을 꺼낸다.
15초						V						다시 쌓기영역으로 돌아와 누워 있는 연교를 손인형을 손에 끼고 토닥인다.
15초 (4분)								V				토닥이다가 갑자기 "엄마 좋아"라고 말한다.
15초								V				손인형이 걸려있는 곳으로 가 손인형을 반대로 돌려 걸어놓는다.
15초										V		장난감을 정리하자는 교사의 말에 민호가 쌓기영역으로 간다.
15초		V										블록을 세 개씩 쌓아 자리에 정리한다.
15초 (5분)		V										친구가 가져오는 블록도 민호가 자리에 정리한다.
합계 (Total)		3		1	1	9		3		3		

적목놀이의 발달단계 관찰기록

〈사례 6〉

관찰일자 : 2019. 12. 9.   성 별 : 남   생년월일 : 2015. 10. 18.
관 찰 자 : 서정남(성동숲속어린이집)   이 름 : 이현   관찰일 현재 영·유아 연령 : 3년 1월
관찰시간 : 오전 10:30~10:40

단계\시간	1단계 나르기	2단계 쌓기	3단계 다리 구성	4단계 올타리 만들기	5단계 설계	6단계 이름 붙이기	7단계 구성물 만들기	비놀이 (Non play)			활동 (Activity)	메모 (Memo)
								몰입하지 않는행동	쳐다보는 행동	전환		
15초	V											블록을 가지고 앉는다.
15초		V										블록을 한 줄로 나열한다.
15초				V								블록으로 2층으로 네모모양을 만든다.
15초 (1분)					V							블록 쌓은 모양을 보며 블록을 가지고 온다.
15초						V						한 곳을 비어 둔 곳에 블록을 위로 놓으며 대문이야 한다.
15초						V						"여기는 뭐할까?" 하면서 블록으로
15초						V						4개씩 3층으로 쌓아올린다.
15초 (2분)						V						"이거는 책상이야"라고 한다.
15초						V						블록으로 쌓아놓았던 집 모양에 위에다 3개씩 올려놓는다.
15초						V						"이거는 지붕이야"라고 한다.
15초					V							옆에 있던 친구가 옆에서 함께 쌓아주다가 넘어뜨린다.
15초 (3분)					V							"야아 조심해야지" 하면서 다시 쌓는다.
15초									V			옆에 친구가 만드는 것을 본다.
15초					V							블록으로 2층으로 5개를 길게 놓는다.
15초					V							비스듬한 모양으로 블록을 이어놓는다.
15초 (4분)						V						인형을 가지고 오더니 내려오는 모습을 한다.
15초						V						옆에 있는 친구도 만든 것을 들고 함께 미끄러지는 모습을 한다.
15초					V							미끄러지는 곳의 옆에다 블록을 가지고 와 길게 늘어 논다.
15초						V						"여기 차길이야" 하면서 자동차를 굴린다.
15초 (5분)						V						자동차 운전놀이를 한다.
합계 (Total)	1	1		1	6	10			1			

적목놀이의 발달단계 관찰기록

〈사례 7〉

관찰일자 : 2019. 12. 11.　　　성 별 : 남　　　생년월일 : 2016. 7. 27.
관 찰 자 : 박미정(성동숲속어린이집)　이 름 : 박건우　관찰일 현재 영·유아 연령 : 3년 4월
관찰시간 : 오전 9:30~9:35

단계 / 시간	1단계 나르기	2단계 쌓기	3단계 다리 구성	4단계 울타리 만들기	5단계 설계	6단계 이름 붙이기	7단계 구성물 만들기	비놀이 (Non play) 몰입하지 않는행동	쳐다보는 행동	전환	활동 (Activity)	메모 (Memo)
15초	V											건우는 쌓기영역 교구장에서 벽돌블록을 꺼내어 바닥에 앉는다.
15초		V										블록을 벽면 벽난로 그림 위에 왼쪽 2개, 오른쪽 2개를 쌓는다.
15초					V							불꽃 그림을 가리지 않고 양쪽으로 2개 쌓은 블록 위에 세로와 가로 교차하여 2개씩 쌓는다.
15초 (1분)					V							"도현아! 가로와 세로로 세웠다. 멋지지?" 하며 도현이를 쳐다본다.
15초					V							도현이가 "나 빨강색 블록 필요해!" 하며 가져가려고 하니 건우가 벌떡 일어나 양손을 크게 저으며 "안돼~ 벽난로 쓰러진다고~" 하며 막는다.
15초					V							"내가~내가 좋아하는 공룡은~" 노래를 부르며 세로와 가로를 번갈아 한 개씩 쌓는다.
15초							V					"야호~~화산이 완성이다."
15초 (2분)					V							공룡모형을 바구니 안에서 하나씩 꺼내어 벽돌블록 쌓은 곳 앞에 하나씩 세운다.
15초						V						공룡모형을 양 손으로 하나씩 잡고 "화산이 폭발하고 있어~빨리 도망가자" 하며 공룡모형을 가지고 놀이를 한다.
15초						V						티라노사우르스 공룡을 왼쪽에 쌓은 벽돌위로 올린 후 블록 한 개씩 떨어트리며 "화산이 폭발했다~~" 하며 남은 것 마저 블록을 쓰러트린다.
15초						V						"선생님 공룡은 화산이 폭발해서 사라졌지요?" 라며 얼굴이 빨개질 정도로 목에 힘을 주어 교사를 바라보며 이야기를 한다.
15초 (3분)					V							블록을 쓰러트린 것을 다시 모아 놓는다.
15초				V								아래에 벽돌블록를 5개를 원형으로 울타리를 만든다.
15초										V		미술영역으로 가서 종이컵 바구니를 가져온다.
15초				V								원형블록 위에 종이컵 5개를 세워 울타리를 만든다.
15초 (4분)					V							울타리를 만든 5개 종이컵 위에 4개를 올린다.
15초					V							4개 위에 3개를 쌓고 그 위에 2개를 쌓는다.
15초					V							마지막 종이컵을 입으로 가져가 숨을 들이 마시며 종이컵을 주둥이에 붙인다.
15초					V							종이컵을 뗀 후 1개를 조심히 맨 위에 올린다.
15초 (5분)					V							입으로 "후~" 불며 "하람반 친구들 화산이 폭발했어요~!!! 어서 피하세요." 하며 신나게 불러 종이컵을 쓰러트리며 친구들의 반응을 쳐다본다.
합계 (Total)	1	1		2	11	3	1			1		

적목놀이의 발달단계 관찰기록

〈사례 8〉

관찰일자 : 2019. 12. 12.　　　　성 별 : 남　　　　생년월일 : 2015. 4. 30.

관 찰 자 : 최선미(성동숲속어린이집)　이 름 : 홍석민　　관찰일 현재 영 · 유아 연령 : 3년 7월

관찰시간 : 오전 9:45~9:50

단계\시간	1단계 나르기	2단계 쌓기	3단계 다리 구성	4단계 울타리 만들기	5단계 설계	6단계 이름 붙이기	7단계 구성물 만들기	비놀이 (Non play) 몰입하지 않는행동	쳐다보는 행동	전환	활동 (Activity)	메모 (Memo)
15초		V										꽃 블록 바구니에서 네모모양 블록 3개를 이어 놓는다.
15초					V							직사각형 블록을 그 옆에 세로로 끼워놓는다.
15초					V							하진이에게 "하진아! 세모가 없어" 라고 이야기 함.
15초 (1분)						V						네모모양으로 로봇 다리를 만들고 "합체 케리어"라고 이야기함.
15초					V							계속해서 블록을 이용해 다른 모양을 만듦.
15초						V						"이건 전갈 집게"라고 이야기함.
15초						V						초록색 직사각형 블록을 끼우고 "이건 집게다리다"라고 말함.
15초 (2분)						V						하진이가 블록이 많다고 하자 "네모 세어볼게. 1,2,3,4,5 엄청 많네"라고 함.
15초									V			하진이가 블록을 세어보자 쳐다봄.
15초						V						하진이의 블록을 보며 "이하진 니 꺼 헐크 같아"라고 함.
15초					V							동그라미 블록을 꺼내 쌓아봄.
15초 (3분)									V			하진이 목소리가 들리자 쳐다봄.
15초								V				하진이가 기다려 달라고 같이 하자고 하자 기다리고 있음.
15초						V						블록의 키를 재보자고 하며 자리에서 일어나 블록 높이를 비교함.
15초						V						"내가 더 크지! 엄청 크게 날아라~ 비행기"라고 함.
15초 (4분)						V						아래에 있는 노란색 블록 5개를 빼더니 "다시 로봇 변신" 함.
15초						V						초록색 세모 블록 4개를 양쪽에 붙이고 "합체"라고 이야기함.
15초					V							네모블록을 골라내며 쌓아 올림
15초					V							네모모양 블록을 지그재그로 쌓아올림.
15초 (5분)							V					"이건 12호"라고 이야기함.
합계 (Total)		1			6	9	1	1	2			석민이는 자신의 발달단계 보다 높은 단계의 적목놀이를 하고 있다.

적목놀이의 발달단계 관찰기록

〈사례 9〉

관찰일자 : 2019. 11. 27.　　　성 별 : 여　　　　생년월일 : 2016. 3. 22.
관 찰 자 : 임지윤(새싹어린이집)　　이 름 : 박연아　　관찰일 현재 영·유아 연령 : 3년 8월
관찰시간 : PM 3:45 ~ 3:50

시간\단계	1단계 나르기	2단계 쌓기	3단계 다리 구성	4단계 울타리 만들기	5단계 설계	6단계 이름 붙이기	7단계 구성물 만들기	비놀이 (Non play) 몰입하지 않는행동	쳐다보는 행동	전환	활동 (Activity)	메모 (Memo)
15초	V											기다란 통블록과 긴 네모모양의 스폰지 블록을 교구장에서 가지고 온다.
15초		V										위로 차곡차곡 쌓는다.
15초						V						"선생님 이것은 나무예요." 하며 옆으로 살짝 밀어 놓는다.
15초 (1분)					V							그리고는 다시 스폰지 블록을 2개를 가지고 와서 블록 위에 올려놓는다.
15초										V		자리에서 일어나 의영이가 활동하고 있는 옆으로 가서 종이블록을 가지고 온다.
15초				V								블록을 4개를 아래에 깔고 나머지 블록을 위로 연결하여 울타리를 만든다.
15초					V							네모난 블록으로 빙 둘러 세워 놓은 블록이 쓰러지려 하자 천천히 조심해서 내려놓는다.
15초 (2분)					V							세워 놓은 블록이 삐뚤어지자 다시 내려놓고 천천히 줄을 맞추어 세워 놓는다.
15초									V			뒤로 몇 발자국 물러서더니 만들어 놓은 것을 쳐다본다.
15초						V						"선생님 이것은 큰 케이크에요." 하며 손으로 가리킨다. 그리고는 살짝 삐뚤어진 것을 손으로 민다.
15초						V						의영이를 바라보며 나 큰 케이크 만들었다고 한다.
15초 (3분)	V											다시 종이 블록을 교구장에서 가지고 온다.
15초					V							가지고 온 블록을 하나씩 하나씩 옆으로 놓는다.
15초						V						네모난 모양으로 만들어진 곳 안에 동물 토끼를 가지고 온다.
15초						V						"선생님 이곳은 토끼가 사는 집이에요." 하며 토끼를 블록 위에 눕혀 놓는다.
15초 (4분)						V						조금 전에 만들었다고 한 케이크를 보며 생일 축하 노래를 부른다.
15초									V			몸을 뒤로 하며 만든 것을 쳐다본다.
15초										V		소꿉영역에 있는 접시에 음식을 담아서 가지고 온다.
15초						V						토끼에게 음식을 놓으며 "맛있게 먹어"한다.
15초 (5분)						V						음식을 토끼 입에 가져다 대며 놀이를 한다.
합계 (Total)	2	1		1	4	8	0		2	2		

적목놀이의 발달단계 관찰기록

〈사례 10〉

관찰일자 : 2019. 10. 30.　　　성 별 : 남　　　생년월일 : 2015. 7. 22.

관 찰 자 : 조연희(새싹어린이집)　　이 름 : 남정연　　관찰일 현재 영·유아 연령 : 4년 3월

관찰시간 : 오후 3:15~3:20

단계\시간	1단계 나르기	2단계 쌓기	3단계 다리 구성	4단계 울타리 만들기	5단계 설계	6단계 이름 붙이기	7단계 구성물 만들기	비놀이 (Non play) 몰입하지 않는행동	쳐다보는 행동	전환	활동 (Activity)	메모 (Memo)
15초		V										소프트 블록을 길게 이어 놓음
15초		V										소프트 블록 위에 소프트 블록을 끼워 높이 쌓음
15초				V								소프트 블록으로 2층을 쌓아 울타리를 만듦
15초 (1분)										V		스네포 블록과 공룡바구니를 들고 와서 블록을 쳐다봄
15초						V						친구에게 공룡 집을 함께 만들자고 이야기 함
15초					V							스네포 블록을 소프트블록 위에 세로로 세움
15초					V							스네포 블록을 네모모양으로 높이 쌓음
15초 (2분)						V						친구가 공룡을 안에 넣으려한다. "아직 안 만들었어" 말하며 공룡을 모두 빼내어서 바닥에 놓는다.
15초										V		교구장에서 벽돌블록을 가져 옴
15초					V							벽돌블록을 소프트블록 안에 집 모양을 만듦
15초					V							벽돌블록을 이어 놓음
15초 (3분)						V						벽돌블록위에 쌓아 놓고 "공룡집이야" 말한다.
15초						V						만든 집모양을 보며 "티라노사우루스 집이야" 말한다.
15초					V							나무 블록을 들고 와서 세워서 네모모양으로 만든다.
15초						V						"여기는 브라키오사우루스 집이야" 말한 다음 공룡을 안에 넣어준다.
15초 (4분)										V		친구가 나무블록으로 다리를 만드는 모습을 쳐다 봄
15초					V							"나도 다리 만들래" 말하고 나무블록을 길게 이어놓음
15초					V							2단으로 나무 블록을 쌓는다.
15초					V							만들어진 공룡집을 나무블록으로 길게 연결하여 다리를 만듦
15초 (5분)								V				공룡을 만지작거리며 친구가 만든 다리를 바라 봄
합계 (Total)		2		1	8	5	0	1	1	2		

적목놀이의 발달단계 관찰기록

〈사례 11〉

관찰일자 : 2019. 12. 4.　　　　성 별 : 남　　　　생년월일 : 2014. 7. 30.
관 찰 자 : 박은진(성동숲속어린이집)　이 름 : 김예준　　관찰일 현재 영·유아 연령 : 4년 4월
관찰시간 : 오후 1:15~1:20

단계 시간	1단계 나르기	2단계 쌓기	3단계 다리 구성	4단계 울타리 만들기	5단계 설계	6단계 이름 붙이기	7단계 구성물 만들기	비놀이 (Non play)			활동 (Activity)	메모 (Memo)
								몰입하지 않는행동	쳐다보는 행동	전환		
15초					V							"여기는 성이야, 양쪽에 벽을 쌓자"라고 지산이 에게 말한다.
15초					V							"그래, 그럼 난 지붕을 만들게"라고 지산이가 말 하자 블록을 꺼냄.
15초						V						"성 이름은 한기성이야"라고 말한다.
15초 (1분)					V							꽃 도형 블록으로 로봇을 만든다.
15초						V						"이 로봇은 로봇 배야"라고 지산이에게 소개한 다.
15초							V					로봇 배를 타는 사람을 꽃 도형 블록으로 만든 다.
15초					V							성과 성 사이에 다리를 만든다.
15초 (2분)					V							다리 옆에 스펀지 블록으로 길게 2단으로 쌓는다.
15초					V							2단 블록 위에 스펀지 블록을 계속 쌓는다.
15초						V						"지산이가 이건 뭐야?"라고 묻자 "이건 그냥 길이야" 라고 말한다.
15초					V							꽃 도형 블록을 연결한다.
15초 (3분)						V						"위이잉~거미로봇 출동!" 하고 로봇을 이리 저 리 움직인다.
15초						V						"거미로봇이 이제 변신할 거야"라고 말한다.
15초						V						"거미로봇 다리가 떨어진 걸 여기에 붙이면 다 리가 더 길어져"라고 말한다.
15초					V							역할영역에 있는 친구가 부르자 블록을 붙이면 서 쳐다본다.
15초 (4분)										V		쌓기영역을 벗어나 물을 마시러 간다.
15초										V		물을 마신 뒤 화장실에 다녀온다.
15초					V							몰펀블록을 꺼내 6개를 끼운다.
15초					V							쌓은 몰펀블록 위에 4개를 더 끼운다.
15초 (5분)					V							"다리 위에 동물들이 지나갈 거야" 하며 동물 모 형을 꺼낸다.
합계 (Total)					11	6	1			2		

적목놀이의 발달단계 관찰기록

〈사례 12〉

관찰일자 : 2019. 12. 17.　　　　성 별 : 여　　　　생년월일 : 2015. 7. 10.

관 찰 자 : 김해솔(성동숲속어린이집)　이 름 : 김지안　　관찰일 현재 영·유아 연령 : 4년 5월

관찰시간 : 오후 12:30~12:35

단계\시간	1단계 나르기	2단계 쌓기	3단계 다리 구성	4단계 울타리 만들기	5단계 설계	6단계 이름 붙이기	7단계 구성물 만들기	비놀이 (Non play) 몰입하지 않는행동	쳐다보는 행동	전환	활동 (Activity)	메모 (Memo)
15초	V											쌓기 교구장에서 적목블록을 꺼낸다.
15초	V											꺼낸 적목블록을 영역 바닥에 놓는다.
15초		V										적목블록 두 개를 놓는다.
15초 (1분)		V										적목블록 두 개 위에 또 두 개를 가로로 올려놓는다.
15초		V										옆에 있던 영우가 손으로 블록을 치자 "조심해!"라고 말하며 다시 쌓는다.
15초						V						영우가 "지안아 뭐 만들어?"라고 말하자 "엘리베이터"라고 말한다.
15초						V						영우가 "몇 층 갈려고? 우리 집은 5층인데"라고 하자 "여기 집은 8층이야, 8층 갈거야"라고 말한다.
15초 (2분)					V							적목블록을 다시 위로 쌓기 시작함.
15초					V							쌓은 적목블록 위에 또 쌓음.
15초					V							"어? 몇 번 올렸지?"라고 적목블록을 길게 나열하며 숫자를 센다.
15초					V							"4번 올렸네"라고 말한다.
15초 (3분)						V						4번째로 쌓은 블록 두 개를 잡고 "올라갑니다."라고 말한다.
15초						V						"띵 도착했습니다. 8층 입니다."라고 말한다.
15초						V						영우가 "우리 집도 가줘"라고 하자 "띵 도착했습니다. 5층 입니다."라고 한다.
15초						V						영우가 엘리베이터 위에 적목블록을 하나 놓자 지안이가 "안돼."라고 말하며 주변을 손으로 가린다.
15초 (4분)					V							블록을 다시 바르게 놓는다.
15초					V							오른손과 왼손에 적목블록을 하나 씩 들고 양 옆으로 벌린다.
15초					V							"문이 열립니다."라고 말한다.
15초					V							양손에 잡은 적목블록을 안쪽으로 오므린다.
15초 (5분)					V							"문이 닫힙니다."라고 말한다.
합계 (Total)	2	3			9	6						

적목놀이의 발달단계 관찰기록

〈사례 13〉

관찰일자 : 2020. 4. 20.　　　성 별 : 남　　　생년월일 : 2015. 10. 7.

관 찰 자 : 강혜정(어울림어린이집)　　　이 름 : 조진호　　　관찰일 현재 영·유아 연령 : 4년 6월

관찰시간 : 오전 11:10

단계\시간	1단계 나르기	2단계 쌓기	3단계 다리 구성	4단계 울타리 만들기	5단계 설계	6단계 이름 붙이기	7단계 구성물 만들기	비놀이 (Non play) 몰입하지 않는행동	쳐다보는 행동	전환	활동 (Activity)	메모 (Memo)
15초					∨							진호가 적목을 3층으로 쌓으며 "다온아 아파트 만들자"함.
15초					∨							적목을 세로로 세우며 친구 다온이에게 "여기 계단도 있어"라고 말함.
15초						∨						적목으로 네모모양을 만들어 "여기는 강아지 집이야"라고 말함.
15초 (1분)					∨							적목으로 울타리를 만들며 "우리 네모 넣게 울타리도 만들자"라고 하며 쌓음.
15초						∨						울타리에 적목을 세로로 세우며 "강아지는 이렇게 높은 집에 살고 싶대"라고 말함.
15초						∨						적목을 6층까지 쌓으며 "이건 총이야 여기서 총알이 나간데"라고 말함.
15초						∨						적목 위에 자동차를 굴리며 "부웅 자동차가 빨리 달릴 수 있는 도로야"라고 말한다.
15초 (2분)						∨						적목을 옆으로 늘어놓으며 "엄청 빨리 달려보자"라고 말함.
15초						∨						적목을 극화놀이 중 8층까지 쌓으며 "내 키만큼 커지겠어"라고 말함.
15초						∨						적목을 옆으로 쌓으며 "이건 자동차 주차장이야"라고 말함.
15초					∨							적목을 더 가져와 3층으로 쌓음.
15초 (3분)						∨						"이제 변신 로봇을 만들 거야"라고 말하며 계속 쌓음.
15초					∨							7층까지 계속 쌓음.
15초						∨						8층까지 쌓아 올리며 "좀비를 막는 방패야"라고 말함.
15초							∨					적목을 한층 더 쌓으며 "집이 완성됐어. 이집은 좀비가 못 들어오겠어"라고 말하며 계속 쌓음.
15초 (4분)							∨					적목을 빙글빙글 돌리며 "이건 좀비가 오는지 지키는 cctv야"라고 말함.
15초									∨			적목 바구니에서 원기둥 모양을 꺼내어 교사에게 "이건 뭐에요?"라고 말함.
15초				∨								적목을 울타리 모양으로 계속 쌓음.
15초							∨					친구에게 "우리 합체할까? 그럼 더 강한 로봇이 될거야"라고 말함.
15초 (5분)							∨					친구의 적목을 옆으로 가져와 붙이고는 "와 엄청 큰 로봇이 됐다"라고 말함.
합계 (Total)				1	5	9	4		1			

요약	─진호는 적목으로 극화 놀이와 이름 붙이기 활동을 주로 한다.

적목놀이의 발달단계 관찰기록

〈사례 14〉
관찰일자 : 2019. 12. 12.　　　성 별 : 남　　　　생년월일 : 2014. 2. 27.
관 찰 자 : 윤희(성동숲속어린이집)　이 름 : 김서후　　관찰일 현재 영·유아 연령 : 4년 9월
관찰시간 : 오전 9:30~9:35

단계\시간	1단계 나르기	2단계 쌓기	3단계 다리 구성	4단계 울타리 만들기	5단계 설계	6단계 이름 붙이기	7단계 구성물 만들기	비놀이 (Non play) 몰입하지 않는행동	쳐다보는 행동	전환	활동 (Activity)	메모 (Memo)
15초		∨										스펀지 블록을 꺼내며 나란히 한 줄로 놓는다.
15초					∨							스펀지 블록을 양 옆으로 놓는다.
15초					∨							"우리 집 만들자" 하며 블록을 2층으로 쌓는다.
15초 (1분)					∨							"여기에 문을 만들자. 문이 막혔어" 하며 블록 앞에 옆으로 눕혀 막아버린다.
15초					∨							옆으로 길게 세운 후 블록을 내려놓으며 □모양으로 만든다.
15초						∨						"이건 창문이야"라고 한다.
15초						∨						"여기에 우리 방을 만들자" 하며 블록으로 쌓기 시작한다.
15초 (2분)					∨							쌓은 블록 위에 또 쌓는다.
15초						∨						서후는 "너는 방이 몇 개야? 나는 방이 3개야" 하며 물어본다.
15초					∨							다른 블록을 이용해 침대를 만든다.
15초						∨						"이건 침대라고 하자. 이거 여기다 놓자"하며 바닥에 내려놓는다.
15초 (3분)						∨						"여기는 놀이방이야. 우리 놀이방에서 놀자"라며 말한다.
15초					∨							블록 3개를 쌓은 후 2개 블록을 비스듬하게 놓는다.
15초						∨						준이가 "이게 뭐야?"라고 물어보자 "이거 미끄럼틀"이라고 말한다.
15초						∨						블록을 놓으며 "이건 계단이야."라고 말한다.
15초 (4분)						∨						사람모형 교구통에서 사람모형을 꺼내 "슈웅~" 하며 미끄럼틀을 타는 흉내를 낸다.
15초						∨						준이가 "더 크게 미끄럼틀을 만들자"라고 이야기하자 블록을 꺼낸다.
15초							∨					꺼낸 블록을 높이 쌓아 올려 미끄럼틀을 완성한다.
15초							∨					"우와~ 아주 높은 미끄럼틀이야~" 하며 사람모형을 위에서 내려놓아 미끄럼틀을 타는 흉내를 낸다.
15초 (5분)							∨					계속해서 미끄럼틀 놀이를 한다.
합계 (Total)		1			7	9	3					

적목놀이의 발달단계 관찰기록

〈사례 15〉

관찰일자 : 2019. 10. 22. 성 별 : 남 생년월일 : 2014. 3. 13.
관 찰 자 : 현효선(새싹어린이집) 이 름 : 원휘연 관찰일 현재 영·유아 연령 : 5년 7월
관찰시간 : 오후 3:10~3:15

단계 / 시간	1단계 나르기	2단계 쌓기	3단계 다리 구성	4단계 울타리 만들기	5단계 설계	6단계 이름 붙이기	7단계 구성물 만들기	비놀이 (Non play) 몰입하지 않는행동	쳐다보는 행동	전환	활동 (Activity)	메모 (Memo)
15초									V			친구들이 놀이하는 매트에 서서 바라본다.
15초		V										지후가 만든 블록을 보고 끼우기를 한다.
15초		V										지후에게 끼운 블록을 보여주며 함께서 끼운다.
15초 (1분)					V							민형, 지후와 함께 블록을 두 개씩 만들어 또 두 개를 끼운다.
15초						V						만화주인공의 이름을 붙이고 극놀이를 한다.
15초						V						놀이하던 블로을 두고 다른 블록을 모두 함께 끼워 집을 만든다.
15초						V						만들어 놓은 집에서 이야기를 하며 함께 놀이한다.
15초 (2분)						V						"내꺼 부수지마"라고 친구에게 이야기를 한다.
15초						V						"내 비행기가 높이 난다"라고 이야기를 하며 일어난다.
15초						V						매트에 바로 앉아서 비행기 날개를 벌리고 "슝~슝"하며 움직인다.
15초						V						지후가 하는 행동을 보며 따라서 움직이.
15초 (3분)						V						빠진 블록이 빠지자 다시 끼우고"내것은 부서지지 않는다"라고 한다.
15초						V						"무적 파워", "힘을 내라"하며 하늘을 나는 흉내를 낸다.
15초					V							블록을 네모나게 10개를 끼워 주차장을 만든다.
15초						V						역할영역 싱크대에 연결해 미끄럼을 만든다.
15초 (4분)					V							다시 매트에 돌아와 부서진 블록을 가져가 끼운다.
15초						V						"우리 모두 합체 할까?"라고 이야기를 하며 작은 블록들을 모아 큰 로봇을 만든다.
15초									V			민형이가 역할영역으로 블록을 가져가자 바라본다.
15초									V			조용하게 앉아서 블록놀이 친구들을 바라본다.
15초 (5분)								V				여자친구들이 그림 그리는 곳에 관심을 보인다.
합계 (Total)		2			3	11		1	3			
요약	-휘연이는 블록으로 극화 놀이로 연계할 수 있다.											

적목놀이의 발달단계 관찰기록

〈사례 16〉

관찰일자 : 2019. 12.   성 별 : 남   생년월일 : 2013. 8. 9.

관 찰 자 : 김선용(성동숲속어린이집)   이 름 : 권하준   관찰일 현재 영·유아 연령 : 6년 4월

관찰시간 : 오후 2:10~2:15

시간\단계	1단계 나르기	2단계 쌓기	3단계 다리 구성	4단계 울타리 만들기	5단계 설계	6단계 이름 붙이기	7단계 구성물 만들기	비놀이 (Non play) 몰입하지 않는행동	쳐다보는 행동	전환	활동 (Activity)	메모 (Memo)
15초	V											교구장에서 스펀지 블록을 꺼내어 놓음.
15초		V										꺼낸 스펀지 블록을 4개를 세우고 그 위에 판을 올려놓는다.
15초					V							판위에 4개 블록을 놓고 판을 올려 2층집을 만든다.
15초 (1분)					V							스펀지블럭 2개를 집 앞에 붙여서 대문을 만든다.
15초							V					"와 집 완성"이라고 말한다.
15초							V					지우에게 "지우야 이제 집을 꾸며볼까?"라고 말한다.
15초							V					지우가 "너 지금 뭐 만들어?"라고 묻자 "나 지금 책상 만들어"라고 대답한다.
15초 (2분)							V					만든 책상을 들어서 집안에 넣었다가 다시 들었다가 자리를 3번 옮기고 난 후 내려놓는다.
15초							V					"이번엔 침대 만들어야지"라면서 다른 긴 블럭을 꺼내어 침대를 만든다.
15초							V					만든 침대를 들어서 집안에 책상 옆에 넣는다.
15초							V					"그럼 여기 앞에 경비원을 놓자" 지우에게 말하며 작은 동물모형을 가져와 집 앞에 내려놓는다.
15초 (3분)							V					"우리 여기 앞에 놀이타랑 학교도 만들자"라고 말하며 여러 건물모양이 그려진 나무블럭을 꺼낸다.
15초							V					집 옆으로 건물모양 나무블럭을 세워놓는다.
15초							V					"여긴 도로 꾸며야지"라고 말하며 자동차랑 위험 표지판을 세워놓는다.
15초							V					"여기는 폴리스, 경찰서야"라고 말하며 경찰차와 경찰서를 놓고 악어 2개를 꺼내 놓으며 지우야 "경찰관이야"라고 한다.
15초 (4분)							V					지우를 보면서 "어린이보호구역은 30Km로 달리세요."라고 말한다.
15초							V					하준이가 처음에 만든 집 대문을 3초간 보다가 "대문 위에도 가로등을 놓자"라고 말하며 둥근 모양 블록을 올려놓는다.
15초							V					옆에 있던 지우가 "야 더 꾸며"라고 말하자 작은 블록을 집 옆에 세우기 시작한다.
15초							V					"짜잔 이것 봐~ 이건 주차장이야"라고 말하며 작은 블록을 다 세운다.
15초 (5분)							V					다 세운 후 지우에게 "여기에 이제 주차해 봐"라고 말한다.
합계 (Total)	1	1			2		16					

적목놀이의 발달단계 관찰기록

〈사례 17〉

관찰일자 : 2019. 12. 11.　　　성 별 : 여　　　　생년월일 : 2013. 06. 15.

관 찰 자 : 최은경(성동숲속어린이집)　이 름 : 김지윤　　관찰일 현재 영·유아 연령 : 6년 6월

관찰시간 : 오후 2:30～2:35

단계\시간	1단계 나르기	2단계 쌓기	3단계 다리 구성	4단계 울타리 만들기	5단계 설계	6단계 이름 붙이기	7단계 구성물 만들기	몰입하지 않는행동	쳐다보는 행동	전환	활동 (Activity)	메모 (Memo)
						비놀이 (Non play)						
15초				∨								벽돌 블록을 동그랗게 나열하며 울타리를 만듦.
15초					∨							울타리 안에 블록을 가로 세로로 나열함.
15초						∨						은우에게 "여기를 화장실 할까?"라고 말함.
15초 (1분)						∨						블록을 1개 놓으며 "이렇게 변기를 만들면 되지"라고 말함.
15초						∨						은우를 쳐다보며 "내가 냉장고 만들어 줄께"라고 함.
15초					∨							옆 칸에 블록을 2개 길게 세우며 냉장고를 만듦.
15초										∨		블록 교구장을 서성이다가 몰펀 블록 바구니를 가지고 옴.
15초 (2분)						∨						몰펀 블록을 냉장고 위에 쌓으며 "이건 야채라고 하자"
15초					∨							옆 칸에 블록을 옮겨 구멍을 만듦.
15초					∨							블록을 2개 길게 세우고 방문을 만듦.
15초						∨						"우리 침대도 만들까?" 말함.
15초 (3분)					∨							벽돌 블록을 2개 연결해 침대를 만듦.
15초										∨		역할영역의 작은 동물 인형을 가지고 옴.
15초						∨						동물인형을 부엌에 나란히 놓으며 "여긴 부엌이야"
15초					∨							냉장고에서 몰펀 블록을 꺼내 동물 인형 앞에 놓고 쌓음.
15초 (4분)					∨	∨						"맛있는 거 뭐 먹을까?" 말하며 블록을 계속 쌓음.
15초						∨			∨			지윤이 "너무 많이 먹었어. 운동해야 돼" 말하며 블록을 쳐다봄.
15초						∨						만들어 놓은 블록을 옮기며 "수영장을 만들어 운동해야 돼" 말함.
15초				∨								은우에게 블록을 받아 동그랗게 울타리를 만듦.
15초 (5분)					∨							블록을 쌓아 계단 모양을 만듦.
합계 (Total)				2	7	9				2		

(2) 사회적 놀이의 발달단계 관찰기록의 실제

Piaget/Parten 사회적 놀이 척도 관찰기록

〈사례 1〉

관찰일자 : 2019. 11. 1.　　　　성 별 : 여　　　　　생년월일 : 18. 4. 11.

관 찰 자 : 양정(새싹어린이집)　　이 름 : 김연수　　　관찰일 현재 영 · 유아 연령 : 1년 6월

관찰시간 : 오전 9:40~9:45

초 (Second)	사회적 놀이 (Social play)			비놀이 (Non play)			활동 (Activity)	메모 (Memo)
15초 동안	혼자 놀이	평행 놀이	집단 놀이	몰입하지 않는행동	쳐다보는 행동	전환		
15초	V							혼자 그릇과 숟가락을 꺼내어 책상에 올린다.
15초	V							혼자 음식모형을 꺼내 담고 숟가락을 입에 넣는다.
15초			V					교현이 입에 분홍색 숟가락을 대어준다.
15초 (1분)			V					교현이가 먹는 흉내를 내고 연수 입에 노란 숟가락을 대어준다.
15초			V					연수가 숟가락을 입에 문다.
15초			V					교현이가 "선생님 숟가락 먹었어요."하고 말하고 연수는 숟가락을 물고 있다.
15초					V			교현이가 노란 숟가락을 가져가는 것을 바라본다.
15초 (2분)						V		음식이 담긴 그릇을 들고 언어영역으로 이동한다.
15초	V							연수 혼자 분홍 숟가락을 들고 매트에 눕는다.
15초			V					서준이가 옆에 와 누워 전화기를 귀에 댄다.
15초			V					파란색 전화기를 교사의 귀에 대어준다.
15초 (3분)			V					전화기를 책상에 놓고 병원놀이 체온계를 꺼낸다.
15초	V							자신의 귀에 체온계를 댄다.
15초			V					민호의 귀에 체온계를 댄다.
15초			V					교사에게 다가와 교사의 귀에 체온계를 댄다.
15초 (4분)			V					교사가 "의사선생님. 열이 나나요?" 묻자 "이에"대답한다.
15초				V				연교가 다가와 체온계를 가져가려 하자 교사에게 달려온다.
15초				V				교사에게 안겨 연교에게 검지손가락을 펴 좌우로 젓는다.
15초					V			교사를 보고 다시 연교를 보며 검지로 가리켰다 체온계를 들어 보여준다.
15초 (5분)			V					교사가 "오빠가 뺏으려고 했어?"하고 묻자 "응"하고 고개를 끄덕인다.
합계 (Total)	4		11	2	2	1		

요약	– 자신의 행동으로 감정을 표현할 수 있다. – 연수는 높은 단계의 사회적 놀이인 집단놀이를 주로 하고 논다.

Piaget/Parten 사회적 놀이 척도 관찰기록

〈사례 2〉

관찰일자 : 2019. 12. 16. 성 별 : 남 생년월일 : 2017. 11. 18.

관 찰 자 : 오수연(성동숲속어린이집) 이 름 : 전윤우 관찰일 현재 영 · 유아 연령 : 2년 1월

관찰시간 : 오전 11:00~11:05

초 (Second)	사회적 놀이 (Social play)			비놀이 (Non play)			활동 (Activity)	메모 (Memo)
15초 동안	혼자 놀이	평행 놀이	집단 놀이	몰입하지 않는행동	쳐다보는 행동	전환		
15초	V							혼자 도마 2개를 꺼내 책상 위에 내려놓는다.
15초	V							혼자 딸기 모형과 포도 모형을 꺼낸다.
15초			V					지유가 칼을 내밀자 윤우가 받아들며 딸기 모형을 자르는 시늉을 한다.
15초 (1분)			V					지유가 "아~" 하고 말하자 윤우가 따라 "아~" 하며 입을 벌린다.
15초		V						상호작용 없이 숟가락과 포크를 꺼낸다.
15초			V					수연이가 다가와 "이거 뭐야?" 하고 말한다.
15초			V					윤우가 딸기 모형을 내밀며 "자" 하고 말한다.
15초 (2분)			V					수연이가 "딸기야?" 하고 묻자 윤우가 고개를 끄덕인다.
15초		V						상호작용 없이 바구니를 꺼내 사과 모형과 복숭아 모형을 담는다.
15초	V							혼자 바구니를 흔들며 "사과" 하고 말한다.
15초			V					수연이가 "이게 뭐야?" 하고 물어 "사과" 하고 답한다.
15초 (3분)			V					윤정이가 "나도 할래" 하고 말하자 "안 돼" 하고 답한다.
15초		V						상호작용 없이 바구니를 들고 흔들거리며 다른 영역으로 이동한다.
15초	V							혼자 책꽂이에서 동화책을 꺼낸다.
15초			V					교사에게 다가와 책을 양손으로 내민다.
15초 (4분)			V					교사가 "읽어줄까요?" 하고 묻자 고개를 끄덕이며 "네" 하고 답한다.
15초			V					교사가 책을 읽어주자 책의 그림을 가리키며 "멍멍" 하고 말한다.
15초			V					윤정이가 윤우에게 "멍멍이야?" 하고 물어 윤우가 고개를 끄덕인다.
15초			V					교사가 책을 계속하여 읽어주자 "야옹" 하고 말한다.
15초 (5분)	V							혼자 책을 펼쳐 손가락으로 가리키며 "멍멍" 하고 말한다.
합계 (Total)	5	3	12					
요약	- 윤우는 높은 단계의 사회적 놀이인 집단놀이를 주로 하고 논다.							

Piaget/Parten 사회적 놀이 척도 관찰기록

〈사례 3〉

관찰일자 : 2019. 11. 25.　　　　성 별 : 여　　　　생년월일 : 2017. 5. 25
관 찰 자 : 이진아(새싹어린이집)　　이 름 : 이지아　　관찰일 현재 영·유아 연령 : 2년 6월
관찰시간 : 오전 10:00~10:05

초 (Second) 15초 동안	사회적 놀이 (Social play)			비놀이 (Non play)			활동 (Activity)	메모 (Memo)
	혼자 놀이	평행 놀이	집단 놀이	몰입하지 않는행동	쳐다보는 행동	전환		
15초					V			친구들이 놀이하는 모습을 쳐다본다.
15초					V			친구들이 놀이하는 모습을 쳐다본다.
15초	V							혼자 인형을 꺼내어 어부바를 한다.
15초 (1분)			V					친구가 가지고 가려고 하자 인형 하나를 준다.
15초	V							혼자 다른 인형을 하나 꺼내어 만져본다.
15초					V			동물인형을 쳐다본다.
15초	V							혼자 인형을 바닥에 놓고 동물 인형을 꺼내든다.
15초 (2분)			V					울고 있는 은우에게 다가가 인형을 쥐어주며 머리를 쓰다듬어 준다.
15초			V					은우가 눈물을 그치자 웃는다.
15초					V			친구들이 놀이 하는 모습을 쳐다본다.
15초	V							혼자 역할영역으로 걸어가 과일모형을 장난감을 잡는다.
15초 (3분)			V					잡고 일어나 연우에게 "바느나"라고 말해준다.
15초			V					연우가 "왜"라고 하자 다시 "바느나"라고 말한다.
15초			V					바나나 과일모형을 책상에 올려놓는다.
15초			V					그릇을 꺼내어 그 위에 바나나를 올린다.
15초 (4분)			V					수저를 꺼내 들어 먹는 흉내를 낸다. 옆에 있는 친구에게 과일을 전해준다.
15초			V					연우가 같이 먹는 흉내를 낸다.
15초			V					사과 과일모형을 꺼내어 연우에게 준다.
15초			V					연우가 먹는 흉내를 낸다.
15초 (5분)			V					연우와 지아가 서로 먹는 흉내를 내며 놀이를 한다.
합계 (Total)	4		12		4			
요약	– 지아는 높은 사회적 놀이 단계인 집단놀이를 주로 하고 논다.							

Piaget/Parten 사회적 놀이 척도 관찰기록

〈사례 4〉

관찰일자 : 2019. 12. 17. 성 별 : 남 생년월일 : 2017. 3. 3.
관 찰 자 : 심수지(성동숲속어린이집) 이 름 : 조환희 관찰일 현재 영·유아 연령 : 2년 9월
관찰시간 : 오전 11:05~11:10

초 (Second)	사회적 놀이 (Social play)			비놀이 (Non play)			활동 (Activity)	메모 (Memo)
15초 동안	혼자 놀이	평행 놀이	집단 놀이	몰입하지 않는행동	쳐다보는 행동	전환		
15초					V			자동차를 가지고 활동하는 것을 쳐다본다.
15초					V			이한 옆으로 다가가 옆에 앉아 한이가 한 줄로 연결한 자동차를 본다.
15초		V						상호작용 없이 왼손으로 연결되어 있는 자동차를 앞으로 밀며 "기차야" 한다.
15초 (1분)			V					한이가 웃으며 "칙칙폭폭" 하자 "칙칙폭폭" 하며 따라 말하며 한이와 같이 기차를 앞으로 민다.
15초		V						상호작용 없이 자동차를 앞으로 가지고와 위로 쌓아 올린다.
15초					V			한이가 자동차 4개를 가지고 일어나자 쳐다본다.
15초		V						자동차 3개를 위로 쌓아 앞뒤로 움직인다.
15초 (2분)					V			한이가 원반을 꺼내 바닥에 내려놓고 자동차를 올려놓는 것을 쳐다본다.
15초		V						떨어진 자동차를 주워 올려 위로 다시 쌓아올린다.
15초			V					건희가 다가와 귀로 악기로 자동차를 때리자 "자동차가 아프잖아" 한다.
15초			V					자동차를 움직이는 모습을 보여주고 주황색 자동차를 건네준다.
15초 (3분)			V					박수연이 주황색 자동차를 가지고 가자 자리에서 일어나 "안돼" 하며 박수연을 따라간다.
15초			V					수연이에게 자동차를 받아와 활동하던 곳으로 돌아와 앉아 자동차를 움직이며 활동한다.
15초			V					건희가 벽돌블록을 꺼내자 자동차를 내려놓고 벽돌블록을 꺼낸다.
15초			V					건희에게 블록을 주고 번갈아가며 쌓기 한다.
15초 (4분)		V						상호작용 없이 쌓은 블록을 무너뜨리고 다시 쌓아 올리며 활동한다.
15초			V					건희가 블록을 연결하고 수건을 그 위에 깔고 "아가, 아가" 하며 손끝으로 블록 위를 두드린다.
15초			V					환희가 아기 인형을 가지고 와 건희가 만들어놓은 블록 위에 올려놓고 젖병을 꺼내 우유 먹이는 흉내를 낸다.
15초			V					"아기야 우유먹자" 하며 인형을 가슴을 토닥이며 젖병을 아기 입에 가져다 댄다.
15초 (5분)			V					건희에게 "맛있어. 이렇게 먹어봐" 하며 동작을 보여준다.
합계 (Total)		5	11		4			
요약	– 높은 단계의 사회적 놀이인 집단 놀이를 주로 하고 논다.							

Piaget/Parten 사회적 놀이 척도 관찰기록

〈사례 5〉

관찰일자 : 2019. 12.　　　　성 별 : 여　　　　생년월일 : 2016. 7. 25.

관 찰 자 : 박미정(성동숲속어린이집)　이 름 : 강라희　　관찰일 현재 영·유아 연령 : 3년 4월

관찰시간 : 오전 10:30∼10:35 (오전 자유놀이시간)

초 (Second) 15초 동안	사회적 놀이 (Social play)			비놀이 (Non play)			활동 (Activity)	메모 (Memo)
	혼자 놀이	평행 놀이	집단 놀이	몰입하지 않는행동	쳐다보는 행동	전환		
15초	V							혼자서 미술영역에서 색종이를 붙이고 있다.
15초				V				자신의 필통을 정리한다.
15초		V						은서를 바라보며 자신이 붙인 색종이를 흔들어 보인다.
15초 (1분)		V						상호작용 없이 과일 스티커종이를 들고 은서 옆에 앉는다.
15초		V						은서가 하는 활동을 쳐다보며 오렌지 스티커를 뗀다.
15초			V					라희가 "은서야∼바나나 어디 있어?" 하니 은서가 "여기", "그럼 바나나 스티커 떼어봐∼"
15초			V					은서가 "바나나를 떼니∼ 라희가 이거 손등에 붙이고 있어∼알았지?"
15초 (2분)						V		라희가 일어나 역할영역에서 나무도마를 가져온다.
15초			V					은서 손등에 있던 바나나 스티커를 떼어 도마 위에 붙인다.
15초		V						상호작용 없이 라희가 포도 스티커를 떼어 다시 도마 위에 붙인다.
15초			V					옆에 있던 은서가 포도 스티커가 잘 안 떼어지니 은서가 "도와줘∼ 라희야"라고 이야기를 하니 라희가 "에휴∼이리줘 봐 내가 해줄게∼!" 스티커를 떼어준다.
15초 (3분)			V					"이거 조심해! 은서야∼" 샌드위치 스티커를 떼어 낸 후 먹는 시늉을 한다.
15초			V					"냠냠냠 맛있다∼" 하며 샌드위치 스티커를 두 번째 손가락에 붙인다.
15초		V						상호작용 없이 "마미핑거∼마미핑거∼" 노래를 부르며 샌드위치를 붙인 검지손가락을 까딱거리며 노래를 부른다.
15초		V						상호작용 없이 약지손가락에 토마토 스티커를 뗀 후 "시스터핑거∼시스터핑거∼" 노래를 부르며 약지 손가락을 까딱거린다.
15초 (4분)		V						손가락에 붙인 스티커를 하나씩 떼어 나무 도마 위에 붙인다.
15초				V				일어나서 티슈를 뽑아 반을 접어 코를 닦는다.
15초			V					"은서야! 종이 한 장만 가져 다 줄래?" 이야기를 하니 은서가 "응∼" 하며 미술영역에서 종이를 가져온다.
15초			V					"고마워∼ 이거 우리 여기에다 붙이자" 은서와 같이 도마 위에 있던 스티커를 하나씩 떼어 붙인다.
15초 (5분)			V					붙인 종이 위에 색연필을 이용해 동그라미를 그린 후 은서에게 내밀며 "자∼맛있는 피자입니다." 하며 웃는다.
합계 (Total)	1	7	9	2		1		

요약	– 라희는 높은 단계의 사회적 놀이를 주로하고 놀지만 평행놀이도 많이 나타난다.

Piaget/Parten 사회적 놀이 척도 관찰기록

〈사례 6〉

관찰일자 : 2019. 12. 10.　　　성 별 : 남　　　　生년월일 : 2015. 6. 20.

관 찰 자 : 서정남(성동숲속어린이집)　이 름 : 김수혁　　관찰일 현재 영·유아 연령 : 3년 5월

관찰시간 : 오전9:10~9:15

초 (Second) 15초 동안	사회적 놀이 (Social play)			비놀이 (Non play)			활동 (Activity)	메모 (Memo)
	혼자놀이	평행놀이	집단놀이	몰입하지 않는행동	쳐다보는 행동	전환		
15초	V							혼자 앉아서 모양블록으로 만들기를 한다.
15초		V						상호작용 없이 세모모양과 둥근모양으로 만들어 보여주며 로봇이라고 한다.
15초			V					옆의 친구를 보며 "슈퍼파워"라고 하며 들었다 놓는다.
15초 (1분)			V					지운이와 함께 벽돌블록을 옆으로 쌓으며 "여기 우리 집이야" 한다.
15초			V					"우리 집에 놀러 올 사람" 하며 지운이를 바라본다.
15초		V						상호작용 없이 레고블록을 가지고 와 만들기를 한다.
15초			V					수혁이가 만든 것을 보고 "그거 뭐야" 하자 "도마뱀이야" 한다.
15초 (2분)			V					블록을 밀며 기어가는 모습을 한다.
15초		V						상호작용 없이 옆에 놓는다. 모양블록을 가지고 온다.
15초			V					원과 세모모양을 많이 끼워 지운이에게 보여주며 "이거 이건 전갈이야"
15초			V					"너도 만들을래?" 하며 지운이에게 보여 준다.
15초 (3분)			V					"그래 나 만들어 주면 안돼" 하자
15초					V			수혁이가 만든 모양을 보며 만든다.
15초			V					친구와 함께 구성을 한다.
15초					V			옆의 친구가 팽이모양을 돌리는 것을 본다.
15초 (4분)			V					수혁이도 따라서 팽이를 만든다.
15초			V					"우리 팽이 시합 할래?" 하며 돌린다.
15초			V					"내가 시작할게" 한다.
15초			V					"내꺼 엄청 빨라" 한다
15초 (5분)			V					"내가 이겼잖아 잘 돌지" 한다.
합계 (Total)	1	3	14		2			
요약	– 수혁이는 높은 단계의 사회적 놀이인 집단놀이를 하고 친구와의 상호작용도 많이 한다.							

Piaget/Parten 사회적 놀이 척도 관찰기록

〈사례 7〉

관찰일자 : 2019. 11. 15.　　　성 별 : 여　　　　생년월일 : 2016. 3. 11.

관 찰 자 : 조아름(새싹어린이집)　　이 름 : 유서영　　관찰일 현재 영·유아 연령 : 3년 7월

관찰시간 : 오후 3:50～3:55

초 (Second) 15초 동안	사회적 놀이 (Social play)			비놀이 (Non play)			활동 (Activity)	메모 (Memo)
	혼자 놀이	평행 놀이	집단 놀이	몰입하지 않는행동	쳐다보는 행동	전환		
15초			∨					역할영역에서 서영이가 지은이와 소꿉놀이를 하고 있다.
15초			∨					서영이가 책상에 있는 접시를 손으로 만지작거리며 지은이에게 "지은아, 너 큰 칼 조금만 놀고 나 줘."라고 말한다.
15초			∨					옆에 있던 진서가 서영이를 부르며 핸드폰을 건네자 서영이가 "진서야, 지은이가 큰 칼 조금만 놀고 나 준대."하며 접시를 뒤집었다가 다시 바르게 놓는다.
15초 (1분)		∨						상호작용 없이 오른손으로 가지고 있던 접시 안에 무언가를 넣는 손짓을 3번 하고 접시를 다시 뒤집어서 살살 두드린다.
15초			∨					진서가 와서 접시를 찾자 서영이가 앞에 있던 파란색 접시를 주고, 진서가 파란색 접시 안을 숟가락으로 휘젓는다.
15초			∨					지은이가 "이거 서영이꺼야. 뺏지 마."하며 진서를 쳐다보자, 서영이가 "진서는 이거 있지?" 하며 파란색 접시를 가리킨다.
15초		∨						상호작용 없이 서영이가 진서를 약 3초간 바라보다가 자신의 앞에 있는 빨간색 접시 안을 진서처럼 똑같이 숟가락으로 휘젓는다.
15초 (2분)		∨						상호작용 없이 오른손에 있던 칼로 약병 모형에서 무언가를 꺼내 초록색 접시에 칼을 비빈다.
15초		∨						상호작용 없이 진서를 한 번 쳐다보고 초록색 접시에 칼을 놓은 채 양손으로 접시를 돌린다.
15초		∨						상호작용 없이 칼이 떨어지고 나서도 초록색 접시를 계속 돌리다가 접시가 떨어지자 다시 주워 책상에 올려 또 돌린다.
15초			∨					진서가 주사기 모형을 가져와 "서영아, 우리 물감 놀이하자."라고 하자, 서영이가 "난 그림자 놀이할 거야."라고 대답하며 자리에서 일어선다.
15초 (3분)		∨						옆에 있던 교구장을 왼손으로 잡고 손은 ● 모양을 한 채 오른쪽 다리를 들며 바닥을 내려다본다.
15초			∨					자리에 다시 앉으며 "지은아, 우리 이거 가지고 놀이할까?"라고 얘기하며, 접시를 지은이에게 내민다.
15초		∨						상호작용 없이 빨간색 접시끼리 쌓고, 파란색 접시끼리 쌓아 책상에 놓은 채 숟가락으로 번갈아 가며 한 번씩 휘젓는다.
15초			∨					교사가 "서영이 뭐 만들고 있는 거예요?"라고 물으니 "지은이는 케이크 만들어요." 하며 웃는다.
15초 (4분)			∨					초록색 접시를 들고 냉장고 문을 열며 교사에게 "선생님, 이제 케이크를 전자레인지에 넣고 익히면 케이크 완성이에요."라고 한다.
15초			∨					약 3초간 가만히 있다가 냉장고 문을 열어 "봐. 케이크 만들어졌다." 하며 초록색 접시를 꺼낸다.
15초			∨					연아가 다가와 음식 모형을 냉장고에 넣자 서영이가 초록색 접시를 만지작거리며 냉장고를 약 5초 동안 바라본다.
15초			∨					다시 교사를 바라보며 "선생님!" 하며 말을 하려다가 접시가 떨어지자 떨어진 접시를 모두 주워 담는다.
15초 (5분)		∨						상호작용 없이 주운 접시를 책상에 놓고 다시 숟가락으로 접시 안을 휘저으며 "케이크 또 만들어야지."하며 웃는다.
합계 (Total)		8	12					
요약	- 수혁이는 높은 단계의 사회적 놀이인 집단놀이를 하고 친구와의 상호작용도 많이 한다.							

Piaget/Parten 사회적 놀이 척도 관찰기록

〈사례 8〉

관찰일자 : 2019. 12. 11.　　　성 별 : 여　　　생년월일 : 2015. 1. 21.

관 찰 자 : 최선미(성동숲속어린이집)　이 름 : 김하은　관찰일 현재 영 · 유아 연령 : 3년 10월

관찰시간 : 오전 11:00~11:05

초 (Second)	사회적 놀이 (Social play)			비놀이 (Non play)			활동 (Activity)	메모 (Memo)
15초 동안	혼자 놀이	평행 놀이	집단 놀이	몰입하지 않는행동	쳐다보는 행동	전환		
15초		V						상호작용 없이 예린이와 싱크대를 정리한다.
15초			V					동그라미 책상 위에 음식모형을 올려놓으며 "아가야 밥 먹자"라고 한다.
15초					V			하진이가 교사에게 말을 시키자 교사를 쳐다본다.
15초 (1분)		V						상호작용 없이 바구니에 인형을 넣고 위를 포대기로 덮는다.
15초				V				친구들의 목소리가 들리는 곳으로 고개를 돌린다.
15초		V						상호작용 없이 싱크대 서랍에 있는 가방을 꺼내어 인형을 넣는다.
15초			V					예린이가 "엄마! 나 주사 맞아야 해요?"라고 물어본다.
15초 (2분)			V					"왜? 열나니?"라고 물어보며 예린이 이마에 손을 올린다.
15초			V					"괜찮네~ 주사 안맞아도 되겠어"라고 웃으며 예린이를 쳐다본다.
15초			V					"예린아! 오빠는?"이라고 물어보며 상호작용 없이 몸을 돌려 싱크대로 가 설거지를 하는 척 한다.
15초			V					"엄마 핸드폰이요"라고 하자 "여기에 내려놔"라고 이야기한다.
15초 (3분)			V					둥근바구니에 인형을 담고 포대기로 이불처럼 덮은 후 "아가야 잘자라" 라고 이야기 한다.
15초		V						상호작용 없이 바구니 속 인형에게 우유를 주고 토닥거려준다.
15초		V						상호작용 없이 싱크대에서 동그라미 그릇을 꺼내 흰색 무 모형을 담는다.
15초			V					예린이에게 그릇을 주며 "밥 먹고 있어"라고 한다.
15초 (4분)		V						상호작용 없이 바구니 속 인형 귀에 체온계를 대보고 주사기를 가져와 주사를 놓는다.
15초			V					예린이가 다가와 "엄마! 애기아파?" 하자 "응! 애기 열나"라고 한다.
15초		V						상호작용 없이 믹서기에 그릇을 데고 음식을 만드는 흉내를 낸다.
15초			V					예린이에게 귀마개를 보여주며 "밖에 너무 추워서 이거 하고 가야해"한다.
15초 (5분)			V					예린이가 "엄마 내가 이거 풀었어요." 라고 하며 포대기를 보여주자 "오~"라고 하며 엄지손가락을 올린다.
합계 (Total)		7	11	1	1			
요약								– 하은이는 높은 단계의 사회적 놀이인 집단놀이를 주로 하고 논다.

Piaget/Parten 사회적 놀이 척도 관찰기록

〈사례 9〉

관찰일자 : 2019. 12. 16.　　　성 별 : 남　　　생년월일 : 2014. 12. 10.

관 찰 자 : 윤희(성동숲속어린이집)　　이 름 : 임태일　　관찰일 현재 영·유아 연령 : 4년

관찰시간 : 오전 9:20~9:25

초 (Second) 15초 동안	사회적 놀이 (Social play) 혼자놀이	평행놀이	집단놀이	비놀이 (Non play) 몰입하지않는행동	쳐다보는행동	전환	활동 (Activity)	메모 (Memo)
15초			V					민준이와 함께 도형블록으로 만들기를 함.
15초			V					"우리 빨간 세모를 꺼내자"라고 민준이에게 말함.
15초			V					민준이와 함께 블록통을 꺼내던 중 "내가 찾아줄게" 하며 통 안에서 빨간 세모 도형을 찾음.
15초 (1분)			V					도형블록 개수를 세어보다가 개수가 부족하다는 이야기에 민준이가 "내가 하나 빌려줄게" 말함.
15초			V					개수를 세어본 후 "어~ 우리 세모가 네 개다. 너도 네 개. 나도 네 개"
15초			V					태일이가 "우리 로봇 만들어볼까?" 말함.
15초			V					별모양 블록을 꺼낸 민준이가 "별모양으로 얼굴 만들자"하며 흔들어봄.
15초 (2분)				V				"연두, 우빈이 언제 왔어~" 8초 동안 등원하는 친구들을 반김
15초			V					완성 된 블록을 들며 "여기봐~ 로봇이야" 하며 이야기함.
15초			V					교사에게 "내가 쌍둥이를 만들었어요." 하며 보여줌.
15초			V					민준이에게 "별블록이 3개야"라며 말함.
15초 (3분)			V					태일이는 쌍둥이 로봇을 들고 "슝~" 하며 허공에 휘두름.
15초			V					사람인형을 꺼내 로봇 위에 올려놓으며 "사람이 로봇을 조종해~"라고 말함.
15초			V					"우리 다른 것도 만들어볼까?" 하며 교구통에서 다양한 도형블록을 꺼내 만들어봄.
15초			V					노란 육각형과 초록 네모 도형블록을 꺼내 만들어봄.
15초 (4분)			V					"우와~ 비행기 날개가 완성됐어~ 완전 멋있어~" 하며 말함.
15초			V					기다란 도형블록을 끼우며 민준이에게 "우리 어디로 여행갈까?"라고 말함.
15초			V					민준이가 "캐나다"라고 말하며 도형블록을 끼움.
15초			V					태일이가 "그럼 비행기 타고 캐나다로 가자!"하며 허공에 휘두름.
15초 (5분)			V					친구 다빈이가 교실에 들어오는 모습을 보며 "우리 캐나다로 여행갔어~"라고 말함.
합계 (Total)			19	1				
요약								– 태일이는 높은 단계의 사회적 놀이인 집단놀이를 주로 하며 논다. – 태일이는 블록의 다양한 모양에 대해 알고 수 개념을 알며 수세기 활동이 가능하다.

Piaget/Parten 사회적 놀이 척도 관찰기록

〈사례 10〉

관찰일자 : 2019. 11. 1.　　　　성 별 : 남　　　　　생년월일 : 2015. 7. 22.

관 찰 자 : 조연희(새싹어린이집)　　이 름 : 남정연　　관찰일 현재 영 · 유아 연령 : 4년 3월

관찰시간 : 오전 09:50〜10:00

초 (Second)	사회적 놀이 (Social play)			비놀이 (Non play)			활동 (Activity)	메모 (Memo)
15초 동안	혼자 놀이	평행 놀이	집단 놀이	몰입하지 않는행동	쳐다보는 행동	전환		
15초			V					정연이는 쌓기놀이에서 블록으로 로봇을 만들던 도현에게 "나도 블록 줄래" 라고 이야기 함
15초			V					도현이가 "내가 많이 필요해"라고 말하자 블록 바구니 안에 블록을 꺼냄
15초			V					"도현아, 나도 빨간 블록 한 개 필요해" 라고 말함 도현이가 바구니 안에 있는 빨간 블록을 가리키며 "여기 있어"라고 말함
15초 (1분)			V					직사각형 블록을 들어 보이며 "이건 네모가 아냐" 말하자 도현이가 "이것도 네모야"하며 블록을 정연이에게 던짐
15초					V			"네모를 다 가져가서 나는 자동차 못 만들어" 이야기하고 블록 상자 안을 바라봄
15초			V					파란 블록과 흰색 블록을 여러 개 꺼내서 맞추며 친구에게 "경찰차야"라고 말함
15초			V					자동차를 들어 도현에게 보여주며 "빨간 불이 있어야 해" 말하자 도현이가 빨간 블록을 한 개 건네줌
15초 (2분)			V					자동차 위에 빨간 블록을 끼우며 "이건 불이야"라고 말함
15초			V					정연이가 "너도 만들래" 말함
15초			V					희수가 빨간 블록을 찾으며 블록상자를 뒤적이자 "소방차 만들거야?"라고 이야기하고 직사각형 블록을 가리킴
15초					V			희수가 블록 꺼내는 모습을 쳐다 봄
15초 (3분)			V					정연이가 희수 블록을 집어들며 "내가 만들어 줄게" 이야기하고 블록을 끼움
15초			V					"이건 작은 소방차 바퀴가 작아야 해" 이야기 함
15초			V					바퀴를 끼우고 희수에게 장난감을 건네줌
15초		V						정연이가 상호작용 없이 종이블록을 꺼내며 길게 늘어놓음
15초 (4분)			V					종이블록으로 기둥 세워 위로 덮으며 "터널이야"함
15초			V					도현이와 희수가 자동차를 올려놓자 "내가 일등 갈거야" 함
15초			V					터널 앞에 세워 조금씩 움직이자 도현이가 "빨리가" 이야기 하고 자동차를 뒤에서 부딪침
15초			V					정연이가 "터널은 천천히 가야 해"이야기 하고 터널위로 자동차를 올려 건너뜀
15초 (5분)			V					도현이도 따라 터널 위를 건너뛰자 "재밌지?"이야기 함
합계 (Total)		1	17		2			
요약								– 정연이는 높은 단계의 사회적 놀이인 집단놀이를 주로하며 놀이한다.

Piaget/Parten 사회적 놀이 척도 관찰기록

⟨사례 11⟩

관찰일자 : 2019. 12.　　　　성 별 : 남　　　　생년월일 : 2015. 9. 7.
관 찰 자 : 김해솔(성동숲속어린이집)　이 름 : 구건　　관찰일 현재 영·유아 연령 : 4년 3월
관찰시간 : 오전 10:30~10:35

초 (Second) 15초 동안	사회적 놀이 (Social play)			비놀이 (Non play)			활동 (Activity)	메모 (Memo)
	혼자 놀이	평행 놀이	집단 놀이	몰입하지 않는행동	쳐다보는 행동	전환		
15초			V					쌓기 영역에서 건이와 영우가 쌓기놀이를 한다.
15초			V					H블록을 꺼내 영우에게 "동물원 만들까?"라고 물어본다.
15초		V						상호작용 없이 영우가 H블록을 길게 연결하자 옆에서 건이가 블록을 만지작거린다.
15초 (1분)			V					건이가 "동물원에 어떤 동물이 살지?"라고 말하자 영우가 "악어"라고 말한다.
15초			V					건이가 "악어집 만들자"라고 한다.
15초			V					옆에 있던 이한이가 "너희 뭐하고 있어?"라고 묻자 "우리 동물원 만들어"라고 대답하고 놀이에 몰두한다.
15초			V					건이가 "너도 같이 만들래?"라고 이한이에게 말한다.
15초 (2분)			V					블록 우리 안에 블록을 하나씩 넣으며 "이건 사자고 이건 기린이야"라고 한다.
15초			V					영우에게 "여긴 레인보우 동물원이야"라고 말한다.
15초			V					상호작용 없이 블록으로 버스를 만든다.
15초	V							"버스를 타고 동물원을 돌아다녀야지"라고 혼자 말한다.
15초 (3분)			V					"여긴 코끼리 집입니다. 구경하세요."라고 이한이에게 말한다.
15초						V		건이가 화장실에 다녀온다.
15초		V						상호작용 없이 블록으로 큰 네모 안에 작은 블록들을 넣는다.
15초			V					블록들을 손가락으로 가리키며 "꺅! 이한아 여기 봐 악어다! 악어!"라고 말한다.
15초 (4분)		V						"사람이 없네?"라고 혼잣말을 말한다.
15초		V						혼자 사람들을 여러 모양의 블록들로 만든다.
15초			V					영우에게 "너는 누구 할래?"라고 말한다.
15초			V					만든 블록을 가리키며 반 친구들과 선생님의 이름을 붙여준다.
15초 (5분)			V					동물원 안에 놓으며 "구경하세요."라고 말한다.
합계 (Total)	1	4	14			1		
요약	- 건이는 높은 단계의 사회적 놀이인 집단놀이를 주로 한다.							

Piaget/Parten 사회적 놀이 척도 관찰기록

〈사례 12〉

관찰일자 : 2019. 12. 11.　　　성 별 : 남　　　생년월일 : 2014. 6. 27.

관 찰 자 : 박은진(성동숲속어린이집)　이 름 : 지재혁　　관찰일 현재 영·유아 연령 : 4년 5월

관찰시간 : 오후 3:45~3:50

초 (Second) 15초 동안	사회적 놀이 (Social play)			비놀이 (Non play)			활동 (Activity)	메모 (Memo)
	혼자 놀이	평행 놀이	집단 놀이	몰입하지 않는행동	쳐다보는 행동	전환		
15초			V					언어영역에서 노르웨이 카드를 서연이에게 준다.
15초			V					서연이가 "이건 네가 붙여" 하고 주자 카드를 붙인다.
15초			V					서연이가 아프리카 카드 붙이는 걸 잠시 쳐다본다.
15초 (1분)			V					몽골 국기 카드를 들고 "이건 아시아 대륙이야" 하고 친구에게 말한다.
15초						V		과학영역에서 돋보기를 가지고 온다.
15초		V						상호작용 없이 친구가 보고 있는 지구본을 돋보기로 본다.
15초			V					"여기에 몽골 찾았어요!" 하고 서연이에게 알려준다.
15초 (2분)			V					알제리 카드를 들고 "이건 어느 대륙이야?"라고 서연이에게 물어본다.
15초			V					언어영역으로 들어오는 준이를 잠깐 쳐다본다.
15초			V					준이에게 국기 카드를 건네준다.
15초			V					준이가 카드를 붙이자 "그건 어느 나라야?" 하고 묻는다.
15초 (3분)		V						상호작용 없이 카드를 높이 들고 "이건 유럽 대륙이야!"라고 허공에 크게 외친다.
15초		V						국기카드 통을 양손으로 뒤지고 있다.
15초		V						상호작용 없이 국기카드를 교구판에 붙인다.
15초			V					국기카드 한 장을 준이에게 건넨다.
15초 (4분)			V					쌓기영역에서 큰 소리 내는 친구들을 9초간 쳐다본다.
15초			V					준이와 나라 이름을 말하며 카드를 하나씩 뗀다.
15초			V					"선생님, 이거 튀니지에요?"라고 교사에게 물어본다.
15초			V					서연이가 언어영역을 나가자 잠시 쳐다본다.
15초 (5분)			V					준이에게 "우리 이제 정리하고 나가자!" 하고 말한다.
합계 (Total)		4	15			1		
요약								– 재혁이는 높은 단계의 사회적 놀이인 집단 놀이를 주로 논다.

Piaget/Parten 사회적 놀이 척도 관찰기록

〈사례 13〉

관찰일자 : 2019. 11. 5.　　　　　성 별 : 남　　　　생년월일 : 2014. 3. 13.

관 찰 자 : 현효선(새싹어린이집)　　이 름 : 원휘연　　관찰일 현재 영·유아 연령 : 5년 8월

관찰시간 : 오전 9:15∼9:20

초 (Second) 15초 동안	사회적 놀이 (Social play)			비놀이 (Non play)			활동 (Activity)	메모 (Memo)
	혼자 놀이	평행 놀이	집단 놀이	몰입하지 않는행동	처다보는 행동	전환		
15초				V				휘연이가 걸려있는 소방관 아저씨 옷을 만지작거려 교사가 활동방법을 이야기 해 준다.
15초				V				소방관아저씨 옷을 입혀주자 옷이 좀 작아 부끄러워한다. 친구들이 하고 싶다고 역할영역에 들어온다.
15초			V					친구들이 들어오자 옷을 벗으며 친구들에게 양보한다.
15초 (1분)		V						상호작용 없이 휘연이가 소방관 모자를 쓰고 소화기를 든다.
15초			V					친구들이 불을 끄는 모습을 보이자 휘연이도 다가가 불을 끄며 웃음을 짓는다.
15초			V					"소방관 아저씨가 불을 꺼요."라고 교사를 보며 이야기를 한다.
15초			V					친구들이 "휘연아 여기 꺼줘"라고 이야기를 하자 "알았어"라고 이야기를 하며 불을 끄는 흉내를 낸다.
15초 (2분)							V	"나 쉬마려"라며 모자를 벗고 소화기를 내려놓고 화장실에 다녀온다.
15초					V			화장실에 다녀와서 친구들이 도구를 사용하자 서서 친구들을 바라본다.
15초			V					휘연이에게 다른 역할을 선택 해 볼 수 있도록 한다. 다친 환자역할을 권하여 행동한다.
15초		V						상호작용 없이 바른이와 바닥에 누워 있다. 바른이가 휘연이 등 부분에 머리를 대고 누워있는다.
15초 (3분)			V					"불이야"라고 소리가 나자 바른이와 웃음 보이며 눈을 감고 아픈 흉내를 낸다.
15초					V			역할이 또 바뀌자 휘연이가 친구들이 하는 놀이를 바라본다.
15초					V			친구들이 하는 놀이를 보며 함께 따라서 웃음을 보이기도 한다.
15초					V			교사가 휘연이도 하고 싶으면 친구들에게 물어 볼 수 있도록 한다.
15초 (4분)			V					친구들이 그 이야기를 듣고 소방관 아저씨 옷을 가져와 휘연이를 입혀준다.
15초			V					친구들이 지퍼를 올리지 못하자 교사를 불러 교사가 다시 옷입기를 도와준다. 교사에게 "고맙습니다"라고 인사를 한다.
15초			V					휘연이와 친구들이 함께 불끄기 놀이를 한다.
15초			V					"이제 내가 119에 신고할게"하며 전화기를 가져와 친구들과 함께 놀이한다.
15초 (5분)			V					친구들과 놀이를 마치고 함께 정리를 한다.
합계 (Total)		2	11	2	4		1	
요약	- 휘연이는 높은 단계의 사회적 놀이인 집단놀이를 주로 하고 논다. - 휘연이는 비놀이 횟수가 많이 나타난다.							

Piaget/Parten 사회적 놀이 척도 관찰기록

〈사례 14〉

관찰일자 : 2019. 12. 12.　　　　성 별 : 남　　　　생년월일 : 2013. 10. 28.

관 찰 자 : 최은경(성동숲속어린이집)　이 름 : 윤여준　　관찰일 현재 영 · 유아 연령 : 6년 2월

관찰시간 : 오전 09:00~09:05

초 (Second)	사회적 놀이 (Social play)			비놀이 (Non play)			활동 (Activity)	메모 (Memo)
15초 동안	혼자 놀이	평행 놀이	집단 놀이	몰입하지 않는행동	쳐다보는 행동	전환		
15초			V					역할영역에 들어가며 "너는 애기 나는 아빠" 말한다.
15초			V					후라이팬에 계란을 올리며 "아빠가 요리해 줄께요" 요리를 한다.
15초		V						상호작용 없이 싱크대 문을 열고 닫으며 말없이 계속 요리한다.
15초 (1분)			V					접시에 딸기와 계란을 담아 식탁에 놓으며 "아빠 요리 먹어 봐요" 말함.
15초			V					수연이가 "재미없어 맛없어 게임해 게임해" 말한다.
15초			V					여준이 식탁 위의 음식과 접시를 정리하며 "우리 애기 무슨 게임해요" 함.
15초					V			바닥에 떨어진 핸드폰을 들고 테이블에 앉고 수연이를 바라본다.
15초 (2분)						V		쌓기 놀이 영역으로 감.
15초			V					재율이와 몰펀 블록으로 구성물을 만듦.
15초			V					재율아 "내가 만든 회오리바람 어때" 말함
15초			V					재율이와 몰펀 블록으로 자동차를 만듦.
15초 (3분)			V					"악어 모양 자동차다 재율아~ 누굴 태울까?"하며 자동차를 움직임.
15초			V					"호랑이가 자동차 타고 팥죽 먹으러 간대" 하며 자동차에 악어를 태움.
15초		V						상호작용 없이 역할영역에서 싱크대 문을 열고 팥죽을 찾아 접시에 담아옴.
15초			V					호랑이에게 "팥죽할멈의 팥죽 먹어봐" 하며 먹여줌.
15초 (4분)			V					"호랑이가 원래 팥죽 못 먹고 강물에 빠졌자나 내가 불쌍해서 줬어"라고 말하며 재율이와 웃는다.
15초			V					자동차에 여러 동물 친구들을 태우고 빙글빙글 돌리며 "아~ 어지러워"
15초			V					한 손에 회오리바람 블록을 빙글빙글 돌리며 "내 회오리바람 세지" 말함.
15초			V					회오리바람을 막을 방패를 만든다고 말하고 몰펀 블록으로 만듦.
15초 (5분)			V					재율이는 회오리바람을 들고 여준이는 방패를 들고 놀이함
합계 (Total)		2	16		1	1		
요약								− 여준이는 높은 단계의 사회적 놀이인 집단놀이를 한다.

Piaget/Parten 사회적 놀이 척도 관찰기록

〈사례 15〉

관찰일자 : 2019. 12. 11.　　　　성 별 : 여　　　　생년월일 : 2013. 03. 08.

관 찰 자 : 김선용(성동숲속어린이집)　이 름 : 이채원　　관찰일 현재 영 · 유아 연령 : 6년 9월

관찰시간 : 오전 9:15~9:20

초 (Second) 15초 동안	사회적 놀이 (Social play)			비놀이 (Non play)			활동 (Activity)	메모 (Memo)
	혼자 놀이	평행 놀이	집단 놀이	몰입하지 않는행동	쳐다보는 행동	전환		
15초			V					역할놀이를 하다가 친구에게 "지원아 우리 키즈카페 놀이할래? 라고 묻는다.
15초			V					지원이가 좋다고 하자 옆에 있던 현준이도 같이 하자고 한다.
15초			V					"그럼 손님은 누가 할 거야"라고 채원이가 묻자 지원이가 "나는 손님", 현준이도 "나도 손님"이라고 한다.
15초 (1분)			V					역할을 정하고 의자를 가져와 책상에 앉는다.
15초			V					지원이와 현준이가 다가오자 "안녕하세요. 여기는 재미있는 키즈카페입니다."라고 말한다.
15초			V					"신청하셨어요?"라고 현준이에게 물어보자 현준이가 "제일먼저 했어요"라고 대답한다.
15초			V					핸드폰을 꺼내어 보면서 확인하는 하더니 "네 들어오세요."라고 한다.
15초 (2분)			V					지원이와 현준이가 들어오자 "여기 이거 보고 주문하세요."라며 메뉴판을 준다.
15초			V					친구들이 주문하자 접시에 쿠키와 붕어빵을 담아서 "음식 나왔습니다. 맛있게 드세요"라며 접시를 준다.
15초			V					친구들이 "냠냠" 소리를 내며 음식을 먹는다.
15초			V					친구가 음식을 먹자 접시와 음식을 바구니에 정리한다.
15초 (3분)			V					"여기 키즈카페에 예쁜 옷도 있으니 옷도 사세요."하며 옷걸이에 걸려있는 옷도 보여준다.
15초			V					채원이가 자기 옷을 보여주며 "이것봐요. 이렇게 위로하면 바뀌는 옷이에요."라며 옷에 있는 스팽글을 위로 아래로 한다.
15초			V					지원이가 "어머 그거 살게요. 주세요"라고 하자 작은 가방을 꺼낸다.
15초			V					작은 가방에 옷을 넣는척하며 지원이에게 "여기요"라며 준다.
15초 (4분)			V					지원이가 "카드로 결제할게요."라고 지갑을 가져와 장난감돈을 꺼내며 "이게 카드라고 하자"라고 하며 장난감돈을 준다.
15초						V		그러자 미술영역에서 만들어놓았던 종이로 만든 컴퓨터를 가져온다.
15초			V					역할영역 책상 위에 놓고 두드리며 말한다. "성함은요?"라고 묻자 "박지원이요."
15초			V					"전화번호는요?" 하자 지원이가 "010-525-○○○○ 입니다."
15초 (5분)			V					"비밀번호요", "20이요", "띠띠띠~" 소리를 내며 "결제 다 되었습니다."라고 말한다.
합계 (Total)			19			1		
요약	- 채원이는 높은 단계의 사회적 놀이(집단놀이)를 주로 한다.							

(3) 인지적 놀이의 발달단계 관찰기록의 실제

인지적 놀이 척도 관찰기록

〈사례 1〉

관찰일자 : 2019. 12. 16.　　　성 별 : 남　　　　생년월일 : 2018. 4.

관 찰 자 : 심수지(성동숲속어린이집)　이 름 : 김도경　　관찰일 현재 영·유아 연령 : 1년 8월

관찰시간 : 오전 11:00~11:05

초 (Second) 15초 동안	인지적 놀이 (Cognitive play)				비놀이 (Non play)			활동 (Activity)	메모 (Memo)
	기능 놀이	구성 놀이	역할 놀이	규칙있는 게임	몰입하지 않는행동	쳐다보는 행동	전환		
15초		V							왼손으로 미니 주걱 오른손으로 냄비를 잡고 책상 위에 올려놓는다.
15초		V							수박, 브로컬리 교구를 냄비 안에 넣고 두 손으로 들어 올려 좌우로 흔든다.
15초			V						냄비 안에 수박을 꺼내 입안에 넣고 먹는 흉내를 내며 "우가갸"소리를 낸다.
15초 (1분)		V							수박을 책상 위에 올려놓고 칼을 잡아 바구니 안에 넣은 뒤 음식 교구 하나씩 들어 올려 책상 위에 올려놓는다.
15초						V			환의가 책상 위에 있는 무당벌레를 가리키며 "도경아, 이것 봐봐. 무당벌레야"하고 말하자 고개를 들어 쳐다본다.
15초			V						나무칼을 바구니 안에서 세 번 탁탁 치더니 빨간 파프리카를 꺼내어 먹는 흉내를 내다 냄새를 맡는다.
15초		V							시안이가 다가와, 귤, 토마토를 가지고 가자 책상 위에 주걱을 집어 전해준다.
15초 (2분)			V						바구니를 잡아 기울여 복숭아 교구를 책상 위로 떨어뜨리고 나무칼로 자르며 활동 한다.
15초		V							자른 복숭아 조각을 양손에 하나씩 쥐고 다시 붙였다 떼었다 세 번하다 왼쪽에 있는 냄비 안에 넣는다.
15초			V						냄비를 시안이 얼굴에 가져다 대자 먹는 흉내를 낸다. 시안이가 컵을 들어 도경이에게 주자 고개를 숙여 마시는 행동을 한다.
15초		V							왼손에 나무칼 오른손에 파프리카를 집어 먹는 흉내를 내다 접시 위에 올려놓는다.
15초 (3분)		V							주걱으로 파프리카 위를 톡톡 친 뒤 토마토 교구를 양손으로 잡아떼었다 붙였다 한다.
15초		V							칼로 토마토 교구를 반으로 잘고 붙였다 떼었다 반복적으로 활동한다.
15초		V							도마 위에 주전자를 올려놓고, 주전자 위에 토마토를 올려놓고, 그 위에 사과 교구를 올려놓으려 시도한다.
15초		V							토마토는 도마 위에 올려놓고, 사과 교구를 주전자 위에 올려놓는다. 나무칼로 토마토를 자른다.
15초 (4분)		V							나무칼로 책상위에 음식 교구를 바닥으로 떨어뜨린다. 떨어진 교구 중, 수박 버섯을 집어 책상 위에 올려놓고 나무칼로 두드린다.
15초		V							버섯을 접시 위에 올려놓고 다른 접시를 가지고 와 수박을 올려놓는다.
15초			V						자리에서 일어나 냉장고 문을 열어 앞치마를 꺼내어 펼쳐 교사에게 가져다준다.
15초			V						교사가 앞차미를 해주자 다른 앞치마를 들고 냄비 안에 넣은 뒤 주전자를 들어 물을 붓는 척 한다.
15초 (5분)			V						주전자를 들어 올려 입에 대고 먹는 흉내를 낸다.
합계 (Total)		12	7			1			
요약	– 도경이는 구성놀이를 주로 하고 논다.								

인지적 놀이 척도 관찰기록

〈사례 2〉

관찰일자 : 2019. 12. 13.　　　　성 별 : 남　　　　생년월일 : 2017. 7. 4.
관 찰 자 : 오수연(성동숲속어린이집)　이 름 : 이한　　관찰일 현재 영·유아 연령 : 2년 5월
관찰시간 : 오전 10:50~10:55

초 (Second) 15초 동안	인지적 놀이 (Cognitive play)				비놀이 (Non play)			활동 (Activity)	메모 (Memo)
	기능 놀이	구성 놀이	역할 놀이	규칙있는 게임	몰입하지 않는행동	쳐다보는 행동	전환		
15초			V						오른손으로 칼을 잡고 왼손으로 포도 모형을 꺼낸다.
15초			V						다시 칼을 바구니에 넣으며 수연이에게 포도 모형을 내민다.
15초			V						수연이가 받아들자 포크와 냄비를 꺼낸다.
15초 (1분)		V							냄비를 한 개 더 꺼낸 후 늘어놓는다.
15초			V						계란프라이 모형을 냄비 속에 넣으며 숟가락으로 뒤적인다.
15초			V						냄비를 한 개 더 꺼낸 후 계란프라이를 옮긴다.
15초			V						교사에게 계란프라이를 내밀며 "피자" 하고 말한다.
15초 (2분)					V				교실의 천장을 바라보며 멍하니 서있다.
15초		V							냄비의 뚜껑을 가져와 위로 덮는다.
15초		V							냄비의 양 손잡이를 잡고 가스레인지 위로 올렸다 내렸다 반복한다.
15초			V						뚜껑을 떨어뜨리자 "아고" 하고 말한다.
15초 (3분)						V			쌓기 영역의 선물상자를 바라본다.
15초	V								앞의 선물상자를 손가락으로 가리킨 후 "까" 하고 소리를 지르며 달려간다.
15초		V							바닥에 있는 선물상자 블록을 2개 잡고 위로 쌓는다.
15초			V						뚜껑을 열어보며 "어?"하고 말한다.
15초 (4분)			V						수연이에게 선물 상자를 내밀자 수연이가 "우와" 하고 말한다.
15초		V							수연이가 선물 상자를 바닥에 놓자 그 위로 상자 1개를 쌓는다.
15초		V							수연이가 "내가 할거야" 하고 말하자 고개를 끄덕이며 블록을 바닥에 놓는다.
15초		V							세워진 상자를 바라보며 "우와" 하고 오른손으로 밀어 넘어뜨린 후 다시 쌓는다.
15초 (5분)		V							다시 반복하여 상자를 쌓아올리자 윤정이가 상자를 들고 따라 쌓는다.
합계 (Total)	1	8	9		1	1			
요약	- 한이는 높은 단계의 인지적 놀이인 역할놀이를 주로하며 구성놀이도 많이 나타난다.								

인지적 놀이 척도 관찰기록

〈사례 3〉

관찰일자 : 2019.11.27.　　　성 별 : 여　　　생년월일 : 2017. 5. 25

관 찰 자 : 이진아(새싹어린이집)　　이 름 : 이지아　　관찰일 현재 영·유아 연령 : 2년 6월

관찰시간 : 오전 10:05~10:10

초 (Second)	인지적 놀이 (Cognitive play)				비놀이 (Non play)			활동 (Activity)	메모 (Memo)
15초 동안	기능 놀이	구성 놀이	역할 놀이	규칙있는 게임	몰입하지 않는행동	쳐다보는 행동	전환		
15초			∨						인형을 안고 토닥인다.
15초			∨						인형 머리를 쓰다듬어준다.
15초	∨								포대기를 들고온다.
15초 (1분)	∨								포대기의 한 쪽면을 잡고 바닥에 끌며 돌아다닌다.
15초		∨							포대기 위에 인형을 올리고 그 위에 인형을 놓는다.
15초			∨						두 개의 인형을 토닥여준다.
15초	∨								인형을 안고 교실을 뱅글 뱅글 돈다.
15초 (2분)						∨			친구가 인형을 가지고 가려고 하자 교사를 쳐다본다.
15초	∨								인형을 바닥에 던진다.
15초						∨			바닥에 있는 인형을 쳐다보고 교사를 한번 쳐다본다.
15초		∨							포대기를 만지고 떨어진 인형 잡는다.
15초 (3분)			∨						포대기 위에 인형을 올려놓고 토닥여주며 "코"라고 이야기 한다.
15초							∨		인형을 들고 역할영역으로 걸어간다.
15초			∨						인형을 안고 매트에 누워본다.
15초			∨						인형을 높이 들고 인형과 눈을 마주친다.
15초 (4분)			∨						인형을 안고 일어나 역할영역으로 걸어간다. 포대기를 잡고 묶으려고 시도한다.
15초			∨						교사에게 걸어와 "해듀떼요" 라고 말한다.
15초			∨						포대기를 묶어주자 매트 안으로 들어간다.
15초		∨							사각블록 두 개를 바닥에 놓는다.
15초 (5분)		∨							블록을 바닥에 놓고 맞추어 보려고 시도한다.
합계 (Total)	4	4	9			2	1		
요약	– 지아는 높은 단계의 인지적 놀이인 역할놀이를 주로 하고 논다.								

인지적 놀이 척도 관찰기록

〈사례 4〉

관찰일자 : 2019. 12. 16.　　　성 별 : 여　　　생년월일 : 2017. 4. 8.

관 찰 자 : 윤재연(성동숲속어린이집)　이 름 : 이 봄　　관찰일 현재 영 · 유아 연령 : 2년 8월

관찰시간 : 오전 자유놀이

초 (Second) 15초 동안	인지적 놀이 (Cognitive play)				비놀이 (Non play)			활동 (Activity)	메모 (Memo)
	기능 놀이	구성 놀이	역할 놀이	규칙있는 게임	몰입하지 않는행동	쳐다보는 행동	전환		
15초			V						언어영역의 전화기를 들고 통화를 한다.
15초			V						전화기를 내려놓고 병원놀이 교구를 만지며 시윤이의 왼발에 감는다.
15초			V						전화기를 들고 "시윤이 엄매~ 시윤이 아파요~" 하고 이야기 한다.
15초 (1분)			V						시윤이의 왼발에 감은 혈압계를 풀러 자신의 발에 감고는 전화기로 "안 아파요~" 하고 이야기 한다.
15초							V		생일축하 놀이하는 유주에게 간다.
15초			V						옆에 앉아 함께 생일축하 노래를 부르며 촛불을 끈다.
15초			V						케이크 모형 위에 촛불 자석을 올려놓는다.
15초 (2분)			V						역할에 있던 시윤, 유주와 함께 다시 박수를 치며 생일축하 노래를 부른다.
15초		V							다시 한 번 촛불의 위치를 바꿔 놓는다.
15초				V					다시 생일축하 노래를 부르는데 유주가 "사랑하는 유주의~"라고 하자 "이전엔 시윤이 하자~" 하며 시윤이 이름으로 노래를 부른다.
15초						V			노래가 끝나자 유주가 병원놀이 주머니를 꺼내는 모습을 바라본다.
15초 (3분)							V		"쉬"라고 말하며 화장실을 간다.
15초								V	도서영역으로 가서 동물책을 무릎에 펴 놓고 책을 본다.
15초							V		읽던 책을 책꽂이에 넣고 역할 영역으로 깡충깡충 뛰어간다.
15초			V						바구니에 음식 교구를 넣고 나무 숟가락으로 휘적휘적 젓는다.
15초 (4분)			V						앞에 앉은 유주에게 휘적이던 숟가락을 건네며 "아~" 하자 유주가 "아~"하며 먹는 흉내를 낸다.
15초			V						옆에 있던 시윤이에게 "시윤이 먹을 거야 안 먹을 거야? 먹어?" 하자 시윤이가 "응" 대답한다.
15초			V						다시 유주에게 "아~" 하고 준다.
15초			V						네 번 정도 유주에게 건네준 후, 자신도 먹는다며 "남냠냠" 소리를 내며 먹는 흉내를 낸다.
15초 (5분)			V						유주가 "이제 없어?" 하고 묻자 "응 없어" 하며 다른 접시를 잡는다.
합계 (Total)		1	13	1		1	3	1	

요약	– 봄이는 높은 수준의 인지적 놀이인 역할놀이를 주로 하고 논다. – 봄이는 ~하는 척의 가상놀이를 한다.

인지적 놀이 척도 관찰기록

〈사례 4〉

관찰일자 : 2019. 12. 16.　　　성 별 : 여　　　생년월일 : 2017. 4. 8.

관 찰 자 : 윤재연(성동숲속어린이집)　이 름 : 이 봄　　관찰일 현재 영·유아 연령 : 2년 8월

관찰시간 : 오전 자유놀이

초 (Second)	인지적 놀이 (Cognitive play)				비놀이 (Non play)			활동 (Activity)	메모 (Memo)
15초 동안	기능 놀이	구성 놀이	역할 놀이	규칙있는 게임	몰입하지 않는행동	쳐다보는 행동	전환		
15초			V						언어영역의 전화기를 들고 통화를 한다.
15초			V						전화기를 내려놓고 병원놀이 교구를 만지며 시윤이의 왼발에 감는다.
15초			V						전화기를 들고 "시윤이 엄마~ 시윤이 아파요~" 하고 이야기 한다.
15초 (1분)			V						시윤이의 왼발에 감은 혈압계를 풀러 자신의 발에 감고는 전화기로 "안 아파요~" 하고 이야기 한다.
15초							V		생일축하 놀이하는 유주에게 간다.
15초			V						옆에 앉아 함께 생일축하 노래를 부르며 촛불을 끈다.
15초			V						케이크 모형 위에 촛불 자석을 올려놓는다.
15초 (2분)			V						역할에 있던 시윤, 유주와 함께 다시 박수를 치며 생일축하 노래를 부른다.
15초		V							다시 한 번 촛불의 위치를 바꿔 놓는다.
15초				V					다시 생일축하 노래를 부르는데 유주가 "사랑하는 유주의~"라고 하자 "이전엔 시윤이 하자~" 하며 시윤이 이름으로 노래를 부른다.
15초						V			노래가 끝나자 유주가 병원놀이 주머니를 꺼내는 모습을 바라본다.
15초 (3분)							V		"쉬"라고 말하며 화장실을 간다.
15초								V	도서영역으로 가서 동물책을 무릎에 펴 놓고 책을 본다.
15초							V		읽던 책을 책꽂이에 넣고 역할 영역으로 깡충깡충 뛰어간다.
15초			V						바구니에 음식 교구를 넣고 나무 숟가락으로 휘적휘적 젓는다.
15초 (4분)			V						앞에 앉은 유주에게 휘적이던 숟가락을 건네며 "아~" 하자 유주가 "아~"하며 먹는 흉내를 낸다.
15초			V						옆에 있던 시윤이에게 "시윤이 먹을 거야 안 먹을 거야? 먹어?" 하자 시윤이가 "응" 대답한다.
15초			V						다시 유주에게 "아~" 하고 준다.
15초			V						네 번 정도 유주에게 건네준 후, 자신도 먹는다며 "냠냠냠냠" 소리를 내며 먹는 흉내를 낸다.
15초 (5분)			V						유주가 "이제 없어?" 하고 묻자 "응 없어" 하며 다른 접시를 잡는다.
합계 (Total)		1	13	1		1	3	1	
요약	– 봄이는 높은 수준의 인지적 놀이인 역할놀이를 주로 하고 논다. – 봄이는 ~하는 척의 가상놀이를 한다.								

인지적 놀이 척도 관찰기록

〈사례 5〉

관찰일자 : 2019. 11. 27.　　　　성 별 : 남　　　　　　생년월일 : 2017. 1. 17.

관 찰 자 : 김영신(새싹어린이집)　　이 름 : 임민호　　　관찰일 현재 영·유아 연령 : 2년 10월

관찰시간 : 오전 10:00 ～ 10:05

초 (Second) 15초 동안	인지적 놀이 (Cognitive play)				비놀이 (Non play)			활동 (Activity)	메모 (Memo)
	기능 놀이	구성 놀이	역할 놀이	규칙있는 게임	몰입하지 않는행동	쳐다보는 행동	전환		
15초							∨		민호가 헤어롤이 담아있는 바구니를 가지고 교사에게 다가온다.
15초			∨						교사의 머리에 헤어롤을 말아준다
15초			∨						손거울을 가져와 교사의 얼굴을 보도록 한다.
15초 (1분)			∨						교사가 거울을 보고 "예쁘네. 고마워"라고 말하자 민호가 웃는다.
15초			∨						교사가 민호 앞머리를 헤어롤로 말아줬다.
15초			∨						거울을 보여주며 "민호 멋지네."라고 말하니 어깨를 들썩이며 웃는다.
15초	∨								헤어롤을 한 채 교실을 뛰어 다닌다.
15초 (2분)	∨								뛰어다니면 위험하다는 교사의 말에 걸어 다닌다.
15초							∨		민호가 음률 영역으로 이동한다.
15초		∨							이것저것 만지다가 북과 북채를 잡는다.
15초			∨						북을 치면서 머리를 박자에 맞춰 움직인다.
15초 (3분)						∨			하윤이가 다가와서 북을 꺼내 옆자리에 앉자 민호가 하윤이를 쳐다본다.
15초			∨						민호가 북을 두드리다가 하윤이가 들고 있는 북을 두드린다.
15초			∨						교사가 '그대로 멈춰라'노래를 부르니 박자를 맞추어 두드리다가 마지막에서는 크게 한 번 두드리고 멈춘다.
15초		∨							하윤이가 북을 제자리에 정리하고 종이벽돌블록을 꺼내자 민호도 따라 한다.
15초 (4분)		∨							민호와 하윤이가 블록을 높이 쌓는다.
15초		∨							민호와 하윤이가 쌓아놓은 블록을 무너뜨린다.
15초		∨							블록이 와르르 무너지는걸 보고 박수를 치며 좋아한다.
15초		∨							다시 반복을 하며 놀이한다.
15초 (5분)		∨							놀이를 마치고 교사와 함께 정리한다.
합계 (Total)	2	7	8			1	2		
요약	- 민호는 가장 높은 단계의 역할놀이를 주로 하고 논다.								

인지적 놀이 척도 관찰기록

〈사례 6〉

관찰일자 : 2019. 12. 11.　　　　성 별 : 여　　　　생년월일 : 2015. 9. 1.

관 찰 자 : 서정남(성동숲속어린이집)　이 름 : 지소희　　관찰일 현재 영 · 유아 연령 : 3년 3월

관찰시간 : 오전 9:50~9:55

초 (Second) 15초 동안	인지적 놀이 (Cognitive play)				비놀이 (Non play)			활동 (Activity)	메모 (Memo)
	기능 놀이	구성 놀이	역할 놀이	규칙있는 게임	몰입하지 않는행동	쳐다보는 행동	전환		
15초			V						싱크대 앞에 "내가 엄마할 거야"라고 한다.
15초			V						앞치마를 꺼내어 입는다.
15초			V						우진이에게 "너가 애기해" 한다.
15초 (1분)			V						냄비를 꺼내어 요리하는 모습을 한다.
15초			V						지운이가 와서 "내가 아빠 할까?"라고 하자
15초			V						"어, 내가 맛있는거 해줄게" 하며 요리를 계속한다.
15초			V						소희는 우진이에게 "아빠한테 빨리 오라고 전화해"라고 한다.
15초 (2분)			V						우진이가 전화를 한다. 소희는 요리한 것을 상차림 하는 척하며 상 위에 올려놓는다.
15초		V							그릇에 과일을 담아 가져다 놓는다.
15초			V						"이제 우리 맛있게 먹자"
15초			V						우진이가 "앙" 하면서 먹는 모습을 하자 "잘 먹겠습니다 해야지"라고 한다.
15초 (3분)			V						친구들이 모여 앉아 먹는 모습을 한다.
15초			V						우진이가 입에 넣으려고 하자 "진짜 먹으면 안돼"라고 한다.
15초			V						"벌레 들어 가잖아"라고 한다.
15초			V						"엄마는 병원에 갔다올께"라고 한다.
15초 (4분)			V						지율이가 "엄마 아파요?"라고 하자
15초			V						"예방주사 맞았어. 나 안 울었어" 하자
15초			V						지율이도 "나는 두 번 맞았어"라고 한다.
15초			V						소희는 가방에 지폐를 넣고 도서영역으로 간다.
15초 (5분)							V		책을 하나 들고 돌아온다.
합계 (Total)		1	18				1		
요약	- 소희는 높은 수준의 인지적놀이인 역할놀이를 주로 한다. - 소희는 '~하는 척'의 가상놀이를 한다.								

인지적 놀이 척도 관찰기록

〈사례 7〉

관찰일자 : 2019. 12. 13.   성 별 : 여   생년월일 : 2016. 9. 7.

관 찰 자 : 박미정(성동숲속어린이집)   이 름 : 윤은서   관찰일 현재 영 · 유아 연령 : 3년 3월

관찰시간 : 오전 9:20~9:25

초 (Second) 15초 동안	인지적 놀이 (Cognitive play)				비놀이 (Non play)			활동 (Activity)	메모 (Memo)
	기능 놀이	구성 놀이	역할 놀이	규칙있는 게임	몰입하지 않는행동	쳐다보는 행동	전환		
15초		V							소꿉놀이 손잡이 바구니를 들고 매트위에 앉는다.
15초			V						태양이를 보며 "애들아~ 엄마왔다~" 이야기를 한다.
15초		V							바구니 안에 포도, 파인애플, 쿠키모형을 꺼내 놓는다.
15초 (1분)			V						"맛있게 먹어~" 태양이가 포도를 집어 냠냠 먹는 척을 한다.
15초			V						은서가 "다른 것도 줄까요?" 이야기를 하니 태양이가 "네~쿠키주세요~"
15초		V							은서가 바구니 안에서 쿠키모형을 꺼낸다.
15초			V						태양이에게 건네며 "아주 달콤한 쿠기입니다~ 먹어보세요~" 하며 태양이에게 쿠키를 준다.
15초 (2분)			V						"어때요? 맛있지요~" 태양이가 쿠키를 먹는 척을 한다.
15초			V						태양이가 일어나서 "안녕히 계세요~" 인사를 하고 다른 영역으로 간다.
15초		V							은서도 소꿉놀이를 정리를 한다.
15초		V							벽돌 블럭을 이용해 네모를 만든다.
15초 (3분)		V							공룡모형을 울타리 안으로 넣는다.
15초			V						멋진 집입니다~안으로 들어오세요.
15초			V						민결이가 공룡모형을 들고 와 "띵동 들어가도 되나요?"라고 이야기를 하니 은서가 블록을 양쪽으로 하나씩 벌린다.
15초			V						은서가 "문이 열립니다~ 들어오세요!" 한다.
15초 (4분)			V						민결이가 "와~공룡 친구들이 많네~ 안녕? 난 티라노사우르스야~" 공룡모형을 서로 들고 이야기를 나눈다.
15초			V						민결이가 공룡을 들고 "전 다른 공룡 친구들에게 가보겠습니다. 잘 있어~" 은서가 "잘가요~또 놀러오세요"
15초						V			민결이가 가는 것을 바라본다.
15초		V							공룡들을 하나씩 블록 안에서 꺼내놓는다.
15초 (5분)		V							공룡과 블록을 바구니 안에 정리를 한다.
합계 (Total)		8	11			1			
요약	- 은서는 높은 단계의 인지적 놀이인 역할놀이를 주로 하고 논다.								

인지적 놀이 척도 관찰기록

〈사례 8〉

관찰일자 : 2019. 12. 11.   성 별 : 여   생년월일 : 2015. 6. 18.

관 찰 자 : 최선미(성동숲속어린이집)   이 름 : 남윤아   관찰일 현재 영·유아 연령 : 3년 6월

관찰시간 : 오전 11:17〜11:22

초 (Second)	인지적 놀이 (Cognitive play)				비놀이 (Non play)			활동 (Activity)	메모 (Memo)
15초 동안	기능 놀이	구성 놀이	역할 놀이	규칙있는 게임	몰입하지 않는행동	쳐다보는 행동	전환		
15초			V						하진이에게 "오빠! 엽전 줘"라고 함.
15초		V							교구장의 바구니를 뒤적이며 선글라스를 찾는다.
15초			V						휴대전화기를 들고 "오빠! 어디야?" 라고 전화하는 척을 한다.
15초 (1분)			V						하은이에게 "엄마! 내 옷 어디 있어?"라고 말하고 앞치마를 꺼낸다.
15초			V						앞치마를 믹서기 위에 올리고 재봉틀처럼 움직인다.
15초			V						앞치마를 들고 하은이에게 "엄매 내가 만든 옷 이쁘죠?"라고 한다.
15초			V						교구장에 있는 바구니에서 선글라스를 꺼낸다.
15초 (2분)			V						선글라스를 쓰고 "엄마! 나 어때요?"라고 한다.
15초			V						가방을 메고 "예린아! 소풍가자"라고 한다.
15초			V						예린이 손은 잡고 교실을 한 바퀴 돌고 온다.
15초			V						"엄마! 다녀왔어요."라고 이야기한다.
15초 (3분)			V						"밖에 추워?"라고 물어보자 "아니요 안 추운데 미세먼지가 많아요." 함
15초			V						예린이에게 "언니가 물 줄게 기다려"라고 하며 컵을 준다.
15초			V						"나도 물 마셔야겠다"라고 하며 컵을 들고 물을 마시는 척한다.
15초		V							큰 그릇에 무, 석류, 수박, 호박모형을 넣는다.
15초 (4분)			V						채소가 든 그릇을 들고 교사에게 다가와 "선생님! 먹어요"라고 한다.
15초			V						교사가 "무슨 음식이에요?" 하고 묻자 "야채스프에요"라고 한다.
15초			V						교사가 "맛있게 먹을게요"라고 하고 그릇을 들고 먹는 척 하자 "맛있죠?"라고 함.
15초			V						교사가 건네준 그릇을 들고 싱크대로가 설거지하는 흉내를 낸다.
15초 (5분)			V						그릇을 흔들며 "다 했다!"라고 한다.
합계 (Total)		2	18						
요약									- 윤아는 높은 수준의 인지적 놀이인 역할놀이를 한다. - 윤아는 '〜하는 척'의 가상놀이를 한다.

인지적 놀이 척도 관찰기록

〈사례 9〉

관찰일자 : 2019.11.28　　　　성 별 : 여　　　　생년월일 : 2016. 3. 2

관 찰 자 : 임지윤(새싹어린이집)　　이 름 : 박연아　　관찰일 현재 영·유아 연령 : 3년 8월

관찰시간 : 오전 10:10 ～ 10:15

초 (Second) 15초 동안	인지적 놀이 (Cognitive play)				비놀이 (Non play)			활동 (Activity)	메모 (Memo)
	기능 놀이	구성 놀이	역할 놀이	규칙있는 게임	몰입하지 않는행동	쳐다보는 행동	전환		
15초			∨						스폰지 블록을 아래에 놓고 여러 종류의 공룡을 눕혀 놓는다. "여기 침대에 재우자." 하고 진서에게 이야기를 한다.
15초			∨						눕혀 놓은 공룡들을 가리키며 "엄마, 아빠, 아기예요."한다. "빨리 일어나세요."하며 작은 브라키오 사우루스를 손에 잡고 흔들며 "일어나세요. 엄마 아빠～" 한다.
15초			∨						큰브라키오 사우루스를 들고 있는 진서에게 "엄마 엄마"하며 가지고 있는 작은 브라키오 사우루스를 가까이 가져간다.
15초 (1분)			∨						진서는 "아기야～ 아기야～" 하자 연아는 "응아～응아～～" 하며 가지고 있던 공룡을 바구니에 놓는다.
15초			∨						"여기는 엄마 아빠 집이야." 하며 엄마, 아빠, 아기하며 공룡을 차례로 세워 놓는다.
15초			∨						"이제 자야 해요." 하며 하나씩 차례로 스폰지 블록에 눕혀 놓는다.
15초			∨						누워있는 동물들에게 진서가 가지고 있는 동물로 때리는 흉내를 내다가 서현이 손을 때린다. 손을 살짝 주무른다.
15초 (2분)			∨						공룡인형을 모두 손가락 사이에 끼웠다가 내려놓고는 "아기가 아프대." 하며 작은 공룡을 스폰지 블록에 눕혀 놓는다.
15초			∨						스폰지 블록에 다시 공룡 3마리와 돼지를 차례차례 눕혀 놓는다.
15초			∨						"이것 좀 봐. 엄마 집이야."한다.
15초			∨						네모난 노랑색 스폰지 블록을 하나 가지고 와서 진서에게 "여기서 살아."한다.
15초 (3분)			∨						진서를 쳐다보며 노랑색 스폰지 블록을 손으로 주물주물 한다.
15초			∨						공룡이 펄쩍 뛰는 흉내를 내며 "아빠는 힘껏 뛰어야 돼." 하며 노랑색 스폰지 블록 위에 올려놓는다.
15초			∨						"아빠는 야옹이랑 같이 잘거야." 한다.
15초					∨				옆에 있던 지우가 노랑색 스폰지 블록을 가지고 가자 "야" 하며 바라본다.
15초 (4분)			∨						스폰지 블록에 공룡4마리와 고양이, 토끼를 올려놓는다.
15초					∨				옆에 있던 실내화를 잡고는 이거 "누구거야." 하며 옆으로 던져 놓는다.
15초			∨						연아는 호랑이를 진서는 사자를 들고 서로 부딪히며 싸우는 흉내를 낸다.
15초			∨						옆에 있던 지우가 악어를 들고 "어흥" 하며 서현이가 가지고 있는 호랑이에게 공격하는 흉내를 낸다. 서현이는 "우리 안해." 하며 등을 돌린다.
15초 (5분)			∨						지우가 고양이를 가지고 간다. 서현이는 가지고 있던 놀잇감을 옆쪽으로 옮겨 놓는다.
합계 (Total)			18		2				
요약	- 연아는 높은 단계의 인지적놀이인 역할놀이를 주로 하며 논다.								

인지적 놀이 척도 관찰기록

〈사례 10〉

관찰일자 : 2019. 11. 27.   성 별 : 여   생년월일 : 2016. 3. 11.

관 찰 자 : 조아름(새싹어린이집)   이 름 : 유서영   관찰일 현재 영 · 유아 연령 : 3년 8월

관찰시간 : 오전 9: 52 ～ 9: 57

초 (Second) 15초 동안	인지적 놀이 (Cognitive play)				비놀이 (Non play)			활동 (Activity)	메모 (Memo)
	기능 놀이	구성 놀이	역할 놀이	규칙있는 게임	몰입하지 않는행동	쳐다보는 행동	전환		
15초			∨						역할영역에서 서영이가 연아와 인형, 공룡 모형을 가지고 놀이하고 있다.
15초			∨						서영이가 고양이 인형과 공룡 모형 한 개를 가지고 있다가 "이야야야야!" 소리를 내며 연아가 가지고 있는 토끼 인형 앞에 갖다 댄다.
15초			∨						연아가 네모난 블록 위에 토끼 인형을 뉘어놓자, 서영이도 토끼 인형 옆에 고양이 인형을 뉘어놓는다.
15초 (1분)			∨						서영이가 연아를 바라보며 웃다가 "야옹이도 혼자 잘 수 있지." 하며 옆에 있던 공룡 모형 바구니를 당긴다.
15초			∨						공룡 모형 한 개를 꺼내 "이거 해봐." 하며 연아를 주고, 다른 한 개를 또 꺼내 "난 이거 할게."라고 얘기한다.
15초			∨						재우고 있던 고양이 인형을 들어 꺼낸 공룡 모형과 비빈 후 내려놓는다.
15초			∨						고양이를 세워서 "야옹～" 소리를 내고 다시 네모난 블록 위에 뉘어놓으며 연아를 바라본다.
15초 (2분)			∨						공룡 모형 바구니에서 악어 모형을 꺼내 왼쪽 손으로 높게 들어 올리며 연아를 보고 "악어다!"라고 말한다.
15초			∨						연아가 "괴롭히지매"하며 가지고 있던 공룡 모형으로 서영이의 악어 모형을 2번 치자, 서영이가 약 3초 동안 연아를 바라본다.
15초			∨						연아가 "엄마, 아빠! 악어가 나타났어요."라고 얘기하자, 서영이가 다른 공룡 모형으로 악어를 때리고 다시 바구니에 넣는다.
15초			∨						서로를 바라보며 웃다가 서영이가 공룡 모형을 뉘어있는 고양이 인형 옆에 또 뉘어놓는다.
15초 (3분)			∨						연아가 바구니에 있는 악어 모형을 세워놓자, 서영이가 가지고 있던 공룡 모형으로 악어 모형을 쳐 넘어뜨리며 웃는다.
15초			∨						서영이가 바구니에서 작은 공룡 모형을 꺼내 "얘는 아기야." 하며 네모난 블록 위에 또 뉘어놓는다.
15초			∨						연아가 공룡 모형을 위아래로 움직이며 "아기 귀여워." 하자, 서영이가 "언니가 아빠 때려."라고 얘기한다.
15초			∨						연아가 "엄마, 아빠 일어나요!" 하며 공룡 모형으로 서영이가 뉘어놓은 공룡과 인형을 때리자, 서영이가 "더 잘 거야."라고 말한다.
15초 (4분)			∨						공룡 모형과 인형을 만지작거리며 다시 연아에게 "잘 거라고."라고 얘기한다.
15초			∨						고양이 인형 위치를 바꾸고 "얜 이렇게 잘 거라고." 하며 연아를 바라보고 웃는다.
15초			∨						연아가 악어 모형을 만지며 "악어 꼬리 이상하지."하며 서영이를 쳐다보자, 서영이가 꼬리를 잡아 던지며 "싫어!"하며 웃는다.
15초			∨						작은 공룡 모형을 하나를 집어 연아가 가지고 있는 공룡 모형에 갖다 대며 "언니! 언니! 가지마!"라고 얘기한다.
15초 (5분)			∨						연아가 "안돼, 학교 가야 해."라고 하자, 서영이가 "나도 데리고 가."하며 우는 소리를 낸다.
합계 (Total)			20						
요약									– 서영이는 높은 단계의 인지적 놀이인 역할놀이를 주로 한다.

인지적 놀이 척도 관찰기록

〈사례 11〉

관찰일자 : 2019. 12. 13.　　　　성 별 : 남　　　　생년월일 : 2014. 11. 11.

관 찰 자 : 윤희(성동숲속어린이집)　　이 름 : 양다빈　　관찰일 현재 영·유아 연령 : 4년 1월

관찰시간 : 오전 9:30~9:35

초 (Second) 15초 동안	인지적 놀이 (Cognitive play)				비놀이 (Non play)			활동 (Activity)	메모 (Memo)
	기능 놀이	구성 놀이	역할 놀이	규칙있는 게임	몰입하지 않는행동	쳐다보는 행동	전환		
15초		∨							스펀지 블록을 나란히 한 줄로 나열한다.
15초		∨							스펀지 블록을 ●모양으로 3층으로 쌓는다.
15초		∨							"우리 목욕탕 만들자" 하며 블록 2개를 위에 세워놓는다.
15초 (1분)		∨							"여기에 우리 냉탕을 만들자" 하며 스펀지 블록을 꺼내 ●모양으로 놓는다.
15초			∨						태일이가 "냉탕에 물이 있어야 하는데?"라고 말한다.
15초			∨						블록교구장에서 아이블록통을 꺼낸 후 통속에 있는 파랑색 아이블록만 꺼내 냉탕 안에 넣는다.
15초			∨						사람모형 2개를 꺼내 탕 속에 넣은 후 "이건 장수탕 선녀님이고, 이건 덕지야" 하며 말한다.
15초 (2분)			∨						다빈이가 사람모형을 잡으며 "나는 장수탕 선녀님이란다"라고 말한다.
15초			∨						태일이가 "장수탕 선녀님 우리 함께 놀아요."라고 말한다.
15초			∨						"우리 수영을 해볼까?" 하며 사람모형을 파란 아이블록 위에 눕힌 후 움직인다.
15초			∨						"어푸어푸" 하며 계속 움직인다.
15초 (3분)			∨						태일이가 "이제는 폭포수를 맞으러 가요"하며 파란 아이블록을 두 손으로 잡고 사람모형 위에서 떨어트린다.
15초			∨						태일이와 함께 파란 아이블록을 두 손으로 잡고 위에서 떨어트린다.
15초						∨			등원하는 친구들을 쳐다본다.
15초			∨						"우리 지금 장수탕 선녀님놀이 하고 있어"라며 현우에게 말한다.
15초 (4분)			∨						"덕지야 이번에는 숨 참기를 해볼까?"하며 말한다.
15초			∨						사람모형을 오른손을 잡고 "하~암"하며 숨을 참는다.
15초			∨						태일이가 "선녀님 너무 힘들어요."라고 말한다.
15초			∨						다빈이는 "그럼 뭘 할까?"하며 말한다.
15초 (5분)			∨						사람모형을 눕히며 "우리 그냥 수영해요"라고 말한다.
합계 (Total)		4	15			1			
요약					다빈이는 높은 단계의 인지적놀이인 역할놀이를 주로 하고 논다.				

인지적 놀이 척도 관찰기록

〈사례 12〉

관찰일자 : 2019. 11. 6. 　성 별 : 남 　생년월일 : 2015. 7. 22.

관 찰 자 : 조연희(새싹어린이집) 　이 름 : 남정연 　관찰일 현재 영 · 유아 연령 : 4년 4월

관찰시간 : 오전 10:10~10:15

초 (Second) 15초 동안	인지적 놀이 (Cognitive play)				비놀이 (Non play)			활동 (Activity)	메모 (Memo)
	기능 놀이	구성 놀이	역할 놀이	규칙있는 게임	몰입하지 않는행동	쳐다보는 행동	전환		
15초			∨						역할영역에서 청진기와 아기인형을 들고 "코가 아파"라고 한다.
15초			∨						"주사 맞아야 해"라고 하며 아기인형 엉덩이에 주사를 놓는다.
15초		∨							병원놀이 기구를 모두 꺼내 책상에 줄 맞춰 놓는다.
15초 (1분)			∨						"민서야, 엄마 해"라고 한다.
15초			∨						체온계를 들어 인형 귀에 대며 "열이 많아, 약 먹어야해"라고 한다.
15초			∨						민서가 "강아지도 아프대"하며 강아지인형을 정연이에게 준다.
15초			∨						정연이가 청진기를 배 아래 위로 대 보며"배가 아파"라고 한다.
15초 (2분)			∨						인형 배에 주사를 놓고 "아"하며 집게를 인형 입에 댄다.
15초			∨						강아지인형 꼬리에 붕대를 감는다.
15초			∨						"강아지 이제 안아파"라고 한다.
15초			∨						역할놀이로 온 태건이에게 "어디 아파요?"묻고 청진기를 든다.
15초 (3분)			∨						정연이가 태건이의 귀에 체온계를 대고 "열이많아"라고 한다.
15초			∨						태건이가 청진기를 들고 "나도 의사선생님할거야"라고 한다.
15초			∨						정연이가 "아냐 내가 의사선생님이야"라고 하자 민서가 "둘이 의사선생님야"라고 한다.
15초			∨						정연이가 약병을 민서에게 주고 "물도 먹어야 해 "라고 하고 소꿉놀이 컵을 준다.
15초 (4분)			∨						태건이가 민서에게 "아기 아파"라고 한다. 정연이가 "내가 주사했어"라고 한다.
15초			∨						태건이가 아기인형에 주사기를 놓자 "이제 안 아파"한다.
15초			∨						정연이가 책상 위에 병원놀이를 바구니에 정리한다. 태건이가 "나도 안 해"한다.
15초							∨		정연이가 조작영역으로 간다.
15초 (5분)		∨							마그네틱으로 팽이를 만든다.
합계 (Total)		2	17				1		
요약	- 정연이는 높은 단계의 인지적 놀이인 역할놀이를 주로 하며 놀이한다.								

인지적 놀이 척도 관찰기록

〈사례 13〉

관찰일자 : 2019. 12. 16.　　　성 별 : 여　　　생년월일 : 2014. 4. 11.

관 찰 자 : 박은진(성동숲속어린이집)　이 름 : 문서연　관찰일 현재 영·유아 연령 : 4년 5월

관찰시간 : 오후 1:30~1:35

초 (Second) 15초 동안	인지적 놀이 (Cognitive play)				비놀이 (Non play)			활동 (Activity)	메모 (Memo)
	기능 놀이	구성 놀이	역할 놀이	규칙있는 게임	몰입하지 않는행동	쳐다보는 행동	전환		
15초			∨						역할영역에서 과일과 조각케이크 모형을 꺼내 "우리 어떤 거 할래?"라고 물어본다.
15초			∨						나는 "엄마 역할 할게, 네가 아빠 해"라고 하성이에게 말한다.
15초			∨						"우리 아침밥 먹어야 돼~"라고 하성이와 서령이에게 말한다.
15초 (1분)			∨						"여보~이거 먹고 가야죠"라고 하성이를 보고 말한다.
15초			∨						서령이가 음식 접시를 가져오자 "이제 설거지 합시다"라고 말한다.
15초			∨						"여보~출근 잘하고 와요"라고 손을 흔들며 하성이에게 말한다.
15초			∨						"서령아, 설거지 같이 하자"하고 서령이에게 다가간다.
15초 (2분)			∨						싱크대에서 서령이와 접시를 씻는 척한다.
15초			∨						예준이를 보며 요리하는 것을 9초간 쳐다본다.
15초			∨						"우리 이제 시민공원으로 소풍 갈 준비하자"라고 말한다.
15초			∨						스카프에 여러 가지 음식 모형을 담는다.
15초 (3분)			∨						"우리 여기에서 도시락 먹자" 하고 도시락을 펼친다.
15초			∨						"야기야~야채도 많이 먹어야 튼튼하지"라고 서령이에게 말한다.
15초			∨						서령이 입에 물을 먹여주는 시늉을 한다.
15초			∨						"자, 이제 정리하고 집에 가자" 하고 말한다.
15초 (4분)			∨						예준이가 운전하는 차를 타고 집으로 가는 모습을 흉내낸다.
15초			∨						운전하는 예준이를 보며 "언제 도착하나요?"라고 물어본다.
15초			∨						"이제 도착했어요."라고 예준이가 말하자 차에서 내린다.
15초			∨						"이제 엄마 설거지해야 되니까 아빠랑 놀고 있어"라고 서령이에게 말한 뒤 싱크대에서 접시를 씻는다.
15초 (5분)			∨						"이제 애기 낮잠 자자"라고 서령이를 눕힌다.
합계 (Total)			20						
요약	- 서연이는 높은 단계의 인지적 놀이인 역할놀이를 주로 하며 활동한다.								

인지적 놀이 척도 관찰기록

〈사례 14〉

관찰일자 : 2019. 10. 28.　　성 별 : 남　　생년월일 : 2014. 3. 13.

관 찰 자 : 현효선(새싹어린이집)　　이 름 : 원휘연　　관찰일 현재 영·유아 연령 : 5년 7월

관찰시간 : 오후 1:30~1:35

초 (Second) 15초 동안	인지적 놀이 (Cognitive play)				비놀이 (Non play)			활동 (Activity)	메모 (Memo)
	기능놀이	구성놀이	역할놀이	규칙있는 게임	몰입하지 않는행동	쳐다보는 행동	전환		
15초			∨						예림이에게 "넌 무슨 퍼즐이야?"라고 묻고, 예림이 퍼즐을 지켜본다.
15초			∨						지후가 "나랑 같이 또봇 할래?"라고 하자 지후와 함께 퍼즐맞추기를 한다.
15초			∨						지후가 "나 그만 할래", "너 해"라고 말하며 휘연이에게 건넨다.
15초 (1분)			∨						퍼즐이 잘 안맞춰져 퍼즐 조각만 바라보고 있다.
15초			∨						가을 다람쥐 게임교구를 꺼내 펼쳐 놓는다.
15초			∨						민형이가 "나도 할래"라고 하자 휘연이가 게임판을 나눠준다.
15초				∨					주사위를 던져 숫자가 나오자 말을 옮긴다.
15초 (2분)				∨					민형이에게 주사위를 건네고 "이제 니 차례야"한다.
15초			∨						주사위 숫자가 적게 나오자 표정이 어두워진다.
15초				∨					말을 옮기면서 민형이에게 주사위를 건네며 "난 이만큼 왔어"라고 이야기를 한다.
15초			∨						모두 돌아서 게임이 끝났다.
15초 (3분)			∨						"우리 또 할까?"라고 말하자 민형이도 또 한다고 하고, 순서를 정한다.
15초			∨						"이번엔 니가 먼저 해"라며 주사위를 건넨다.
15초			∨						주사위가 떨어지자 휘연이가 가져다준다.
15초			∨						민형이가 "고마워"라고 인사를 하자 휘연이도 "괜찮아"라고 인사를 한다.
15초 (4분)				∨					주사위 수가 30이 나오자 "하나 둘 셋" 세며 말을 옮긴다.
15초				∨					민형이가 주사위대로 말을 못 옮기자 휘연이가 숫자를 세어주며 말을 옮긴다.
15초			∨						중간에 빠르게 갈 수 있는 칸에 도착하자 휘연이가 소리를 치며 좋아한다.
15초				∨					뒤로 3칸이 나오자 휘연이가 "에이~"하면서 말을 옮긴다.
15초 (5분)								∨	화장실에 다녀오고 싶다고 하면서 그만한다고 하자 민형이도 함께 그만둔다.
합계 (Total)			16		1	1	1	1	
요약	\- 휘연이는 높은 수준의 인지적 놀이인 역할놀이를 주로 하고 논다. \- 휘연이는 가장 높은 수준의 인지적 놀이인 규칙 있는 게임이 많이 나타난다.								

인지적 놀이 척도 관찰기록

〈사례 15〉

관찰일자 : 2019. 12. 11.　　　　성 별 : 여　　　　생년월일 : 2013. 11. 30.

관 찰 자 : 김선용(성동숲속어린이집)　이 름 : 황도아　　관찰일 현재 영·유아 연령 : 6년 1월

관찰시간 : 오전 9:20~9:35

초 (Second) 15초 동안	인지적 놀이 (Cognitive play)				비놀이 (Non play)			활동 (Activity)	메모 (Memo)
	기능 놀이	구성 놀이	역할 놀이	규칙있는 게임	몰입하지 않는행동	쳐다보는 행동	전환		
15초		V							소윤이와 자석으로 알 목욕 놀이를 하자며 동그란 자석교구를 가져온다.
15초		V							가져온 자석으로 0으로 모양을 만들고 동그란 자석을 그 위에 놓는다.
15초			V						"소윤아 이게 알이야. 그리고 여기서 씻는거야."라고 말한다.
15초 (1분)			V						둥근 자석 알을 굴리며 씻는 흉내를 낸다.
15초			V						"다 씻은 알은 여기로 옮겨주세요."라고 소윤이에게 말하며 알 놓을 곳을 손가락으로 알려준다.
15초			V						"아~여기 아직 물기가 묻어 있네요. 수건으로 닦아주세요."라고 말한다.
15초							V		"소윤아 이게 수건이야"라고 말하며 휴지 한 장을 가져온다.
15초 (2분)			V						"자 여긴 방이에요. 다 씻은 알은 방에 넣어주세요"라고 소윤이를 보며 말한다.
15초			V						"소윤아 이건 샤워기 같지?" 소윤이가 그렇다고 고개를 끄덕인다.
15초			V						"쏴아~쏴아"소리를 내며 "알을 씻자, 깨끗이 씻자"라고 노래를 부른다.
15초			V						"자 다 씻은 알은 새로운 방에 넣어주세요."라고 도아가 말한다.
15초 (3분)			V						"자 이 방에서 쉬고 있어"라고 알을 넣으며 말한다.
15초			V						알을 넣고 도아가 알을 센 후에 "자 이방에는 3개, 여기도 3개, 여긴 1개 가 있네요."라 한다.
15초			V						그 이야기를 들은 소윤이가 "그럼 내 알 2개 넣어줄게"라고 말한다.
15초			V						도아가 "와~ 이제 꽉 찼네"라고 대답한다.
15초 (4분)			V						그리고는 "자 이제 불소도포 해야 해"
15초			V						"여기 줄서있는 알부터 불소도포 해야지. 알이 잘 깨어나라고 하는 거야" 라고 말하며 알을 하나씩 든다.
15초			V						"여기~아~"라며 입에 무언가 바르는 척한 후 아까 만든 긴네모방안으로 다시 옮겨준다.
15초			V						알을 다시 닦으면서 "안하며 이빨 다 썩어요."라고 한다.
15초 (5분)			V						닦은 알을 옮기며 "왜 이렇게 깨끗해 졌어요."라고 말한다.
합계 (Total)		2	17				1		

요약	– 도아는 ~하는 척의 가상놀이를 할 수 있다 – 도아는 높은 단계의 인지적 놀이를 주로 하고 논다

인지적 놀이 척도 관찰기록

〈사례 16〉

관찰일자 : 2019. 12. 13.   성 별 : 여   생년월일 : 2013. 03. 18.

관 찰 자 : 최은경(성동숲속어린이집)   이 름 : 박수연   관찰일 현재 영 · 유아 연령 : 6년 9월

관찰시간 : 오후 2:30~2:35

초 (Second)	인지적 놀이 (Cognitive play)				비놀이 (Non play)			활동 (Activity)	메모 (Memo)
15초 동안	기능 놀이	구성 놀이	역할 놀이	규칙있는 게임	몰입하지 않는행동	쳐다보는 행동	전환		
15초			∨						역할영역에서 "우리 캠핑카" 놀이하자 말함
15초			∨						"나는 엄마 지니는 큰언니, 예량이는 작은 언니다" 한다.
15초		∨							싱크대 문을 열고 과일 바구니에서 과일을 식탁에 놓는다.
15초 (1분)			∨						식탁 앞에 젬베봉고를 놓고 핸들을 돌리며 "그런데 사고 날 뻔 했어"한다.
15초			∨						계속 핸들을 돌리며 "자꾸자꾸 뒤로 가면 어떻게 해" 한다.
15초			∨						핸들을 돌리며 "예량아 여기 식탁 좀 예쁘게 꾸며줘" 식탁을 보며 말함.
15초			∨						"그 다음에 냉장고에 넣어줘" 함.
15초 (2분)			∨						"지니는 이 음식 식탁에 한 개씩 차려야 돼" 한다.
15초			∨						엄마는 운전하고 운전이 힘들다한다.
15초			∨						지니는 밥을 챙겨주라고 말한다.
15초			∨						운전이 끝났다고 함.
15초 (3분)			∨						테이블보를 내밀며 엄마도 꾸며 본다고 말한다.
15초			∨						예량이에게 스카프 바구니를 건넨다.
15초			∨						싱크대 주변을 스카프로 장식한다.
15초			∨						식탁을 꾸미고 음식상을 차린다.
15초 (4분)			∨						"엄마가 소금 넣을게" 하며 음식에 소금을 넣는다.
15초			∨						파란색 병을 넣으며 "향기가 좋아져" 함.
15초			∨						"향 좋고 맛있는 음식 드세요" 한다.
15초			∨						지니 예량이와 음식을 맛있게 먹음.
15초 (5분)			∨						식탁을 정리하고 싱크대에서 설거지를 하는 척 한다.
합계 (Total)		1	19						
요약	– 수연이는 높은 단계의 인지적 놀이인 역할놀이를 하고 놀이한다.								

(4) 사회·인지적 놀이의 발달단계 관찰기록의 실제

사회·인지적 놀이 관찰기록

〈사례 1〉

관찰일자 : 2019. 12. 13.　　　　성 별 : 남　　　　생년월일 : 2018. 3. 23.

관 찰 자 : 심수지(성동숲속어린이집)　이 름 : 박건희　　관찰일 현재 영·유아 연령 : 1년 9월

관찰시간 : 오전 10:40〜10:45

초 (Second) 15초 동안	사회적 놀이 (Social play)			인지적 놀이 (Cognitive play)				비놀이 (Non play)			활동 (Activity)	메모 (Memo)
	혼자 놀이	평행 놀이	집단 놀이	기능 놀이	구성 놀이	역할 놀이	규칙있는 게임	몰입하지 않는행동	쳐다보는 행동	전환		
15초			V			V						박건희와 조환희가 벽에 부착되어 있는 가게그림을 보며 손으로 집어 먹는 흉내를 낸다.
15초			V			V						가을이가 다가와 "아" 하고 입을 벌리자 귤 그림을 손가락으로 집어 가을이 입에 넣어준다.
15초		V				V						상호작용 없이 과일가게에 있는 모든 그림을 엄지, 검지손가락으로 집어 "냠냠" 소리 내며 먹는 흉내 낸다.
15초 (1분)									V			도경이가 와플블록 바구니를 끌고 와 건희 옆에 놓는 걸 쳐다본다.
15초									V			자리에 앉아 블록 통에서 와플블록을 양손으로 꺼내 쳐다본다.
15초	V				V							상호작용 없이 와플블록을 꺼내어 바닥에 내려놓고 위로 쌓아 올린다.
15초	V				V							상호작용 없이 초록색, 노란색 와플블록을 서로 맞대어 끼우며 활동한다.
15초 (2분)										V		블록을 바구니에 넣고 일어나 두 손으로 잡은 뒤 교구장에 올려놓는다.
15초			V			V						윤정이 앞으로 도마, 칼, 케이크 가지고 와 앉고 칼로 케이크를 썬다.
15초			V			V						윤정이가 포크를 건희 입 가까이에 대자 입을 벌려 "암" 소리내며 먹는 흉내 낸다.
15초		V				V						상호작용 없이 다른 음식을 도마 위에 올려놓고 칼로 썰며 활동한다.
15초 (3분)			V			V						"이거 뭐야?"하고 윤정이가 말하자 검정빵 교구를 집어 보여 준다.
15초			V		V							윤정이가 교구를 정리하자 따라 자리에서 일어나 정리한다.
15초	V					V						상호작용 없이 젖병 2개를 꺼내 번갈아 가며 우유 마시는 행동을 한다.
15초	V					V						상호작용 없이 벽돌블록을 꺼내 바닥에 내려놓은 뒤 그 위에 젖병을 올려놓고 하나씩 들어 올려 먹는 흉내를 낸다.
15초 (4분)			V			V						가을이가 다가와 젖병을 손가락으로 건드리자 두 손으로 젖병을 가지고 간다. 가을이가 나도 "아" 하고 입을 벌리자 웃으며 젖병 하나를 준다.
15초									V			가을이가 자리에서 일어나 가자 쳐다본다.
15초										V		젖병을 바구니에 담고 미술영역에서 크레파스와 종이를 꺼내 바닥에 내려놓고 색칠한다.
15초	V				V							상호작용 없이 손을 좌우로 움직이거나 둥글리며 색 표현을 한다.
15초 (5분)	V				V							크레파스 색을 바꾸어 가며 스케치북 빈곳을 찾아 색을 칠한다.
합계 (Total)	6	2	7		5	10			3	2		

사회 · 인지적 놀이 관찰기록

〈사례 2〉

관찰일자 : 2019. 12. 13.　　　성 별 : 여　　　생년월일 : 2017. 5. 9.

관 찰 자 : 윤재연(성동숲속어린이집)　이 름 : 강태연　　관찰일 현재 영·유아 연령 : 2년 7월

관찰시간 : 오전 자유놀이

초 (Second) 15초 동안	사회적 놀이 (Social play)			인지적 놀이 (Cognitive play)				비놀이 (Non play)			활동 (Activity)	메모 (Memo)
	혼자 놀이	평행 놀이	집단 놀이	기능 놀이	구성 놀이	역할 놀이	규칙있는 게임	몰입하지 않는행동	처다보는 행동	전환		
15초	V					V						혼자 역할 영역에서 병원놀이 교구 바구니를 꺼내 바닥에 쏟는다.
15초	V					V						혼자 쏟은 교구에서 청진기, 주사기, 체온계를 꺼내어 청진기를 목에 걸고, 주사기를 왼손에, 체온계를 오른손에 잡는다.
15초			V			V						옆에서 놀이하던 유주의 배에 청진기로 진찰을 한다.
15초 (1분)			V			V						유주가 "유주 아파요?" 하고 묻자 태연이 "아니" 하고 대답한다.
15초			V			V						다시 청진기를 자신에 배에 대며 소리 듣는 흉내를 낸다.
15초			V			V						시윤이가 다가오자 "태연이꺼야!" 하고 소리 지르며 왼쪽으로 몸을 튼다.
15초						V						시윤이가 계속 다가오자 "아~앙"하고 소리 지르며 일어나 자리를 피한다.
15초 (2분)	V					V						혼자 싱크대 교구장 앞에 선 태연이 믹서기 장난감 앞에 서서 체온계로 믹서기 볼을 휘젓는다.
15초									V			옆에서 벽면에 붙은 안전 거울을 보며 노래하는 다희를 바라본다.
15초		V				V						다희 옆에 같이 서서 거울을 들여다보며 자신의 모습을 관찰한다.
15초								V				다희가 "다희꺼야" 하며 몸으로 살짝 밀자, "태연이도~"하고 소리 지르며 같이 민다.
15초 (3분)										V		교사가 "서로 밀면 다쳐요~"하고 이야기 하자 태연이 자리를 떠나며 역할 교구장 앞으로 간다.
15초	V				V							혼자 들고 있던 병원놀이 장난감을 바닥에 놓고 피자 장난감을 꺼낸다.
15초	V					V						혼자 피자 장난감을 꺼내 나무칼로 자르는 놀이를 한다.
15초	V					V						혼자 접시 위에 피자를 담고, 커피잔 장난감을 들고 교사에게 온다.
15초 (4분)			V			V						"먹어~" 하고 교사에게 준다. 교사가 "선생님 주려고 만들었어요?" 하자 "네" 하고 대답한다.
15초			V			V						교사가 "아~앙"하고 먹은 후, "잘먹었어요~"하고 이야기 하자 피자와 커피잔을 들고 역할 영역으로 간다.
15초	V					V						혼자 음식교구 바구니에서 사과, 바나나 교구를 꺼내 다른 접시에 담아 다시 교사에게 온다.
15초			V			V						교사가 "선생님 디저트 주는거야~?" 하면서 "얌!"하고 받아먹자 다시 장난감을 들고 자리로 돌아간다.
15초 (5분)	V				V							자신이 놀던 교구를 바구니에 정리 한 후, 다시 병원놀이 교구를 꺼낸다.
합계 (Total)	8	1	7		2	14		2	1	1		
요약	– 태연이는 높은 단계인 사회적 놀이의 집단 놀이와, 높은 단계인 인지적 놀이의 역할 놀이를 주로 한다.											

사회 · 인지적 놀이 관찰기록

〈사례 3〉

관찰일자 : 2019. 12. 11.　　　　성 별 : 남　　　　　생년월일 : 2017. 3. 3.

관 찰 자 : 오수연(성동숲속어린이집)　이 름 : 조환희　　관찰일 현재 영 · 유아 연령 : 2년 9월

관찰시간 : 오전 10:40~10:45

초 (Second)	사회적 놀이 (Social play)			인지적 놀이 (Cognitive play)				비놀이 (Non play)			활동 (Activity)	메모 (Memo)
15초 동안	혼자 놀이	평행 놀이	집단 놀이	기능 놀이	구성 놀이	역할 놀이	규칙있는 게임	몰입하지 않는행동	쳐다보는 행동	전환		
15초			V	V								환희가 지유의 손을 잡고 친구들이 모여 있는 곳으로 다가가 자리에 앉는다.
15초									V			다가온 환희를 윤정이가 쳐다본다.
15초			V			V						환희가 지유에게 인형을 건네며 "같이 해" 하고 말한다.
15초 (1분)			V			V						지유가 끄덕이자 환희가 "좋아" 하고 말하며 인형을 안겨준다.
15초										V		환희가 자리에서 일어나 교구장에서 청진기를 가져온다.
15초			V			V						환희가 아기인형 배에 청진기를 대며 "어디 아파요?" 하고 묻는다.
15초			V			V						지유가 "애기 아프데?" 하고 묻자 환희가 고개를 끄덕이며 "많이 아파요" 하고 답한다.
15초 (2분)			V			V						환희가 아기인형 얼굴에 손바닥을 대며 "뜨겁네?" 하고 말한다.
15초			V			V						윤정이가 청진기를 가리키며 "이거 뭐야?" 하고 물어 "아기 아프대" 하고 답한다.
15초			V			V						윤정이가 "어뜩해" 하고 말하자 환희가 "괜찮아" 하고 답한다.
15초										V		환희가 자리에서 일어나 교구장에서 보자기를 가져온다.
15초 (3분)			V			V						아기 인형에게 덮어주며 "코 자?" 하고 묻는다.
15초			V			V						지유가 "애기 코 잔다" 하고 말하자 손가락을 입에 대며 "쉿, 코 자" 하고 말한다.
15초			V			V						자리에서 일어나 가스레인지 앞으로 다가간다.
15초		V				V						상호작용 없이 냄비를 꺼내 가스레인지 위에 올린다.
15초 (4분)		V				V						상호작용 없이 딸기 모형과 토마토 모형을 꺼내 냄비 속에 넣으며 "부글부글" 하고 말한다.
15초		V				V						상호작용 없이 숟가락과 포크를 꺼내 냄비 속을 뒤적인다.
15초			V			V						윤정이가 다가오자 숟가락으로 딸기 모형을 뜬 후 입에 대어 주며 "아~"하고 말한다.
15초			V			V						지유가 먹는 흉내를 보이자 "맛있어요?" 하고 묻는다.
15초 (5분)			V			V						지유가 끄덕이자 환희도 입을 벌려 먹는 흉내를 보이며 "음, 맛있다" 하고 말한다.
합계 (Total)		3	14	1		16			1	2		

사회 · 인지적 놀이 관찰기록

〈사례 4〉

관찰일자 : 2019. 12. 13.　　　　성 별 : 여　　　　　생년월일 : 2015. 11. 19.

관 찰 자 : 최선미(성동숲속어린이집)　이 름 : 박서율　　　관찰일 현재 영 · 유아 연령 : 3년

관찰시간 : 오전 09:50~09:55

초 (Second)	사회적 놀이 (Social play)			인지적 놀이 (Cognitive play)			비놀이 (Non play)				활동 (Activity)	메모 (Memo)
15초 동안	혼자 놀이	평행 놀이	집단 놀이	기능 놀이	구성 놀이	역할 놀이	규칙있는 게임	몰입하지 않는행동	쳐다보는 행동	전환		
15초			V			V						하은이에게 "엄마왔다"라고 하며 인형을 윗옷 속에 넣는다.
15초									V			교실을 둘러보다 교사와 눈이 마주치자 쳐다보며 웃는다.
15초		V			V							상호작용 없이 채소모형을 들었다놨다 한다.
15초 (1분)			V			V						하은이가 선글라스를 주자 "나 먼저 써?"라고 물어보며 선글라스를 쓴다.
15초								V				교사를 부르며 "선생님! 저 어때요? 저 멋져요?"라고 하며 쳐다본다.
15초			V			V						하은이에게 "엄마, 병원 갔다올게"라고 하며 손을 인형이 들어 있는 배에 올리고 걷는다.
15초			V			V						언어영역으로 가 한 바퀴 돌고 돌아와 "엄마 병원 갔다 왔어~ 애기 열난다." 라고 함.
15초 (2분)			V			V						하은이가 "엄마! 나도 열나요?"라고 하자 "어디 보자"라고 한다.
15초			V			V						병원놀이 바구니에서 체온계를 꺼내와 하은이 귀에 댄다.
15초			V			V						"우리 아기 약먹자"라고 하며 약통을 꺼내자 하은이가 입을 벌리고 서율이가 약을 먹이는 척 한다.
15초			V			V						"내일은 어린이집 못가겠다"라고 이야기 한다.
15초 (3분)			V			V						"하은아! 떡먹자, 떡! 할머니가 떡 먹으면 기침 안 걸린대"라고 하며 떡 그림을 준다.
15초		V			V							상호작용 없이 바닥에 있는 휴대전화를 들고 선글라스를 쓴다.
15초		V				V						"어린이집에서 뭐 했어?"라고 하은이에게 이야기 함.
15초			V			V						"귀마개 어때? 엄마가 추울까봐 두 개나 사왔지! 어때 예쁘지?" 한다.
15초 (4분)			V			V						"하은아! 엄마가 과자 사왔는데 어린이집 가서 친구들이랑 나눠먹어. 귀마개 하고 가자" 함.
15초									V			언어영역에 간 하은이를 기다리며 미술영역의 서하를 쳐다본다.
15초			V			V						하은이와 팔짱을 끼고 "잘 갔다왔어?"라고 하며 언어영역으로 한 바퀴 돌아온다.
15초			V			V						"오늘 날씨 정말 춥지" 하며 하은이를 안아 준다.
15초 (5분)			V			V						하은이에게 "오늘 선생님이랑 재미있게 놀았어?" 하며 싱크대 위에 접시를 올려놓는다.
합계 (Total)		3	14		2	15		1	2			

사회 · 인지적 놀이 관찰기록

〈사례 5〉

관찰일자 : 2019. 12. 16.　　　성 별 : 여　　　　生년월일 : 2016. 6. 22.

관 찰 자 : 박미정(성동숲속어린이집)　이 름 : 정다연　　관찰일 현재 영 · 유아 연령 : 3년 5월

관찰시간 : 오전 8:30~8:35

초 (Second) 15초 동안	사회적 놀이 (Social play)			인지적 놀이 (Cognitive play)			비놀이 (Non play)				활동 (Activity)	메모 (Memo)
	혼자 놀이	평행 놀이	집단 놀이	기능 놀이	구성 놀이	역할 놀이	규칙있는 게임	몰입하지 않는행동	쳐다보는 행동	전환		
15초			V			V						역할영역에서 아기인형을 안고 포대기를 들고 교사에게 업어달라고 이야기를 한다.
15초			V			V						교사가 인형을 업어주니 아기인형 엉덩이를 두드리며 돌아다닌다.
15초	V			V								혼자 가방을 들고 핸드폰 모형을 들고 자리에 앉는다.
15초 (1분)	V					V						혼자서 핸드폰을 들고 "어! 언제 들어와~ 홈플러스 가야지~" 하며 통화를 한다.
15초		V				V						옆에 있던 태희가 핸드폰을 들고 다연이 옆에 앉는다.
15초			V			V						다연이가 "태희야너도 홈플러스 갈래?"라고 이야기를 한다. 태희가 "그래"라고 말한다.
15초			V			V						"그럼 우리 택시타고 가자~" 택시를 잡는 척을 하며 손을 흔든다.
15초 (2분)			V			V						"애기 조심해~" 하며 의자에 앉는다.
15초			V			V						"자~ 홈플러스 도착했어요~" 의자에서 일어난다. 태희도 서연이를 따라 같이 일어난다.
15초			V			V						역할영역에서 가방을 하나씩 든다.
15초			V			V						"자~ 태희야 여기에다 우리 과자를 담자!" 태희도 따라서 같이 가방에 과자 봉투를 넣는다.
15초 (3분)			V			V						다연이가 "넌 뭐 샀어?"라고 물으니 태희가 가방 안에서 음료수 병을 꺼내어 보이며 "난 우유 샀어~"라고 말한다.
15초			V			V						"우리 이제 집으로 가자~"탁자 위에 가방 안에서 음료병과 과자병을 꺼내어 놓는다.
15초			V			V						"자~ 먼저 먹어봐!" 다연이가 태희에게 도넛모양을 주며 입에다 대준다.
15초			V			V						태희가 먹는 척을 하며 "냠냠냠~ 맛있다!" 다연이도 태희를 따라 먹는 척을 한다.
15초 (4분)			V			V						옆에 있던 물림이가 나가와 "나도 줘~" 하며 이야기를 한다.
15초			V			V						다연이가 "무림이도 줄까?" 하며 쿠키모형을 무림에게 건네준다. "바삭한 쿠키랍니다. 맛있게 먹어요~"
15초			V			V						셋이서 서로 과일과 쿠키, 우유를 먹는 척을 한다.
15초			V			V						서로 웃으며 "맛있다~" 하며 웃는다. 다연이가 "재미있지?" 하며 친구들을 보며 이야기를 하니 친구들도 "재미있어~" 하며 고개를 끄덕인다.
15초 (5분)			V			V						"우리 또 같이 놀자~" 하며 일어나서 정리를 한다.
합계 (Total)	2	1	17	1		19						
요약	- 다연이는 높은 단계의 사회적놀이인 집단적 놀이와 높은 단계의 인지적놀이인 역할놀이를 한다.											

사회 · 인지적 놀이 관찰기록

〈사례 6〉

관찰일자 : 2019. 12. 5.　　　성 별 : 남　　　생년월일 : 2015. 5. 26.

관 찰 자 : 서정남(성동숲속어린이집)　이 름 : 김은겸　　관찰일 현재 영 · 유아 연령 : 3년 6월

관찰시간 : 오전 9:50〜9:55

초 (Second) 15초 동안	사회적 놀이 (Social play)			인지적 놀이 (Cognitive play)				비놀이 (Non play)			활동 (Activity)	메모 (Memo)
	혼자 놀이	평행 놀이	집단 놀이	기능 놀이	구성 놀이	역할 놀이	규칙있는 게임	몰입하지 않는행동	쳐다보는 행동	전환		
15초									V			블록영역에서 친구를 바라봄.
15초		V			V							상호작용 없이 레고블록으로 길게 붙이며 위로 쌓아 몸을 만든다.
15초			V			V						친구 옆으로 밀며 "코스터 공룡이다"라고 한다.
15초 (1분)		V			V							상호작용 없이 모양블록을 꺼내 끼우기를 해 모양을 구성해 세워놓는다.
15초		V			V							상호작용 없이 다른 색깔의 블록으로 비슷한 모양을 만들어 놓는다.
15초			V			V						친구를 바라보며 "우리 합체할까?" 한다.
15초			V		V							함께 이어서 모양을 만든다.
15초 (2분)			V			V						은겸이가 만든 것을 보며 "이게 뭐야?" 묻자 "여기는 동물나라야" 한다.
15초			V			V						"이건 기린이야. 목이 길어" 한다.
15초			V			V						"블록으로 집 모양을 만들어. 여기가 동물원이야" 한다.
15초			V			V						"엄마랑 동생이랑 가봤어"라고 한다.
15초 (3분)										V		손 인형을 가지고 온다.
15초			V			V						손을 넣고 사자 소리를 내며 "내가 제일 사나워"하며 고기도 좋아해 한다.
15초			V		V							친구의 자동차를 보면서 "우리 시합할까" 하며 블록으로 길을 만든다.
15초			V		V							친구와 함께 주차장도 만든다.
15초 (4분)			V			V						길 위에 자동차를 굴리며 "빵빵 비켜주세요" 하며 길 위를 간다.
15초			V			V						"너무 빨리 가면 사고나" 하며 움직인다.
15초			V			V						조금 가더니 "기름 넣어주세요" 하면서 차를 세운다.
15초			V			V						잠시 후 "얼마예요?" 하더니 돈을 주는 모습을 한다.
15초 (5분)			V			V						"고맙습니다." 하면서 출발한다.
합계 (Total)		3	15		6	12			1	1		
요약												– 은겸이는 높은 단계의 사회적 놀이인 집단놀이를 하고 논다. – 은겸이는 높은 단계의 인지적 놀이인 역할놀이를 주로 하고 논다.

사회 · 인지적 놀이 관찰기록

〈사례 7〉

관찰일자 : 2019. 11. 28.　　　성 별 : 여　　　　생년월일 : 2016. 3. 11.

관 찰 자 : 조아름(새싹어린이집)　　이 름 : 유서영　　관찰일 현재 영 · 유아 연령 : 3년 8월

관찰시간 : 오전 10: 21 ~ 10: 26

초 (Second) 15초 동안	사회적 놀이 (Social play)			인지적 놀이 (Cognitive play)				비놀이 (Non play)			활동 (Activity)	메모 (Memo)
	혼자 놀이	평행 놀이	집단 놀이	기능 놀이	구성 놀이	역할 놀이	규칙있는 게임	몰입하지 않는행동	쳐다보는 행동	전환		
15초		V				V						상호작용 없이 곰 인형을 품에 안은 채 주전자를 접시에 대고 무언가를 따르는 것처럼 한다.
15초		V				V						상호작용 없이 손잡이가 있는 그릇 안을 칼로 휘저으며 "지은이 아기 밥 만들어요."라고 얘기한다.
15초		V				V						상호작용 없이 "아기 밥 완성"이라고 말하며 곰 인형을 잠시 내려놓고 그릇을 들어 음식을 접시에 쏟는 것처럼 한다.
15초 (1분)		V			V							상호작용 없이 다시 곰 인형을 품에 안은 채 앞에 있는 그릇과 칼을 가져온다.
15초		V				V						상호작용 없이 칼을 그릇 안에 넣었다가 곰 인형의 입에 갖다 대며 음식 먹이는 모습을 흉내 낸다.
15초		V				V						상호작용 없이 2~3번 반복하고, 접시에 놓여있던 가위 모형과 칼을 비비며 "지은이는 아기 밥 만들어요."라고 얘기한다.
15초		V				V						상호작용 없이 '아기 약이 녹는다.' 하며 칼로 곰 인형의 입을 빠르게 3번 정도 친 후, "아기야, 잘 먹어라."하고 웃는다
15초 (2분)			V			V						옆에 있던 서연이에게 곰 인형을 건네주며 "서연아, 내 아기가 약을 다 먹었대."라고 얘기한다.
15초		V				V						상호작용 없이 반복적으로 그릇 안을 칼로 휘젓는다.
15초			V			V						서연이가 서영이에게 곰 인형을 건네주며 "엄마한테 가봐 이젠."이라고 얘기하자, 서영이가 다시 곰 인형을 품에 안는다.
15초		V				V						상호작용 없이 "아기야, 약 먹자."라며 그릇 안을 칼로 휘젓는다.
15초 (3분)			V			V						서연이가 체온계 모형과 칼 모형을 서영이에게 보여주며 "이건 아기건가요?"하며 묻자, 서영이가 "네. 그건 아기 칫솔, 치약이에요."라고 대답한다.
15초			V			V						서영이가 서연이를 바라보며 "우와! 서연아! 아기가 내 약을 잘 먹었어!" 하며 웃는다.
15초			V			V						서연이가 곰 인형을 가져다 등을 손으로 만져주자, 서영이가 그릇 안을 칼로 휘저으며 "선생님하고 잘 있으면 엄마가 약 타와 줄게."라고 얘기한다.
15초			V			V						"아기가 배고프대. 아기 밥 먹여줘." 하며 칼로 휘젓던 그릇을 서연이에게 내민다.
15초 (4분)		V				V						상호작용 없이 주전자를 들어 두 접시에 따르는 듯한 흉내를 낸다.
15초			V			V						서연이가 곰 인형을 품에 안으며 "내 아기 귀엽지."라고 얘기하자, 서영이가 "이거 내 아기야!" 하며 뒤에 작은 소리로 "이거 내가 먼저 잡았는데." 하며 교사를 바라본다.
15초									V			칼을 만지작거리며 서연이와 교사를 번갈아 쳐다본다.
15초			V			V						옆에 있던 지아가 다른 인형을 가져다주자, "싫어!"하며 인형을 민다.
15초 (5분)			V			V						칼을 만지작거리다가 서연이가 "이거?" 하며 곰 인형을 들어 보이자, 서영이가 "응."이라고 대답한다.
합계 (Total)		10	9		1	18			1			

사회 · 인지적 놀이 관찰기록

〈사례 8〉

관찰일자 : 2019. 11. 26.　　　성 별 : 여　　　생년월일 : 2016. 3. 22.

관 찰 자 : 임지윤(새싹어린이집)　　이 름 : 박연아　　관찰일 현재 영 · 유아 연령 : 3년 8월

관찰시간 : 오후 3:10~3:15

초 (Second)	사회적 놀이 (Social play)			인지적 놀이 (Cognitive play)				비놀이 (Non play)			활동 (Activity)	메모 (Memo)
15초 동안	혼자 놀이	평행 놀이	집단 놀이	기능 놀이	구성 놀이	역할 놀이	규칙있는 게임	몰입하지 않는행동	쳐다보는 행동	전환		
15초			V			V						"선생님 토끼 머리띠 해주세요." 한다.
15초		V				V						상호작용 없이 냄비에 토마토와 바나나를 넣고 레인지에 올려놓는다.
15초										V		교구장으로 가서 숟가락을 챙겨 온다.
15초 (1분)		V				V						상호작용 없이 숟가락으로 냄비에 있는 음식을 젓고는 뚜껑을 덮는다.
15초										V		교구장으로 가서 젓가락을 가지고 온다.
15초		V				V						상호작용 없이 싱크대에 서서 음식을 하는 흉내를 낸다. 지아가 옆으로 가서 쳐다본다.
15초		V				V						상호작용 없이 음식을 싱크대에서 씻는 흉내를 낸다.
15초 (2분)		V				V						상호작용 없이 음식을 싱크대 아래에 있는 오븐에 음식을 접시에 담아 넣는다.
15초		V				V						상호작용 없이 싱크대에서 설거지를 하는 듯 하다가 오븐에서 넣었던 음식을 레인지에 올려놓는다.
15초		V				V						상호작용 없이 교구장으로 가서 다시 음식을 가지고 와서 냄비에 쌓아 놓는다.
15초										V		놀이를 멈추고 미술영역에서 사랑이가 그림 그리는 것을 쳐다본다.
15초 (3분)										V		미술영역에서 스케치북을 찾아 앉는다.
15초			V		V							파랑색 색연필로 여러 개 하트를 그린다. 사랑이가 "같이 해도 돼?" 하고 묻자, 연아는 스케치북을 옆으로 밀며 "너는 빨강색으로 해." 한다.
15초		V			V							연아는 파랑색 하트를 그려 색을 칠하고 사랑이는 빨강색 하트를 그려 색을 칠한다.
15초			V		V							사랑이가 잉~잉~ 하며 그리자 연아도 웃으며 잉~ 잉하며 그린다.
15초 (4분)			V		V							"선생님~ 사랑이가 하트 도와 주고 있어요." 한다.
15초			V		V							"나는 큰 하트야." 하자 사랑이는 연아가 그리고 있는 쪽에 그리며 "나는 작은 하트야." 한다.
15초										V		하트를 10개 그리고는 교사를 쳐다보며 웃는다.
15초			V		V							"사랑아~ 여기에도 하트 그리자." 하며 빈 곳에 사랑이와 하트를 그린다.
15초 (5분)			V		V							사랑이가 "내 스케치북에도 하트 같이 그리자." 하자 연아는 자신의 스케치북을 옆으로 밀어 놓고 사랑이 스케치북에 하트를 그린다.
합계 (Total)		8	7		7	8			1	4		

사회 · 인지적 놀이 관찰기록

〈사례 9〉

관찰일자 : 2019. 11. 12.　　　　성 별 : 남　　　　생년월일 : 2015. 7. 22.

관 찰 자 : 조연희(새싹어린이집)　　이 름 : 남정연　　관찰일 현재 영 · 유아 연령 : 4년 4월

관찰시간 : 오전 10:40∼10:45

초 (Second)	사회적 놀이 (Social play)			인지적 놀이 (Cognitive play)			비놀이 (Non play)			활동 (Activity)	메모 (Memo)
15초 동안	혼자 놀이	평행 놀이	집단 놀이	기능 놀이	구성 놀이	역할 놀이	규칙있는 게임	몰입하지 않는행동	쳐다보는 행동	전환	
15초		∨			∨						정연이가 소꿉놀이 그릇을 모두 꺼내 책상 위에 올려놓는다.
15초		∨			∨						소꿉그릇에 음식모형을 한 개씩 올려놓는다.
15초			∨			∨					재윤이가 역할놀이로 오자 숟가락을 내밀며 "밥 먹을래"라고 한다.
15초 (1분)			∨			∨					재윤이가 "나는 젓가락으로 먹을 수 있어"라고 하고 젓가락을 집어 먹는다.
15초		∨				∨					상호작용 없이 정연이가 음식을 한 개씩 바구니에 담는다.
15초		∨				∨					상호작용 없이 싱크대에 그릇을 모두 넣어 설거지한다.
15초			∨			∨					정연이가 머리빗을 들고 아기인형의 머리를 빗는다. 서진이가 "나도 할래" 라고 한다.
15초 (2분)			∨			∨					서진이 머리를 빗어주고 헤어롤을 머리에 꽂아준다.
15초			∨			∨					정연이가 거울을 보는 서진이의 헤어롤을 빼려하자 서진이가 "아파" 라고 한다.
15초			∨			∨					정연이가 앞치마를 꺼내 머리에 끼우고 교사에게 "묶어주세요."라고 한다. 싱크대에 있던 그릇에 음식을 담아 "민서야 먹을래?" 라고 한다.
15초			∨			∨					민서와 하율이가 역할놀이로 오자 "이건 자장면이야"라고 하고 젓가락을 준다.
15초 (3분)			∨			∨					하율이가 포크를 들자 "아기는 포크로 먹어"라고 한다.
15초			∨			∨					정연이가 싱크대에 그릇에 다시 넣고 설거지를 한다. 하율이가 "나도 닦을래"라고 하자 "하율이는 아기야"라고 한다.
15초			∨			∨					"민서야, 우유 줄래"라고 하고 누워있는 하율이에게 포대기를 덮어준다.
15초			∨			∨					하율이가 "응애 응애" 아기 울음을 보인다. 정연이가 토닥이며 "자장 자장" 한다.
15초 (4분)			∨			∨					희수가 "멍멍" 하며 강아지 울음을 낸다. 정연이가 "희수가 강아지야" 하고 희수 머리를 쓰다듬는다.
15초			∨			∨					민서가 "내가 엄마야" 말하자 "나는 아빠야"라고 한다. "여보 아기 배 고파요"라고 한다.
15초			∨			∨					앞치마를 벗고 머리빗을 들고 하율이를 빗어준다.
15초			∨			∨					민서가 헤어핀을 주자 하율이 머리에 꽂아준다.
15초 (5분)										∨	정연이가 민서가 있는 언어영역으로 이동한다.
합계 (Total)		4	15		2	17				1	

사회 · 인지적 놀이 관찰기록

〈사례 10〉

관찰일자 : 2019. 12. 13.　　　성 별 : 남　　　생년월일 : 2014. 06. 27.

관 찰 자 : 박은진(성동숲속어린이집)　이 름 : 임지성　　관찰일 현재 영 · 유아 연령 : 4년 5월

관찰시간 : 오후 3:40~3:45

초 (Second)	사회적 놀이 (Social play)			인지적 놀이 (Cognitive play)				비놀이 (Non play)			활동 (Activity)	메모 (Memo)
15초 동안	혼자 놀이	평행 놀이	집단 놀이	기능 놀이	구성 놀이	역할 놀이	규칙있는 게임	몰입하지 않는행동	쳐다보는 행동	전환		
15초			V			V						예준이와 가위바위보를 한다.
15초			V			V						쿠키를 하나 떼어서 통에 담는다.
15초			V			V						가위바위보를 이기고 웃는다.
15초 (1분)			V			V						"나는 지금 두 개 뗐어. 너는 몇 개 뗐어?"라고 예준이에게 묻는다.
15초			V			V						가위바위보를 동시에 외치고 예준이가 이겨 쿠키 하나를 뗀다.
15초			V			V						"이제 몇 개지?" 하며 손가락으로 하나씩 세어본다.
15초								V				"이제 정리하고 다른 거 하자"라고 예준이에게 말한다.
15초 (2분)								V				예준이와 쿠키교구를 교구장에 정리하고 의자 쌓기를 꺼낸다.
15초			V			V						"우리 가위바위보해서 이긴 사람이 하나씩 쌓자"라고 예준이가 지성이에게 말한다.
15초			V			V						지성이와 예준이 동시에 가위바위보를 외친다.
15초			V			V						예준이가 "2:1"이라고 말하자, 지성이가 "2:2!"라고 크게 외친다.
15초 (3분)			V			V						재혁이가 들어오자 "그럼 내가 이번에 심팔할게"라고 말하자 "응"이라고 지성이가 답한다.
15초			V			V						"이번엔 내가 올릴 차례야"라고 예준이에게 말한다.
15초			V			V						의자쌓기가 무너지자 "으악~7층이 무너진다"라고 말한다.
15초			V			V						"이제 조금 어렵게 쌓아보자~"라고 지성이가 말한다.
15초 (4분)			V		V							지성이가 하늘색 의자를 들어 뒤집어서 빨간의자 위에 쌓는다.
15초			V			V						연두색의자를 들고 쌓아 올린 뒤, "으~떨어질 뻔 했네" 하고 말하며 웃는다.
15초			V			V						"이번엔 내가 심판할게"라고 재혁이에게 말하고 역할을 바꾼다.
15초			V									"어! 예준이가 살짝 건드렸어"라고 말한다.
15초 (5분)								V				예준이와 재혁이가 의자 쌓는 것을 쳐다본다.
합계 (Total)			17		1	16		3				

사회 · 인지적 놀이 관찰기록

〈사례 11〉

관찰일자 : 2020. 4. 1.　　　　성 별 : 여　　　　생년월일 : 15. 12. 27.

관 찰 자 : 강혜정(어울림어린이집)　　이 름 : 윤예서　　관찰일 현재 영 · 유아 연령 : 4년 8월

관찰시간 : 오전 10:20

초 (Second) 15초 동안	사회적 놀이 (Social play)			인지적 놀이 (Cognitive play)			비놀이 (Non play)				활동 (Activity)	메모 (Memo)
	혼자 놀이	평행 놀이	집단 놀이	기능 놀이	구성 놀이	역할 놀이	규칙있는 게임	몰입하지 않는행동	쳐다보는 행동	전환		
15초			V			V						예서가 싱크대에서 그릇과 음식을 가져가 식탁 앞에 놓으며 "엄마가 음식해줄게"라고 말함.
15초			V			V						윤선이가 휴대폰을 가지고와 "엄마 나는 유튜브 보고 싶어요."라고 말하며 예서가 "잠깐 안돼 휴대폰" 하고 말함.
15초			V			V						윤선이가 다른 휴대폰을 만지자 예서가 "엄마가 안된다고 했지"라고 말하며 휴대폰을 다시 뺏음.
15초 (1분)			V			V						채아가 "엄마 저는 큰 언니에요"라고 말하자 예서가 채아를 쳐다보며 "큰 딸 뭐해?"라고 말함.
15초			V			V						예서가 "아기가 자꾸 건드려서 이걸 언니가 좀 가지고 있어줘"라고 말하며 채아에게 휴대폰을 줌.
15초			V			V						윤선이가 예서에게 다가와 휴대폰을 잡으려 하자 "안돼 게임은 이제 그만이야"라고 말하며 휴대폰을 등 뒤로 숨김.
15초			V			V						화분에 물을 주는 윤선이의 등을 툭툭 치며 "아가야 엄마가 선물 줄게"하며 휴대폰을 건네줌.
15초 (2분)			V			V						예서가 "이건 게임도하고 엄청 재미있는 게 많아"라고 말하며 윤선이를 따라 역할 놀이 책상으로 옴.
15초			V			V						예서가 책상에 있는 케이크를 들고 "아가야 엄마가 맛있는 케이크를 만들었어"하며 케이크를 건네줌.
15초			V			V						예서가 윤선이 옆에 앉아 케이크를 함께 먹으며 "맛이 어때? 맛있지?"하고 말하자 윤선이가 "응 맛있어"라고 말함.
15초			V			V						채아가 "엄마 일루 와봐"라고 말하자 예서가 "어 왜?"라고 말하며 채아에게 감.
15초 (3분)			V			V						채아가 "친구에게 전화해야해"라고 말하자 예서가 "엄마 전화기로 해줄까?"라고 말함.
15초			V			V						예서가 "너네 뭐해?"라고 말하며 윤선이를 쳐다봄.
15초			V			V						채아가 "엄마 이거 먹어도 돼"라고 말하자 예서가 "응"하고 말함.
15초			V			V						싱크대에서 음식과 포크를 가져와 식탁에 음식과 포크를 내려놓음.
15초 (4분)			V			V						윤선이가 "엄마 라면 라면 라면"하며 예서에게 라면을 내밀자 예서가 "응"하며 라면을 받아 식탁에 내려놓음.
15초			V			V						예서가 "근데 이건 신라면이라 매워"라고 말하며 윤선이를 쳐다봄.
15초			V			V						윤선이가 아이스크림을 가져와 "그럼 아이스크림이랑 먹을래" 하자 예서가 컵을 들고 "그럼 물이랑 먹자"라고 함
15초			V			V						예서가 싱크대로 가서 포크와 컵을 가져와 다시 책상에 놓음.
15초 (5분)			V			V						수빈이가 "예서야 같이 놀자"라고 말하자 예서가 "알겠어. 너도 여기 앉아봐"라고 말함.
합계 (Total)			20			20						
요약												– 예서는 높은 단계의 사회적 놀이인 집단 놀이를 주로 하고 논다. – 예서는 높은 단계의 인지적 놀이인 역할놀이를 하고 논다.

사회 · 인지적 놀이 관찰기록

〈사례 12〉

관찰일자 : 2019. 12. 10.　　　　성 별 : 여　　　　생년월일 : 2014. 2. 1.

관 찰 자 : 윤희(성동숲속어린이집)　　이 름 : 민하늘　　관찰일 현재 영 · 유아 연령 : 4년 10월

관찰시간 : 오후 1:10~1:15

초 (Second)	사회적 놀이 (Social play)			인지적 놀이 (Cognitive play)			비놀이 (Non play)				활동 (Activity)	메모 (Memo)
15초 동안	혼자 놀이	평행 놀이	집단 놀이	기능 놀이	구성 놀이	역할 놀이	규칙있는 게임	몰입하지 않는행동	쳐다보는 행동	전환		
15초			V			V						하늘이가 "우리 엄마 놀이하자"하며 역할교구장 문을 연다.
15초			V			V						"나는 엄마할거야, 넌 뭐 할거야?"라며 말한다.
15초			V			V						서후가 "나는 애기할래"라고 말한다.
15초 (1분)			V			V						"엄마가 맛있는거 해줄게. 기다려." 하며 싱크대 앞으로 간다.
15초		V			V							교구장에서 오렌지와 바나나를 꺼낸다.
15초			V			V						"엄마가 맛있는 과일가지고 왔어" 하며 서후에게 먹으라고 건넨다.
15초			V			V						"엄마가 껍질 까줄게" 하며 바나나 껍질을 까는 흉내를 낸다.
15초 (2분)			V			V						서후가 "냠냠냠~" 먹는 시늉을 한다.
15초			V			V						"우리 서후 맛있게 먹네"라며 웃으며 말한다.
15초			V			V						"엄마가 맛있는 피자랑 빵도 줄게" 하며 피자 모형과 빵모형을 접시에 놓는다.
15초			V			V						"엄마가 열심히 만들었어. 우리 서후 먹어볼까?" 하며 말한다.
15초 (3분)			V			V						서후가 먹는 척을 하는 모습을 보며 "어때? 맛있어?" 하고 물어본다.
15초			V			V						서후는 "네 엄마."라고 말하며 피자모형을 들고 먹는 척을 한다.
15초			V			V						"우리 이제 설거지 해볼까?"라며 말한다.
15초		V			V							상호작용 없이 음식모형 피자, 빵을 교구통에 넣는다.
15초 (4분)			V			V						하늘이가 서후랑 같이 접시를 들고 싱크대 앞으로 간다.
15초			V			V						서후와 함께 "쓱싹쓱싹" 하며 설거지를 한다.
15초			V			V						"설거지 잘하네, 우리 정리하자"하며 서후에게 접시를 건네준다.
15초									V			블록 놀이하는 친구들을 쳐다본다.
15초 (5분)			V			V						"정리 다했네?" 라고 서후에게 말한다.
합계 (Total)		2	17		2	17			1			

사회 · 인지적 놀이 관찰기록

〈사례 13〉

관찰일자 : 2019. 12.　　　　　　성 별 : 여　　　　　　생년월일 : 2015. 2. 7.

관 찰 자 : 김해솔(성동숲속어린이집)　이 름 : 윤혜리　　　관찰일 현재 영 · 유아 연령 : 4년 10월

관찰시간 : 오후 12:05~12:10

초 (Second) 15초 동안	사회적 놀이 (Social play)			인지적 놀이 (Cognitive play)			비놀이 (Non play)				활동 (Activity)	메모 (Memo)
	혼자 놀이	평행 놀이	집단 놀이	기능 놀이	구성 놀이	역할 놀이	규칙있는 게임	몰입하지 않는행동	쳐다보는 행동	전환		
15초			V			V						혜리가 지안이의 손을 잡고 역할영역으로 들어간다.
15초			V			V						"우리 주걱으로 밥 만들자"라고 지안이에게 말하며 역할장에서 그릇과 음식도구를 꺼낸다.
15초			V		V							조리도구들을 나열한다.
15초 (1분)			V			V						혜리가 조리도구 중 주걱을 손으로 집어 들며 "주걱은 밥을 할 때만 쓰는거야"라고 말한다.
15초			V			V						지안이가 밥그릇을 들고 있는 것을 보고 주걱을 들고 있던 혜리가 밥을 담는 시늉을 한다.
15초									V			밥을 먹는 지안이를 가만히 쳐다본다.
15초		V				V						혜리가 숟가락을 들고 밥을 먹는 시늉을 한다.
15초 (2분)			V			V						그러자 지안이가 혜리를 보며 입을 크게 벌리며 "아~"라는 소리를 낸다.
15초			V			V						혜리가 지안이의 입에 숟가락을 가져다대니 "김치도 줘야지!"라고 말한다.
15초		V				V						혜리가 김치를 숟가락 위에 올리는 시늉을 한다.
15초			V			V						지안이를 보며 "지안아 너는 엄마하고 나는 애기할게"라고 말한다.
15초 (3분)			V		V							역할장에서 앞치마를 꺼낸다.
15초			V			V						지안이에게 앞치마를 주며 "엄마는 앞치마를 입어야해"라고 말한다.
15초			V		V							역할장에서 역할놀이 옷을 꺼낸다.
15초			V			V						옷을 입으며 "나는 애기니까 애기 옷 입어야해"라고 말한다.
15초 (4분)			V			V						다시 숟가락을 지안이에게 주며 밥을 먹으라고 한다.
15초			V			V						지안이가 먹는 시늉을 하자 혜리가 "엄마 맛있어요?"라고 말한다.
15초			V			V						지안이가 "음~ 맛있네 우리 애기도 먹어"라고 하며 입에 넣어주는 시늉을 한다.
15초			V			V						혜리가 먹는 시늉을 하며 "응애 응애" 하며 웃는다.
15초 (5분)		V				V						혜리가 숟가락에 포도를 올린다.
합계 (Total)		3	16		3	16			1			

사회 · 인지적 놀이 관찰기록

〈사례 14〉

관찰일자 : 2019. 11. 6.   성 별 : 남   생년월일 : 2014. 3. 13.

관 찰 자 : 현효선(새싹어린이집)   이 름 : 원휘연   관찰일 현재 영 · 유아 연령 : 5년 8월

관찰시간 : 오후 1:50~2:00

초 (Second)	사회적 놀이 (Social play)			인지적 놀이 (Cognitive play)			비놀이 (Non play)			활동 (Activity)	메모 (Memo)
15초 동안	혼자 놀이	평행 놀이	집단 놀이	기능 놀이	구성 놀이	역할 놀이	규칙있는 게임	몰입하지 않는행동	쳐다보는 행동	전환	
15초			V			V					동물인형을 꺼내 놀이하는 지후에게 "지후야 나랑 같이 하자"라고 말한다.
15초			V		V						휘연이도 동물 인형을 꺼낸다.
15초			V		V						"우리 병원놀이 할까?"라고 이야기를 하며 병원놀이 바구니는 꺼낸다.
15초 (1분)										V	"색깔 스카프가 필요한대"하며 음률영역에 있는 보라색과 빨강색 스카프를 가져온다.
15초			V			V					"인형이 배가 아프대"하며 청진기를 배에 가져다 댄다.
15초			V			V					"배에서 이상한 소리가 나요"라고 이야기를 하자 지후도 "나도 들어볼래"하니 청진기를 귀에 대 준다.
15초			V			V					동물인형에 빨강 스카프를 머리에 묶어주며 "머리에서 피가 나요"
15초 (2분)										V	묶기가 어렵자 교사에게 와서 스카프를 묶어달라고 한다.
15초			V			V					머리에 스카프가 묶어진 인형을 노랑색 스카프로 둘둘 말아준다.
15초			V			V					휘연이와 지후가 번갈아가며 묶어 보지만 잘 되지 않아 둘둘 말아 두고 그냥 인형 머리아래에 놓아둔다.
15초			V			V					재민이가 인형을 들어와서 "나도 같이 할래"라고 이야기를 하자 "어디가 아파서 왔어요."라고 한다. 치료를 하는 흉내는 낸다.
15초 (3분)			V			V					"엉덩이가 아파서 왔어요."라고 하자 세 명의 친구들이 함께 웃는다.
15초			V			V					반달 책상에 바구니에 있던 동물인형을 모두 꺼내 눕힌다.
15초										V	"우리 인형 침대랑 배게를 만들까?"라고 지후가 이야기를 하자 휘연이가 가서 종이블록을 가져온다.
15초										V	종이블록을 지후에게 가져다주고 "나 쉬 하고 올게"라고 이야기를 하고 화장실로 뛰어간다.
15초 (4분)			V		V						손을 씻고 와서 지후가 만드는 것들 도와준다.
15초			V			V					휘연이 동물인형을 안고 있다가 "나도 머리가 아파요"라고 하자 지후가 "누워보세요"라고 하자 "싫어요."라고 하며 웃는다.
15초			V			V					재민이도 "나도 싫어요."라고 하자 지후가 "나 안해"라고 이야기를 하자 휘연이도 "그럼 나도 안해"라고 한다.
15초								V			지후가 그냥 가려하자 "이거 같이 정리해야지"라고 이야기를 하자 지후가 와서 인형을 넣는다.
15초 (5분)										V	세 명의 친구가 모두 정리를 하고 다른 활동으로 이동한다.
합계 (Total)			14		3	11		1		4	1	
요약	- 휘연이는 높은 단계의 사회적 놀이인 집단놀이와 높은 단계의 인지적놀이인 역할 놀이를 주로 하고 논다. - 휘연이는 비놀이 횟수가 많이 나타난다.										

사회 · 인지적 놀이 관찰기록

〈사례 15〉

관찰일자 : 2019. 12. 13.　　　　성 별 : 여　　　　생년월일 : 2013. 09. 10.

관 찰 자 : 김선용(성동숲속어린이집)　이 름 : 김라희　　관찰일 현재 영 · 유아 연령 : 6년 3월

관찰시간 : 오후 1:40~1:45

초 (Second)	사회적 놀이 (Social play)			인지적 놀이 (Cognitive play)			비놀이 (Non play)				활동 (Activity)	메모 (Memo)
15초 동안	혼자 놀이	평행 놀이	집단 놀이	기능 놀이	구성 놀이	역할 놀이	규칙있는 게임	몰입하지 않는행동	쳐다보는 행동	전환		
15초			∨			∨						"얘들아 우리 학교선생님 놀이하자"라며 친구들에게 말한다.
15초			∨			∨						친구들이 좋다고 하자 "그럼 새로운 친구들은 이 인형이라고 할까?"라며 작은 곰인형 7개를 가리킨다.
15초			∨			∨						친구들이 좋다고 하자 의자 3개를 놓고 의자 위에 곰인형을 다 올려놓는다.
15초 (1분)			∨			∨						친구들에게 "자 선생님처럼 이렇게 앉아보세요"라고 말한다.
15초			∨			∨						그리고 말없이 친구들이 앉는 것을 보다가 친구들이 앉자 실로폰을 준다.
15초			∨			∨						친구들이 앉자 "자 배워볼게요."라고 하며 지휘봉을 든다.
15초			∨			∨						"일단 선생님이 먼저하는 것을 보세요"라며 지휘봉을 들고 벽에 있는 가사판을 가리킨다.
15초 (2분)			∨			∨						"솔 솔 라 미 도"라고 지휘봉으로 한글자씩 가리키며 천천히 읽는다.
15초			∨			∨						그리고 친구들에게 "이제 해 볼까요?"라고 하며 눈은 친구들을 보고 손은 벽을 가리킨다.
15초			∨			∨						친구들이 실로폰위에 손을 올려놓고 "솔 솔 라 미 도" 말하며 천천히 피아노를 연주하듯이 한다.
15초			∨			∨						"잘했어요."라고 한 후 "이제 선생님이 다시 보여줄게요."라고 하면서 벽쪽을 본다.
15초 (3분)			∨			∨						지휘봉을 가리키면서 "루돌프 사슴코는.." 하면 노래를 한 소절 부른다.
15초			∨			∨						친구들을 보며 "자 다같이~"라고 하자 친구들도 따라 부른다.
15초			∨			∨						"이제 노래와 같이 해볼까요?"라며 친구들을 보면서 "시작"이라고 한다.
15초			∨			∨						친구들이 손을 실로폰 위에 놓고 피아노를 연주하듯이 움직이고 "루돌프 사슴코는...."하며 노래도 부르기 시작한다.
15초 (4분)			∨			∨						박수를 치면서 "너무 잘했어요." 라고 말한다.
15초			∨			∨						하준이가 "나도 같이하자"라고 말하며 역할영역에 들어온다.
15초			∨			∨						"하준아 너도 그럼 악기하나 들고와"라고 말한다.
15초			∨			∨						하준이가 악기를 들고 앉자 "자 그럼 다시 시작해 볼까요? 라고 하면서 지휘봉을 다시 벽을 가리킨다.
15초 (5분)			∨			∨						"선생님이 따라서 해보세요"라며 노래를 부른다.
합계 (Total)			20			20						

사회 · 인지적 놀이 관찰기록

〈사례 16〉

관찰일자 : 2019. 12. 14 성 별 : 여 생년월일 : 2013. 03. 23.

관 찰 자 : 최은경(성동숲속어린이집) 이 름 : 한서윤 관찰일 현재 영 · 유아 연령 : 6년 9월

관찰시간 : 오후 3:00~3:05

초 (Second) 15초 동안	사회적 놀이 (Social play)			인지적 놀이 (Cognitive play)			비놀이 (Non play)				활동 (Activity)	메모 (Memo)
	혼자 놀이	평행 놀이	집단 놀이	기능 놀이	구성 놀이	역할 놀이	규칙있는 게임	몰입하지 않는행동	쳐다보는 행동	전환		
15초			V			V						서윤이가 식당 메뉴판을 보고 "음식점 놀이하자" 이야기 함.
15초			V			V						"누가 요리하지 역할을 정하자"라고 이야기함.
15초			V			V						준후와 하윤이 사장과 알바생 역할을 정한다.
15초 (1분)			V			V						준후는 싱크대에서 요리를 하고 하윤이는 앞치마를 하고 서빙을 서윤이는 손님역할을 한다.
15초			V			V						서윤이 식탁에 앉고 하윤이 메뉴판을 가지고 옴.
15초			V			V						"여기서 제일 비싼 요리 먹으러 왔어요." 한다.
15초			V			V						메뉴판을 넘기며 요리하는 준후를 바라본다.
15초 (2분)			V			V						"야~ 그런데 우리 계산은 어떻게 하나? 계산대가 없자나" 한다.
15초										V		쌓기영역에서 블록을 가지고 옴.
15초			V			V						서윤이와 준후 블록으로 계산대를 만든다.
15초			V			V						식탁에 앉아 "비싼 요리 주세요." 한다.
15초 (3분)			V			V						하윤이 "손님 안녕하세요." 말하고 접시에 팥시루떡을 담아 식탁에 놓는다.
15초			V			V						서윤이 음식을 먹고 "얼마예요" 묻는다.
15초			V			V						지갑에서 돈을 꺼내며 만원짜리 낸다고 말함.
15초			V			V						거스름돈을 계산하고 지갑에 넣는다.
15초 (4분)			V			V						서윤이 역할영역을 한 바퀴 돌고 식탁에 앉으며 "이제 제일 맛있는 요리 먹으러 왔어요." 한다.
15초			V			V						준후 싱크대에서 맛있는 콩국수 요리 중 이라고 이야기하고 서윤이 콩국수 좋아한다고 함.
15초			V			V						"물은 서비스 됩니까?" 서윤이가 물어봄.
15초			V			V						하윤이 "물 서비스 되고 갈비도 공짜입니다." 함
15초 (5분)			V			V						하윤이 "갈비를 공짜로 먹으려면 핸드폰 결제하세요." 말하고 "사장님 핸드폰 주세요." 한다.
합계 (Total)			19			19				1		
요약	- 서윤이는 높은 단계의 사회적 놀이인 집단 놀이와 높은 단계의 인지적 놀이인 역할놀이를 한다.											

4. 사건표집법

1) 사건표집법의 정의

사건표집법(event sampling method)은 일화기록법과 시간표집법의 단점을 보완하기 위해 개발된 것으로 단순히 어떤 행동의 발생 유무만을 관찰하기보다는 행동의 순서를 자세히 기술하려는 시도이다. 관찰자가 관심을 갖고 있는 어떤 행동이나 사건이 나타나기를 기다렸다가 그 행동이나 사건이 일어나면 그 때마다 일정한 형식에 따라 기록을 남기는 방법이다. 사건표집법의 방법은 어떤 행동이나 사건 그 자체에 있다. 따라서 관찰자가 관찰대상 유아의 특정 행동이 나타날 때까지 기다렸다가 관심 있는 행동이 발생하면 관찰하고[28] 기록함으로써 언제 꼭 관찰해야 한다는 시간적 제약이 없고 유아들의 행동이나 사건의 존재 유무보다는 사건의 특성을 탐색하는 데 더 관심을 둔다. 즉, 어떤 행동이 일어난 원인이 무엇인지를 알아내는 데 관찰의 목적이 있다 하겠다.

사건표집법으로 연구할 수 있는 행동이나 사건의 종류는 다양하고 행동의 범위는 제한이 없다.

사건표집법을 적용한 초기의 연구 가운데 대표적인 것은 Dawe의 유아원 유아동들의 싸움에 관한 것이었다.[29]

Sluckin과 Smith는 취학 전 유아들을 대상으로 자유놀이 시간에 공격적인 행동과 유아가 지각한 지배성 간의 관계를 연구했으며[30] 그 밖의 공포, 좌절, 성공, 실패, 경쟁, 협동, 문제해결, 적응행동, 부적응행동 등 많은 행동 특성의 연구에 적용되고 있으므로 유아교육기관에서 많은 유아들의 행동 특성을 광범위하게 적용하여 관찰할 수 있는 방법이라 하겠다.[31]

---

28) 한국유아교육학회, 앞의 사전, p. 244.
29) H. C. Dawe(1934). An analysis of two hundred quarrels of preschool children, Child Development, 5. pp. 139~157.
30) A. M. Sluckin and P. K. Smith(1977). Two approaches to the concept of dominance in preschool children, Child Development, 48(3), pp. 917~923.
31) 이은해, 앞의 책, p. 175.

2) 사건표집법을 위한 지침

사건표집법으로 관찰할 때 다음과 같은 사항에 유의한다.[32]

첫째, 관찰자는 관찰하고자 하는 유아들의 행동을 명확히 규정할 수 있도록 조작적 정의를 내린다.

둘째, 유아들의 행동을 관찰할 장소와 시간에 대해 충분히 알고 있어야 한다. 관찰자는 유아들의 행동이나 사건을 언제, 어떤 장소, 장면에서 관찰할 것인가를 결정할 수 있어야 한다.

셋째, 기록하고자 하는 정보나 자료의 종류를 결정한다.

사건표집법은 서술식 사건표집법으로 행동을 기술할 수도 있고 빈도 사건표집법으로 미리 정해진 행동의 범주에 따라 표기할 수도 있으므로 어떤 관찰지를 사용할 것인지를 미리 계획해 두어야 한다.

Dawe의 연구에서 아동의 싸움에 대해 수집한 자료는 다음과 같다.[33]

① 싸움이 계속된 시간

② 싸움이 시작되었을 때 하고 있던 활동의 종류

③ 싸움 중에 나타난 행동의 유형 : 비참여, 촉진, 공격, 보복의 4가지 행동 범주 중의 하나로 표기한다.

④ 싸움 중에 아동이 실제로 한 말과 행동: 일화기록을 한다.

⑤ 싸움의 결말 : 제3자의 중재로 끝이 났는지 또는 스스로 해결했는지의 두 가지 범주 중 하나로 표기한다.

⑥ 싸움이 끝난 후에 생긴 일

넷째, 관찰기록지는 가능한 한 쉽게, 편리하게 만들어야 한다. 빈도 사건표집법을 사용할 경우 미리 정해진 행동 범주를 분명하게 쉽게 찾을 수 있도록 하고 서술식 사건표집법을 이용할 경우에는 시간, 사건 전 행동, 사건행동, 사건 후 행동을 충분히 기록할 수 있는 여백을 두어야 한다.

---

32) 홍순정, 앞의 책, p. 126.이은해, 앞의 책, pp. 177~178.
33) Dawe(1934). pp. 139~157. 이은해, 앞의 책, p. 178.

3) 사건표집법의 종류

(1) ABC 서술식 사건표집법

ABC 서술식 사건표집법은 어떤 행동의 원인을 알려고 할 때 가장 적합하게 사용할 수 있는 방법이다.[34] 예를 들면, 아주 심하게 자주 우는 유아가 있다고 할 때 관찰의 목적이 유아가 왜 우는지 그 원인을 알아내야 하는 것이므로 일화기록이나 체크리스트나 평정척도법으로는 적당하지 않다.

유아들이 우는 원인은 여러 가지가 있을 수 있다. 어린이집에서 하루 종일 지내는 시간이 너무 길고 피곤해서 울 수도 있고, 엄마와 격리될 때 불안을 느껴서 울 수도 있고, 엄마나 교사의 관심을 더 받고 싶어서 자그마한 일에도 울음으로 해결하려고 시도할 수 있고, 친구와 갈등·공격·싸움이 일어났거나, 배가 고프거나, 기저귀가 젖었을 때 생리적인 문제를 해결하기 위해 울음으로 표출할 수 있을 것이다.

교사는 유아의 우는 행동에만 초점을 맞출 것이 아니라 왜 유아가 우는지에 대한 우는 행동의 원인에 대해 알게 되면 우는 유아에게 적절한 행동지도를 할 수 있을 것이다.

Bell과 Low(1977)는 자연스러운 상태에서 일어나는 행동의 원인과 결과를 알 수 있도록 하는 사건표집법을 고안해 내었는데 이 방법은 관찰하고자 하는 사건이나 행동이 일어나기 전에 상황(Antecedent Event: A)과 사건이나 행동 그 자체(Behavior: B), 사건이나 행동이 일어난 후의 결과(Consequence: C)를 순서대로 기록하는 방법이다.[35]

우는 행동을 ABC 서술식 사건표집법을 사용하여 관찰할 경우 유아가 울음을 터트리기 전에 어떤 일이 일어났고(사건 전, A), 울게 되었을 때의 이유(사건, B), 울고 난 다음 유아의 반응이 어떠했는가(사건 후, C)를 순서대로 기록하면 된다.

(2) 빈도 사건표집법

빈도 사건표집법은 도표를 가지고 미리 정해진 범주의 행동이 일어날 때마다 기록하는 방법이다. 즉, 도표를 가지고 미리 정해진 범주의 행동이 일어날 때마다 기록을 하는 것이다. 시간표집법과 마찬가지로 빈도 사건표집법은 어떤 행동을 대표하는 '표집'을 기록하는 것이

---

34) 이정환, 박은혜, 앞의 책, p. 47.

35) D. R. Bell, and R. M. Low(1977). Observing and recording children's behavior, Richland, WA: Performance Associates.이정환, 박은혜, 앞의 책, pp. 47~48 재인용.

다. 빈도 사건표집법은 선별된 행동이나 상황이 얼마나 자주 일어나는가를 알아보는 관찰방법이다.

서술식 사건표집법은 행동의 원인을 아는 질적인 정보를 제공해 주지만 빈도 사건표집법은 행동의 양적인 정보를 제공해 준다.

그러므로 빈도 사건표집법은 교사가 어떤 선별된 행동이나 사건이 얼마나 자주 일어나는지를 알아보고자 할 때 가장 유용하게 쓰일 수 있는 방법이다.[36]

빈도 사건표집법을 사용하면 교사는 유아들에 대한 정보를 쉽고 빠르게 얻을 수 있고 이 관찰을 토대로 하여 수업활동을 계획하거나 교수전략을 짤 수 있으며 유아 개인의 발달에 관해서도 잘 알 수 있으므로 관찰기록지만 쉽게, 편리하게 잘 짜여져 있다면 언제든지 유아들의 어떤 행동이든지 쉽게 관찰할 수 있는 방법이라 하겠다.

사건표집법에서는 관찰자가 미리 정해진 범주의 행동이 나타날 때까지 기다렸다가 체크 표시를 하면 된다. 예를 들면, 미술영역에서 분류행동을 표집할 때 같은 색깔끼리 분류를 할 수 있게 되면 동일성에 V표를 하고 같은 색깔끼리 분류를 할 수 없을 때는 동일성(실수)에 V표시하면 된다. 또한 동일한 모양을 분류한 후 다시 재분류를 해보라고 했을 때 동그라미는 동그라미대로 네모는 네모대로 세모는 세모대로 재분류를 할 수 있었다면 재분류에 V표시하고 동그라미는 재분류할 수 있었으나 세모는 실패했을 때 재분류(실수)에 V표시하면 된다.

4) 사건표집법의 장점과 단점

(1) 서술식 사건표집법의 장점과 단점

서술식 사건표집법의 장점과 단점을 정리하면 다음과 같다.[37]

① 장점

첫째, 서술식 사건표집법은 사건이 포함된 전후 관계가 그대로 기록되고 그 행동의 배경을 알 수 있게 해 준다. 단순히 행동의 출현 여부만 알려주는 것이 아니라 어떤 상황에서 그런 행동이 출현되는가를 관찰 가능하게 해 준다.

---

36) 이정환, 박은혜, 앞의 책, p. 53.
37) 이은해, 앞의 책, p. 179 참조. 이정환, 박은혜, 앞의 책, p. 49 참조. 홍순정, 앞의 책, p. 127 참조.

둘째, 서술식 사건표집법은 정기적으로 자주 일어나지 않는 행동을 연구할 수 있다. 서술
　　식 사건표집법은 대부분 여러 종류의 행동이나 사건을 관찰할 수 있으므로 종류가
　　다양하고 행동의 범위는 제한이 없다.

셋째, 서술식 사건표집법은 유아들의 어떤 행동이나 사건이 일어나게 된 경위와 결과를 자
　　연스러운 상황에서 관찰할 수 있다.

넷째, 서술식 사건표집법은 관찰대상 유아를 개별적으로 관찰할 수 있으므로 개개인의 교
　　수전략을 짜는데 도움이 된다.

다섯째, 서술식 사건표집법은 유아 개인의 질적인 정보를 제공해 준다.

여섯째, 관찰상황을 행동과 상황의 자연적인 단위로 구성시켜 준다. 따라서 인과관계를 분석
　　하고 그 행동이 어떠하며 왜 나타났는지에 대한 정보를 제공해 준다.

일곱째, 자료 수집에 걸리는 시간을 절약할 수 있다.

여덟째, 사건표집법은 특정 사건이 발생할 때에만 주의를 요하므로 관찰자의 시간이 절약
　　될 수 있다.

② 단점

첫째, 서술식 사건표집법은 다른 서술식 관찰방법과 마찬가지로 시간과 노력이 많이 든다.

둘째, 서술식 사건표집법은 뚜렷한 관찰의 초점을 가지고 유아의 행동을 보게 되므로 교사
　　가 마음 속으로 어떤 결론을 내리고 관찰하게 되면 교사의 주관적인 관점이 내포될
　　수 있다.

셋째, 서술식 사건표집법은 수량화할 수 없을 가능성이 있다.

　　시간표집법에서는 자료가 빈도로 표시되므로 수량화하여 통계적 분석이 가능하나
　　사건표집법은 반드시 그렇지는 않다.

넷째, 수량화되지 않은 자료에 대해서는 신뢰도를 측정하기 어려우므로 자료의 신뢰도 면
　　에서 의문이 제기될 수 있다.

다섯째, 사건표집법은 시간표집법보다는 사건의 전체를 알 수 있으나, 표본식 기술에 비하
　　면 사건이 일어난 전후의 연속성이 단절되기 쉽다.

(2) 빈도 사건표집법의 장점과 단점

빈도 사건표집법의 장점과 단점을 정리하면 다음과 같다.[38]

① 장점

첫째, 빈도 사건표집법의 가장 큰 장점은 편리함과 단순함이다. 관찰지도 매우 간단하고 기록하는 데 시간도 많이 걸리지 않는다. 빈도 사건표집법은 서술식 관찰방법에 비해 아주 간단한 방법이므로 시간과 노력이 절약될 수 있다.

둘째, 빈도 사건표집법은 자료를 쉽게 수량화하고 분석할 수 있다. 유아교육기관에서 바쁘게 하루를 보내는 교사들에게는 매우 유용하게 쓰일 수 있다.

셋째, 빈도 사건표집법은 특정한 사건이 발생할 때에만 주의를 요하므로 관찰자의 시간이 절약될 수 있다.

넷째, 빈도 사건표집법은 상당히 융통성이 있기 때문에 광범위하게 여러 가지 주제를 갖고 관찰할 수 있다.

② 단점

첫째, 빈도 사건표집법은 어떤 행동이나 사건이 얼마나 자주 일어나느냐에만 관심이 있기 때문에 출현행동의 원인을 알아내는 데는 적합하지 못하다.

둘째, 빈도 사건표집법은 행동이나 사건의 양적인 자료는 제공해 줄 수 있으나 유아 개인의 질적인 정보를 제공해 주기는 어렵다.

---

38) 이정환, 박은혜, 앞의 책, p. 56.

5) 사건표집법의 관찰양식

(1) 서술식 사건표집법 관찰지

서술식 사건표집법 관찰기록

관찰일자 : _____　　　성 별 : 남 · 여　　　생년월일 : _____

관 찰 자 : _____　　　이 름 : _____　　관찰일 현재 영 · 유아 연령 : _____

관찰시간 : _____

시 간	사 건 전 (Antecedent Event: A)	사 건 (Behavior: B)	사 건 후 (Consequence: C)

요 약:

(2) 빈도 사건표집법 관찰지

빈도 사건표집법 관찰기록

관찰일자 : _____   성 별 : 남 · 여   생년월일 : _____

관 찰 자 : _____   이 름 : _____   관찰일 현재 영 · 유아 연령 : _____

관찰시간 : _____

분류	동일성		유사성		재분류		비 고
성공 · 실수 영역	성공	실수	성공	실수	성공	실수	
적목 영역							
미술 영역							
언어 영역							
과학 영역							
수 영역							
블록 영역							
기타							
계							

요약:

6) 사건표집법의 실제

(1) 서술식 사건표집법

서술식 사건표집법 관찰기록

〈사례 1〉

관찰일자 : 2019. 12. 12.   성 별 : 여   생년월일 : 2018. 4. 16.

관 찰 자 : 심수지(성동숲속어린이집)   이 름 : 박시연   관찰일 현재 영·유아 연령 : 1년 8월

관찰시간 : 오전 자유놀이 선택 중 블록놀이

시 간	사 건 전 (Antecedent Event: A)	사 건 (Behavior: B)	사 건 후 (Consequence: C)
오전 10:40 ~ 10:50	교사가 선물 상자 교구를 보여주고 쌓기 영역에 3세트를 올려놓는다. 언어영역 매트에 앉아있던 시연이가 자리에서 일어나 블록영역, 교구장으로 자리를 옮기고 두 손으로 선물 상자를 집어 올려 바닥에 내려놓고 뚜껑을 연다.	선물상자를 두 손으로 잡고 뒤집어 안에 있는 작은 크기의 선물 상자를 꺼낸다. 떨어진 선물상자를 두 손으로 집어 올리고 흔들어 소리를 듣는다. 뚜껑을 열어 안에 있는 또 다른 선물 상자를 꺼낸다. 주변에 있던 박수연, 최우수, 전윤우가 다가와 교구장에서 선물상자를 꺼내 시연이 앞과 옆에 앉는다. 우수와 윤우가 뚜껑을 열어 안에 있는 상자를 꺼내고 뚜껑을 덮어 위로 쌓아 올린다. 시연이가 쌓아 올리는 선물상자를 보고 따라한다. 3번째 상자를 올리자 박수연이 상자를 낚아채 반대편으로 도망간다. 두 손을 앞으로 뻗으며 엉덩이를 들썩거리고 "아앙" 하고 큰소리로 운다.	교사가 "시연아, 괜찮아?" 하고 교사가 묻자 고개를 돌려 교사를 쳐다보고 검지 손가락으로 박수연을 가리킨다. 교사가 "수연아, 시연이가 많이 속상한가 봐. 수연이가 가지고 간 선물상자는 돌려주고 선생님이랑 어떤 활동 할지 찾아볼까?" 하고 말하자 "수연이 이거 하고 싶은데" 하고 말하다 교사가 "그럼 시연이한테 같이 놀자고 부탁해 볼까?" 하자 "응." 하고 대답하며 시연이에게 선물 상자를 전해주며 "같이 놀자" 하고 말한다. 시연이가 손등으로 눈물을 닦아낸 뒤 두 손으로 선물상자를 받아들고 고개를 끄덕이며 "응" 하고 대답한다. 수연이가 시연이 앞에 앉아 바닥을 두드리며 "여기에다가 놓자" 하고 말하자 시연이가 고개를 끄덕이며 "응" 하고 말하고 선물상자를 내려놓는다.

요 약:

– 시연이는 아직 언어로 정확한 의사표현이 어렵다.

– 시연이는 친구의 잘못한 행동에 사과를 받아들여 준다.

– 시연이는 상황에 대해 이해할 수 있으며 친구의 물음에 대답할 수 있다.

서술식 사건표집법 관찰기록

〈사례 2〉

관찰일자 : 2019. 11. 13.   성 별 : 남   생년월일 : 2017. 9. 24.

관 찰 자 : 전정숙(새싹어린이집)   이 름 : 이은우   관찰일 현재 영·유아 연령 : 2년 2월

관찰시간 : 오전 자유놀이 배변활동

시 간	사 건 전 (Antecedent Event: A)	사 건 (Behavior: B)	사 건 후 (Consequence: C)
오전 9:50 ~	은우가 책상 앞에 앉아 컵에 따라준 효소를 마시며 친구 정윤이와 경규가 화장실에 가는 것을 쳐다본다. 교사가 "은우야! 효소 다 마셨니?"하고 묻자 따라준 효소를 마시고 있다.	은우가 따라준 효소는 조금 남기고 일어나서 화장실로 들어온다. 먼저 들어온 경규가 화장실 창문으로 옆 교실 민호를 쳐다보고 있다. 경규는 은우가 화장실에 들어오는 것을 보고 재빠르게 발판을 밟고 올라가려 하자 뒤에서 경규가 은우 옷을 잡아당긴다. 은우도 경규를 밀치며 옷을 잡아당긴다. 교사가 "은우가 먼저 올라갔으니까 경규는 기다리자" 말해주니 은우가 경규를 손짓하고 가리키며 울음을 터뜨린다.	은우가 화장실을 다녀오고 울음을 그치지 않고 있다. 교사가 "경구가 은우 옷을 잡아당겨서 속상했구나! 경규야! 은우 한번 안아주고 미안하다 말해주자"하고 말하자 경구가 은우에게 다가가 쓰다듬으며 미안하다는 표현을 한다. 은우도 경규를 안으며 눈물을 닦는다. 은우가 언어영역으로 걸어가 매트에 앉는다.
요 약:			

서술식 사건표집법 관찰기록

〈사례 3〉

관찰일자 : 2019.12.13.   성 별 : 남   생년월일 : 2017. 9. 15.

관 찰 자 : 오수연(성동숲속어린이집)   이 름 : 최우수   관찰일 현재 영 · 유아 연령 : 2년 3월

관찰시간 : 자유선택활동

시 간	사 건 전 (Antecedent Event: A)	사 건 (Behavior: B)	사 건 후 (Consequence: C)
오전 10:40	우수와 윤우가 언어영역 교구장 앞에 서 있다. 윤우가 크레파스를 꺼내어 책상 위에 내려놓는다. 우수는 스케치북을 꺼내 책상 위로 내려놓는다. 윤우가 다시 교구장으로 다가가 스케치북을 양손으로 꺼내자 우수가 책상 위에 크레파스를 양손으로 잡아들고 가져간다. 윤우가 "안 돼. 내꺼야" 하고 말하자 우수가 크레파스를 들은 채 교실을 한 바퀴 빙글 돈다.	윤우가 울먹이며 언어영역 교구장으로 다가가 다시 크레파스를 꺼낸다. 책상 위에 올린 후 파란색 크레파스를 꺼내 스케치북 위에 끼적이기를 한다. 우수가 다가와 크레파스 통을 양손으로 잡아 "우수, 우수" 하며 가져간다. 윤우가 "안 돼" 하고 말하자 우수가 크레파스를 들고 뛰기 시작한다. 윤우가 울음을 터트리며 "내꺼야, 안 돼" 하고 말하자 우수가 고개를 좌우로 돌리며 "우수, 우수" 하고 말한다. 윤우가 울음을 터트리며 "내꺼야" 하고 말한다. 윤우가 우수를 가리키며 "안돼" 하고 말하자 우수가 "싫어" 하고 말한다.	윤우가 교사에게 달려와 안긴다. 교사가 "우수야, 윤우가 먼저 가지고 왔는데 가져가서 도망가면 윤우가 너무 속상해해요. 윤우에게 돌려주고 교구장에 있는 똑같은 크레파스를 꺼내볼까요?" 하고 이야기하자 교사의 눈을 피한다. 교사가 다시 우수의 양 손을 잡고 "우수야, 윤우가 너무 속상하대요. 선생님이 똑같은 크레파스 찾기를 도와줄테니 윤우에게 돌려주세요." 하고 이야기하자 고개를 끄덕이며 "네" 하고 답한다. 우수가 크레파스를 윤우에게 양손으로 건네주어 윤우가 받아 다시 책상으로 돌아가 앉아서 끼적이기를 한다.

요 약:

- 우수는 언어로 정확한 의사표현이 어렵다.
- 교사가 잘못한 행동에 대해 이야기하면 행동을 수정한다.

서술식 사건표집법 관찰기록

〈사례 4〉

관찰일자 : 2019. 12. 16. 　　　성 별 : 남　　　생년월일 : 2017. 5. 25.
관 찰 자 : 윤재연(성동숲속어린이집)　이 름 : 임시윤　　관찰일 현재 영 · 유아 연령 : 2년 6월
관찰시간 : 오전 자유 놀이 시간의 언어영역

시 간	사 건 전 (Antecedent Event: A)	사 건 (Behavior: B)	사 건 후 (Consequence: C)
오전 10:15	교실의 언어 영역에서 태린이가 끼적이기 종이와 색연필을 꺼내 바닥에 놓고 끼적이고 있다. 시윤이가 태린이에게 다가와서는 태린이에게 "태린이! 같이 해" 하고 말한다.	태린이가 "으응!!!" 하고 싫다는 표현을 하자, 시윤이가 다시 한 번 "같이 해~!" 한다. 태린이가 다시 한 번 싫다고 하자, 시윤이가 태린이의 빨강색 색연필을 빼앗아 종이 위에 끼적인다. 자기 것을 빼앗긴 태린이가 우는 소리를 내며 시윤이의 얼굴에 손을 휘두른다. 관자놀이 부근을 맞은 시윤이가 "잉~" 소리를 내며 손으로 얼굴을 만지며 교사를 본다.	교사가 "시윤이 왜 그래요?" 하고 묻자 "태린이가 때렸어"라고 이야기 한다. 교사가 "태린아~ 친구를 때리면 안 돼요. 친구에게 하지마~ 하고 말로 이야기 하는거에요." 하고 이야기 한 후, 시윤이에게 "시윤아, 태린이는 혼자 그림 그리고 싶었나봐. 그리고 친구가 싫다고 했는데 친구 것을 뺏어서 쓰면 안 돼요. 다음에 같이 그림 그리고, 지금은 시윤이 색연필로 그림 그리자~" 하고 말하자 "네~" 하고 말하며 자기의 색연필과 끼적이기 종이를 들고 책상으로 간다.

요 약:
– 시윤이는 언어적으로 자신이 원하는 것을 표현할 수 있으며, 문제 상황에 대해 설명해주면 잘 이해한다.
– 시윤이는 자신의 행동에 대해 잘 알고 있다.

서술식 사건표집법 관찰기록

〈사례 5〉

관찰일자 : 2019. 11. 29.　　　　성 별 : 남　　　생년월일 : 2017. 1. 17.
관 찰 자 : 김영신(새싹어린이집)　　이 름 : 임민호　　관찰일 현재 영 · 유아 연령 : 2년 10월
관찰시간 : 장난감 정리시간

시 간	사 건 전 (Antecedent Event: A)	사 건 (Behavior: B)	사 건 후 (Consequence: C)
	민호가 놀잇감들을 정리할 시간이 되어 교사가 '장난감 정리' 노래를 부르자 영아들이 놀잇감을 정리하고 있는데 민호는 계속 공룡을 가지고 놀이한다.	연교가 민호가 정리를 하지 않으니 공룡을 빼앗아 자리에 정리하자 민호가 연교를 따라와 때린다. 연교가 울음을 터트린다.	민호가 교사를 보며 연교의 눈물을 닦아준다. 교사가 "민호가 장난감 정리를 하지 않아 연교가 대신 정리를 해준 거야."라고 말하고 "민호가 가지고 놀던 공룡을 연교가 가져가니까 속상하지? 그러니까 다음부터는 민호도 선생님이랑 친구들이랑 같이 정리를 하자." 라고 말하고 연교에게 '미안해'라고 말해주고 사과하라고 하자 훌쩍이며 연교에게 다가가 머리를 만져주며 "미안해"라고 말하고는 갑자기 큰 소리로 울음을 터뜨린다. 교사가 연교에게 "놀잇감 정리할 때 친구가 가지고 놀이하는 놀잇감은 가져가지 않는 거야."라고 말해주고 민호에게도 "다음부터는 놀잇감 정리를 잘하자."라고 한 번 더 말해주고 안아주자 울음을 그친다.

요 약:
– 민호는 공룡을 가지고 하는 놀이를 좋아한다.
– 자신의 행동이 어떤지도 잘 알고 교사의 말뜻을 이해하고 행동으로 실행한다.

서술식 사건표집법 관찰기록

〈사례 6〉

관찰일자 : 2019. 12. 17. 성 별 : 남 생년월일 : 2015. 10. 10.

관 찰 자 : 최선미(성동숲속어린이집) 이 름 : 김준희 관찰일 현재 영 · 유아 연령 : 3년 2월

관찰시간 : 오전 자유선택활동 시간 중 역할영역

시 간	사 건 전 (Antecedent Event: A)	사 건 (Behavior: B)	사 건 후 (Consequence: C)
오전 11:00 ~ 11:10	역할영역에서 귀마개를 들고 배에 끼우고 역할영역의 병원놀이 바구니를 들었다 놨다를 반복한다. 바구니를 바닥에 내려놓고 수영역으로 가더니 예솔이가 활동하고 있는 가위, 바위, 보 교구를 하나 들고 음률영역으로 온다. 들고 온 교구를 이용해 다부카를 두드리며 노래를 부르더니 역할영역으로 다가가 음식 모형이 들어 있는 냄비를 들고 윤아에게 다가가 건네준다.	하진이가 주사기를 들고 있다가 준희가 지나가자 준희의 배를 쿡! 찌른다. 준희가 배에 차고 있던 귀마개를 빼더니 손에 들고 휘두르며 하진이를 향해 위협한다. 하진이가 다시 주사기를 들고 준희를 찌르려고 하자 준희가 역할영역을 벗어나 도망을 친다.	준희가 앉아 있는 교사에게 다가와 "준희 주사 맞았어" 라고 이야기 한다. 교사가 준희에게 "준희야! 많이 아팠니?" 라고 물어보니 "아니 괜찮아"라고 한다. 교사가 하진이를 불러 "하진아! 준희한데 왜 주사놨어?"라고 물으니 "같이 놀고 싶어서요."라고 한다. 교사가 "그렇구나! 같이 놀고 싶었구나! 그런데 준희는 불편했나봐. 하진이가 갑자기 주사를 놓아버려서, 준희한테 어떻게 이야기 하면 좋을까?"라고 질문하자 "같이 놀자고 이야기해요." 한다. 교사가 "그럼 하진이가 준희에게 같이 놀자고 이야기 해 볼까?" 라고 하니 "네"라고 대답한 후 "준희야! 아까는 미안해 우리 같이 놀자"라고 하고 준희도 "응"이라고 이야기 하며 둘이 손을 잡고 역할영역으로 간다.

요 약:

– 준희는 자신의 정서와 느낌을 표현한다.

– 준희는 친구들이 가지고 놀고 있는 장난감을 친구에게 허락을 구하지 않고 가져간다.

– 준희는 친구들과의 문제 발생 시 스스로 해결하기 어려워하고 교사의 도움을 받기 원한다.

서술식 사건표집법 관찰기록

〈사례 7〉

관찰일자 : 2019. 12. 10.   성 별 : 남   생년월일 : 2015. 9. 5.

관 찰 자 : 서정남(성동숲속어린이집)   이 름 : 정지운   관찰일 현재 영·유아 연령 : 3년 3월

관찰시간 : 자유선택놀이 쌓기영역

시 간	사 건 전 (Antecedent Event: A)	사 건 (Behavior: B)	사 건 후 (Consequence: C)
오전 9:50 ~ 9:55	지운이가 쌓기 영역에서 은겸이 윤도와 함께 블록으로 만들기를 하고 있다. 지운이는 모양블록으로 동물 모양을 구성하고 있다. 지운이가 윤도가 만드는 것을 바라보다가 블록을 한 개 가져다 윤도의 블록 위에 올려놓는다.	윤도는 만들기를 하다가 지운이가 올려놓은 블록을 보면서 "하지마, 내꺼야"라고 한다. 지운이는 못 들은 척 다른 블록을 하나 가져다 올려놓는다. "하지마" 하며 소리를 지르고 교사를 바라본다.	교사가 지운이에게 다가가 "지운아 왜 지운이도 윤도 하는데 같이 하고 싶었어?"라고 하자 "내가 도와줄라고 했어요."라고 하며 울먹인다. 교사가 "그랬구나, 하지만 윤도가 만든 로봇 위에 블록을 올려놓은 것은 윤도가 만들고 싶은 로봇이 아니었나봐 지운이가 어떻게 하면 좋을까?" 하자 "미안하다고 해야 돼요" 한다. 교사가 "왜 미안한 것 같아?"라고 하자 가만히 있는다. 교사가 "지운이가 윤도에게 나도 같이 만들고 싶은데 라고 말해보고 친구가 좋아 라고 하면 같이할 수 있어 다음엔 그렇게 이야기하면 윤도가 속상하지 않을 거 같아"라고 이야기해주자 지운이가 "윤도야 내가 그렇게 해서 미안해"라고 한다.

요 약:

– 지운이는 자신의 의사를 언어로 표현한다.

– 지운이는 자신의 잘못을 알았을 때 "미안해"라고 사과할 줄 안다.

서술식 사건표집법 관찰기록

〈사례 8〉

관찰일자 : 2019. 11. 25.　　　성 별 : 여　　　생년월일 : 2019. 3. 22.

관 찰 자 : 임지윤(새싹어린이집)　　이 름 : 박연아　　관찰일 현재 영 · 유아 연령 : 3년 8월

관찰시간 : 오전 자유놀이 시간

시 간	사 건 전 (Antecedent Event: A)	사 건 (Behavior: B)	사 건 후 (Consequence: C)
	연아는 언어 영역에서 누워 소꿉에 있는 주사기를 가지고 위로 올리기도 하고 주사를 놓는 흉내를 내기도 한다. 누워서 소꿉영역에서 놀이하고 있는 윤서를 유심히 바라본다. 그리고는 벌떡 일어나서 소꿉방 쪽으로 간다.	소꿉영역에서 윤서가 화장품 뚜껑을 모두 열어 동그란 책상에 나열해 놓는다. 그 모습을 보고 있던 연아는 뚜껑이 열리지 않은 화장품을 잡는다. 윤서는 "내꺼야 내꺼야~" 하며 큰소리로 운다. 교사가 우는 윤서에게 가자 연아는 윤서에게 화장품을 주고는 엎드려서 울어 버린다.	교사가 "우리 연아가 윤서처럼 화장품 뚜껑을 열면서 놀이를 하고 싶었구나?" 연아는 고개를 들고 끄덕인다. "그런데 윤서가 내꺼라고 하며 울어서 속상했어요?" 하자 연아는 " 나도 윤서랑 놀고 싶었어." 한다. 교사가 "그래서 속상했구나.!!" "그런데 그럴땐 그냥 놀잇감을 가지고 가면 윤서도 놀이하고 있는 것을 빼앗아가는 줄 알고 속상해하는거야. 연아의 생각을 이야기 해야 하는거야 ~'윤서야 우리 같이 놀자.' 하고 말이야." 하자 연아는 눈물을 닦고 윤서에게 가서 "윤서야 우리 같이 놀자." 하고 이야기를 한다. 윤서는 " 그래" 하며 조금 전에 연아가 가지고 갔던 화장품을 준다.

　요 약:

– 연아는 의사소통이 자유롭게 표현을 잘할 수 있지만 자신의 감정을 울음으로 표현을 하는 모습을 보인다.

– 말하는 사람의 표정이나 몸짓, 억양 등을 주의 깊게 듣고 이해할 수 있다.

서술식 사건표집법 관찰기록

〈사례 9〉

관찰일자 : 2019. 11.　　　　　성 별 : 여　　　　　생년월일 : 2016. 3. 11.

관 찰 자 : 조아름(새싹어린이집)　　이 름 : 유서영　　관찰일 현재 영·유아 연령 : 3년 7월

관찰시간 : 전이 활동 시간의 행동

시 간	사 건 전 (Antecedent Event: A)	사 건 (Behavior: B)	사 건 후 (Consequence: C)
오전 11:10 ~ 11:20	서영이가 화장실에 다녀와 손을 씻고 전이 활동을 위해 앉아있는 친구들에게 온다. 그러더니 양팔을 모두 뒤로 해 바닥을 짚고 다리를 V자 형태로 벌린다. 그러자 옆에 다리를 오므리고 앉아있던 태한이가 앉은 채로 몸을 기대 서영이를 민다.	서영이가 아무런 반응 없이 앞을 바라보며 자세를 유지하자, 태한이가 온몸으로 계속 서영이를 밀며 "으으으!" 하고 울음 섞인 소리를 낸다. 서영이도 몸을 이용해 태한이를 밀자, 태한이가 "아아악! 선생님, 얘가…." 하며 울먹인다.	교사가 서영이에게 "서영아, 다리를 오므리고 바르게 앉아주면 안 될까?"라고 하자, 서영이가 교사를 약 3초간 바라본다. 교사가 다시 "서영이가 다리를 벌리고 앉으면 옆에 있는 친구들이 불편할 수 있어요. 바른 다리 해보자."라고 하자, 머리를 쓸어넘기며 다리를 오므린다.

요 약:

− 서영이는 교사의 의견을 수렴해서 행동을 수정한다.

서술식 사건표집법 관찰기록

〈사례 10〉

관찰일자 : 2019. 12. 11.　　　　성 별 : 남　　　　생년월일 : 2016. 2. 12.

관 찰 자 : 박미정(성동숲속어린이집)　이 름 : 신민결　　관찰일 현재 영·유아 연령 : 3년 10월

관찰시간 : 자유놀이 중 블록영역

시 간	사 건 전 (Antecedent Event: A)	사 건 (Behavior: B)	사 건 후 (Consequence: C)
오전 10:40 ~ 11:00	민결이가 블록영역 매트에 앉아 블록을 연결하여 로봇을 만들고 있다. 그 때 옆에 있던 도현이가 다가와 민결이가 만든 블록을 쳐다보고 있다. 5초간 민결이가 만든 것을 바라보면서 민결이가 만든 것 중 초록색 원통 모양 블록을 툭툭 건드린다.	민결이가 "야~ 내가 만든거야~ 그거 필요하단 말야~" 하며 입을 삐죽거린다. 옆에 있던 도현이가 "나도 이거 필요하다고~" 하며 블록을 하나 빼서 손 뒤로 숨긴다. 민결이가 "나 이제 안 만들거야~ 힝" 하며 손으로 눈을 비빈다. 옆에 있던 태양이가 민결이를 바라보며 "민결아 누가 그랬어?"라고 물어보니 민결이가 "음~내가 로봇 팔을 만들고 있는데 도현이가 내 로봇 팔 한 개를 가져갔어~"라고 울먹거리면서 이야기를 한다.	태양이가 민결이 손을 잡고 교사에게 다가온다. 교사가 민결이에게 "민결이 왜 울고있니?"라고 물으니 민결이가 큰 소리로 "도현이가 제가 만든 로봇 팔을 한 개 가져갔어요~ 그래서 로봇을 다 완성하지 못했다고요~" 한다. 교사가 "그랬구나~ 그래서 민결이가 많이 속상해서 울었구나~" 하며 민결이를 안아주고 토닥여주니 도현이가 블록영역에서 바라보고 있다가 민결이 쪽으로 다가와 "자! 여기~" 하며 블록을 민결이에게 건네준다. 교사가 "도현이가 민결이가 속상해 하니 미안했나보구나?"라고 이야기를 하자 도현이가 고개를 끄덕인다. 교사가 "민결아! 도현이가 다시 블록을 돌려주었으니 속상한 마음 풀고 다시 한 번 로봇을 만들어 보면 어떨까?" 하자 민결이가 고개를 끄덕인다. 교사가 "도현이도 다음부터는 친구에게 먼저 빌려가고 싶으면 이야기 해주었으면 좋겠구나~ 놀이 할 때는 교구를 서로 양보하고 필요할 때는 친구에게 허락을 받고 놀이해요~ 자 우리 두 친구들 약속할 수 있지요?" 민결이와 도현이가 "네~" 하며 대답을 한다.

요 약:
– 민결이는 자신의 감정을 언어로 표현도 하지만 울음으로 표현을 하기도 한다.
– 교실에서 지켜야 할 약속을 알고 지킬 수 있다.
– 친구가 잘못한 행동을 했을 때 사과를 받아준다.

서술식 사건표집법 관찰기록

〈사례 11〉

관찰일자 : 2019. 12. 13.   성 별 : 남   생년월일 : 2014. 8. 6.

관 찰 자 : 윤희(성동숲속어린이집)   이 름 : 박은찬   관찰일 현재 영 · 유아 연령 : 4년 4월

관찰시간 : 자유선택활동 중 수,조작영역

시 간	사 건 전 (Antecedent Event: A)	사 건 (Behavior: B)	사 건 후 (Consequence: C)
오후 3:30 ~ 3:43	은찬이가 조작영역에서 민준이와 함께 세계도미노 교구를 이용해 물결모양으로 도미노 활동을 한다. 그러던 중 옆에서 주사위를 던져 나온 수만큼 그림카드를 붙이며 활동하는 승윤이와 현우를 쳐다본다.	승윤이와 현우가 주사위를 던져 나온 수만큼 그림카드를 붙이며 활동하는 모습을 지켜보고 있던 은찬이가 "누가 이기나 볼까?" 하며 이야기 하더니 오른손 검지를 피고 "코카콜라 누가 누가 이기나~" 하며 승윤이와 현우를 번갈아가며 검지 손가락을 움직인다. 그 모습을 보고 승윤이가 "하지마!" 하며 큰 소리로 소리를 지른다.	교사가 "무슨 소리일까?" 하며 다가가자 승윤이가 "제가 하지 말라고 했는데 은찬이가 자꾸 누가 이기나 코카콜라해요" 하며 교사에게 말한다. 교사는 "그래서 승윤이가 속상했구나." 라고 대답해준 후 은찬이에게 "왜 그런 행동을 했니" 라고 물어보자 "그냥 누가 이기나 하고 한번 해봤어요." 라고 말한다. "은찬이가 열심히 친구랑 활동을 하고 있는데 누가 이기는지 은찬이가 한 행동을 똑같이 하면 어떨 것 같아?" 라고 물어보자 "기분이 안 좋을 것 같아요" 라고 말한다. 교사가 "승윤이도 속상한 마음은 알지만 친구에게 어떻게 이야기를 해야 할까?" 하며 물어보자 "친구야 너가 그런 행동을 하면 속상할 것 같아. 그렇게 하지 말아줄래?" 하고 이야기한다. 교사는 "그럼 은찬이랑 승윤이는 어떻게 해야할까?" 라고 말을 하자 은찬이가 "내가 누가 이기는지 노래불러서 너 기분 나쁘게 해서 미안해" 라고 이야기하자 승윤이도 "나도 소리 질러서 미안해" 라고 사과를 한다.

요 약:

– 은찬이는 자신의 잘못한 부분을 알며 친구에게 "미안해" 사과를 한다.

– 교사의 의견을 수렴해 행동을 수정한다.

서술식 사건표집법 관찰기록

〈사례 12〉

관찰일자 : 2019. 11. 12.   성 별 : 남   생년월일 : 2015. 7. 22.

관 찰 자 : 조연희(새싹어린이집)   이 름 : 남정연   관찰일 현재 영 · 유아 연령 : 4년 4월

관찰시간 : 자유선택활동 중 조작놀이

시 간	사 건 전 (Antecedent Event: A)	사 건 (Behavior: B)	사 건 후 (Consequence: C)
오전 10:32 ~ 10:42	정연이가 마그네틱 자석블럭을 들고 팽이를 만들어 책상 위에 놓고 역할놀이에서 스카프를 들고 온다. 스카프위에 팽이를 놓고 돌린다. 잘 돌아가자 스카프 양끝을 잡고 세게 잡아당긴다. 팽이가 계속 돌아간다. 지호가 스카프를 들고 와서 팽이를 돌리고 스카프를 빼자 팽이가 책상 아래로 떨어진다.	정연이가 떨어진 팽이를 손으로 망가뜨린다. 망가진 팽이를 들고 지호가 다른 손으로 정연이를 때린다. 정연이가 큰소리로 울음을 보이며 "지호 나빠, 너랑 안놀아"하며 계속 울음을 보인다. 지호가 "정연이 나빠" 말하자 정연이가 "아냐, 니가 나빠"하며 지호를 때리려 한다. 지호가 정연이에게 달려들어 팔을 물려 한다.	교사가 둘을 떼어 놓으며 "정연이와 지호는 왜 친구에게 나쁘다고 하니?" 라고 묻자 정연이가 "지호가 나빠요"한다. 지호도 울음을 보이며 "니가 나빠"한다. 교사가 "정연이도 지호도 많이 속상해서 우는구나."라고 하고 교사 앞으로 둘의 몸을 당겨주자 정연이도 울음을 보인다. 교사가 둘을 토닥여주며 "정연이가 지호 팽이를 부숴 지호도 속상했고, 지호가 정연이를 때려서 정연이도 많이 속상했겠네." 말하며 손을 잡아주자 울음을 그친다. 정연이와 지호 "둘이 서로 미안해하며 팽이 놀이 같이 해 보자"한다.

요 약:

– 정연이는 자신의 의사표현을 말보다는 행동으로 한다.

– 정연이는 친구와 다툼이 있을 때 친구에게 먼저 "미안해" 사과한다.

서술식 사건표집법 관찰기록

〈사례 13〉

관찰일자 : 2019. 12. 16.   성 별 : 남   생년월일 : 2015. 8. 10.

관 찰 자 : 김해솔(성동숲속어린이집)   이 름 : 남정연   관찰일 현재 영·유아 연령 : 4년 4월

관찰시간 : 자유선택놀이 중 쌓기영역에서 블록을 이용해 구성물을 만들던 중

시 간	사 건 전 (Antecedent Event: A)	사 건 (Behavior: B)	사 건 후 (Consequence: C)
오전 10:30 ~ 10:40	선웅이는 H블록을 가지고 로봇을 만들어 놀고 있고 규환이는 H블록을 가지고 집을 만들고 있다. 선웅이가 H블록으로 로봇을 만들었는데 옆에 있던 규환이가 일어나면서 로봇을 쳐서 로봇이 망가지고 말았다.	선웅이가 규환이를 쳐다보며 큰 목소리로 소리를 지르며 "너 때문에 내 로봇이 망가졌잖아!" 하고 말을 한다. 규환이가 일어선 채로 선웅이를 내려다보며 "모르고 그런거잖아!" 하고 말을 한다. 선웅이가 규환이의 집을 손으로 꾹 누르며 "이렇게 눌러서 망가진거잖아!"라며 규환이의 집을 부신다. 그러자 규환이가 선웅이의 어깨를 친다. 선웅이가 큰 소리로 소리를 지르며 운다.	교사가 선웅이와 규환에게 다가가자 선웅이가 울면서 "선생님 조규환이 내가 블록으로 만든 로봇 부셨어요"라고 말한다. 규환이도 동시에 "나 미안하다고 사과했는데 백선웅이 집 부셨어요."라고 말한다. 교사가 "규환아, 선웅이가 만든 블록을 규환이가 모르고 망가뜨렸니?"라고 물어보자 규환이가 고개를 끄덕이며 작은 목소리로 "네"라고 말한다. 교사가 "선웅이가 만든 로봇이 망가져서 속상했나봐"라고 말하자 선웅이가 "다시 한 번 만들어볼게요."라고 말한다. 교사가 "다시 한 번 만들어 볼 수 있겠니?"라고 말하자 규환이와 선웅이 동시에 "네"라고 말한다.

요 약:

– 선웅이는 자신이 만든 장난감이 망가지면 큰 소리로 소리를 지르며 의사를 표현한다.

– 선웅이는 친구와의 갈등을 긍정적으로 해결하는 방법을 알고 실천한다.

– 선웅이는 자신의 행동이 잘못된 것인지 올바른 것인지에 대해 구분할 수 있고 잘못된 행동을 인정한다.

서술식 사건표집법 관찰기록

〈사례 14〉

관찰일자 : 2019. 12. 17.　　　　성 별 : 여　　　　　생년월일 : 2014. 12. 26.

관 찰 자 : 박은진(성동숲속어린이집)　이 름 : 이다은　　관찰일 현재 영 · 유아 연령 : 4년 11월

관찰시간 : 자유선택활동 놀이 중 미술영역

시 간	사 건 전 (Antecedent Event: A)	사 건 (Behavior: B)	사 건 후 (Consequence: C)
오후 3:50 ~ 4:00	다은이가 크레파스를 들고 미술영역으로 걸어간다. 그림을 그리고 있는 서연이와 은채 옆에 가서 앉는다. 크레파스 통을 펼치고 파란색 크레파스를 꺼낸다. 서연이가 그린 가족 그림에 다은이가 파란색 크레파스로 주욱 일자로 선을 긋는다. 서연이가 "아~이다은! 내 그림에 낙서하지 마"라고 큰 소리로 말한다. 다은이가 웃으며 서연이를 3초간 쳐다본다. 서연이와 은채가 스케치북에 다시 그림을 그리고 있는데 다은이가 검은색 크레파스를 꺼내 서연이 그림에 일자로 선을 그린다.	서연이가 "야, 이다은! 내가 아까 낙서하지 말라고 했잖아"라고 말하며 다은이의 오른쪽 팔을 세게 밀친다. 다은이가 "아! 왜 밀어~" 하고 서연이 스케치북에 번개모양으로 세 번 낙서한다. 서연이가 "선생님한테 다 말할 거야" 하며 선생님을 부른다.	교사가 서연이 곁으로 다가가서 서연이의 이야기를 들어준다. 이야기를 들은 후 "다은이가 스케치북에 낙서를 해서 속상했겠구나"라고 하며 교사가 다은이에게 "다은아, 서연이 스케치북에 파란색이랑 검정색으로 작서한 거 맞아요?"라고 묻자 말로 대답을 하지 않고 고개를 위아래로 끄덕인다. "서연이 스케치북에 왜 낙서한 거예요?"라고 교사가 묻자 대답하지 않는다. 교사가 "그럼 혹시 서연이와 은채랑 같이 그리고 싶어서 그랬어요?"라고 다은이에게 묻자 말없이 고개를 위아래로 끄덕인다. "다은이가 서연이랑 은채와 같이 그림을 그리고 싶었구나. 그럼 친구랑 같이 활동하고 싶을 때는 어떻게 말하면 좋을까?"라고 묻자 서연이가 "친구야, 나도 같이 그림 그리고 싶어 라고 이야기하면 돼요"라고 말한다. "그럼 다은이가 서연이에게 같이 해도 되는지 한 번 물어볼 수 있을까요?"라고 교사가 묻자 6초 동안 머뭇거리다 작은 소리로 "서연아, 나랑 같이 그림 그릴래?"라고 말한다. 다은이와 서연, 은채가 함께 스케치북에 그림을 그린다.

요 약:

– 다은이는 친구에게 말로 표현하기보다 행동을 먼저 한다.

– 다은이는 교사의 물음에 언어로 표현하지 않는다.

– 교사의 의견을 수렴하나 적극적으로 하지 않는다.

서술식 사건표집법 관찰기록

〈사례 15〉

관찰일자 : 2019. 11. 25.   성 별 : 남   생년월일 : 2014. 3. 13.

관 찰 자 : 현효선(새싹어린이집)   이 름 : 원휘연   관찰일 현재 영 · 유아 연령 : 5년 8월

관찰시간 : 오후 1:05~1:15

시 간	사 건 전 (Antecedent Event: A)	사 건 (Behavior: B)	사 건 후 (Consequence: C)
오후 1:05 ~ 1:15	지후와 재민이가 함께 쌓기 영역에서 스네포블록과 종이블록, 소프트 블록을 가지고 끼우기를 활동을 하며 이야기를 나눈다. 지후가 먼저 스네포 블록을 끼우면 휘연이가 따라서 같은 모형을 끼우기를 한다. 지후가 휘연이에게 블록을 달라고 하자 휘연이가 "그래"라고 이야기를 하며 블록을 웃으며 나누어 준다. 지후가 또 달라고 하자 휘연이가 "이제 나도 없어"라고 이야기를 한다.	재민이가 휘연이 블록을 가져가 지후에게 던진다. 휘연이가 "아니야 내꺼야"라고 소리를 친다.옆에서 지켜보던 재민이가 휘연이 블록을 가져가 지후에게 던진다. 휘연이가 "아니야 내꺼야"라고 소리를 친다. 지후가 화를 내는 휘연이는 보지 않고 재민이가 던져준 블록으로 끼우기 활동을 계속 한다. 휘연이가 울음을 보인다.	지후가 휘연이의 우는 모습을 보고 교사를 번갈아 본다. 교사가 지후의 이름을 부르자 지후가 울먹이는 모습으로 교사를 바라본다. 지후에게 무슨일이 있었는지 물어보자 "재민이가 줬어요."라고 울먹인다. 재민이에게 왜 휘연이 블록을 지후에게 줬는지 물어보니 대답을 하지 않고 블록만 만지작거린다. 휘연이에게 왜 울었는지 물어보니 "지후가 내가 안줬는데, 내꺼로 만들었어요."라고 이야기를 한다. 쌓기영역에 놓아져 있는 스네포 블록을 보며 누구 것인지 물어보자 지후가 휘연이 스네포 블록을 휘연이에게 "자"하며 건넨다. 교사가 친구와 사이좋게 블록놀이를 하려면 어떻게 해야 하는지 물어 보니 휘연이가 "친구 블록을 마음대로 가져가면 안돼요"라고 이야기를 한다. 재민이는 휘연이에게 스스로 "미안해"하며 어깨를 만져준다. 휘연이가 "괜찮아"라고 이야기를 하며 웃음을 보이자 지후도 "나도 미안해"라고 한다. 지후와 휘연이는 함께 스네포 블록놀이를 하고 재민이는 동물블록을 가지고 놀이를 한다.

요 약:

- 휘연이는 친구에게 화를 내지 못하고 울음을 보이기도 한다.
- 휘연이는 친구의 이야기를 귀담아 들어주려 한다.

서술식 사건표집법 관찰기록

〈사례 16〉

관찰일자 : 2019. 12. 10.　　　성 별 : 남　　　생년월일 : 2013. 9. 6.

관 찰 자 : 김선용(성동숲속어린이집)　이 름 : 강주환　　관찰일 현재 영 · 유아 연령 : 6년 3월

관찰시간 : 자유선택활동 중 쌓기놀이영역

시 간	사 건 전 (Antecedent Event: A)	사 건 (Behavior: B)	사 건 후 (Consequence: C)
오후 1:30 ~ 1:40	주환이는 몰펀블럭으로 우주선을 만들고 무엽이는 옆에서 스펀지 블록으로 집을 만든다. 주환이가 작은 곰 모형인형을 우주선에 태우고 집을 만들고 있는 무엽이 집근처를 "쌩" 하면서 날아다닌다. 무엽이 집 근처로 왔다갔다 하자 무엽이가 주환이에게 "내 집은 철로 만든 문이라서 못들어와"라고 말하며 대문을 닫는다. 그 이야기를 들은 주환이가 우주선을 손으로 들고 다시 "쌩~" 하는 소리를 내며 무엽이가 만든 집으로 날아가 대문에 일부러 부딪친다. 만든 대문이 흔들거리자 무엽이가 손으로 대문을 잡아서 멈추게 한다. 그리고 주환이를 보면서 "야 이거 내가 힘들게 만든거야." 라며 울먹이며 이야기 하면서 자기가 만든 대문과 집을 다시 고친다. 그리고 대문을 좀 더 높게 세우면서 "더 튼튼하게 할 거야, 이제 하지마."라고 말한다.	그 이야기를 들은 주환이가 다시 우주선을 들고 무엽이가 만든 집으로 날아와서 "그래도 내 우주선이 더 세거든 "라고 말하며 무엽이 집에 부딪친다. 그 순간 높게 세웠던 대문이 흔들리자 무엽이가 손으로 대문을 얼른 잡으며 주환이를 보면서 "야~ 강주환 하지마! 하지 말라고 했잖아!"라고 소리친다. 그 순간 대문과 문이 무너져 바닥으로 떨어지자 무엽이가 "아!! 으악~ 너 때문이야"라고 말하며 울기 시작한다.	"선생님 강주환이 내거 다 부셨어요." 라고 말하며 교사에게 와서 이야기 한다. 교사가 무엽이를 바라보자 주환이가 얼른 무엽이에게 다가가서 "미안해~미안해"라고 계속 말을 하며 교사의 얼굴과 무엽이 얼굴을 번갈아가며 본다. 교사가 주환이에게 "주환아 무엽이가 왜 울고 있는 것 같아? 라고 물어보자 "내가 집을 부셔서요.."라고 대답한다. "그럼 무엽이에게 어떻게 해 주면 좋을까?"라고 물어보자 주환이는 "사과할께요"라고 대답한다. 그리고는 무엽이에게 다가가서 "무엽아 내가 부셔서 미안해 다음엔 안 그럴게"라고 말하며 어깨를 손으로 만지자 무엽이가 눈물을 닦으며 "다음에는 하지마"라고 말한다. 그리고 난 후 교사가 주환이에게 "그럼 이제 무엽이랑 같이 더 멋지고 튼튼한 집을 다시 만들어보는 건 어떨까?"라고 물어보자 "네, 무엽아 나랑 같이 할래?"라고 물어본다. 무엽이가 고개를 끄덕이자 집을 다시 만들기 시작한다.

요 약:
- 주환이는 교사의 의견을 수렴해 행동을 수정한다.
- 주환이는 자신의 잘못한 부분을 인정하고 친구에게 "미안해" 라고 사과할 수 있다.

서술식 사건표집법 관찰기록

〈사례 17〉

관찰일자 : 2019. 12. 12. 성 별 : 남 생년월일 : 2013. 1. 18.

관 찰 자 : 최은경(성동숲속어린이집) 이 름 : 이하윤 관찰일 현재 영·유아 연령 : 6년 11월

관찰시간 : 오후 미술영역

시 간	사 건 전 (Antecedent Event: A)	사 건 (Behavior: B)	사 건 후 (Consequence: C)
오후 3:30 ~ 3:45	하윤이가 스케치북을 들고 미술영역에 앉으며 "서윤아 나 호랑이랑 팥죽할멈 그림 그리고 싶은데 어떻게 그리는지 모르겠어" 게시판을 손으로 가리키면서 "저 호랑이 그리고 싶은데…" 한다. 서윤이가 "책 보고 그리면 되자나 같이 그릴까?" 하자 하윤이와 서윤이는 도서영역에서 호랑이가 들려주는 팥죽할멈과 호랑이 책을 가지고 자리에 앉는다. 서윤이가 책을 넘기며 하윤이와 그림을 찾고 스케치북에 서윤이와 하윤이 같이 그림을 그린다. 그때 옆에서 그림을 그리던 준후가 "니네 둘이 뭐하냐 좀 조용히 그려라~"라고 말한다. 하윤이와 서윤이가 "웃기다 흐흐하하" 하며 웃는다. 준후가 "조용히 그려라 나 그림 그리는데 방해돼" 한다. 하윤이가 지우개를 가지고 와서 그림을 지우고 지우개를 책상 위에 놓는다.	그때 준후가 책상 위에 있는 지우개를 잡고 그림을 지우려고 하자 하윤이가 준후의 손을 치며 지우개를 뺏으려고 한다. 준후도 손을 뒤로하며 지우개를 뺏기지 않으려한다. 하윤이가 "내가 쓸려고 아까 가지고 온 거 봤자나 내 허락을 받고 써야지 빨리 내놔라" 한다. 준후가 "야~ 그렇다고 이 지우개가 니 건 아니자나 같이 사용해야지" 하자 하윤이가 "싫어~"라고 말한다. 하윤이가 "내놔 내 지우개" 말하며 준후의 손에 있는 지우개를 뺏으려고 손을 잡는다.	준후가 "아야 아퍼~" 하며 눈에 눈물을 글썽이며 교사에게 다가와서 "선생님 하윤이가 내 손 꼬집었어요."라고 말하며 손등을 교사에게 보여준다. 교사가 하윤이를 부르고 준후와 함께 책상에 앉자 하윤이가 "내 지우개인데 준후가 내 허락도 안 받고 지우개 맘대로 사용했어요.. 그리고 지우개 가루 내 쪽으로 보내고 약 올렸단 말이에요" 한다. 준후가 "아니에요 저는 지우개가루 안 보냈어요. 그냥 지우개 쓰고 책상에 놓으려 했는데 하윤이가 뺏고 꼬집었어요." 한다. 그때 하윤이가 교사에게 "그래도 준후 꼬집어서 죄송합니다." 한다. 교사가 "앞으로는 어떻게 행동 할 건데" 하며 묻자 하윤이가 "화가 나도 말로 할께요. 지우개도 나누어 쓰고" 한다. 하윤이가 준후에게 "준후야 내가 너 꼬집어서 미안해 그렇지만 너도 나 놀리지 마라" 한다. 준후도 "알았어 나도 지우개가루 너한테 보낸 것 미안해" 한다.

요 약:

– 하윤이는 자신의 감정을 적절한언어로 정확히 표현할 수 있다.

– 하윤이는 자신의 잘못 된 행동에 대해 인정하고 친구와의 갈등을 긍정적으로 해결한다.

(2) 빈도 사건표집법

빈도 사건표집법 관찰기록

〈사례 1〉

관찰일자 : 2019. 12. 17   성 별 : 여   생년월일 : 2017. 11. 6.
관 찰 자 : 윤재연(성동숲속어린이집)   이 름 : 김태린   관찰일 현재 영·유아 연령 : 2년 1월
관찰시간 : 자유놀이활동시간

분류	동일성		유사성		재분류		비 고
성공·실수 영역	성공	실수	성공	실수	성공	실수	
적목 영역	V		V		V		다양한 모양의 적목
미술 영역	V		V		V		색연필 스케치북
언어 영역	V			V		V	색연필 스케치북
감각·탐색 영역	V		V		V		겨울 퍼즐
블록 영역	V		V		V		다양한 모양의 블록
블록 영역							
계	5		4	1	4	1	

요약:
– 태린이는 블록의 크기 순서대로 나열 할 수 있다.
– 태린이는 자신의 색연필과 스케치북을 정확히 알고 찾을 수 있다.
– 태린이는 교사가 알려주는 겨울 단어 그림 카드를 따라 말할 수 있으나 혼자 말하는 것을 어려워한다.
– 태린이는 겨울 퍼즐을 장소에 맞게 맞출 수 있다.
– 태린이는 같은 크기의 블록끼리 짝 지을 수 있다.

빈도 사건표집법 관찰기록

〈사례 2〉

관찰일자 : 2019. 12. 13.　　　　성 별 : 여　　　　생년월일 : 2017. 4. 8.

관 찰 자 : 오수연(성동숲속어린이집)　이 름 : 이지유　　관찰일 현재 영 · 유아 연령 : 2년 8월

관찰시간 : 분류행동

분류	동일성		유사성		재분류		비 고
성공 · 실수 영역	성 공	실 수	성 공	실 수	성 공	실 수	
적목 영역	V		V		V		다양한 모양의 적목
미술 영역	V		V		V		크레파스
언어 영역	V		V		V		다양한 크기의 책
과학 영역	V		V		V		다양한 곡물
수 영역	V		V		V		다양한 끼우기 모양
블록 영역	V		V		V		와플블록, 레고블록
기타							
계	6		6		6		

요약:

– 지유는 다양한 적목을 구분할 수 있다.

– 지유는 다양한 크레파스를 색깔별로 구분할 수 있다.

– 자유는 다양한 크기의 책을 구분할 수 있다.

– 자유는 다양한 곡물을 분류할 수 있다.

– 지유는 다양한 끼우기 모양을 구분할 수 있다.

– 자유는 와플블록, 레고블록을 분류할 수 있다.

빈도 사건표집법 관찰기록

〈사례 3〉

관찰일자 : 2019년 11월 29일　　　성 별 : 남　　　　생년월일 : 2017년 1월 17

관 찰 자 : 김영신(새싹어린이집)　　이 름 : 임민호　　관찰일 현재 영 · 유아 연령 : 2년 10월

관찰시간 : 분류

분류	동일성		유사성		재분류		비 고
성공 · 실수 영역	성 공	실 수	성 공	실 수	성 공	실 수	
적목 영역	V		V		V		다양한 모양의 적목
미술 영역	V		V		V		색연필
언어 영역	V		V		V		3가지 크기의 책
과학 영역	V		V		V		다양한 나뭇잎
수 영역	V		V		V		다양한 끼우기 모양
블록 영역	V		V		V		소프트, 종이벽돌, 팁탑 블록
기타							
계	6		6		6		

요약:

– 민호는 적목을 모양별로 분류할 수 있다.

– 민호는 색연필을 색깔별로 분류할 수 있다.

– 민호는 3가지 크기의 책을 크기별로 분류할 수 있다.

– 민호는 다양한 나뭇잎을 분류할 수 있다.

– 민호는 다양한 끼우기 모양을 분류할 수 있다.

– 민호는 소프트, 종이벽돌, 팁탑 블록을 분류할 수 있다.

빈도 사건표집법 관찰기록

〈사례 4〉

관찰일자 : 2019. 12. 9.　　　　성 별 : 남　　　　생년월일 : 2015. 12. 30.
관 찰 자 : 서정남(성동숲속어린이집)　이 름 : 한예성　　관찰일 현재 영 · 유아 연령 : 2년 11월
관찰시간 : 분류행동

분류	동일성		유사성		재분류		비 고
성공 · 실수 영역	성 공	실 수	성 공	실 수	성 공	실 수	
적목 영역	V		V		V		다양한 모양의 적목
미술 영역	V		V		V		크레파스
언어 영역	V		V		V		다양한 크기의책
과학 영역	V		V		V		동물의 이름
수 영역	V		V		V		다양한 크기의 구슬
블록 영역	V		V		V		레고, 모양, 벽돌블록
기타							
계	5		5		5		

요약:
– 예성이는 다양한 블록을 특성에 따라 분류할 수 있다.
– 예성이는 다양한 색깔을 분류할 수 있다.
– 예성이는 큰 책과 작은 책을 구분할 수 있다.
– 예성이는 동물의 이름을 알고 분류할 수 있다.
– 예성이는 다양한 크기의 구슬 중에서 가장 큰 것 작은 것을 구분할 수 있다.
– 예성이는 블록이 특성에 대해 알고 분류할 수 있다.

빈도 사건표집법 관찰기록

〈사례 5〉

관찰일자 : 2019. 12. 5.　　　성 별 : 여　　　생년월일 : 2016. 8. 16.

관 찰 자 : 박미정(성동숲속어린이집)　이 름 : 박 봄　　관찰일 현재 영·유아 연령 : 3년 4월

관찰시간 : 분류행동

분류	동일성		유사성		재분류		비 고
성공·실수 영역	성 공	실 수	성 공	실 수	성 공	실 수	
적목 영역	V		V		V		다양한 도형의 적목
미술 영역	V		V		V		말린꽃, 솔방울, 메타세쿼이아 열매, 과일 씨앗 자연물을 이용해 꾸미기
언어 영역	V		V		V		다양한 쓰기도구 〈마카보드, 색연필, 연필〉
과학 영역	V		V		V		식물이 자라는데 필요한 것 〈환경〉
수 영역	V		V		V		나뭇잎을 이용한 수세기 (1~5)
블록 영역	V		V		V		다양한 종류의 블록 분류
기타							
계	6		6		6		

요약:

– 봄이는 삼각형, 사각형, 원, 별, 다이아몬드의 적목을 구분 할 수 있다.

– 봄이는 다양한 자연물을 구별 할 수 있다.

– 봄이는 다양한 필기도구의 특징을 알고 구별 할 수 있다.

– 봄이는 사물을 이용해 1~5까지 수와 양을 알 수 있다.

– 봄이는 식물이 자라는데 필요한 것들을 알고 있다.

– 봄이는 벽돌, 와플, 자석, 몰펀, 레고블록을 구분 할 수 있다.

빈도 사건표집법 관찰기록

〈사례 6〉

관찰일자 : 2019. 11. 25. 성 별 : 여 생년월일 : 2016. 3. 11.
관 찰 자 : 조아름(새싹어린이집) 이 름 : 유서영 관찰일 현재 영·유아 연령 : 3년 8월
관찰시간 : 분류행동

분류	동일성		유사성		재분류		비 고
성공·실수 영역	성공	실수	성공	실수	성공	실수	
적목 영역	V		V		V		다양한 모양의 적목
미술 영역	V		V		V		색연필
언어 영역	V		V		V		다양한 크기의 책
과학 영역	V		V		V		다양한 열매
수 영역	V			V		V	숫자 카드
블록 영역	V		V		V		스내포 블록, 레고 블록
기타							
계	6		5	1	5	1	

요약:
– 서영이는 다양한 적목을 모양별로 구분할 수 있다.
– 서영이는 색연필을 색깔별로 구분할 수 있다.
– 서영이는 다양한 책의 크기를 구분할 수 있다.
– 서영이는 열매의 특징을 파악하고, 구분하여 분류할 수 있다.
– 서영이는 같은 숫자는 분류할 수 있으나 비슷한 숫자는 분류하기 어려워한다.
– 서영이는 스내포 블록과 레고 블록을 분류할 수 있다.

빈도 사건표집법 관찰기록

〈사례 7〉

관찰일자 : 2019. 11. 22 성 별 : 여 생년월일 : 2016. 3. 22.

관 찰 자 : 임지윤(새싹어린이집) 이 름 : 박연아 관찰일 현재 영 · 유아 연령 : 3년 8월

관찰시간 : 분류행동

분류	동일성		유사성		재분류		비 고
성공 · 실수 영역	성공	실수	성공	실수	성공	실수	
적목 영역	∨		∨		∨		모양과 색깔이 다양한 적목
미술 영역	∨		∨		∨		다양한 색의 색연필
언어 영역	∨		∨		∨		크기가 다른 여러 가지 책
과학 영역	∨		∨		∨		다양한 곡물
수 영역	∨		∨		∨		숫자 막대
블록 영역	∨		∨		∨		다양한 블록
기타							
계	5		5		5		

요약:
– 연아는 색깔별과 모양대로 구분할 수 있다.
– 연아는 색연필을 색깔별로 구분할 수 있다.
– 연아는 큰 책과 작은 책을 구분할 수 있다.
– 연아는 다양한 곡물의 종류대로 구분할 수 있다.
– 연아는 다양한 숫자막대를 색깔별로, 크기별로 구분할 수 있다.
– 연아는 다양한 블록의 이름과 색깔, 모양별로 구분할 수 있다.

빈도 사건표집법 관찰기록

〈사례 8〉

관찰일자 : 2019. 12. 12.　　　　성 별 : 여　　　　생년월일 : 2014. 8. 28.

관 찰 자 : 윤희(성동숲속어린이집)　　이 름 : 김하린　　관찰일 현재 영 · 유아 연령 : 4년 3월

관찰시간 : 분류행동

분류	동일성		유사성		재분류		비 고
성공 · 실수 영역	성 공	실 수	성 공	실 수	성 공	실 수	
적목 영역	V		V		V		다양한 모양의 적목
미술 영역	V		V		V		크레파스
언어 영역	V		V		V		요구르트 눈
과학 영역	V		V		V		동화책표지탐색하기
수 영역	V		V		V		동화책 패턴놀이
블록 영역	V		V		V		스펀지, 몰펀블록
기타							
계	6		6		6		

요약:

- 하린이는 크레파스의 색깔을 분류할 수 있다.
- 하린이는 언어영역에서 요구르트 눈 교구를 통해 숨어있는 글자를 구별할 수 있다.
- 하린이는 블록의 다양한 색과 모양별로 분류를 할 수 있다.
- 하린이는 패턴의 의미에 대해 알고 패턴 순서에 맞게 놓아볼 수 있다.
- 하린이는 동화책 속에서 동화 제목, 출판사, 지은이를 구별할 수 있다.

빈도 사건표집법 관찰기록

〈사례 9〉

관찰일자 : 2019. 12. 16. 성 별 : 남 생년월일 : 2015. 5. 18.

관 찰 자 : 김해솔(성동숲속어린이집) 이 름 : 한지후 관찰일 현재 영 · 유아 연령 : 4년 6월

관찰시간 : 분류행동

분류	동일성		유사성		재분류		비 고
성공 · 실수 영역	성 공	실 수	성 공	실 수	성 공	실 수	
적목 영역	V		V		V		적목블록
미술 영역	V		V		V		가위로 오리기
언어 영역	V		V			V	자음, 모음 단어카드
과학 영역	V		V		V		배춧잎
수 영역	V		V		V		1~10 숫자카드
블록 영역	V		V		V		H블록 〈흰, 빨, 주, 노, 초, 파, 보, 분〉
기타							
계	6		6		5	1	

요약:

– 지후는 그림을 그리고 그림의 모양을 따라 오리기를 할 수 있다.

– 지후는 한글을 자음과 모음으로 분류할 수 있다.

– 지후는 분류한 것을 다시 재분류할 때도 그 개념과 기준을 이해하고 있다.

– 지후는 10까지의 수를 정확하게 읽고, 나열할 수 있다.

– 지후는 H블록의 색을 구분하여 분류하면서 같은 색깔끼리 모아 구성하며 놀이할 수 있다.

빈도 사건표집법 관찰기록

〈사례 10〉

관찰일자 : 2019. 12. 18   성 별 : 남   생년월일 : 2014. 2. 28.

관 찰 자 : 박은진(성동숲속어린이집)   이 름 : 이준   관찰일 현재 영 · 유아 연령 : 4년 9월

관찰시간 : 분류행동

분류	동일성		유사성		재분류		비 고
성공 · 실수 영역	성 공	실 수	성 공	실 수	성 공	실 수	
적목 영역	V		V		V		적목블록
미술 영역	V		V		V		크레파스
언어 영역	V		V		V		단어 찾기 언어교구
과학 영역	V		V		V		돋보기
수 영역	V		V		V		1~50 단위판
블록 영역	V		V		V		다양한 종류의 블록
기타							
계							

요약:

– 여러 가지 색의 유사성을 구분하고 색 이름을 말하며, 두 가지 색이 섞였을 때 어떤 색으로 변하는지 이야기할 수 있다.

– 2음절과 3음절의 단어를 찾아서 읽고 적을 수 있다.

– 사전, 동화책 등 책의 종류의 따라 분류할 수 있다.

– 1~50까지의 수를 읽고 필기도구로 적을 수 있으며 두 수를 더해 답을 말할 수 있다.

– 여러 가지 블록으로 구체물을 만들 수 있다.

빈도 사건표집법 관찰기록

〈사례 11〉

관찰일자 : 2019. 11. 15.   성 별 : 남   생년월일 : 2014. 3. 13.
관 찰 자 : 현효선(새싹어린이집)   이 름 : 원휘연   관찰일 현재 영·유아 연령 : 5년 8월
관찰시간 : 분류행동

분류	동일성		유사성		재분류		비 고
성공·실수 영역	성공	실수	성공	실수	성공	실수	
적목 영역	∨		∨		∨		적목 블록
미술 영역	∨		∨		∨		색연필, 사인펜, 매직, 나무색 연필, 네임펜
언어 영역	∨			∨		∨	이름카드, 그림이 없는 단어카드
과학 영역	∨		∨		∨		불에 타는 물건, 안타는 물건
수 영역	∨		∨			∨	수를 앞에서 읽고, 거꾸로 읽기, 숫자카드와 연결
블록 영역	∨		∨		∨		스네포 블록, 소프트 블록
기타							
계	6		5	1	4	2	

요약:
- 휘연이는 적목블록의 여러 종류의 블록의 색을 구분하여 분류하면서 색깔끼리 모아 구성하며 놀이할 수 있다.
- 휘연이는 다양하게 쓰기 도구를 사용할 수 있고, 표현을 다르게 할 수 있다.
- 휘연이는 수를 정확하게 읽기를 하고, 수와 연결할 수 있다.
- 휘연이는 불교구를 이용해 불에 타는 물건, 안타는 물건을 분류 할 수 있다.
- 휘연이는 언어영역 단어카드와 수영역의 재분류 하는 것이 어렵다.

빈도 사건표집법 관찰기록

〈사례 12〉

관찰일자 : 2019. 12. 13.　　　성 별 : 여　　　　생년월일 : 2013. 10. 26.
관 찰 자 : 최은경(성동숲속어린이집)　이 름 : 강수정　관찰일 현재 영 · 유아 연령 : 6년 2월
관찰시간 : 자유선택활동 시간

분류	동일성		유사성		재분류		비 고
성공 · 실수 영역	성 공	실 수	성 공	실 수	성 공	실 수	
적목 영역	V		V		V		다양한 색과 모양의 적목
미술 영역	V		V		V		다양한 색종이 가위로 오리기
언어 영역	V		V		V		한글낱말카드 활동지
과학 영역	V		V		V		책표지 쓰기도구 돋보기
수 영역	V		V		V		빙고게임 매트릭스게임
블록 영역	V		V		V		벽돌블록 몰펀블록
기타							
계							

요약:
– 수정이는 블록의 다양한 색과 모양에 대해 정확히 분류할 수 있다.
– 수정이는 선을 따라 도형이나 무늬를 가위로 오리고 꾸미고 만들기 할 수 있다.
– 수정이는 소리 나는 대로 글자를 쓰고 끝말잇기를 할 수 있다.
– 수정이는 사물의 모양, 색깔, 크기의 속성을 알고 구분할 수 있다.
– 수정이는 반복되는 규칙성을 알고 다음에 올 것을 예측할 수 있다.

빈도 사건표집법 관찰기록

〈사례 13〉

관찰일자 : 2019. 12. 성 별 : 여 생년월일 : 2013. 2. 22.

관 찰 자 : 김선용(성동숲속어린이집) 이 름 : 윤서유 관찰일 현재 영 · 유아 연령 : 6년 9월

관찰시간 : 자유선택활동 시간

분류	동일성		유사성		재분류		비 고
성공 · 실수 영역	성 공	실 수	성 공	실 수	성 공	실 수	
적목 영역	V		V		V		다양한 모양의 적목
미술 영역	V		V		V		색종이, 가위 테이프,연필
언어 영역	V		V		V		그림카드 팥, 매트
과학 영역	V		V		V		그림카드
수 영역	V		V		V		주사위, 게임판 그림카드
블록 영역	V		V		V		몰펀블럭 레고블럭 스펀지 블럭
기타							
계							

요약:
- 서유는 다양한 모양의 적목을 분류, 재분류 할 수 있다.
- 서유는 색종이를 원하는 모양으로 오리고 꾸미기, 만들기를 할 수 있다.
- 서유는 그림을 보고 그림 이름을 글자로 구성할 수 있다.
- 서유는 수를 정확히 알고 10의 보수를 알며 양을 정확히 놓을 수 있다.
- 서유는 블록의 색깔, 모양, 크기 속성에 대해 알고 있으며 분류할 수 있다.

5. 평정척도법

1) 평정척도법의 정의

평정척도법(rating scale method)은 관찰에서 얻은 자료를 수량화하기 위해 고안된 방법이다. 평정척도는 연속성이 있는 어떤 행동의 차원 또는 영역에 대해서 연구대상의 행동을 관찰한 후 일정한 위치에 평정하도록, 즉 수량화된 점수를 부과하도록 작성된다. 따라서 평정척도법은 관찰과 동시에 행할 수 없으며 관찰을 충분히 한 후에 그 결과를 요약하는 수단으로 사용된다. 평정척도의 대표적인 유형으로는 기술평정척, 숫자평정척, 도식평정척, 표준평정척 등이 있다.[39]

평정척도법은 관찰대상 유아의 어떤 특성이나 신체적 특질 혹은 성격 등을 미리 정해진 범주에 따라 평가할 때 사용되는 관찰도구이므로 관찰자는 사전에 관찰하려는 행동영역에 대해 미리 알고 있어야 한다. 또한 평정척도법은 유아들의 어떤 행동의 출현 유무만을 표시하는 데 그치지 않고 행동의 질적인 특성을 알고자 할 때 유용하게 사용된다.[40]

평정척도법은 행동목록법에서와 마찬가지로 연구자가 사전에 미리 관찰하려는 행동영역에 대해 알고 있을 때 사용된다. 그러나 이 방법은 행동목록법에서처럼 행동의 출연 유무를 표기하는 데 그치지 않고, 행동의 질적인 특성을 몇 등급으로 구분해서 기록하거나 행동 출연 빈도의 크고 작은 정도를 구분해서 기록하고자 할 때 더욱 유용하다. 그러므로 평정척도법은 행동목록법의 한계점을 보완하여 그 적용한계를 확대시킨 방법이라 할 수 있다.[41] 유아 관찰에서 유아의 행동을 일정한 기간 동안 계속적으로 관찰하고 난 후에 선정된 준거에 따라 행동의 특성을 판단하기 위해 평정척도를 이용할 수 있다. 유아들의 특정 행동이나 사건이 일어난 후 평정에 사용되는 척도의 종류는 수집하려는 자료의 성격과 관찰의 목표에 따라 다르게 결정된다.

39) 한국유아교육학회, 앞의 사전, p. 631.
40) 이정환, 박은혜, 앞의 책, p. 74.
41) 이은해, 앞의 책, p. 183.

2) 평정척도법의 종류

(1) 기술 평정척도

기술 평정척도(category rating scale)는 행동의 한 차원을 연속성 있는 몇 개의 범주로 나누어 기술하고 관찰자로 하여금 대상의 행동을 가장 잘 나타내는 진술문을 선택하는 방법이다. 이 때 진술문은 가능한 한 행동적으로 기술되어야 하며 범주간 차이가 구별될 수 있어야 한다.[42]

한 행동에 대해 흔히 3~5개의 기술적인 범주에 따라 평정하게 된다.[43]

유아의 읽기에 대한 흥미도를 3개의 기술적인 범주에 따라 기술평정하고자 할 때 다음과 같은 예문을 만들 수 있다.

〈예 문〉

유아의 책읽기에 대한 흥미도는 어느 정도인가?

(　　) 읽기에 전혀 관심을 보이지 않는다.

(　　) 교사에게 책을 읽어 달라고 가끔 요청한다.

(　　) 거의 매일 도서영역에 가서 책을 본다.

또한 유아의 쓰기 능력 발달에 대해 5개의 기술적인 범주에 따라 기술평정 하고자 할 때 다음과 같은 예문을 만들 수 있다.

〈예 문〉

유아의 쓰기 능력은 어느 정도 발달되어 있는가?

(　　) 글씨를 쓰는 것에 대해 전혀 관심이나 흥미를 보이지 않는다.

(　　) 긁적거리기 형태의 구불구불한 선이나 직선이 나타난다.

(　　) 자신이 알고 있는 쉬운 단어를 쓴다.

(　　) 자기 이름과 친구의 이름을 쓴다.

(　　) 짧은 문장을 쓴다. ▫

---

42) 한국유아교육학회, 앞의 사전, p. 631.

43) 이은해, 앞의 책, p. 87.

듣기에 대한 관심도를 4개의 기술적인 범주에 따라 기술 평정하면 다음과 같다.

〈예 문〉

유아의 듣기에 대한 관심도는 어느 정도인가?

( ) 교사의 말이나 친구의 말을 들을 때 전혀 관심이나 흥미를 보이
지 않는다.

( ) 교사의 말이나 친구의 말을 들을 때 약간의 관심을 보인다.

( ) 교사나 친구의 말을 관심있게 듣는다.

( ) 교사나 친구의 말에 매우 관심을 갖고 듣는다.

---

(2) 숫자 평정척도

숫자 평정척도(numberical rating scale)는 각 척도치에 숫자를 부여함으로써 이루어지며 숫자를 일종의 점수로써 평정된 자료를 수량화하고 통계적인 분석을 가능하게 하는 방법이다.[44]

숫자를 배정하는 일반적인 규칙은 가장 긍정적인 척도치에 가장 높은 점수를 주는 것으로 즉, 3점 척도인 경우 3, 2, 1로 배정하고 5점 척도인 경우에는 5, 4, 3, 2, 1로 배정한다.[45]

유아의 친사회적 행동에 대해 숫자 평정척도를 할 경우 다음과 같은 예문을 만들 수 있다.

〈예 문〉

유아의 친사회적 행동 숫자 평정척도

이 름 :   생년월일: 성별: 남 여

관찰자: 관찰일:

관찰일 현재 유아의 연령 :   년   월

지시: 유아의 친사회적 행동(Prosocial Behavior)에 대해 다음과 같이 1~5로
평정하여 해당 숫자에 표를 한다.

	1. 아주 못함	2. 못함	3. 보통	4. 잘함	5. 아주 잘함
1. 친구와 장난감을 교환하며 놀이를 한다.	1	2	3	4	5
2. 교사나 친구에게 친절하다.	1	2	3	4	5
3. 친구를 위해 간식 그릇을 치워 주거나 책상 정리를 해 준다	1	2	3	4	5
4. 친구나 교사를 도와준다.	1	2	3	4	5
5. 친구에게 나누어 주기를 한다.	1	2	3	4	5

---

44) 한국유아교육학회, 앞의 사전, p. 631.
45) 이은해, 앞의 책, pp. 187~188 참조.

(3) 도식 평정척도

도식 평정척도(graphic rating scale)는 관찰자의 판단을 돕기 위해 기술적인 유목에 어떤 선을 첨가시킨 형태를 말한다. 도식 평정척에서는 일정한 직선을 제시하고 직선상의 위치에 따라 판단을 할 때 관찰자는 직선을 하나의 시각적 단서로 활용하여 관찰하는 행동의 연속성을 가정하게 된다.[46]

선은 일반적으로 횡축선이 많이 사용된다. 선의 형태도 동간으로 나누어진 선 또는 나누어지지 않은 선, 연속선, 또는 점선 등으로 다양하다. 대체로 척도치에 따라 몇 개의 동간으로 나누어진 직선을 많이 사용한다.[47]

유아의 사회 인지적 놀이에 대해 도식 평정척도를 이용한 관찰을 할 경우 다음과 같은 예문을 만들 수 있다.

〈예 문〉

도식 평정척도를 이용한 유아의 사회 · 인지적 놀이 관찰

이 름:　　　　　생년월일:　　　　　성별: 남 · 여

관찰자:　　　　　관찰일:

관찰일 현재 유아의 연령 :　　년　　월

지시: 다음 각 항목에 가장 적합한 곳에 평점을 부여한다.

1. 놀이의 형태 혼자 논다.　├────┼────┼────┤　친구와 함께 논다.
2. 놀이의 방법 단순한 기능놀이 연습놀이를 한다.　├────┼────┼────┤　친구와 역할놀이를 한다.
3. 놀이 시간 한곳에 오래 놀이하지 못하고 자주 이동한다.　├────┼────┼────┤　다양한 대화나 놀이방법으로 오랫동안 놀이를 지속한다.

---

46) 한국유아교육학회, 앞의 사전, p. 631.
47) 이은해, 앞의 책, p. 188.

(4) 표준 평정척도

표준 평정척도(standard rating scale)는 관찰자에게 평정의 대상을 다른 일반 대상과 비교할 수 있도록 구체적인 준거를 제시하는 방법이다.[48] 이 유형은 기술 평정척도에서의 범주를 보다 객관적인 유목으로 기술한 형태라 볼 수 있다.

표준 평정척도를 이용한 유아의 언어 · 인지능력을 평가하고자 할 때 다음과 같은 예문을 만들 수 있다.

〈예 문〉
표준 평정척도를 이용한 유아의 언어 · 인지능력 관찰

이 름: 생년월일: 성별: 남 · 여

관찰자: 관찰일:

관찰일 현재 유아의 연령 :   년   월

지시: 다음 각 항목에 가장 적합한 곳에 평점을 부여한다.

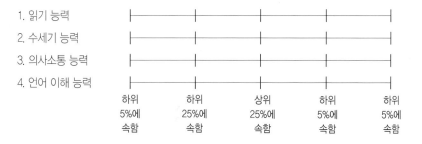

1. 읽기 능력
2. 수세기 능력
3. 의사소통 능력
4. 언어 이해 능력

하위   하위   상위   하위   하위
5%에   25%에   25%에   5%에   5%에
속함   속함   속함   속함   속함

---

48) 한국유아교육학회, 앞의 사전, p. 631. 이은해, 앞의책, p. 190.

3) 평정척도법을 위한 지침

평정척도법(rating scale method)은 관찰에서 받은 인상을 수량적으로 표시하도록 만들어진 측정도구이므로 이 방법을 사용하는 관찰자는 다음의 사항을 염두에 두어야 한다.[49]

첫째, 가능한 한 명확하고 간결하게, 짧고, 분명한 용어를 사용한다.

둘째, 단어나 단서들이 평정하는 특성과 일치하는 것이라는 것을 확신할 수 있어야 한다.

셋째, 한 척도에 특수한 단어를 사용하며 여러 척도에서 의미가 중복되지 않은 단어를 사용한다.

넷째, 평균적, 우수, 아주와 같은 일반적 용어는 사용하지 말아야 한다.

다섯째, 가치 판단적인 용어는 사용하지 말아야 한다. 좋은 행동이나 나쁜 행동을 의미하는 단어는 사용하지 말아야 한다.

여섯째, 시간표집법이나 표본식기술과 같이 보다 신뢰로운 측정법을 사용할 수 있는 경우에는 사용하지 말아야 한다.

일곱째, 평정할 특성의 예를 들 때 그 예들이 개념적으로 포함된 것이 아니라 행동에서 포함된 행동을 구분하는 것이라는 확신을 가져야 한다.

여덟째, 한 가지 특성에 대해서 모든 피험자를 평정한 후에 다음 특성을 평정한다.

아홉째, 가능하면 평정할 대상이 모르는 상태에서 평정한다.

열번째, 관찰과 평정 상황을 주의 깊게 선택한다.

평정의 타당도는 관찰 시간과 관찰 장면과 상황의 수에 따라 결정한다.

평정척도법을 이용한 관찰자가 유의해야 할 사항은 다음과 같다.[50]

첫째, 평점을 매기기 전에 유아에 대한 의견을 물어 보지 않는다.

둘째, 평점을 매기기 전에 모든 항목을 다 읽어 본다.

셋째, 평점을 매길 때 유아에 대한 전반적인 인상이 영향을 받지 않도록 한다.

넷째, 평정척도의 맨 마지막에 유아의 발달에 요약을 간단하게 적어 놓는다.

49) J. Guilford(1954), Psychometric methods, 2nd ed., (New York: Mc Graw-Hill), p. 268.홍순정(1993). 『아동연구』, 1993, pp. 141~142 재인용.
50) 이정환, 박은혜, 앞의 책, p. 75.

4) 평정척도법의 장점과 단점

평정척도법의 장점과 단점을 정리하면 다음과 같다.[51]

① 장점

첫째, 평정척도의 가장 큰 장점은 만들기 쉽고 사용하기가 편리하다는 점이다.

둘째, 평정척도는 시간이 많이 걸리지 않고 많은 발달영역을 한꺼번에 평가할 수 있다. 유아교육기관에서 교사의 업무량의 과다함을 생각해 볼 때 큰 장점이 될 수 있다.

셋째, 평정척도법은 관찰하면서 바로 적지 않고 교사가 편리한 시간에 적을 수 있다.

넷째, 평정척도법은 체크리스트와 달리 행동의 질도 평가할 수 있으므로 유아교육 현장에서 매우 유용하게 쓰일 수 있으며, 평정척도를 반복해서 사용했을 때 시간의 흐름에 따라 변화하는 유아의 행동이나 발달에 대한 정보를 얻을 수 있다.

다섯째, 평정척도법은 평정자가 특별한 훈련을 받을 필요가 없으므로 손쉽게 사용할 수 있다.

② 단점

첫째, 평정척도는 각 행동이 관찰되는 상황설명 없이 단지 행동의 수준만을 기록하기 때문에 행동에 대한 원인이나 전후 사정을 설명해 주지 못한다.

둘째, 관찰내용을 직접 현장에서 기록하는 것이 아니라 이후에 판단해야 하므로 관찰자의 기억이나 지각적 속성에 따라 영향을 많이 받을 수 있다.

셋째, 평정척도법은 관찰자가 나타내고자 하는 것을 정확하고 객관적으로 적은 항목을 개발하는 것이 쉽지 않다. 특히 다른 사람에 의해서 만들어진 평정척도를 이용할 때 자신이 생각하고 있는 문항이 없어서 당혹하게 되는 경우도 발생할 수 있다.

---

51) 김병선, 이윤옥 공저, 앞의 책, p. 165 참조. 홍순정, 앞의 책, pp. 139~140 참조. 이정환, 박은혜, 앞의 책, pp. 82~83 참조.

5) 평정자의 오류

평정척도법을 이용하여 관찰하는 관찰자는 다음의 오류를 주의한다.[52]

- 관대함(errer of leniency)의 오류

일반적으로 평정자들은 타인에게 관대하게 평정하는 경향이 있다.

- 중심화 경향의 오류(error of central tendency)

평정자들은 대개 극단적으로 판단하기보다는 중간 정도로 판단하는 경향이 있다. '후광 효과'를 조심한다. 후광 효과(halo effect)는 유아를 평가할 때 관찰 유아 주변의 어떤 요소가 평정에 작용하는 것을 말한다. 즉, 관찰 유아에 대한 사전 정보나 호감, 인성이 평정에 영향을 주어 관찰 유아를 과대 혹은 과소평가하는 것을 말한다.

- 논리적 오류(error of logic)

논리적으로 서로 관련되어 있는 문항에 대해 같은 평정을 하게 되는 것을 말한다. 예를 들면, '주도성'과 '독립성'이 논리적으로 관계를 갖고 있다고 생각하는 평정자들은 이 문항에 대해 유사하게 평정할 수 있다.

- 비교의 오류(error of contrast)

평정자가 평정할 사람을 어떻게 지각하고 그 사람이 가진 특성을 어떻게 보느냐에 따라서 자신과 유사하게 또는 자신과 정반대로 평정하는 경우에 오류가 발생한다.

- 근접성에 의한 오류(error of proximity)

평정자들이 평정척도상의 문항간의 상호 상관을 알아보았을 때 가까이 있는 문항의 상관이 멀리 떨어진 문항과의 상관보다 더 높음을 발견했다.

---

52) J. Guilford(1954). Psychometric methods, 2nd ed., (New York : Mc Graw-Hill), p. 268.홍순정, 앞의 책. pp. 140~141 참조. 이은해, 앞의 책, p. 191.

6) 평정척도법의 관찰양식

(1) 기술 평정척도의 관찰양식

① 의사소통 기술 평정척도(만 1~2세용)

의소소통 기술 평정척도 (만 1~2세용)

관찰 영아 : _____   생년월일 : _____   성 별 : 남 · 여

관 찰 자 : _____   관 찰 일 : _____   관찰일 현재 영아 연령 :   년   월

- **영**아의 행동을 가장 잘 진술한 범주에 Ⅴ 표시를 한다.
- 문항 내의 진술문 중 어느 하나도 현재 영아의 행동을 설명하지 못하거나 덧붙일 내용이 있으면 기타란에 적는다.
- 내용을 종합하여 요약한다.

1. 말은 어느 정도 듣고 이해하고 있는가?
(   ) 다른 사람의 이야기에 전혀 반응이 없다.
(   ) 다른 사람의 이야기에 조금 관심을 보이다 다른 행동을 한다.
(   ) 다른 사람의 이야기에 관심과 반응을 보인다.
기 타:

2. 듣기 활동에는 어느 정도 반응하고 있는가?
(   ) 단순하고 직접적인 대화체 문장에도 전혀 반응을 하지 않는다.
(   ) 단순하고 직접적인 대화체 문장에는 약간의 반응을 보인다.
(   ) 단순하고 직접적인 대화체 문장에 적극 반응한다.
기 타:

3. 교사의 지시에 어느 정도 따르고 있는가?
(   ) 한 단계의 지시에 따른다.
(   ) 두 단계의 지시에 따른다.
(   ) 세 단계 지시에도 따를 수 있다.
기 타:

4. 말하기의 능력은 어느 정도 발달되어 있는가?
(   ) 한두 단어를 사용하여 말한다.
(   ) 두 단어 이상 단순한 문장을 사용한다.
(   ) 세 단어 이상을 사용하여 문장을 만들어 사용한다.
기 타:

5. 동시, 동화, 노랫말에 어느 정도 관심을 보이고 있는가?
(   ) 동시, 동화, 노랫말에 전혀 관심을 보이지 않는다.
(   ) 동시, 동화, 노랫말에 약간의 반응을 보이다가 다른 행동을 한다.
(   ) 동시, 동화, 노랫말에 적극 반응하며 관심이 많다.
기 타:

6. 영아의 읽기 능력이 어느 정도 발달되어 있는가?
( ) 아직 글자를 구별할 줄 몰라서 읽기 활동에 관심이 없다.
( ) 영아의 주변에서 익숙한 단어를 여러 개 읽을 수 있다.
( ) 읽기 활동에 관심을 보이며 쉬운 문장을 읽을 수 있다.
기 타:

7. 영아는 읽기 활동에 어느 정도 관심을 보이고 있는가?
( ) 이야기를 읽어 줄 때 흥미와 관심이 없다.
( ) 짧은 이야기를 읽어 주면 관심을 보이고 읽어 달라고 요구한다.
( ) 읽어 준 이야기에 대해 질문, 대답하거나 이야기를 한 부분을 따라할 수 있다.
기 타:

8. 책에 관한 지식은 어느 정도 관심을 보이고 있는가?
( ) 책을 바르게 놓는 방법을 아직 모르고 있으며 그냥 집어서 들고 있다.
( ) 책을 집어 들고 페이지를 차례대로 넘기면서 계속 본다.
( ) 책표지나 책 속의 그림을 보고 이야기하거나 느낌, 생각을 말한다.
기 타:

9. 영아의 책에 대한 관심은 어느 정도인가?
( ) 책에 전혀 관심이 없고 언어영역을 찾지 않는다.
( ) 가끔씩 언어영역을 이용하며 책에 대해 약간의 관심을 보인다.
( ) 자주 언어영역을 이용하거나 책에 대해 많은 관심을 보인다.
기 타:

10. 그림책을 읽는 지식은 어느 정도 발달되어 있는가?
( ) 눈동자가 글자의 방향과는 관계없이 그림만 보고 읽는다.
( ) 눈동자가 정확한 방향(왼쪽에서 오른쪽으로, 위에서 아래로)으로 움직이면서 그림책의 글자를 따라가며 읽는다.
( ) 책을 읽는 것처럼 행동을 보이거나, 실제로 그림책을 읽을 수 있다.
기 타:

11. 쓰기에 대한 관심, 흥미는 어느 정도인가?
( ) 끼적거리기에 흥미를 보이지 않는다.
( ) 끼적거리기 등 여러 개의 선을 그어 놓고 글씨를 썼다고 한다.
( ) 자주 끼적거리기에 관심, 흥미를 보인다.
기 타:

12. 쓰기에 대한 능력은 어느 정도 발달되어 있는가?
( ) 전혀 쓰기의 방법을 모르고 시도하려 하지 않는다.
( ) 꾸불꾸불한 선을 그리면서 글자처럼 표기한다.
( ) 자기 이름 등 자신에게 의미있는 글자를 베껴 쓰거나 적는다.
기 타:

② 의사소통 기술 평정척도(만 3세용)

의사소통 기술 평정척도 (만 3세용)

관찰 유아 : _____   생년월일 : _____   성 별 : 남 · 여
관 찰 자 : _____   관 찰 일 : _____   관찰일 현재 유아 연령 :   년   월

- 유아의 행동을 가장 잘 진술한 범주에 V 표시를 한다.
- 문항 내의 진술문 중 어느 하나도 현재 유아의 행동을 설명하지 못하거나 덧붙일 내용이 있으면 기타란에 적는다.
- 내용을 종합하여 요약한다.

1. 말은 어느 정도 듣고 이해하고 있는가?
( ) 다른 사람의 이야기에 반응이 없다.
( ) 다른 사람의 이야기에 조금 관심을 보이다 다른 행동을 한다.
( ) 다른 사람의 이야기를 주의 깊게 듣고 이해한다.
기 타:

2. 듣기 활동에는 어느 정도 반응하고 있는가?
( ) 단순하고 직접적인 대화체 문장에도 반응을 하지 않는다.
( ) 단순하고 직접적인 대화체 문장에는 약간의 반응을 보인다.
( ) 단순하고 직접적인 대화체 문장에 적극 반응을 보인다.
기 타:

3. 교사의 지시에 어느 정도 따르고 있는가?
( ) 두 단계의 지시에 따를 수 있다.
( ) 세 단계의 지시에 따를 수 있다.
( ) 세 단계 이상의 지시에도 따를 수 있다.
기 타:

4. 말하기의 능력은 어느 정도 발달되어 있는가?
( ) 세 단어를 사용하여 문장으로 말한다.
( ) 네 단어를 사용하여 문장으로 말한다.
( ) 4 ~ 5개의 단어를 사용하여 문장을 만들어 사용한다.
기 타:

5. 동시, 동화, 노랫말에 어느 정도 관심을 보이고 있는가?
( ) 동시, 동화, 노랫말에 관심을 보이지 않는다.
( ) 동시, 동화, 노랫말에 반응을 보인다.
( ) 동시, 동화, 노랫말에 적극 반응하며 따라 한다.
기 타:

6. 유아의 읽기 능력이 어느 정도 발달되어 있는가?
(　) 유아의 주변에서 익숙한 단어를 여러 개 읽을 수 있다.
(　) 읽기 활동에 관심을 보이며 쉬운 문장을 읽을 수 있다.
(　) 다양한 문장 또는 간단한 이야기 책을 읽는다.
기 타:

7. 유아는 읽기 활동에 어느 정도 관심을 보이고 있는가?
(　) 짧은 이야기를 읽어 주면 관심을 보이고 읽어 달라고 요구한다.
(　) 읽어 준 이야기에 대해 질문, 대답하거나 이야기를 한 부분을 따라할 수 있다.
(　) 읽기에 관심을 보이며 자주 이야기책을 읽는다.
기 타:

8. 책에 관한 지식은 어느 정도 관심을 보이고 있는가?
(　) 책을 집어 들고 페이지를 차례대로 넘기면서 계속 본다.
(　) 책표지나 책 속의 그림을 보고 이야기하거나 느낌, 생각을 말한다.
(　) 책을 바르게 보며 그림책의 그림보다는 글자에 관심을 갖고 읽는다.
기 타:

9. 유아의 책에 대한 관심은 어느 정도인가?
(　) 가끔씩 언어영역을 이용하며 책에 대해 약간의 관심을 보인다.
(　) 자주 언어영역을 이용하거나 책에 대해 많은 관심을 보인다.
(　) 책 보는 것을 좋아해서 자주 언어영역에서 책을 본다.
기 타:

10. 책을 읽는 지식은 어느 정도 발달되어 있는가?
(　) 눈동자가 정확한 방향(왼쪽에서 오른쪽으로, 위에서 아래로)으로 움직이면서 책의 글자를 따라가며 읽는다.
(　) 책을 읽는 것처럼 행동을 보이거나, 실제로 책을 읽을 수 있다.
(　) 책 속의 내용에 관심을 갖고 책을 읽을 수 있다.
기 타:

11. 쓰기에 대한 관심. 흥미는 어느 정도인가?
(　) 끼적거리기 등 여러 개의 선을 그어 놓고 글씨를 썼다고 한다.
(　) 반전현상이 나타나지만 글자 쓰는 것에 관심을 보인다.
(　) 자신의 이름을 쓰는 것에 관심을 보인다.
기 타:

12. 쓰기에 대한 능력은 어느 정도 발달되어 있는가?
(　) 교사의 도움을 받아 쓸 수 있다.
(　) 자기 이름 등 자신에게 의미 있는 글자를 베껴 쓰거나 적는다.
(　) 짧은 문장을 쓸 수 있다.
기 타:

③ 의사소통 기술 평정척도(만 4~5세)

의소소통 기술 평정척도 (만 4~5세용)

관찰 유아 : _____ 생년월일 : _____ 성 별 : 남 · 여

관 찰 자 : _____ 관 찰 일 : _____ 관찰일 현재 유아 연령 :   년   월

- 유아의 행동을 가장 잘 진술한 범주에 ∨ 표시를 한다.
- 문항 내의 진술문 중 어느 하나도 현재 유아의 행동을 설명하지 못하거나 덧붙일 내용이 있으면 기타란에 적는다.
- 내용을 종합하여 요약한다.

1. 말은 어느 정도 듣고 이해하고 있는가?
(   ) 다른 사람의 이야기에 조금 관심을 보이다 다른 행동을 한다.
(   ) 다른 사람의 이야기에 반응을 보이고 이야기 내용을 이해한다.
(   ) 다른 사람의 이야기의 뜻을 이해하고 궁금한 내용을 질문한다.
기 타:

2. 듣기 활동에는 어느 정도 반응하고 있는가?
(   ) 단순하고 직접적인 대화체 문장에는 약간의 반응을 보인다.
(   ) 단순하고 직접적인 대화체 문장에 적극 반응한다.
(   ) 이야기 내용에 집중하여 끝까지 주의 깊게 듣고 반응한다.
기 타:

3. 교사의 지시에 어느 정도 따르고 있는가?
(   ) 두 단계의 지시에 따른다.
(   ) 세 단계의 지시에 따른다.
(   ) 네 단계 이상 약간 복잡한 지시에도 따를 수 있다.
기 타:

4. 말하기의 능력은 어느 정도 발달되어 있는가?
(   ) 세 단어를 사용하여 문장으로 말한다.
(   ) 네 단어 이상 단어를 사용하여 문장을 사용한다.
(   ) 네, 다섯 단어 이상을 사용하여 문장을 만들어 사용한다.
기 타:

5. 동시, 동화, 노랫말에 어느 정도 관심을 보이고 있는가?
(   ) 동시, 동화, 노랫말에 약간의 반응을 보이다가 다른 행동을 한다.
(   ) 동시, 동화, 노랫말에 적극 반응하며 관심이 많다.
(   ) 동시, 동화, 노랫말에 적극 반응하며 개작하여 표현할 수 있다.
기 타:

6. 유아의 읽기 능력이 어느 정도 발달되어 있는가?
( ) 읽기 활동에 관심을 보이며 쉬운 문장을 읽을 수 있다.
( ) 자주 페이지를 넘기면서 책을 읽거나 그 읽은 이야기를 말한다.
( ) 다양한 문장 또는 간단한 이야기 책의 내용을 이해하며 읽는다.
기 타:

7. 유아는 읽기 활동에 어느 정도 관심을 보이고 있는가?
( ) 읽어 준 이야기에 대해 질문, 대답하거나 이야기를 한 부분을 따라할 수 있다.
( ) 읽기에 관심을 보이며 자주 이야기책을 읽는다.
( ) 윗사람의 도움 없이 혼자 책의 내용을 이해하며 읽을 수 있다.
기 타:

8. 책에 관한 관심을 어느 정도 보이고 있는가?
( ) 읽어 주는 글이나 책에 관심을 보이지 않는다.
( ) 책표지나 책 속의 글자를 보고 이야기하거나 느낌, 생각을 말하며 읽는다.
( ) 궁금한 것을 책에서 찾아가며 관심있게 읽는다.
기 타:

9. 유아의 책에 대한 관심은 어느 정도인가?
( ) 가끔씩 언어영역을 이용하며 책에 대해 약간의 관심을 보인다.
( ) 자주 언어영역을 이용하거나 책에 대해 많은 관심을 보이고 있다.
( ) 거의 매일 언어영역을 이용하여 책을 읽는 것을 좋아한다.
기 타:

10. 책을 읽는 지식은 어느 정도 발달되어 있는가?
( ) 책 내용보다는 그림에 관심을 갖고 읽는다.
( ) 책의 그림을 단서로 이야기 내용을 이해하며 읽는다.
( ) 글자를 알고 책 내용을 이해하며 읽는다.
기 타:

11. 쓰기에 대한 관심, 흥미는 어느 정도인가?
( ) 자주 글씨를 쓰는 것에 관심, 흥미를 보인다.
( ) 동시를 따라 쓰거나 짧은 문장 쓰는 것에 흥미를 보인다.
( ) 자신의 생각과 경험을 글자로 표현하는데 흥미를 보인다.
기 타:

12. 쓰기에 대한 능력은 어느 정도 발달되어 있는가?
( ) 자기 이름 외에 몇 개의 단어와 짧은 문장을 쓴다.
( ) 다양한 쓰기 매체와 도구를 이용하여 쓴다.
( ) 자신의 생각이나 느낌, 경험을 자연스럽게 글자로 표현할 수 있다.
기 타:

(2) 숫자 평정척도의 관찰양식

① 친사회적 행동 숫자 평정척도

친사회적 행동 숫자 평정척도 (만 1세용)

관찰 영아 : _____   생년월일 : _____   성 별 : 남 · 여

관 찰 자 : _____   관 찰 일 : _____   관찰일 현재 영아 연령 :   년   월

영아의 친사회적 행동에 대해 다음과 같이 1~5로 평가하여 해당 숫자에 O표를 한다.

항 목	아주 못함	못함	보통	잘함	아주 잘함
1. 또래가 울면 말이나 행동으로 위로한다.(Comforting)	1	2	3	4	5
2. 또래가 울면 신체적인 표현이나(예: 토닥거리기) 접촉을 통해 위로한다.(Comforting)	1	2	3	4	5
3. 장난감을 친구에게 나누어 준다.(Sharing)	1	2	3	4	5
4. 간식을 친구에게 나누어 준다.(Sharing)	1	2	3	4	5
5. 놀이시간에 친구와 함께 논다.(Cooperating)	1	2	3	4	5
6. 작업시간에 또래와 함께 협력한다.(Cooperating)	1	2	3	4	5
7. 친구가 힘들어 하면 도와준다.(Helping)	1	2	3	4	5
8. 교사가 힘들어 하면 도와준다.(Helping)	1	2	3	4	5
9. 자신의 장난감이나 물건을 친구가 사용하도록 그냥 준다.(Giving)	1	2	3	4	5
10. 친구가 놀잇감을 정리할 때 함께 정리한다.(Servicing)	1	2	3	4	5
11. 친구가 부탁하면 말을 들어준다.	1	2	3	4	5
12. 교사가 ~을 달라고 요청하면 반응한다.	1	2	3	4	5
13. 또래와 장난감을 서로 교환하며 놀이한다.(Exchanging)	1	2	3	4	5
14. 친구와 미술도구 등을 교환하자고 한다.(Exchanging)	1	2	3	4	5
15. 친구가 울거나 슬퍼하면 자신도 같은 정서를 느낀다.(Sympathing)	1	2	3	4	5
16. 그림 그리기, 작업시간에 재료를 서로 나누어 쓰려고 한다.(Sharing)	1	2	3	4	5
17. 장애물이 접근하면 자신을 방어하려고 한다.(Defensing)	1	2	3	4	5

요약:

• 친사회적 행동이란? 인간이 사회생활을 해나가는 데 필요한 긍정적인 행동이다. 사회구성원이 옳다고 여기는 행동을 수행함으로써 그 사회 집단의 일원이 될 수 있는 행동을 말한다.

• 타인을 이롭게 하는 행위로는 도와주기, 나눠주기, 협동하기, 주기(기부), 동정하기, 격려하기, 봉사하기, 구조하기, 위로하기, 안심시키기, 관용 베풀기, 이타성, 친절하기, 교환하기, 방어하기, 자기주장 내세우기 등이 있다.

친사회적 행동 숫자 평정척도 (만 2~3세용)

관찰 영·유아 : _____   생년월일 : _____   성 별 : 남·여

관 찰 자 : _____   관 찰 일 : _____   관찰일 현재 영·유아 연령 :   년   월

• 영·유아의 친사회적 행동에 대해 다음과 같이 1~ 5로 평가하여 해당 숫자에 O표를 한다.

항 목	아주 못함	못함	보통	잘함	아주 잘함
1. 또래가 울면 말이나 언어적 표현으로 위로한다.(Comforting)	1	2	3	4	5
2. 또래가 울면 신체적인 표현이나(예: 토닥거리기) 접촉을 통해 위로한다.(Comforting)	1	2	3	4	5
3. 장난감을 친구와 나누어 쓴다.(Sharing)	1	2	3	4	5
4. 간식을 친구와 함께 나누어 먹는다.(Sharing)	1	2	3	4	5
5. 놀이시간에 친구와 함께 협동하여 논다.(Cooperating)	1	2	3	4	5
6. 미술, 작업시간에 또래와 함께 협동하여 구성한다.(Cooperating)	1	2	3	4	5
7. 친구를 도와준다.(Helping)	1	2	3	4	5
8. 교사를 도와준다.(Helping)	1	2	3	4	5
9. 자신의 장난감이나 물건을 친구에게 그냥 준다.(Giving)	1	2	3	4	5
10. 친구가 놀다간 자리를 치워 준다.(Servicing)	1	2	3	4	5
11. 친구가 부탁하면 들어준다.	1	2	3	4	5
12. 교사가 ~을 달라고 요청하면 들어준다.	1	2	3	4	5
13. 또래와 놀이를 하면서 장난감을 서로 교환한다.(Exchanging)	1	2	3	4	5
14. 친구와 미술도구 등을 교환하여 사용한다.(Exchanging)	1	2	3	4	5
15. 친구가 울거나 슬퍼하면 자신도 같은 감정을 갖는다.(Sympathing)	1	2	3	4	5
16. 그림 그리기, 작업시간에 재료를 서로 나누어 쓴다.(Sharing)	1	2	3	4	5
17. 장애물이 접근하면 자신을 방어하는 행동을 보인다.(Defensing)	1	2	3	4	5

요약:
• 친사회적 행동이란?인간이 사회생활을 해나가는 데 필요한 긍정적인 행동이다. 사회구성원이 옳다고 여기는 행동을 수행함으로써 그 사회 집단의 일원이 될 수 있는 행동을 말한다.
• 타인을 이롭게 하는 행위로는 도와주기, 나눠주기, 협동하기, 주기(기부), 동정하기, 격려하기, 봉사하기, 구조하기, 위로하기, 안심시키기, 관용 베풀기, 이타성, 친절하기, 교환하기, 방어하기, 자기주장 내세우기 등이 있다.

친사회적 행동 숫자 평정척도 (만 4∼5세용)

관찰 유아 : _____   생년월일 : _____   성 별 : 남 · 여

관 찰 자 : _____   관 찰 일 : _____   관찰일 현재 유아 연령 :   년   월

• 유아의 친사회적 행동에 대해 다음과 같이 1∼ 5로 평가하여 해당 숫자에 O표를 한다.

항 목	아주 못함	못함	보통	잘함	아주 잘함
1. 다른 사람의 감정을 이해한다.	1	2	3	4	5
2. 다른 사람의 감정을 이해하고 말로 위로한다.(Comforting)	1	2	3	4	5
3. 다른 사람의 감정을 이해하고 행동이나 신체적 접촉을 통해 위로한다.(Comforting)	1	2	3	4	5
4. 친구나 교사에게 나누어 주기를 한다.(Sharing)	1	2	3	4	5
5. 친구나 교사에게 양보를 한다.(Yielding)	1	2	3	4	5
6. 놀이시간이나 작업시간에 협력한다.(Cooperating)	1	2	3	4	5
7. 친구와 교사를 도와준다.(Helping)	1	2	3	4	5
8. 자신의 것을 다른 사람에게 대가를 받지 않고 그냥 준다.(Giving)	1	2	3	4	5
9. 다른 사람의 부탁을 들어준다.	1	2	3	4	5
10. 나보다 어려운 상황에 놓여 있는 사람에게 동정심을 보인다.(Sympathing)	1	2	3	4	5
11. 친구에게 격려를 한다.(Encouragementing)	1	2	3	4	5
12. 친구를 위해 간식그릇을 치워 주거나 주변정리를 해 준다.(Servising)	1	2	3	4	5
13. 우는 친구에게 다가가서 안심시켜 준다.(Reassuring)	1	2	3	4	5
14. 자신의 생각을 다른 사람에게 주장할 수 있다.(Insisting)	1	2	3	4	5
15. 장애물이 접근했을 때 자신이나 친구를 방어한다.(Defensing)	1	2	3	4	5
16. 친구에게 어떤 일이 일어났을 때 언어나 행동으로 그 일을 인정한다.(Recognizing)	1	2	3	4	5
17. 친구와 장난감을 교환하며 놀이를 한다.(Exchanging)	1	2	3	4	5
18. 친구에게 관용을 베푼다.(Tolerancing)	1	2	3	4	5
19. 교사나 친구에게 친절하다.(Kindnessing)	1	2	3	4	5
20. 친구와 대화를 주고받으면서 언어적 교환을 한다.(Exchanging)	1	2	3	4	5

요약:
• 친사회적 행동이란: 인간이 사회생활을 해나가는 필요한 긍정적인 행동이다.사회구성원이 옳다고 여기는 행동을 수행함으로써 그 사회집단의 일원이 될 수 있는 행동을 말한다.
• 타인을 이롭게 하는 행위로는 도와주기, 나눠주기, 협동하기, 주기(기부), 동정하기, 격려하기 봉사하기, 구조하기, 위로하기, 안심시키기, 관용베풀기, 이타성, 친절하기, 교환하기, 방어하기 자기주장 내세우기 등이 있다.

② 언어발달 숫자 평정척도

언어발달 숫자 평정척도 (만 1세용)

관찰 영아 : _____ 생년월일 : _____ 성 별 : 남 · 여

관 찰 자 : _____ 관 찰 일 : _____ 관찰일 현재 영아 연령 : 년 월

• **영**아의 친사회적 행동에 대해 다음과 같이 1~ 5로 평가하여 해당 숫자에 ○표를 한다.

항 목	아주 못함	못함	보통	잘함	아주 잘함
1. 교사나 엄마가 지시한 말을 이해한다.	1	2	3	4	5
2. 간단한 심부름을 할 수 있다.	1	2	3	4	5
3. 성인의 한두 단계의 지시를 듣고 따를 수 있다.	1	2	3	4	5
4. 이야기 듣는 것을 좋아한다.	1	2	3	4	5
5. 다른 사람이 말하는 사물을 지적할 수 있다.	1	2	3	4	5
6. 두세 단어를 사용하여 말한다.	1	2	3	4	5
7. 전치사, 수사, 대명사, 동사를 사용하여 말한다.	1	2	3	4	5
8. 사회적인 단어를 말할 수 있다. (고마워, 미안해, 안녕 등)	1	2	3	4	5
9. 사용하는 어휘 수가 50단어 이상이다.	1	2	3	4	5
10. 다른 사람의 소리와 사물의 소리를 모방하여 말한다.	1	2	3	4	5
11. 자신의 욕구와 관련된 단어를 말할 수 있다.	1	2	3	4	5
12. "이게 뭐야"라는 질문을 한다.	1	2	3	4	5
13. 두세 단어를 조합하여 문장으로 말한다.	1	2	3	4	5
14. '나', '내 것', '너'와 같은 말이나 소유와 관련된 말을 사용한다.	1	2	3	4	5
15. 전보식 언어를 사용한다.	1	2	3	4	5
16. 사물의 이름을 계속해서 질문한다.	1	2	3	4	5
17. 타인에게 지시하는 언어를 사용한다.	1	2	3	4	5
18. 친숙한 그림을 알아본다.	1	2	3	4	5
19. 그림책에 관심을 갖고 그림책 보는 것을 좋아한다.	1	2	3	4	5
20. 글 내용보다 그림에 더 관심을 갖는다.	1	2	3	4	5
21. 그림책에 있는 사물의 이름을 알고 말할 수 있다.	1	2	3	4	5
22. 그림책에 있는 글자를 보고 읽는 흉내를 낸다.	1	2	3	4	5
23. 크레파스나 쓰기 도구를 사용하여 끼적거리기를 한다.	1	2	3	4	5
24. 글자 형태를 보고 끼적거리기를 한다.	1	2	3	4	5

언어발달 숫자 평정척도 (만 2세용)

관찰 영아 : _____   생년월일 : _____   성 별 : 남 · 여

관 찰 자 : _____   관 찰 일 : _____   관찰일 현재 영아 연령 :   년   월

• 영아의 친사회적 행동에 대해 다음과 같이 1~ 5로 평가하여 해당 숫자에 O표를 한다.

항 목	아주 못함	못함	보통	잘함	아주 잘함
1. 단순한 이야기와 노래 듣기를 좋아한다.	1	2	3	4	5
2. 높낮이와 세기 등 말소리의 차이를 구분한다.	1	2	3	4	5
3. 짧은 이야기와 노랫말 듣기를 즐긴다.	1	2	3	4	5
4. 그림책 등을 읽어주면 집중하여 듣는다.	1	2	3	4	5
5. 두세 단어로 사물의 이름, 특성, 사건의 반복 등을 표현한다.	1	2	3	4	5
6. 소유의 개념이 나타나며 소유격을 사용하여 말한다.	1	2	3	4	5
7. 세 단어 이상을 사용하여 문장으로 말을 할 수 있다.	1	2	3	4	5
8. 전보문처럼 3~4개의 단어를 이어서 말한다.	1	2	3	4	5
9. 1000개 정도의 어휘를 사용하여 말할 수 있다.	1	2	3	4	5
10. 의문문과 부정문을 사용하여 말할 수 있다.	1	2	3	4	5
11. 노래, 운율, 손유희 등을 부분적으로 반복한다.	1	2	3	4	5
12. 단순한 생각을 나타내는 짧은 문장을 사용한다.	1	2	3	4	5
13. 시제가 혼란되어 나타난다.	1	2	3	4	5
14. 글자를 읽는 흉내를 낸다.	1	2	3	4	5
15. 원하는 것을 말로 요구한다.	1	2	3	4	5
16. 바른 발음으로 말하기를 시도한다.	1	2	3	4	5
17. 상황에 맞는 말(고마워, 반가워)을 한다.	1	2	3	4	5
18. 그림책에 있는 그림과 내용에 관심을 보인다.	1	2	3	4	5
19. 동화책, 그림책 보기를 좋아한다.	1	2	3	4	5
20. 그림에 있는 사물의 이름을 부르며 읽는다.	1	2	3	4	5
21. 친숙한 그림과 환경 인쇄물을 보고 읽는 흉내를 낸다.	1	2	3	4	5
22. 여러 가지 도구를 가지고 끼적거리기를 한다.	1	2	3	4	5
23. 글자의 기초가 되는 모양을 구분한다.	1	2	3	4	5
24. 의도적으로 끼적거리기를 한다.	1	2	3	4	5
25. 글자의 형태로 끼적거리기를 한다.	1	2	3	4	5

언어발달 숫자 평정척도 (만 3세용)

관찰 유아 : _____   생년월일 : _____   성 별 : 남 · 여

관 찰 자 : _____   관 찰 일 : _____   관찰일 현재 유아 연령 :   년   월

• 유아의 친사회적 행동에 대해 다음과 같이 1~ 5로 평가하여 해당 숫자에 O표를 한다.

항 목	아주 못함	못함	보통	잘함	아주 잘함
1. 다른 사람의 말을 주의 깊게 듣는다.	1	2	3	4	5
2. 낱말과 발음에 관심을 가지고 듣는다.	1	2	3	4	5
3. 두 세가지 지시를 듣고 실행할 수 있다.	1	2	3	4	5
4. 호기심이 많아 질문을 많이 한다.	1	2	3	4	5
5. 두 가지 사물을 비교하여 말할 수 있다.	1	2	3	4	5
6. 4~5개의 단어를 사용하여 문장으로 말할 수 있다.	1	2	3	4	5
7. 문법적인 문장을 사용하기 시작한다.	1	2	3	4	5
8. 자신의 의견을 말할 수 있다.	1	2	3	4	5
9. 이야기를 듣고 기억해 내서 말할 수 있다.	1	2	3	4	5
10. 읽어준 동화나 글을 이해하여 순서대로 말할 수 있다.	1	2	3	4	5
11. '왜', '만약에' 등으로 시작하여 질문을 한다.	1	2	3	4	5
12. 자신의 도움이나 요구를 말로 능숙하게 표현하다.	1	2	3	4	5
13. 간단한 손유희나 운율이 반복되는 노래를 좋아한다.	1	2	3	4	5
14. 네 문장으로 된 짧은 이야기를 자신의 말로 재현할 수 있다.	1	2	3	4	5
15. 또래와 대화를 주고 받을 수 있다.	1	2	3	4	5
16. 상황에 알맞게 말할 수 있다.	1	2	3	4	5
17. 분명한 발음으로 말할 수 있다.	1	2	3	4	5
18. 사용하는 어휘수가 2000단어 이상이고 다양하다.	1	2	3	4	5
19. 간단한 낱말을 읽는다.	1	2	3	4	5
20. 어른의 도움 없이 혼자 그림책을 읽는다.	1	2	3	4	5
21. 자음과 모음에 관심을 보인다.	1	2	3	4	5
22. 새로 내놓은 책에 관심을 갖는다.	1	2	3	4	5
23. 끼적거리기 단계의 쓰기 현상이 나타난다.	1	2	3	4	5
24. 자신의 이름을 쓸 수 있다.	1	2	3	4	5
25. 연필, 필기도구를 바로 잡고 쓴다.	1	2	3	4	5
26. 교사의 도움 없이 혼자 간단한 단어를 쓸 수 있다.	1	2	3	4	5
27. 글자의 반전현상(3을 ɛ으로 10을 ɒ로 씀)이 나타난다.	1	2	3	4	5
28. 그림 편지를 쓸 수 있다.	1	2	3	4	5

언어발달 숫자 평정척도 (만 4세용)

관찰 유아 : _____   생년월일 : _____   성 별 : 남 · 여

관 찰 자 : _____   관 찰 일 : _____   관찰일 현재 유아 연령 :   년   월

• 유아의 친사회적 행동에 대해 다음과 같이 1~5로 평가하여 해당 숫자에 O표를 한다.

항 목	아주 못함	못함	보통	잘함	아주 잘함
1. 3~4가지 지시문을 듣고 실행할 수 있다.	1	2	3	4	5
2. 최소 10분 정도 이야기를 듣고 집중할 수 있다.	1	2	3	4	5
3. 같은 소리로 시작하는 단어를 구별한다.	1	2	3	4	5
4. 들은 단어들의 소리와 문자를 연결할 수 있다.	1	2	3	4	5
5. 비슷한 발음의 낱말을 주의깊게 구별하여 듣는다.	1	2	3	4	5
6. 다섯 문장으로 된 짧은 이야기를 자신의 말로 재현할 수 있다.	1	2	3	4	5
7. 적당한 시제와 동사를 사용하여 말할 수 있다.	1	2	3	4	5
8. 소그룹 토의에서 토의한 내용과 관련된 말을 할 수 있다.	1	2	3	4	5
9. 5~6개의 단어를 사용하여 말할 수 있다.	1	2	3	4	5
10. 그리고(and), 그러나(but) 등의 접속사를 사용하여 말할 수 있다.	1	2	3	4	5
11. 말을 잇기 위해 '음', '어' 같은 무의미한 글자를 사용하여 말한다.	1	2	3	4	5
12. 과거의 경험을 말할 수 있다.(이전 경험 말하기)	1	2	3	4	5
13. 자신의 경험을 이용하여 문장을 만들 수 있다.	1	2	3	4	5
14. 4~5 단계의 지시문을 다시 말할 수 있다.	1	2	3	4	5
15. 자음과 모음을 정확하게 발음한다.	1	2	3	4	5
16. 긴 문장을 따라 말할 수 있다.	1	2	3	4	5
17. 수수께끼 활동을 할 수 있다.	1	2	3	4	5
18. 자신의 느낌과 생각, 경험을 말할 수 있다.	1	2	3	4	5
19. 간단한 내용을 말을 듣고 다른 사람에게 내용을 전달한다.	1	2	3	4	5
20. 신체의 부위와 기능에 대해 알고 말할 수 있다.	1	2	3	4	5
21. 간단한 사물의 색, 크기, 모양, 용도 등을 설명할 수 있다.	1	2	3	4	5
22. 사물이나 사람을 비교하여 말할 수 있다.	1	2	3	4	5
23. 일상생활에서 자주 접하는 글자 읽기에 흥미를 갖고 읽는다.	1	2	3	4	5
24. 읽어주는 글의 내용에 관심을 갖고 서로 이야기 나눌 수 있다.	1	2	3	4	5
25. 동시나 짧은 글을 읽을 수 있다.	1	2	3	4	5
26. 궁금한 것이 있으면 내용을 책에서 찾아본다.	1	2	3	4	5
27. 낱말이나 문장 읽기에 관심을 갖고 읽는다.	1	2	3	4	5
28. 글자를 보고 모방하여 쓴다.	1	2	3	4	5
29. 다른 사람에게 하고 싶은 이야기를 그림이나 글자로 쓴다.	1	2	3	4	5
30. 다양한 쓰기 매체를 이용하여 글자를 쓴다.	1	2	3	4	5
31. 자신의 생각, 느낌 경험을 글자와 비슷한 형태나 글로 쓴다.	1	2	3	4	5

언어발달 숫자 평정척도 (만 5세용)

관찰 유아 : _____   생년월일 : _____   성 별 : 남 · 여

관 찰 자 : _____   관 찰 일 : _____   관찰일 현재 유아 연령 :   년   월

• 유아의 친사회적 행동에 대해 다음과 같이 1~5로 평가하여 해당 숫자에 ○표를 한다.

항 목	아주 못함	못함	보통	잘함	아주 잘함
1. 낱말과 문장을 듣고 이해한다.	1	2	3	4	5
2. 다른 사람의 이야기를 듣고 이해한다.	1	2	3	4	5
3. 낱말의 발음에 관심을 갖고 비슷한 발음을 듣고 구별한다.	1	2	3	4	5
4. 이야기 듣고 궁금한 것에 대해 질문한다.	1	2	3	4	5
5. 네 가지 이상 지시사항을 이해하여 행동할 수 있다.	1	2	3	4	5
6. 동시, 동요, 동화의 내용을 듣고 이해한다.	1	2	3	4	5
7. 6~8개의 단어로 된 문장을 말할 수 있다.	1	2	3	4	5
8. 일상생활에서 일어나는 일들을 다양한 문장으로 말한다.	1	2	3	4	5
9. 문법에 맞는 문장으로 말할 수 있다.	1	2	3	4	5
10. 시제(과거, 현재, 미래)에 맞는 문장으로 말한다.	1	2	3	4	5
11. 새로운 단어에 대해 질문한다.	1	2	3	4	5
12. 자신의 느낌이나 생각을 적절한 낱말과 문장으로 말한다.	1	2	3	4	5
13. 두 세가지 사물을 비교하여 말할 수 있다.	1	2	3	4	5
14. 주제를 정하여 함께 이야기 나눌 수 있다.	1	2	3	4	5
15. 자신의 경험을 비교하여 말할 수 있다.	1	2	3	4	5
16. 이야기를 지어서 말할 수 있다.	1	2	3	4	5
17. 그림이나 그림카드를 보며 이야기를 꾸밀 수 있다.	1	2	3	4	5
18. 성인과 유사한 문법을 구사하여 말할 수 있다.	1	2	3	4	5
19. 때와 장소에 맞는 말을 사용할 수 있다.	1	2	3	4	5
20. 어떻게(How)로 시작하는 질문을 할 수 있다.	1	2	3	4	5
21. 들은 이야기를 시간, 순서에 따라 설명할 수 있다.	1	2	3	4	5
22. 이야기를 들은 후 내용을 잘 조직하여 다시 말할 수 있다.	1	2	3	4	5
23. 자신의 감정을 적절한 말로 표현할 수 있다.	1	2	3	4	5
24. 주변에서 친숙한 글자를 찾아 읽는다.	1	2	3	4	5
25. 편지나 보고서 등을 읽을 수 있다.	1	2	3	4	5
26. 동시나 동화를 읽을 수 있다.	1	2	3	4	5
27. 책 보는 것을 좋아하고 책을 소중히 다룬다.	1	2	3	4	5
28. 교사나 윗사람의 도움 없이 혼자 책을 읽을 수 있다.	1	2	3	4	5
29. 책의 내용을 이해하며 읽을 수 있다.	1	2	3	4	5
30. 말이나 생각을 글로 나타낼 수 있다.	1	2	3	4	5
31. 주변의 친숙한 글자를 쓸 수 있다.	1	2	3	4	5
32. 자신의 느낌, 생각, 경험을 글자로 표현할 수 있다.	1	2	3	4	5
33. 짧은 글이나 동시를 지어서 쓸 수 있다.	1	2	3	4	5
34. 다양한 쓰기 도구와 매체를 사용하여 쓸 수 있다.	1	2	3	4	5

(3) 도식 평정척도의 관찰양식

① 인지발달 도식 평정척도

인지발달 도식 평정척도 (만 1세용)

관찰 영아 : _____ 생년월일 : _____ 성 별 : 남·여

관 찰 자 : _____ 관 찰 일 : _____ 관찰일 현재 영아 연령 :   년   월

• 관찰 영아를 선택하고 각 항목에 알맞은 평점을 준다.

항 목	전혀 그렇지 않다	거의 그렇지 않다	때때로 그렇다	자주 그렇다	항상 그렇다
1. 사물의 1~3까지 셀 수 있다.					
2. '한 개'와 '여러 개'를 구별할 수 있다.					
3. '크다', '작다'와 같은 수 개념을 이해한다.					
4. 세 가지 정도의 색 이름을 안다.					
5. 기본 도형의 이름을 안다.					
6. 사물과 그림을 짝지을 수 있다.					
7. 감추는 것을 보지 못한 물건도 찾을 수 있다.					
8. 정신적으로 사물을 기억하고 찾을 수 있다.					
9. 기본 도형을 알고 같은 도형을 찾을 수 있다.					
10. 3~5조각의 퍼즐을 맞출 수 있다.					
11. '작다', '크다'의 개념을 이해한다.					
12. '높다', '낮다'의 개념을 이해한다.					
13. '가볍다', '무겁다'의 개념을 이해한다.					
14. 두 세 가지 사물을 반복하여 패턴을 만들 수 있다.					
15. 두 세 가지 기준에 따라 사물을 서열화할 수 있다.					
16. 인과관계를 이해한다.					
17. 주변 동식물의 모양에 관심을 갖는다.					
18. 3~6개의 신체 부위를 식별할 수 있다.					
19. 동물과 동물이 내는 소리를 짝지을 수 있다.					
20. 주변의 사물이나 자연물의 냄새를 맡을 수 있다.					
21. 여러 가지 맛에 관심을 갖고 맛을 느낄 수 있다.					
22. 도구를 사용하여 음식을 먹는다.					
23. 여러 가지 생활 도구를 탐색하고 관심을 갖는다.					
24. 적극적으로 환경을 탐색한다.					
25. 머리 속으로 상상해보고 문제를 해결할 수 있다.					

인지발달 도식 평정척도 (만 2세용)

관찰 영아 : _____   생년월일 : _____   성 별 : 남 · 여

관 찰 자 : _____   관 찰 일 : _____   관찰일 현재 영아 연령 :   년   월

• 관찰 영아를 선택하고 각 항목에 알맞은 평점을 준다.

항 목	전혀 그렇지 않다	거의 그렇지 않다	때때로 그렇다	자주 그렇다	항상 그렇다
1. 사물을 1~7까지 셀 수 있다.	├	┼	┼	┼	┤
2. 더 많다, 더 크다, 약간, 조금 등과 같은 수 개념을 이해한다.	├	┼	┼	┼	┤
3. 과거, 현재, 미래의 개념을 이해한다.	├	┼	┼	┼	┤
4. 전·후의 개념을 이해한다.	├	┼	┼	┼	┤
5. 단순한 순서를 안다.	├	┼	┼	┼	┤
6. 다섯 가지 이상의 색 이름을 안다.	├	┼	┼	┼	┤
7. 세 번째까지의 서수를 셀 수 있다.	├	┼	┼	┼	┤
8. 같은 도형을 찾을 수 있다.	├	┼	┼	┼	┤
9. 2~8조각 퍼즐을 맞출 수 있다.	├	┼	┼	┼	┤
10. 위치와 방향에 관한 어휘를 사용한다.	├	┼	┼	┼	┤
11. 기본 도형으로 모양을 구성할 수 있다.	├	┼	┼	┼	┤
12. 3개의 고리를 크기에 따라 끼울 수 있다.	├	┼	┼	┼	┤
13. 두 물체의 크기를 비교할 수 있다.	├	┼	┼	┼	┤
14. 두 물체의 길이를 측정하고 비교할 수 있다.	├	┼	┼	┼	┤
15. 일정한 기준에 따라 사물을 나열할 수 있다.	├	┼	┼	┼	┤
16. 구체물을 1:1 대응할 수 있다.	├	┼	┼	┼	┤
17. 2~3가지 기준에 따라 사물을 서열화할 수 있다.	├	┼	┼	┼	┤
18. 사물을 이용하여 단순한 패턴을 만들 수 있다.	├	┼	┼	┼	┤
19. 비슷한 것 끼리 짝을 지을 수 있다.	├	┼	┼	┼	┤
20. 주변 환경과 사물에 호기심을 갖는다.	├	┼	┼	┼	┤
21. 거울로 탐색하는 것을 즐긴다.	├	┼	┼	┼	┤
22. 친숙한 물체나 물질을 적극적으로 탐색한다.	├	┼	┼	┼	┤
23. 동물의 이름을 5가지 이상 안다.	├	┼	┼	┼	┤
24. 자신의 신체 부분에 대해 안다.	├	┼	┼	┼	┤
25. 낮과 밤을 구분한다.	├	┼	┼	┼	┤
26. 날씨를 감각적으로 느낀다.	├	┼	┼	┼	┤
27. 생활주변의 간단한 도구에 관심을 갖는다.	├	┼	┼	┼	┤
28. 도구를 사용하여 음식을 먹는다.	├	┼	┼	┼	┤

인지발달 도식 평정척도 (만 3세용)

관찰 유아 : _____   생년월일 : _____   성 별 : 남 · 여

관 찰 자 : _____   관 찰 일 : _____   관찰일 현재 유아 연령 :   년   월

• 관찰 유아를 선택하고 각 항목에 알맞은 평점을 준다.

항 목	전혀 그렇지 않다	거의 그렇지 않다	때때로 그렇다	자주 그렇다	항상 그렇다
1. 사물을 1~10까지 셀 수 있다.					
2. 비교급의 단어를 사용하여 수 개념을 이해한다.					
3. 과거, 현재, 미래의 시간 개념을 이해한다.					
4. 다섯 번째까지 서수를 안다.					
5. '더 많다', '더 적다' 등의 수 개념을 이해한다.					
6. 일곱 가지 정도의 색깔 이름을 안다.					
7. 같은 도형 뒤집기, 찾기 등을 할 수 있다.					
8. 위, 아래, 앞, 뒤, 옆 등의 공간개념을 이해한다.					
9. 10조각 이하의 퍼즐을 맞출 수 있다.					
10. 3~4개의 고리를 크기에 따라 끼워 넣을 수 있다.					
11. 위치와 방향과 관련된 어휘를 이해할 수 있다.					
12. 기본 도형으로 여러 가지 모양을 구성할 수 있다.					
13. 길이, 크기, 무게를 측정할 수 있다.					
14. 측정한 것을 비교하여 순서를 매길 수 있다.					
15. 임의 측정 단위로 측정할 수 있다.					
16. 사건의 순서를 이해한다.					
17. 기준에 따라 3~5가지 사물을 늘어놓을 수 있다.					
18. 반복되는 규칙성을 이해하고 3~4가지 정도 패턴을 만들 수 있다.					
19. 사물을 같은 모양과 크기, 색깔별로 분류할 수 있다.					
20. 비슷한 것끼리 짝을 지을 수 있다.					
21. 친숙한 물체와 사물을 적극적으로 탐색한다.					
22. 사물의 공통점과 차이점을 이해한다.					
23. 사람의 출생에 관한 질문을 하고 관심을 갖는다.					
24. 5가지 이상 동물의 이름을 알고 있다.					
25. 자신의 신체 구조에 대해 관심을 갖는다.					
26. 낮과 밤의 규칙성을 이해한다.					
27. 계절의 변화를 안다.					
28. 일상생활에 사용되어지는 기계와 도구에 관심을 갖고 활용할 수 있다.					
29. 정확한 사물을 보고 이름을 알고 단어와 연결시킬 수 있다.					
30. 주변의 단순한 기계와 도구를 조작할 수 있다.					

인지발달 도식 평정척도 (만 4세용)

관찰 유아 : _____ 생년월일 : _____ 성 별 : 남 · 여

관 찰 자 : _____ 관 찰 일 : _____ 관찰일 현재 유아 연령 :   년   월

• 관찰 유아를 선택하고 각 항목에 알맞은 평점을 준다.

항 목	전혀 그렇지 않다	거의 그렇지 않다	때때로 그렇다	자주 그렇다	항상 그렇다
1. 1~15 그 이상의 수를 셀 수 있다.					
2. 구체물을 가지고 다섯까지 더하기를 할 수 있다.					
3. 다섯 개 가량의 구체물에서 부분과 전체를 이해한다.					
4. 약간, 대부분, 전체의 개념을 이해한다.					
5. 분수(1/2, 1/4)를 이해한다.					
6. 12조각 정도의 퍼즐을 맞출 수 있다.					
7. 도형 옮기기, 뒤집기, 돌리기 등을 할 수 있다.					
8. 도형을 보거나 기억하여 그릴 수 있다.					
9. 단순한 지도와 약도를 그리거나 만들 수 있다.					
10. 길이, 무게, 둘레를 측정할 수 있다.					
11. 사건의 순서를 이해한다.					
12. 임의 측정단위로 어림 잡아 측정할 수 있다.					
13. 4가지 정도의 패턴을 만들 수 있다.					
14. 사물의 크기에 따라 1~5순위로 서열화할 수 있다.					
15. 두 가지 기준으로 자료를 분류할 수 있다.					
16. 구체물이나 그림, 사진을 이용하여 그래프로 나타낼 수 있다.					
17. 두 사물의 특성과 공통적인 특성을 나타낼 수 있다.					
18. 주변 자연 세계에 대해 호기심을 갖는다.					
19. 사물을 관찰하고 비교해 본다.					
20. 두 사물을 비교하여 유사한 점을 찾아낼 수 있다.					
21. 물체와 물질을 여러 가지 방법으로 변화시켜 본다.					
22. 동식물의 성장 과정에 관심을 갖는다.					
23. 생명체를 소중히 여긴다.					
24. 계절의 변화와 규칙성을 안다.					
25. 자연물의 특성과 변화를 탐색하고 알아본다.					
26. 생활 속에서 간단한 도구와 기계를 활용한다.					

인지발달 도식 평정척도 (만 5세용)

관찰 유아 : _____   생년월일 : _____   성 별 : 남 · 여

관 찰 자 : _____   관 찰 일 : _____   관찰일 현재 유아 연령 :   년   월

• 관찰 유아를 선택하고 각 항목에 알맞은 평점을 준다.

항 목	전혀 그렇지 않다	거의 그렇지 않다	때때로 그렇다	자주 그렇다	항상 그렇다
1. 1~20 그 이상의 수를 셀 수 있다.					
2. 수 세기를 한 후 한 자리 수 숫자만큼 더하기, 빼기를 할 수 있다.					
3. 하루 일과를 순서대로 말하고 이해할 수 있다.					
4. 15조각 정도의 퍼즐을 맞출 수 있다.					
5. 기본 도형과 입체 도형을 안다.					
6. 사물이나 자연물로 도형을 구성할 수 있다.					
7. 칠교를 사용하여 모양을 구성할 수 있다.					
8. 사물의 길이, 무게, 둘레 등을 측정할 수 있다.					
9. 양팔 저울로 사물의 무게를 측정하고 비교할 수 있다.					
10. 사물을 측정하고 비교하여 순서지어 보기를 할 수 있다.					
11. 사물의 크기를 1~10순위로 서열화 할 수 있다.					
12. 사물과 숫자를 서로 연결하여 1:1 대응을 할 수 있다.					
13. 일의 순서를 알고 순서대로 놓아볼 수 있다.					
14. 5가지 이상 기준에 따라 규칙성을 만들어 볼 수 있다.					
15. 사물의 공통적인 특성에 따라 분류/재분류 할 수 있다.					
16. 사물의 특성과 공통적인 특성을 벤다이어그램으로 나타낼 수 있다.					
17. 그래프를 이용하여 표현할 수 있다.					
18. 관찰한 사물을 서로 비교할 수 있다.					
19. 관찰한 사물을 토대로 다른 것을 예측할 수 있다.					
20. 여러 가지 물체의 기본 특성을 안다.					
21. 물체와 물질을 여러 가지 방법으로 변화시켜 본다.					
22. 나와 다른 사람의 출생과 성장에 대해 관심을 갖는다.					
23. 생태계 변화에 관심을 갖는다.					
24. 자연 친화적인 활동에 관심을 갖는다.					
25. 날씨 변화와 기후 변화에 관심을 갖는다.					
26. 계절의 변화와 자연물의 변화를 이해한다.					
27. 생활 속에 사용하는 기계와 도구를 활용한다.					
28. 실험도구를 이용하여 실험해 본다.					
29. 자연 현상에 관심을 갖는다.					
30. 텃밭 가꾸기 등 생태활동에 참여한다.					

② 신체발달 도식 평정척도

신체발달 도식 평정척도 (만 1세용)

관찰 영아 : _____　　생년월일 : _____　　성 별 : 남 · 여

관 찰 자 : _____　　관 찰 일 : _____　　관찰일 현재 영아 연령 :　　년　　월

• 관찰 영아를 선택하고 각 항목에 알맞은 평점을 준다.

항 목	전혀 그렇지 않다	거의 그렇지 않다	때때로 그렇다	자주 그렇다	항상 그렇다
1. 한 손으로 물건을 쥐고 다른 손으로 조작할 수 있다.	├──┼──┼──┼──┤				
2. 손가락으로 막대 구멍에 꽂을 수 있다.	├──┼──┼──┼──┤				
3. 탑 쌓기를 할 수 있다.	├──┼──┼──┼──┤				
4. 기본 도형을 맞출 수 있다.	├──┼──┼──┼──┤				
5. 크레파스나 펜으로 그리기를 할 수 있다.	├──┼──┼──┼──┤				
6. 지퍼를 잡아당길 수 있다.	├──┼──┼──┼──┤				
7. 동그라미를 보고 따라 그릴 수 있다.	├──┼──┼──┼──┤				
8. 움직이는 장난감을 작동할 수 있다.	├──┼──┼──┼──┤				
9. 물건을 굴리고 잡을 수 있다.	├──┼──┼──┼──┤				
10. 정확하게 손을 뻗쳐 잡을 수 있다.	├──┼──┼──┼──┤				
11. 공을 차고 던질 수 있다.	├──┼──┼──┼──┤				
12. 혼자 옷을 벗을 수 있다.	├──┼──┼──┼──┤				
13. 문을 열고 닫을 수 있다.	├──┼──┼──┼──┤				
14. 혼자 걸을 수 있다.	├──┼──┼──┼──┤				
15. 손을 짚고 계단을 기어서 오를 수 있다.	├──┼──┼──┼──┤				
16. 물건을 당기고 밀 수 있다.	├──┼──┼──┼──┤				
17. 자전거 페달을 밟을 수 있다.	├──┼──┼──┼──┤				
18. 두 발로 점프할 수 있다.	├──┼──┼──┼──┤				
19. 앞, 뒤, 옆으로 걸을 수 있다.	├──┼──┼──┼──┤				
20. 두 발을 한 계단에 디디면서 계단을 오를 수 있다.	├──┼──┼──┼──┤				
21. 두 발 모아 제자리에서 뛸 수 있다.	├──┼──┼──┼──┤				
22. 난간을 잡고 계단을 오를 수 있다.	├──┼──┼──┼──┤				
23. 똑바로 앉아 몸의 균형을 잡을 수 있다.	├──┼──┼──┼──┤				
24. 똑바로 서서 물체를 잡고 균형을 잡을 수 있다.	├──┼──┼──┼──┤				
25. 한 발로 잠시 서 있을 수 있다.	├──┼──┼──┼──┤				

신체발달 도식 평정척도 (만 2세용)

관찰 영아 : _____   생년월일 : _____   성 별 : 남 · 여

관 찰 자 : _____   관 찰 일 : _____   관찰일 현재 영아 연령 :   년   월

• 관찰 영아를 선택하고 각 항목에 알맞은 평점을 준다.

항 목	전혀 그렇지 않다	거의 그렇지 않다	때때로 그렇다	자주 그렇다	항상 그렇다
1. 5개 정도 큰 구슬 꿰기를 할 수 있다.					
2. 자신의 키 만큼 블록을 쌓을 수 있다.					
3. 도움을 받아 옷을 입고 벗을 수 있다.					
4. 큰 단추, 가는 단추 끼우기, 지퍼를 올리고 내릴 수 있다.					
5. 7~8조각의 퍼즐을 맞출 수 있다.					
6. 손가락을 이용해서 쓰기 도구를 잡고 끼적거리기를 할 수 있다.					
7. 공 던지기, 팥 주머니 던지기를 할 수 있다.					
8. 작은 사물을 두 세발 정도의 거리에서 던질 수 있다.					
9. 굴러가는 공을 잡을 수 있다.					
10. 공을 앞으로 옆으로 뒤로 굴릴 수 있다.					
11. 목표를 보고 팔을 뻗혀 공을 던질 수 있다.					
12. 30cm정도 앞으로 멀리 뛰기를 할 수 있다.					
13. 음악에 맞추어 걷고 몸을 움직일 수 있다.					
14. 난간을 잡고 계단을 오를 수 있다.					
15. 세발자전거를 탈 수 있다.					
16. 계단에서 뛰어 내릴 수 있다					
17. 두 발로 함께 계단을 뛰어 오를 수 있다.					
18. 똑바로 서서 선을 따라 걸을 수 있다.					
19. 목표물을 향해 달릴 수 있다.					
20. 발 끝이나 발꿈치를 이용해서 걸을 수 있다.					
21. 한 발로 깡총뛰기를 할 수 있다.					
22. 두 발을 모아 계단을 위 아래로 오르내릴 수 있다.					
23. 정리된 상태에서 몸의 균형을 잡을 수 있다.					
24. 제자리에서 10개 미만의 블록을 쌓을 수 있다.					
25. 낮은 평균대 위에 서 있을 수 있다.					
26. 손이나 팔 다리 꼬기를 할 수 있다.					
27. 한 발로 잠시 서 있을 수 있다.					

신체발달 도식 평정척도 (만 3세용)

관찰 유아 : _____   생년월일 : _____   성 별 : 남 · 여

관 찰 자 : _____   관 찰 일 : _____   관찰일 현재 유아 연령 :   년   월

• 관찰 유아를 선택하고 각 항목에 알맞은 평점을 준다.

항 목	전혀 그렇지 않다	거의 그렇지 않다	때때로 그렇다	자주 그렇다	항상 그렇다
1. 가위로 선을 따라 오릴 수 있다.					
2. 숟가락이나 포크로 흘리지 않고 음식을 떠 먹을 수 있다.					
3. 옷을 스스로 입고 벗을 수 있다.					
4. 물을 흘리지 않고 따를 수 있다.					
5. 10조각 이하의 퍼즐을 쉽게 맞출 수 있다.					
6. 단추 열기와 달기를 할 수 있다.					
7. 둥근 선과 직선, 사선을 그릴 수 있다.					
8. 큰 공을 잡고 던질 수 있다.					
9. 공을 굴리고 차고 던질 수 있다.					
10. 손으로 공치기를 할 수 있다.					
11. 매트에서 구를 수 있다.					
12. 목표를 향해 공을 던질 수 있다.					
13. 한 손이나 두 손으로 사물을 능숙하게 들어 올릴 수 있다.					
14. 한 발로 뛸 수 있다.					
15. 세발자전거를 탈 수 있다.					
16. 두 발 모아 20cm 정도 점프할 수 있다.					
17. 발을 교대로 계단을 오를 수 있다.					
18. 짧게 앵금질(hopping)을 할 수 있다.					
19. 달리기 속도를 조절하여 달릴 수 있다.					
20. 뜀뛰기를 할 수 있다.					
21. 손으로 귀를 잡고 뛸 수 있다.					
22. 한 발로 몸의 균형을 잡을 수 있다.					
23. 팔 다리를 뻗어 스트레칭을 할 수 있다.					
24. 구령에 맞춰 멈추기를 할 수 있다.					
25. 두 팔을 뻗어 몸의 균형을 잡을 수 있다.					
26. 신체에 사물을 올려놓고 균형을 잡을 수 있다.					

신체발달 도식 평정척도 (만 4세용)

관찰 유아 : _____   생년월일 : _____   성 별 : 남 · 여

관 찰 자 : _____   관 찰 일 : _____   관찰일 현재 유아 연령 :   년   월

• 관찰 유아를 선택하고 각 항목에 알맞은 평점을 준다.

항 목	전혀 그렇지 않다	거의 그렇지 않다	때때로 그렇다	자주 그렇다	항상 그렇다
1. 다양한 종류와 크기의 단추를 잠그고 열 수 있다.					
2. 주전자에 물을 흘리지 않고 따를 수 있다.					
3. 12조각 이상 퍼즐 맞추기를 할 수 있다.					
4. 복합적인 입체 구조물을 만들 수 있다.					
5. 사람의 얼굴 형태를 그릴 수 있다.					
6. 신발 끈을 맬 수 있다.					
7. 자신이 원하는 방향으로 공을 던질 수 있다.					
8. 두 손으로 공을 잡을 수 있다.					
9. 다른 사람과 공굴리기를 하며 공을 주고 받을 수 있다.					
10. 튀긴 공을 두 손으로 잡을 수 있다.					
11. 달리면서 방향을 전환할 수 있다.					
12. 세발 자전거를 이용하여 친구와 시합할 수 있다.					
13. 직선과 곡선 평균대 위에서 걸을 수 있다.					
14. 20cm 정도 높이에서 뛰어 내릴 수 있다.					
15. 좁은 선 위로 걸을 수 있다.					
16. 한 발로 깡총뛰기를 할 수 있다.					
17. 뒤로 걸을 수 있다.					
18. 친구의 도움 없이 그네를 탈 수 있다.					
19. 계단 오르내리기를 능숙하게 한다.					
20. 한 발을 들고 잠시 서 있을 수 있다.					
21. 손을 어깨 위로 올려 돌릴 수 있다.					
22. 구령에 맞춰 앉고 서기를 할 수 있다.					
23. 음악에 맞춰 멈추기를 할 수 있다.					
24. 물체를 손에 잡고 몸의 균형을 잡을 수 있다.					
25. 모양을 따라 바로 걸을 수 있다.					

신체발달 도식 평정척도 (만 5세용)

관찰 유아 : _____ 생년월일 : _____ 성 별 : 남 · 여

관 찰 자 : _____ 관 찰 일 : _____ 관찰일 현재 유아 연령 :   년   월

■ 관찰 유아를 선택하고 각 항목에 알맞은 평점을 준다.

항 목	전혀 그렇지 않다	거의 그렇지 않다	때때로 그렇다	자주 그렇다	항상 그렇다
1. 선을 따라 도형이나 무늬를 가위로 오릴 수 있다.					
2. 선 밖으로 나오지 않게 색칠할 수 있다.					
3. 작은 퍼즐이나 작은 블록으로 구성물을 만들 수 있다.					
4. 3차원의 블록 구조물을 만들 수 있다.					
5. 작은 구슬을 혼자 꿸 수 있다.					
6. 신발끈을 묶을 수 있다.					
7. 공 · 오자미 등을 능숙하게 던질 수 있다.					
8. 공이나 사물을 목표점을 향해 칠 수 있다.					
9. 튀긴 공을 잡을 수 있다.					
10. 사물을 능숙하게 들어 올릴 수 있다.					
11. 빠른 속도로 걷기를 할 수 있다.					
12. 높은 곳에서 점프를 할 수 있다.					
13. 양 발을 바꾸어 가며 계단을 쉽게 오르내릴 수 있다.					
14. 스키핑(skipping)을 할 수 있다.					
15. 말처럼 달리기(galloping)를 할 수 있다.					
16. 한 발로 깡충뛰기를 할 수 있다.					
17. 평균대 위에서 걸을 수 있다.					
18. 뜀틀뛰기를 3 ~ 4계단 뛸 수 있다.					
19. 목표를 향해 멀리 뛰기를 할 수 있다.					
20. 사물을 건너 뛰어넘기를 할 수 있다.					
21. 목표를 향해 빨리 뛰기를 할 수 있다.					
22. 허리나 신체를 유연하게 구부리기를 할 수 있다.					
23. 팔 다리를 능숙하게 뻗기를 할 수 있다.					
24. 공이나 사물을 피할 수 있다.					
25. 신체 부위에 사물을 올려놓고 몸의 균형을 잡을 수 있다.					
26. 사물을 건너 뛰어넘기를 할 수 있다.					
27. 줄넘기를 할 수 있다.					
28. 목표물을 향해 빠른 속도로 기기를 할 수 있다.					
29. 빠른 속도로 안고 서기를 할 수 있다.					
30. 두발 자전거 타기를 한다.					

(4) 표준 평정척도의 관찰양식

① 사회 · 정서발달 표준 평정척도

사회 · 정서발달 표준 평정척도 (만 1세용)

관찰 영아 : _____   생년월일 : _____   성 별 : 남 · 여

관 찰 자 : _____   관 찰 일 : _____   관찰일 현재 영아 연령 :   년   월

- **영**아의 사회 · 정서발달에 대해 다음과 같이 평가하여 해당 란에 V표시한다.
- 내용을 종합하여 요약한다.

항 목	하위 5%에 속함	하위 25%에 속함	중간 50%에 속함	상위 25%에 속함	상위 5%에 속함
1. 거울 속의 자신을 알아보고 반응한다.					
2. 자기 물건을 안다.					
3. 자신을 나타내기 위해 자기 이름을 사용한다.					
4. 부정적인 정서를 숨길 수 있다. (당황, 수치, 죄책감, 분노 등)					
5. 자신의 욕구와 감정을 나타낸다.					
6. 다른 사람이 나타내는 여러 가지 감정에 주의를 기울인다.					
7. 웃음과 울음으로 타인의 행동에 반응한다.					
8. 낯선 사람에게 두려움을 나타낸다.					
9. 상상력이 증가하여 환상적인 두려움을 나타낸다.					
10. 감정의 굴곡이 나타낸다.					
11. 성인들의 인정을 받고 싶어한다.					
12. 주위를 끌기 위해 여러 가지 행동을 한다.					
13. 자신의 행동과 타인의 행동을 모방한다.					
14. 성 유형화된 놀잇감을 사용한다.					
15. '옳고', '그름'을 안다.					
16. 나누어 쓰기를 시도한다.					
17. 도움을 받아 장난감을 정리한다.					
18. 주변 사람들에게 인사를 한다.					
19. 주변에서 나는 소리와 리듬에 관심을 갖는다.					
20. 자연물의 색깔과 모양에 관심을 갖는다.					
21. 손과 발, 신체를 이용하여 움직임으로 반응한다.					
22. 자연의 소리와 리듬에 관심을 갖고 듣는다.					
23. 자연의 아름다움에 관심을 갖고 본다.					
24. 놀이를 통해 정서를 표현한다.					
25. 상징놀이를 한다.					
26. 다른 사람의 일을 도와준다.					
27. 행동과 말로 정서를 표현한다.					

사회 · 정서발달 표준 평정척도 (만 2세용)

관찰 영아 : _____   생년월일 : _____   성 별 : 남 · 여

관 찰 자 : _____   관 찰 일 : _____   관찰일 현재 영아 연령 :   년   월

- **영**아의 사회 · 정서발달에 대해 다음과 같이 평가하여 해당 란에 V표시한다.
- 내용을 종합하여 요약한다.

항 목	하위 5%에 속함	하위 25%에 속함	중간 50%에 속함	상위 25%에 속함	상위 5%에 속함
1. 독립심을 보이며 자율적으로 행동하려고 한다.					
2. 소유욕이 강한 행동을 한다.					
3. 범주적 자아로 말한다. (나는요 ~이고요)					
4. 도움을 받지 않고 겉옷을 입고 벗을 수 있다.					
5. 흘리지 않고 숟가락으로 음식을 먹을 수 있다.					
6. 성인에게 관심을 끌며 기쁘게 하려고 한다.					
7. 다른 사람에게 자신의 감정을 나타낸다.					
8. 자신의 정서를 적절하게 표현하려고 한다.					
9. 다른 사람의 정서에 관심을 갖는다.					
10. 다른 사람의 감정을 인식하고 반응을 보인다.					
11. 자신의 가족에게 애정을 표현하다.					
12. 부모를 동일시하고 부모 흉내를 낸다.					
13. 다른 사람과 협동한다.					
14. 성 유형화된 사고를 하고 행동한다.					
15. 다른 사람에게 도움을 청한다.					
16. 또래의 모습과 행동을 모방한다.					
17. 자신이 속한 집단의 사람들을 도와줄 수 있다.					
18. 다른 사람과 사물을 나누고 공유한다.					
19. 간단한 약속을 지킨다.					
20. 기본적인 예절을 지킨다.					
21. 주변에서 나는 소리와 움직임을 탐색한다.					
22. 주변 환경에서 볼 수 있는 색깔과 모양을 탐색한다.					
23. 반복되는 운율이 잇는 노래를 좋아한다.					
24. 신체나 사물을 이용하여 간단한 리듬과 소리를 만들 수 있다.					
25. 다른 사람의 움직임을 모방하여 신체로 표현할 수 있다.					
26. 흉내놀이 상징놀이를 한다.					
27. 다른 사람을 모방하여 놀이한다.					
28. 친근한 음악에 관심을 갖고 들을 수 있다.					
29. 다른 사람이 표현하는 노래나 춤을 관심있게 본다.					
30. 자연의 아름다움을 감상할 수 있다.					

사회 · 정서발달 표준 평정척도 (만 3세용)

관찰 유아 : _____   생년월일 : _____   성 별 : 남 · 여

관 찰 자 : _____   관 찰 일 : _____   관찰일 현재 유아 연령 :   년   월

- 유아의 사회 · 정서발달에 대해 다음과 같이 평가하여 해당 란에 V표시한다.
- 내용을 종합하여 요약한다.

항 목	하위 5%에 속함	하위 25%에 속함	중간 50%에 속함	상위 25%에 속함	상위 5%에 속함
1. 자신의 물건에 대한 소유 의식이 있다.					
2. 자신과 다른 사람의 같은 점과 다른 점을 인식한다.					
3. 범주적 자아 개념을 사용한다.					
4. 독립심이 나타나기 시작하여 자신이 하고 싶은 일을 한다.					
5. 스스로 해 보려고 노력한다.					
6. 자신의 정서와 느낌을 강하게 표현한다.					
7. 다른 사람에게 관심을 끌려고 애쓴다.					
8. 다른 사람에게 자신의 감정을 표현한다.					
9. 다른 사람에게 감정에 공감할 수 있다.					
10. 자신의 정서를 조절하려고 노력한다.					
11. 다른 사람을 돕는다.					
12. 친구와 함께 연합놀이를 한다.					
13. 간식을 친구와 함께 나누어 먹는다.					
14. 친구가 울면 신체나 언어로 위로한다.					
15. 함께 정한 약속과 규칙을 지킬 수 있다.					
16. 차례를 지킬 수 있다.					
17. 예의를 지킬 수 있다.					
18. 공공장소에서 지켜야 할 약속을 지킬 수 있다.					
19. 우리 동네에 대해 관심을 갖는다.					
20. 우리나라 풍습에 관심을 갖는다.					
21. 우리나라 명절에 대해 안다.					
22. 주변의 색, 모양, 질감 등에 관심을 갖고 탐색한다.					
23. 자신의 생각과 느낌을 노래로 표현할 수 있다.					
24. 노랫말을 바꾸어서 노래할 수 있다.					
25. 도구를 활용하여 여러 가지 움직임을 표현할 수 있다.					
26. 다른 사람의 움직임을 모방하여 표현할 수 있다.					
27. 다른 사람과 협동하여 미술활동을 할 수 있다.					
28. 부모를 동일시 하여 흉내놀이를 한다.					
29. 여러 가지 재료, 음악, 소품을 활용하여 극놀이를 할 수 있다.					
30. 우리나라 전통음악과 그림에 관심을 갖는다.					

사회 · 정서발달 표준 평정척도 (만 4세용)

관찰 유아 : _____　　　생년월일 : _____　　　성 별 : 남 · 여

관 찰 자 : _____　　　관 찰 일 : _____　　　관찰일 현재 유아 연령 :　　년　　월

- 유아의 사회 · 정서발달에 대해 다음과 같이 평가하여 해당 란에 V표시한다.
- 내용을 종합하여 요약한다.

항 목	하위 5%에 속함	하위 25%에 속함	중간 50%에 속함	상위 25%에 속함	상위 5%에 속함
1. 자신에 대해 올바른 자아개념을 갖고 있다.					
2. 자신에 대해 긍정적으로 생각하고 존중한다.					
3. 자신이 하고 싶은 일을 계획해서 한다.					
4. 스스로 해보려는 자립심이 있다.					
5. 자신의 감정을 알고 표현한다.					
6. 자신의 정서를 긍정적인 방법으로 표현한다.					
7. 다른 사람을 위해 내가 할 수 있는 일을 한다.					
8. 친구와 갈등을 긍정적인 방법으로 해결할 수 있다.					
9. 도움이 필요할 때 다른 사람과 도움을 주고 받는다.					
10. 주변 사람들과 화목하게 지낸다.					
11. 자신이 속한 집단 구성원과 소속감을 갖는다.					
12. 다른 사람의 생각 행동을 존중한다.					
13. 다른 사람과 한 약속을 지킨다.					
14. 다른 사람에게 예의 바르게 행동한다.					
15. 우리나라 명절에 대해 관심을 갖는다.					
16. 우리나라 전통 문화와 놀이에 대해 안다.					
17. 우리나라 세시 풍속에 대해 안다.					
18. 다양한 인종과 문화에 관심을 갖는다.					
19. 자연과 사물의 색, 모양에 관심을 갖는다.					
20. 자연의 소리와 움직임에 관심을 갖는다.					
21. 신체를 이용하여 주변의 움직임을 표현할 수 있다.					
22. 자신의 생각과 느낌을 신체로 표현할 수 있다.					
23. 도구를 활용하여 창의적으로 움직임을 표현할 수 있다.					
24. 자연물을 이용하여 미술활동을 즐긴다.					
25. 자신의 느낌과 생각을 미술활동으로 표현할 수 있다.					
26. 일상생활의 이야기를 극놀이로 표현할 수 있다.					
27. 다양한 음악 듣는 것을 즐긴다.					
28. 다양한 미술작품 보는 것을 즐긴다.					
29. 우리나라 전통 예술에 관심을 갖는다.					
30. 우리나라 전통 예술에 감상을 즐긴다.					

사회 · 정서발달 표준 평정척도 (만 5세용)

관찰 유아 : _____　생년월일 : _____　성 별 : 남 · 여

관 찰 자 : _____　관 찰 일 : _____　관찰일 현재 유아 연령 :　　년　　월

- 유아의 사회 · 정서발달에 대해 다음과 같이 평가하여 해당 란에 V표시한다.
- 내용을 종합하여 요약한다.

항 목	하위 5%에 속함	하위 25%에 속함	중간 50%에 속함	상위 25%에 속함	상위 5%에 속함
1. 긍정적인 자아 개념을 갖고 있다.					
2. 자신의 감정을 알고 표현할 수 있다.					
3. 다른 사람의 감정을 알고 공감할 수 있다.					
4. 자신의 감정을 상황에 맞게 조절할 수 있다.					
5. 다른 사람과 서로 돕고 협력한다.					
6. 또래와 협동하여 놀이한다.					
7. 장난감을 서로 나누고 교환하여 놀이할 수 있다.					
8. 친구의 의견을 존중한다.					
9. 친구의 물건을 사용할 때 허락을 구한다					
10. 다른 사람에게 자신의 것을 그저 줄 수 있다.					
11. 주변 사람들과 화목하게 지낸다.					
12. 친하게 지내는 친구가 많이 있다.					
13. 다른 사람을 배려하여 행동한다.					
14. 다른 사람에게 예의 바르게 행동한다.					
15. 다른 사람과 한 약속을 지킨다.					
16. 공공장소에서 약속된 규칙을 지킨다.					
17. 질서를 잘 지킨다.					
18. 교사의 지시에 잘 따르고 순종한다.					
19. 인내심과 자제력이 있다.					
20. 자신에게 주어진 책임을 다하려고 노력한다.					
21. '옳고', '그름'을 알고 옳은 일을 선택하여 행동할 수 있다.					
22. 다양한 직업에 대해 관심을 갖는다.					
23. 우리나라를 상징하는 것을 알고 예절을 지킨다.					
24. 우리나라에 대해 자부심을 갖는다.					
25. 다문화 가정의 친구들을 존중한다.					
26. 자연의 아름다움을 보고 정서를 표현할 수 있다.					
27. 음악으로 자신의 정서를 표현할 수 있다.					
28. 움직임과 춤으로 자신의 정서를 표현할 수 있다.					
29. 미술활동으로 자신의 정서를 표현할 수 있다.					
30. 역할놀이에서 자신의 역할을 잘 해낸다.					
31. 주제를 주면 창의적으로 신체 표현 활동을 한다.					
32. 다양한 예술 감상을 즐긴다.					

7) 평정척도법의 실제

(1) 기술 평정척도의 사례

의사소통 기술 평정척도 (만 3세용)

관찰 유아 : 서준우　　　　생년월일 : 2011. 6. 3　　　　성 별 : 남

관 찰 자 : 유효신　　　　관 찰 일 : 2014. 5. 21.　　　　관찰일 현재 유아 연령 : 3년

- 유아의 행동을 가장 잘 진술한 범주에 V 표시를 한다.
- 문항 내의 진술문 중 어느 하나도 현재 유아의 행동을 설명하지 못하거나 덧붙일 내용이 있으면 기타란에 적는다.
- 내용을 종합하여 요약한다.

1. 말은 어느 정도 듣고 이해하고 있는가?
(　　) 다른 사람의 이야기에 반응이 없다.
(　　) 다른 사람의 이야기에 조금 관심을 보이다 다른 행동을 한다.
(V) 다른 사람의 이야기를 주의 깊게 듣고 이해한다.
기 타:

2. 듣기 활동에는 어느 정도 반응하고 있는가?
(　　) 단순하고 직접적인 대화체 문장에도 반응을 하지 않는다.
(　　) 단순하고 직접적인 대화체 문장에는 약간의 반응을 보인다.
(V) 단순하고 직접적인 대화체 문장에 적극 반응을 보인다.
기 타:

3. 교사의 지시에 어느 정도 따르고 있는가?
(　　) 두 단계의 지시에 따를 수 있다.
(V) 세 단계의 지시에 따를 수 있다.
(　　) 세 단계 이상의 지시에도 따를 수 있다.
기 타:

4. 말하기의 능력은 어느 정도 발달되어 있는가?
(　　) 세 단어를 사용하여 문장으로 말한다.
(V) 네 단어를 사용하여 문장으로 말한다.
(　　) 4 ~ 5개의 단어를 사용하여 문장을 만들어 사용한다.
기 타:

5. 동시, 동화, 노랫말에 어느 정도 관심을 보이고 있는가?
(　　) 동시, 동화, 노랫말에 관심을 보이지 않는다.
(　　) 동시, 동화, 노랫말에 반응을 보인다.
(V) 동시, 동화, 노랫말에 적극 반응하며 따라 한다.
기 타:

6. 유아의 읽기 능력이 어느 정도 발달되어 있는가?

(　　) 유아의 주변에서 익숙한 단어를 여러 개 읽을 수 있다.

(V) 읽기 활동에 관심을 보이며 쉬운 문장을 읽을 수 있다.

(　　) 다양한 문장 또는 간단한 이야기 책을 읽는다.

기 타:

7. 유아는 읽기 활동에 어느 정도 관심을 보이고 있는가?

(　　) 짧은 이야기를 읽어 주면 관심을 보이고 읽어 달라고 요구한다.

(　　) 읽어 준 이야기에 대해 질문, 대답하거나 이야기를 한 부분을 따라할 수 있다.

(V) 읽기에 관심을 보이며 자주 이야기책을 읽는다.

기 타:

8. 책에 관한 지식은 어느 정도 관심을 보이고 있는가?

(　　) 책을 집어 들고 페이지를 차례대로 넘기면서 계속 본다.

(　　) 책표지나 책 속의 그림을 보고 이야기하거나 느낌, 생각을 말한다.

(V) 책을 바르게 보며 그림책의 그림보다는 글자에 관심을 갖고 읽는다.

기 타:

9. 유아의 책에 대한 관심은 어느 정도인가?

(　　) 가끔씩 언어영역을 이용하며 책에 대해 약간의 관심을 보인다.

(V) 자주 언어영역을 이용하거나 책에 대해 많은 관심을 보인다.

(　　) 책 보는 것을 좋아해서 자주 언어영역에서 책을 본다.

기 타:

10. 책을 읽는 지식은 어느 정도 발달되어 있는가?

(　　) 눈동자가 정확한 방향(왼쪽에서 오른쪽으로, 위에서 아래로)으로 움직이면서 책의 글자를 따라가며 읽는다.

(　　) 책을 읽는 것처럼 행동을 보이거나, 실제로 책을 읽을 수 있다.

(V) 책 속의 내용에 관심을 갖고 책을 읽을 수 있다.

기 타:

11. 쓰기에 대한 관심, 흥미는 어느 정도인가?

(　　) 끼적거리기 등 여러 개의 선을 그어 놓고 글씨를 썼다고 한다.

(　　) 반전현상이 나타나지만 글자 쓰는 것에 관심을 보인다.

(V) 자신의 이름을 쓰는 것에 관심을 보인다.

기 타:

12. 쓰기에 대한 능력은 어느 정도 발달되어 있는가?

(　　) 교사의 도움을 받아 쓸 수 있다.

(V) 자기 이름 등 자신에게 의미 있는 글자를 베껴 쓰거나 적는다.

(　　) 짧은 문장을 쓸 수 있다.

기 타:

(2) 숫자 평정척도의 사례

언어발달 숫자 평정척도 (만 5세용)

관찰 유아 : 최유정　　　생년월일 : 2013. 5. 20.　　성 별 : 여
관 찰 자 : 배정아(예인어린이집)　　관 찰 일 : 2019. 1. 8.　　관찰일 현재 유아 연령 : 5년 8월

■ 유아의 친사회적 행동에 대해 다음과 같이 1~5로 평가하여 해당 숫자에 ○표를 한다.

항　목	아주 못함	못함	보통	잘함	아주 잘함
1. 낱말과 문장을 듣고 이해한다.	1	2		4	⑤
2. 다른 사람의 이야기를 듣고 이해한다.	1	2	3	4	⑤
3. 낱말의 발음에 관심을 갖고 비슷한 발음을 듣고 구별한다.	1	2	3	4	⑤
4. 이야기 듣고 궁금한 것에 대해 질문한다.	1	2	3	4	⑤
5. 네 가지 이상 지시사항을 이해하여 행동할 수 있다.	1	2	3	4	⑤
6. 동시, 동요, 동화의 내용을 듣고 이해한다.	1	2	3	4	⑤
7. 6~8개의 단어로 된 문장을 말할 수 있다.	1	2	3	4	⑤
8. 일상생활에서 일어나는 일들을 다양한 문장으로 말한다.	1	2	3	4	⑤
9. 문법에 맞는 문장으로 말할 수 있다.	1	2	3	4	⑤
10. 시제(과거, 현재, 미래)에 맞는 문장으로 말한다.	1	2	3	4	⑤
11. 새로운 단어에 대해 질문한다.	1	2	3	4	⑤
12. 자신의 느낌이나 생각을 적절한 낱말과 문장으로 말한다.	1	2	3	④	5
13. 두 세가지 사물을 비교하여 말할 수 있다.	1	2	3	④	5
14. 주제를 정하여 함께 이야기 나눌 수 있다.	1	2	3	④	5
15. 자신의 경험을 비교하여 말할 수 있다.	1	2	3	④	5
16. 이야기를 지어서 말할 수 있다.	1	2	3	④	5
17. 그림이나 그림카드를 보며 이야기를 꾸밀 수 있다.	1	2	3	④	5
18. 성인과 유사한 문법을 구사하여 말할 수 있다.	1	2	3	④	5
19. 때와 장소에 맞는 말을 사용할 수 있다.	1	2	3	④	5
20. 어떻게(How)로 시작하는 질문을 할 수 있다.	1	2	3	④	5
21. 들은 이야기를 시간, 순서에 따라 설명할 수 있다.	1	2	3	④	5
22. 이야기를 들은 후 내용을 잘 조직하여 다시 말할 수 있다.	1	2	3	④	5
23. 자신의 감정을 적절한 말로 표현할 수 있다.	1	2	3	4	⑤
24. 주변에서 친숙한 글자를 찾아 읽는다.	1	2	3	4	⑤
25. 편지나 보고서 등을 읽을 수 있다.	1	2	3	4	⑤
26. 동시나 동화를 읽을 수 있다.	1	2	3	4	⑤
27. 책 보는 것을 좋아하고 책을 소중히 다룬다.	1	2	3	4	⑤
28. 교사나 윗사람의 도움 없이 혼자 책을 읽을 수 있다.	1	2	3	4	⑤
29. 책의 내용을 이해하며 읽을 수 있다.	1	2	3	④	5
30. 말이나 생각을 글로 나타낼 수 있다.	1	2	3	4	⑤
31. 주변의 친숙한 글자를 쓸 수 있다.	1	2	3	4	⑤
32. 자신의 느낌, 생각, 경험을 글자로 표현할 수 있다.	1	2	3	4	⑤
33. 짧은 글이나 동시를 지어서 쓸 수 있다.	1	2	③	4	5
34. 다양한 쓰기 도구와 매체를 사용하여 쓸 수 있다.	1	2	3	4	⑤

인지발달 숫자 평정척도 (만 5세용)

관찰 유아 : 최유정   생년월일 : 2013. 5. 20.   성 별 : 여
관 찰 자 : 배정아(예인어린이집)   관 찰 일 : 2019. 1. 10.   관찰일 현재 유아 연령 : 5년 8월

■ 유아의 친사회적 행동에 대해 다음과 같이 1~5로 평가하여 해당 숫자에 O표를 한다.

항 목	아주 못함	못함	보통	잘함	아주 잘함
1. 1~20 그 이상의 수를 셀 수 있다.	1	2	3	4	⑤
2. 수 세기를 한후 한 자리 수 숫자만큼 더하기, 빼기를 할 수 있다.	1	2	3	4	⑤
3. 하루 일과를 순서대로 말하고 이해할 수 있다.	1	2	3	4	⑤
4. 15조각 정도의 퍼즐을 맞출 수 있다.	1	2	3	4	⑤
5. 기본 도형과 입체 도형을 안다.	1	2	3	4	⑤
6. 사물이나 자연물로 도형을 구성할 수 있다.	1	2	3	4	⑤
7. 칠교를 사용하여 모양을 구성할 수 있다.	1	2	3	4	⑤
8. 사물의 길이, 무게, 둘레 등을 측정할 수 있다.	1	2	3	④	5
9. 양팔 저울로 사물의 무게를 측정하고 비교할 수 있다.	1	2	3	④	5
10. 사물을 측정하고 비교하여 순서지어 보기를 할 수 있다.	1	2	3	④	5
11. 사물의 크기를 1~10순위로 서열화 할 수 있다.	1	2	3	④	5
12. 사물과 숫자를 서로 연결하여 1:1 대응을 할 수 있다.	1	2	③	4	5
13. 일의 순서를 알고 순서대로 놓아볼 수 있다.	1	2	3	④	5
14. 5가지 이상 기준에 따라 규칙성을 만들어 볼 수 있다.	1	2	3	④	5
15. 사물의 공통적인 특성에 따라 분류/재분류 할 수 있다.	1	2	3	④	5
16. 사물의 특성과 공통적인 특성을 벤다이어그램으로 나타낼 수 있다.	1	2	③	4	5
17. 그래프를 이용하여 표현할 수 있다.	1	2	③	4	5
18. 관찰한 사물을 서로 비교할 수 있다.	1	2	3	④	5
19. 관찰한 사물을 토대로 다른 것을 예측할 수 있다.	1	2	③	4	5
20. 여러 가지 물체의 기본 특성을 안다.	1	2	3	④	5
21. 물체와 물질을 여러 가지 방법으로 변화시켜 본다.	1	2	③	4	5
22. 나와 다른 사람의 출생과 성장에 대해 관심을 갖는다.	1	2	3	4	⑤
23. 생태계 변화에 관심을 갖는다.	1	2	3	4	⑤
24. 자연 친화적인 활동에 관심을 갖는다.	1	2	3	4	⑤
25. 날씨 변화와 기후 변화에 관심을 갖는다.	1	2	3	4	⑤
26. 계절의 변화와 자연물의 변화를 이해한다.	1	2	3	4	⑤
27. 생활 속에 사용하는 기계와 도구를 활용한다.	1	2	3	4	⑤
28. 실험도구를 이용하여 실험해 본다.	1	2	③	4	5
29. 자연 현상에 관심을 갖는다.	1	2	3	4	⑤
30. 텃밭 가꾸기 등 생태활동에 참여한다.	1	2	③	4	5

신체발달 숫자 평정척도 (만 5세용)

관찰 유아 : 최유정　　생년월일 : 2013. 5. 20.　　성 별 : 여
관 찰 자 : 배정애(예인어린이집)　　관 찰 일 : 2019. 1. 13　　관찰일 현재 유아 연령 : 5년 8월

■ 유아의 친사회적 행동에 대해 다음과 같이 1~ 5로 평가하여 해당 숫자에 O표를 한다.

항 목	아주 못함	못함	보통	잘함	아주 잘함
1. 선을 따라 도형이나 무늬를 가위로 오릴 수 있다.	1	2	3	4	⑤
2. 선 밖으로 나오지 않게 색칠할 수 있다.	1	2	3	4	⑤
3. 작은 퍼즐이나 작은 블록으로 구성물을 만들 수 있다.	1	2	3	4	⑤
4. 3차원의 블록 구조물을 만들 수 있다.	1	2	3	4	⑤
5. 작은 구슬을 혼자 꿸 수 있다.	1	2	3	4	⑤
6. 신발끈을 묶을 수 있다.	1	2	3	④	5
7. 공·오재미 등을 능숙하게 던질 수 있다.	1	2	3	4	⑤
8. 공이나 사물을 목표점을 향해 칠 수 있다.	1	2	3	4	⑤
9. 튀긴 공을 잡을 수 있다.	1	2	3	4	⑤
10. 사물을 능숙하게 들어 올릴 수 있다.	1	2	3	4	⑤
11. 빠른 속도로 걷기를 할 수 있다.	1	2	3	4	⑤
12. 높은 곳에서 점프를 할 수 있다.	1	2	3	4	⑤
13. 양 발을 바꾸어 가며 계단을 쉽게 오르내릴 수 있다.	1	2	3	4	⑤
14. 스키핑(skipping)을 할 수 있다.	1	2	3	4	⑤
15. 말처럼 달리기(galloping)를 할 수 있다.	1	2	3	4	⑤
16. 한 발로 깡총뛰기를 할 수 있다.	1	2	3	④	5
17. 평균대 위에서 걸을 수 있다.	1	2	3	4	⑤
18. 뜀틀뛰기를 3 ~ 4계단 뛸 수 있다.	1	2	3	4	⑤
19. 목표를 향해 멀리 뛰기를 할 수 있다.	1	2	3	4	⑤
20. 사물을 건너 뛰어넘기를 할 수 있다.	1	2	3	4	⑤
21. 목표를 향해 빨리 뛰기를 할 수 있다.	1	2	3	4	⑤
22. 허리나 신체를 유연하게 구부리기를 할 수 있다.	1	2	3	4	⑤
23. 팔 다리를 능숙하게 뻗기를 할 수 있다.	1	2	3	4	⑤
24. 공이나 사물을 피할 수 있다.	1	2	3	4	⑤
25. 신체 부위에 사물을 올려놓고 몸의 균형을 잡을 수 있다.	1	2	3	4	⑤
26. 사물을 건너 뛰어넘기를 할 수 있다.	1	2	3	4	⑤
27. 줄넘기를 할 수 있다.	1	2	3	4	⑤
28. 목표물을 향해 빠른 속도로 기기를 할 수 있다.	1	2	3	4	⑤
29. 빠른 속도로 안고 서기를 할 수 있다.	1	2	3	4	⑤
30. 두발 자전거 타기를 한다.	1	2	3	4	⑤

사회 · 정서발달 숫자 평정척도 (만 5세용)

관찰 유아 : 최유정   생년월일 : 2013. 5. 20.   성 별 : 여
관 찰 자 : 배정애(예인어린이집)   관 찰 일 : 2019. 1. 15.   관찰일 현재 유아 연령 : 5년 8월

■ 유아의 친사회적 행동에 대해 다음과 같이 1~ 5로 평가하여 해당 숫자에 ○표를 한다.

항 목	아주 못함	못함	보통	잘함	아주 잘함
1. 긍정적인 자아 개념을 갖고 있다.	1	2	3	4	⑤
2. 자신의 감정을 알고 표현할 수 있다.	1	2	3	4	⑤
3. 다른 사람의 감정을 알고 공감할 수 있다.	1	2	3	4	⑤
4. 자신의 감정을 상황에 맞게 조절할 수 있다.	1	2	3	4	⑤
5. 다른 사람과 서로 돕고 협력한다.	1	2	3	4	⑤
6. 또래와 협동하여 놀이한다.	1	2	3	4	⑤
7. 장난감을 서로 나누고 교환하여 놀이할 수 있다.	1	2	3	4	⑤
8. 친구의 의견을 존중한다.	1	2	3	4	⑤
9. 친구의 물건을 사용할 때 허락을 구한다	1	2	3	4	⑤
10. 다른 사람에게 자신의 것을 그저 줄 수 있다.	1	2	3	4	⑤
11. 주변 사람들과 화목하게 지낸다.	1	2	3	④	5
12. 친하게 지내는 친구가 많이 있다.	1	2	3	4	⑤
13. 다른 사람을 배려하여 행동한다.	1	2	3	4	⑤
14. 다른 사람에게 예의 바르게 행동한다.	1	2	3	4	⑤
15. 다른 사람과 한 약속을 지킨다.	1	2	3	4	⑤
16. 공공장소에서 약속된 규칙을 지킨다.	1	2	3	4	⑤
17. 질서를 잘 지킨다.	1	2	3	4	⑤
18. 교사의 지시에 잘 따르고 순종한다.	1	2	3	4	⑤
19. 인내심과 자제력이 있다.	1	2	3	4	⑤
20. 자신에게 주어진 책임을 다하려고 노력한다.	1	2	3	4	⑤
21. '옳고', '그름'을 알고 옳은 일을 선택하여 행동할 수 있다.	1	2	3	4	⑤
22. 다양한 직업에 대해 관심을 갖는다.	1	2	3	④	5
23. 우리나라를 상징하는 것을 알고 예절을 지킨다.	1	2	3	4	⑤
24. 우리나라에 대해 자부심을 갖는다.	1	2	3	④	5
25. 다문화 가정의 친구들을 존중한다.	1	2	3	4	⑤
26. 자연의 아름다움을 보고 정서를 표현할 수 있다.	1	2	3	4	⑤
27. 음악으로 자신의 정서를 표현할 수 있다.	1	2	3	4	⑤
28. 움직임과 춤으로 자신의 정서를 표현할 수 있다.	1	2	3	4	⑤
29. 미술활동으로 자신의 정서를 표현할 수 있다.	1	2	3	4	⑤
30. 역할놀이에서 자신의 역할을 잘 해낸다.	1	2	3	4	⑤
31. 주제를 주면 창의적으로 신체 표현 활동을 한다.	1	2	3	4	⑤
32. 다양한 예술 감상을 즐긴다.	1	2	3	4	⑤

정서발달 숫자 평정척도 (만 5세용)

관찰 유아 : 최유정   생년월일 : 2013. 5. 20.   성 별 : 여

관 찰 자 : 배정애(예인어린이집)   관 찰 일 : 2019. 1. 17.   관찰일 현재 유아 연령 : 5년 8월

■ 유아의 친사회적 행동에 대해 다음과 같이 1~ 5로 평가하여 해당 숫자에 O표를 한다.

항 목	아주 못함	못함	보통	잘함	아주 잘함
1. 자연의 소리나 주변의 다양한 소리에 관심을 갖고 탐색한다.	1	2	3	4	⑤
2. 자연의 아름다움이나 색깔을 보고 아름다움을 느낀다.	1	2	3	4	⑤
3. 자연의 색과 모양에 관심을 갖고 탐색한다.	1	2	3	4	⑤
4. 노래로 자신의 생각과 느낌을 표현할 수 있다.	1	2	3	4	⑤
5. 전래동요 부르기를 좋아하고 즐겨 부른다.	1	2	3	4	⑤
6. 리듬악기 연주를 좋아하고 자주 연주한다.	1	2	3	4	⑤
7. 즉흥적으로 리듬과 노래를 만들어 볼 수 있다.	1	2	3	4	⑤
8. 음악으로 자신의 정서를 표현할 수 있다.	1	2	3	4	⑤
9. 신체를 이용하여 주변의 움직임을 다양하게 표현할 수 있다.	1	2	3	4	⑤
10. 다양한 도구를 활용하여 창의적으로 신체표현을 할 수 있다.	1	2	3	4	⑤
11. 신체로 자신의 정서를 표현할 수 있다.	1	2	3	4	⑤
12. 다양한 미술 활동으로 자신의 생각과 느낌을 표현한다.	1	2	3	4	⑤
13. 다양한 재료와 도구를 이용하여 미술 활동을 즐긴다.	1	2	3	4	⑤
14. 자연물을 이용하여 미술 활동을 즐긴다.	1	2	3	4	⑤
15. 경험이나 이야기를 극놀이로 표현할 수 있다.	1	2	3	4	⑤
16. 여러 명의 친구들과 역할놀이를 즐긴다.	1	2	3	4	⑤
17. 극놀이로 자신의 정서를 표현할 수 있다.	1	2	3	4	⑤
18. 창의적으로 예술 표현 활동을 할 수 있다.	1	2	3	4	⑤
19. 다양한 음악 듣기를 좋아한다.	1	2	3	4	⑤
20. 미술작품 감상하기를 좋아한다.	1	2	3	4	⑤

친사회적 행동 숫자 평정척도 (만 4~5세용)

관찰 유아 : 최유정   생년월일 : 2013. 5. 20.   성 별 : 여
관 찰 자 : 배정애(예인어린이집)   관 찰 일 : 2019. 1. 20.   관찰일 현재 유아 연령 : 5년 8월

■ 유아의 친사회적 행동에 대해 다음과 같이 1~5로 평가하여 해당 숫자에 O표를 한다.

항 목	아주 못함	못함	보통	잘함	아주 잘함
1. 다른 사람의 감정을 이해한다.	1	2	3	4	⑤
2. 다른 사람의 감정을 이해하고 말로 위로한다.(Comforting)	1	2	3	4	⑤
3. 다른 사람의 감정을 이해하고 행동이나 신체적 접촉을 통해 위로한다.(Comforting)	1	2	3	4	⑤
4. 친구나 교사에게 나누어 주기를 한다.(Sharing)	1	2	3	4	⑤
5. 친구나 교사에게 양보를 한다.(Yielding)	1	2	3	4	⑤
6. 놀이시간이나 작업시간에 협력한다.(Cooperating)	1	2	3	4	⑤
7. 친구와 교사를 도와준다.(Helping)	1	2	3	4	⑤
8. 자신의 것을 다른 사람에게 대가를 받지 않고 그냥 준다.(Giving)	1	2	3	4	⑤
9. 다른 사람의 부탁을 들어준다.	1	2	3	4	⑤
10. 나보다 어려운 상황에 놓여 있는 사람에게 동정심을 보인다.(Sympathing)	1	2	3	4	⑤
11. 친구에게 격려를 한다.(Encouragementing)	1	2	3	4	⑤
12. 친구를 위해 간식그릇을 치워 주거나 주변정리를 해 준다.(Servising)	1	2	3	4	⑤
13. 우는 친구에게 다가가서 안심시켜 준다.(Reassuring)	1	2	3	4	⑤
14. 자신의 생각을 다른 사람에게 주장할 수 있다.(Insisting)	1	2	3	4	⑤
15. 장애물이 접근했을 때 자신이나 친구를 방어한다.(Defensing)	1	2	3	4	⑤
16. 친구에게 어떤 일이 일어났을 때 언어나 행동으로 그 일을 인정한다.(Recognizing)	1	2	3	4	⑤
17. 친구와 장난감을 교환하며 놀이를 한다.(Exchanging)	1	2	3	4	⑤
18. 친구에게 관용을 베푼다.(Tolerancing)	1	2	3	4	⑤
19. 교사나 친구에게 친절하다.(Kindnessing)	1	2	3	4	⑤
20. 친구와 대화를 주고받으면서 언어적 교환을 한다.(Exchanging)	1	2	3	4	⑤

요약:

• 친사회적 행동이란: 인간이 사회생활을 해나가는 필요한 긍정적인 행동이다. 사회구성원이 옳다고 여기는 행동을 수행함으로써 그 사회집단의 일원이 될 수 있는 행동을 말한다.
• 타인을 이롭게 하는 행위로는 도와주기, 나눠주기, 협동하기, 주기(기부), 동정하기, 격려하기 봉사하기, 구조하기, 위로하기, 안심시키기, 관용베풀기, 이타성, 친절하기, 교환하기, 방어하기 자기주장 내세우기 등이 있다.

(3) 도식 평정척도의 사례

언어발달 도식 평정척도 (만 5세용)

관찰 유아 : 최유정 　　　생년월일 : 2013. 5. 20. 　　　성 별 : 여

관 찰 자 : 배정아(예인어린이집) 　관 찰 일 : 2019. 1. 22. 　관찰일 현재 유아 연령 : 5년 8월

- 유아의 사회·정서발달에 대해 다음과 같이 평가하여 해당 란에 V표시한다.
- 내용을 종합하여 요약한다.

항 목	전혀 그렇지 않다	거의 그렇지 않다	때때로 그렇다	자주 그렇다	항상 그렇다
1. 낱말과 문장을 듣고 이해한다.					①
2. 다른 사람의 이야기를 듣고 이해한다.					①
3. 낱말의 발음에 관심을 갖고 비슷한 발음을 듣고 구별한다.					①
4. 이야기 듣고 궁금한 것에 대해 질문한다.					①
5. 네 가지 이상 지시사항을 이해하여 행동할 수 있다.					①
6. 동시, 동요, 동화의 내용을 듣고 이해한다.					①
7. 6~8개의 단어로 된 문장을 말할 수 있다.					①
8. 일상생활에서 일어나는 일들을 다양한 문장으로 말한다.					①
9. 문법에 맞는 문장으로 말할 수 있다.					①
10. 시제(과거, 현재, 미래)에 맞는 문장으로 말한다.					①
11. 새로운 단어에 대해 질문한다.					①
12. 자신의 느낌이나 생각을 적절한 낱말과 문장으로 말한다.					①
13. 두 세가지 사물을 비교하여 말할 수 있다.					①
14. 주제를 정하여 함께 이야기 나눌 수 있다.					①
15. 자신의 경험을 비교하여 말할 수 있다.					①
16. 이야기를 지어서 말할 수 있다.					①
17. 그림이나 그림카드를 보며 이야기를 꾸밀 수 있다.					①
18. 성인과 유사한 문법을 구사하여 말할 수 있다.					①
19. 때와 장소에 맞는 말을 사용할 수 있다.					①
20. 어떻게(How)로 시작하는 질문을 할 수 있다.					①
21. 들은 이야기를 시간, 순서에 따라 설명할 수 있다.					①
22. 이야기를 들은 후 내용을 잘 조직하여 다시 말할 수 있다.				①	
23. 자신의 감정을 적절한 말로 표현할 수 있다.					①
24. 주변에서 친숙한 글자를 찾아 읽는다.					①
25. 편지나 보고서 등을 읽을 수 있다.					①
26. 동시나 동화를 읽을 수 있다.					①
27. 책 보는 것을 좋아하고 책을 소중히 다룬다.					①
28. 교사나 윗사람의 도움 없이 혼자 책을 읽을 수 있다.					①
29. 책의 내용을 이해하며 읽을 수 있다.				①	
30. 말이나 생각을 글로 나타낼 수 있다.					①
31. 주변의 친숙한 글자를 쓸 수 있다.					①
32. 자신의 느낌, 생각, 경험을 글자로 표현할 수 있다.					①
33. 짧은 글이나 동시를 지어서 쓸 수 있다.					①
34. 다양한 쓰기 도구와 매체를 사용하여 쓸 수 있다.					①

인지발달 도식 평정척도 (만 5세용)

관찰 유아 : 최유정   생년월일 : 2013. 5. 20.   성 별 : 여
관 찰 자 : 배정아(예인어린이집)   관 찰 일 : 2019. 1. 22.   관찰일 현재 유아 연령 : 5년 8월

■ 관찰 유아를 선택하고 각 항목에 알맞은 평점을 준다.

항 목	전혀 그렇지 않다	거의 그렇지 않다	때때로 그렇다	자주 그렇다	항상 그렇다
1. 1~20 그 이상의 수를 셀 수 있다.					①
2. 수 세기를 한후 한 자리 수 숫자만큼 더하기, 빼기를 할 수 있다.					①
3. 하루 일과를 순서대로 말하고 이해할 수 있다.					①
4. 15조각 정도의 퍼즐을 맞출 수 있다.					①
5. 기본 도형과 입체 도형을 안다.					①
6. 사물이나 자연물로 도형을 구성할 수 있다.					①
7. 칠교를 사용하여 모양을 구성할 수 있다.					①
8. 사물의 길이, 무게, 둘레 등을 측정할 수 있다.				①	
9. 양팔 저울로 사물의 무게를 측정하고 비교할 수 있다.				①	
10. 사물을 측정하고 비교하여 순서지어 보기를 할 수 있다.				①	
11. 사물의 크기를 1~10순위로 서열화 할 수 있다.					①
12. 사물과 숫자를 서로 연결하여 1:1 대응을 할 수 있다.				①	
13. 일의 순서를 알고 순서대로 놓아볼 수 있다.				①	
14. 5가지 이상 기준에 따라 규칙성을 만들어 볼 수 있다.					①
15. 사물의 공통적인 특성에 따라 분류/재분류 할 수 있다.					①
16. 사물의 특성과 공통적인 특성을 벤다이어그램으로 나타낼 수 있다.			①		
17. 그래프를 이용하여 표현할 수 있다.			①		
18. 관찰한 사물을 서로 비교할 수 있다.			①		
19. 관찰한 사물을 토대로 다른 것을 예측할 수 있다.				①	
20. 여러 가지 물체의 기본 특성을 안다.					①
21. 물체와 물질을 여러 가지 방법으로 변화시켜 본다.					①
22. 나와 다른 사람의 출생과 성장에 대해 관심을 갖는다.					①
23. 생태계 변화에 관심을 갖는다.					①
24. 자연 친화적인 활동에 관심을 갖는다.					①
25. 날씨 변화와 기후 변화에 관심을 갖는다.					①
26. 계절의 변화와 자연물의 변화를 이해한다.					①
27. 생활 속에 사용하는 기계와 도구를 활용한다.			①		
28. 실험도구를 이용하여 실험해 본다.					①
29. 자연 현상에 관심을 갖는다.					①
30. 텃밭 가꾸기 등 생태활동에 참여한다.			①		

신체발달 도식 평정척도 (만 5세용)

관찰 유아 : 최유정   생년월일 : 2013. 5. 20.   성 별 : 여

관 찰 자 : 배정아(예인어린이집)   관 찰 일 : 2019. 1. 24.   관찰일 현재 유아 연령 : 5년 8월

■ 관찰 유아를 선택하고 각 항목에 알맞은 평점을 준다.

항 목	전혀 그렇지 않다	거의 그렇지 않다	때때로 그렇다	자주 그렇다	항상 그렇다
1. 선을 따라 도형이나 무늬를 가위로 오릴 수 있다.					①
2. 선 밖으로 나오지 않게 색칠할 수 있다.					①
3. 작은 퍼즐이나 작은 블록으로 구성물을 만들 수 있다.					①
4. 3차원의 블록 구조물을 만들 수 있다.					①
5. 작은 구슬을 혼자 꿸 수 있다.					①
6. 신발끈을 묶을 수 있다.					①
7. 공·오자미 등을 능숙하게 던질 수 있다.					①
8. 공이나 사물을 목표점을 향해 칠 수 있다.					①
9. 튀긴 공을 잡을 수 있다.					①
10. 사물을 능숙하게 들어 올릴 수 있다.					①
11. 빠른 속도로 걷기를 할 수 있다.					①
12. 높은 곳에서 점프를 할 수 있다.					①
13. 양 발을 바꾸어 가며 계단을 쉽게 오르내릴 수 있다.					①
14. 스키핑(skipping)을 할 수 있다.					①
15. 말처럼 달리기(galloping)를 할 수 있다.					①
16. 한 발로 깡총뛰기를 할 수 있다.					①
17. 평균대 위에서 걸을 수 있다.					①
18. 뜀틀뛰기를 3 ~ 4계단 뛸 수 있다.					①
19. 목표를 향해 멀리 뛰기를 할 수 있다.					①
20. 사물을 건너 뛰어넘기를 할 수 있다.					①
21. 목표를 향해 빨리 뛰기를 할 수 있다.					①
22. 허리나 신체를 유연하게 구부리기를 할 수 있다.					①
23. 팔 다리를 능숙하게 뻗기를 할 수 있다.					①
24. 공이나 사물을 피할 수 있다.					①
25. 신체 부위에 사물을 올려놓고 몸의 균형을 잡을 수 있다.					①
26. 사물을 건너 뛰어넘기를 할 수 있다.					①
27. 줄넘기를 할 수 있다.					①
28. 목표물을 향해 빠른 속도로 기기를 할 수 있다.					①
29. 빠른 속도로 안고 서기를 할 수 있다.					①
30. 두발 자전거 타기를 한다.					①

사회 · 정서발달 표준 평정척도 (만 5세용)

관찰 유아 : 최유정　　　생년월일 : 2013. 5. 20.　　성 별 : 여
관 찰 자 : 배정아(예인어린이집)　관 찰 일 : 2019. 1. 27.　　관찰일 현재 유아 연령 : 5년 8월

- 유아의 사회 · 정서발달에 대해 다음과 같이 평가하여 해당 란에 V표시한다.
- 내용을 종합하여 요약한다.

항 목	전혀 그렇지 않다	거의 그렇지 않다	때때로 그렇다	자주 그렇다	항상 그렇다
1. 긍정적인 자아 개념을 갖고 있다.					①
2. 자신의 감정을 알고 표현할 수 있다.					①
3. 다른 사람의 감정을 알고 공감할 수 있다.					①
4. 자신의 감정을 상황에 맞게 조절할 수 있다.					①
5. 다른 사람과 서로 돕고 협력한다.					①
6. 또래와 협동하여 놀이한다.					①
7. 장난감을 서로 나누고 교환하여 놀이할 수 있다.					①
8. 친구의 의견을 존중한다.					①
9. 친구의 물건을 사용할 때 허락을 구한다					①
10. 다른 사람에게 자신의 것을 그저 줄 수 있다.					①
11. 주변 사람들과 화목하게 지낸다.					①
12. 친하게 지내는 친구가 많이 있다.					①
13. 다른 사람을 배려하여 행동한다.					①
14. 다른 사람에게 예의 바르게 행동한다.					①
15. 다른 사람과 한 약속을 지킨다.					①
16. 공공장소에서 약속된 규칙을 지킨다.					①
17. 질서를 잘 지킨다.					①
18. 교사의 지시에 잘 따르고 순종한다.					①
19. 인내심과 자제력이 있다.					①
20. 자신에게 주어진 책임을 다하려고 노력한다.					①
21. '옳고', '그름'을 알고 옳은 일을 선택하여 행동할 수 있다.					①
22. 다양한 직업에 대해 관심을 갖는다.					①
23. 우리나라를 상징하는 것을 알고 예절을 지킨다.					①
24. 우리나라에 대해 자부심을 갖는다.					①
25. 다문화 가정의 친구들을 존중한다.					①
26. 자연의 아름다움을 보고 정서를 표현할 수 있다.					①
27. 음악으로 자신의 정서를 표현할 수 있다.					①
28. 움직임과 춤으로 자신의 정서를 표현할 수 있다.					①
29. 미술활동으로 자신의 정서를 표현할 수 있다.					①
30. 역할놀이에서 자신의 역할을 잘 해낸다.					①
31. 주제를 주면 창의적으로 신체 표현 활동을 한다.					①
32. 다양한 예술 감상을 즐긴다.					①

정서발달 도식 평정척도 (만 5세용)

관찰 유아 : 최유정　　　　생년월일 : 2013. 5. 20.　　　성 별 : 여
관 찰 자 : 배정애(예인어린이집)　　관 찰 일 : 2019. 1. 29.　　관찰일 현재 유아 연령 : 5년 8월

- 유아의 사회 · 정서발달에 대해 다음과 같이 평가하여 해당 란에 V표시한다.
- 내용을 종합하여 요약한다.

항 목	전혀 그렇지 않다	거의 그렇지 않다	때때로 그렇다	자주 그렇다	항상 그렇다
1. 자연의 소리나 주변의 다양한 소리에 관심을 갖고 탐색한다.					①
2. 자연의 아름다움이나 색깔을 보고 아름다움을 느낀다.					①
3. 자연의 색과 모양에 관심을 갖고 탐색한다.					①
4. 노래로 자신의 생각과 느낌을 표현할 수 있다.					①
5. 전래동요 부르기를 좋아하고 즐겨 부른다.					①
6. 리듬악기 연주를 좋아하고 자주 연주한다.					①
7. 즉흥적으로 리듬과 노래를 만들어 볼 수 있다.					①
8. 음악으로 자신의 정서를 표현할 수 있다.					①
9. 신체를 이용하여 주변의 움직임을 다양하게 표현할 수 있다.					①
10. 다양한 도구를 활용하여 창의적으로 신체표현을 할 수 있다.					①
11. 신체로 자신의 정서를 표현할 수 있다.					①
12. 다양한 미술 활동으로 자신의 생각과 느낌을 표현한다.					①
13. 다양한 재료와 도구를 이용하여 미술 활동을 즐긴다.					①
14. 자연물을 이용하여 미술 활동을 즐긴다.					①
15. 경험이나 이야기를 극놀이로 표현할 수 있다.					①
16. 여러 명의 친구들과 역할놀이를 즐긴다.					①
17. 극놀이로 자신의 정서를 표현할 수 있다.					①
18. 창의적으로 예술 표현 활동을 할 수 있다.					①
19. 다양한 음악 듣기를 좋아한다.					①
20. 미술작품 감상하기를 좋아한다.					①

(4) 표준 평정척도의 사례

언어발달 도식 평정척도 (만 5세용)

관찰 유아 : 최유정   생년월일 : 2013. 5. 20.   성 별 : 여
관 찰 자 : 배정아(예인어린이집)   관 찰 일 : 2019. 1. 31.   관찰일 현재 유아 연령 : 5년 8월

- 유아의 사회 · 정서발달에 대해 다음과 같이 평가하여 해당 란에 V표시한다.
- 내용을 종합하여 요약한다.

항 목	하위 5%에 속함	하위 25%에 속함	중간 50%에 속함	상위 25%에 속함	상위 5%에 속함
1. 낱말과 문장을 듣고 이해한다.					①
2. 다른 사람의 이야기를 듣고 이해한다.					①
3. 낱말의 발음에 관심을 갖고 비슷한 발음을 듣고 구별한다.					①
4. 이야기 듣고 궁금한 것에 대해 질문한다.					①
5. 네 가지 이상 지시사항을 이해하여 행동할 수 있다.					①
6. 동시, 동요, 동화의 내용을 듣고 이해한다.					①
7. 6~8개의 단어로 된 문장을 말할 수 있다.					①
8. 일상생활에서 일어나는 일들을 다양한 문장으로 말한다.					①
9. 문법에 맞는 문장으로 말할 수 있다.					①
10. 시제(과거, 현재, 미래)에 맞는 문장으로 말한다.					①
11. 새로운 단어에 대해 질문한다.				①	
12. 자신의 느낌이나 생각을 적절한 낱말과 문장으로 말한다.					①
13. 두 세가지 사물을 비교하여 말할 수 있다.					①
14. 주제를 정하여 함께 이야기 나눌 수 있다.					①
15. 자신의 경험을 비교하여 말할 수 있다.					①
16. 이야기를 지어서 말할 수 있다.					①
17. 그림이나 그림카드를 보며 이야기를 꾸밀 수 있다.					①
18. 성인과 유사한 문법을 구사하여 말할 수 있다.					①
19. 때와 장소에 맞는 말을 사용할 수 있다.				①	
20. 어떻게(How)로 시작하는 질문을 할 수 있다.					①
21. 들은 이야기를 시간, 순서에 따라 설명할 수 있다.					①
22. 이야기를 들은 후 내용을 잘 조직하여 다시 말할 수 있다.				①	
23. 자신의 감정을 적절한 말로 표현할 수 있다.					①
24. 주변에서 친숙한 글자를 찾아 읽는다.					①
25. 편지나 보고서 등을 읽을 수 있다.					①
26. 동시나 동화를 읽을 수 있다.					①
27. 책 보는 것을 좋아하고 책을 소중히 다룬다.					①
28. 교사나 윗사람의 도움 없이 혼자 책을 읽을 수 있다.					①
29. 책의 내용을 이해하며 읽을 수 있다.					①
30. 말이나 생각을 글로 나타낼 수 있다.					①
31. 주변의 친숙한 글자를 쓸 수 있다.					①
32. 자신의 느낌, 생각, 경험을 글자로 표현할 수 있다.					①
33. 짧은 글이나 동시를 지어서 쓸 수 있다.					①
34. 다양한 쓰기 도구와 매체를 사용하여 쓸 수 있다.					①

인지발달 도식 평정척도 (만 5세용)

관찰 유아 : 최유정　　　　생년월일 : 2013. 5. 20.　　　성 별 : 여

관 찰 자 : 배정아(예인어린이집)　　관 찰 일 : 2019. 1. 2.　　관찰일 현재 유아 연령 : 5년 8월

■ 관찰 유아를 선택하고 각 항목에 알맞은 평점을 준다.

항 목	하위 5%에 속함	하위 25%에 속함	중간 50%에 속함	상위 25%에 속함	상위 5%에 속함
1. 1~20 그 이상의 수를 셀 수 있다.					①
2. 수 세기를 한 후 한 자리 수 숫자만큼 더하기, 빼기를 할 수 있다.					①
3. 하루 일과를 순서대로 말하고 이해할 수 있다.					①
4. 15조각 정도의 퍼즐을 맞출 수 있다.					①
5. 기본 도형과 입체 도형을 안다.					①
6. 사물이나 자연물로 도형을 구성할 수 있다.					①
7. 칠교를 사용하여 모양을 구성할 수 있다.					①
8. 사물의 길이, 무게, 둘레 등을 측정할 수 있다.					①
9. 양팔 저울로 사물의 무게를 측정하고 비교할 수 있다.					①
10. 사물을 측정하고 비교하여 순서지어 보기를 할 수 있다.			①		
11. 사물의 크기를 1~10순위로 서열화 할 수 있다.			①		
12. 사물과 숫자를 서로 연결하여 1:1 대응을 할 수 있다.					①
13. 일의 순서를 알고 순서대로 놓아볼 수 있다.					①
14. 5가지 이상 기준에 따라 규칙성을 만들어 볼 수 있다.					①
15. 사물의 공통적인 특성에 따라 분류/재분류 할 수 있다.			①		
16. 사물의 특성과 공통적인 특성을 벤다이어그램으로 나타낼 수 있다.			①		
17. 그래프를 이용하여 표현할 수 있다.			①		
18. 관찰한 사물을 서로 비교할 수 있다.					①
19. 관찰한 사물을 토대로 다른 것을 예측할 수 있다.				①	
20. 여러 가지 물체의 기본 특성을 안다.					①
21. 물체와 물질을 여러 가지 방법으로 변화시켜 본다.					①
22. 나와 다른 사람의 출생과 성장에 대해 관심을 갖는다.					①
23. 생태계 변화에 관심을 갖는다.					①
24. 자연 친화적인 활동에 관심을 갖는다.					①
25. 날씨 변화와 기후 변화에 관심을 갖는다.					①
26. 계절의 변화와 자연물의 변화를 이해한다.					①
27. 생활 속에 사용하는 기계와 도구를 활용한다.					①
28. 실험도구를 이용하여 실험해 본다.			①		
29. 자연 현상에 관심을 갖는다.				①	
30. 텃밭 가꾸기 등 생태활동에 참여한다.			①		

신체발달 도식 평정척도 (만 5세용)

관찰 유아 : 최유정　　　생년월일 : 2013. 5. 20.　　성 별 : 여
관 찰 자 : 배정아(예인어린이집)　관 찰 일 : 2019. 1. 7.　　관찰일 현재 유아 연령 : 5년 8월

■ 관찰 유아를 선택하고 각 항목에 알맞은 평점을 준다.

항 목	하위 5%에 속함	하위 25%에 속함	중간 50%에 속함	상위 25%에 속함	상위 5%에 속함
1. 선을 따라 도형이나 무늬를 가위로 오릴 수 있다.					①
2. 선 밖으로 나오지 않게 색칠할 수 있다.					①
3. 작은 퍼즐이나 작은 블록으로 구성물을 만들 수 있다.					①
4. 3차원의 블록 구조물을 만들 수 있다.					①
5. 작은 구슬을 혼자 꿸 수 있다.					①
6. 신발끈을 묶을 수 있다.					①
7. 공·오자미 등을 능숙하게 던질 수 있다.					①
8. 공이나 사물을 목표점을 향해 칠 수 있다.					①
9. 튀긴 공을 잡을 수 있다.					①
10. 사물을 능숙하게 들어 올릴 수 있다.					①
11. 빠른 속도로 걷기를 할 수 있다.					①
12. 높은 곳에서 점프를 할 수 있다.					①
13. 양 발을 바꾸어 가며 계단을 쉽게 오르내릴 수 있다.					①
14. 스키핑(skipping)을 할 수 있다.					①
15. 말처럼 달리기(galloping)를 할 수 있다.					①
16. 한 발로 깡총뛰기를 할 수 있다.					①
17. 평균대 위에서 걸을 수 있다.					①
18. 뜀틀뛰기를 3 ~ 4계단 뛸 수 있다.					①
19. 목표를 향해 멀리 뛰기를 할 수 있다.					①
20. 사물을 건너 뛰어넘기를 할 수 있다.					①
21. 목표를 향해 빨리 뛰기를 할 수 있다.					①
22. 허리나 신체를 유연하게 구부리기를 할 수 있다.					①
23. 팔 다리를 능숙하게 뻗기를 할 수 있다.					①
24. 공이나 사물을 피할 수 있다.					①
25. 신체 부위에 사물을 올려놓고 몸의 균형을 잡을 수 있다.					①
26. 사물을 건너 뛰어넘기를 할 수 있다.					①
27. 줄넘기를 할 수 있다.					①
28. 목표물을 향해 빠른 속도로 기기를 할 수 있다.					①
29. 빠른 속도로 안고 서기를 할 수 있다.					①
30. 두발 자전거 타기를 한다.					①

사회 · 정서발달 표준 평정척도 (만 5세용)

관찰 유아 : 최유정　　　생년월일 : 2013. 5. 20.　　　성 별 : 여
관 찰 자 : 배정애(예인어린이집)　　관 찰 일 : 2019. 1. 9.　　관찰일 현재 유아 연령 : 5년 8월

- 유아의 사회 · 정서발달에 대해 다음과 같이 평가하여 해당 란에 V표시한다.
- 내용을 종합하여 요약한다.

항 목	하위 5%에 속함	하위 25%에 속함	중간 50%에 속함	상위 25%에 속함	상위 5%에 속함
1. 긍정적인 자아 개념을 갖고 있다.					①
2. 자신의 감정을 알고 표현할 수 있다.					①
3. 다른 사람의 감정을 알고 공감할 수 있다.					①
4. 자신의 감정을 상황에 맞게 조절할 수 있다.					①
5. 다른 사람과 서로 돕고 협력한다.					①
6. 또래와 협동하여 놀이한다.					①
7. 장난감을 서로 나누고 교환하여 놀이할 수 있다.					①
8. 친구의 의견을 존중한다.					①
9. 친구의 물건을 사용할 때 허락을 구한다					①
10. 다른 사람에게 자신의 것을 그저 줄 수 있다.					①
11. 주변 사람들과 화목하게 지낸다.					①
12. 친하게 지내는 친구가 많이 있다.					①
13. 다른 사람을 배려하여 행동한다.					①
14. 다른 사람에게 예의 바르게 행동한다.					①
15. 다른 사람과 한 약속을 지킨다.					①
16. 공공장소에서 약속된 규칙을 지킨다.					①
17. 질서를 잘 지킨다.					①
18. 교사의 지시에 잘 따르고 순종한다.					①
19. 인내심과 자제력이 있다.					①
20. 자신에게 주어진 책임을 다하려고 노력한다.					①
21. '옳고', '그름'을 알고 옳은 일을 선택하여 행동할 수 있다.					①
22. 다양한 직업에 대해 관심을 갖는다.					①
23. 우리나라를 상징하는 것을 알고 예절을 지킨다.					①
24. 우리나라에 대해 자부심을 갖는다.					①
25. 다문화 가정의 친구들을 존중한다.					①
26. 자연의 아름다움을 보고 정서를 표현할 수 있다.					①
27. 음악으로 자신의 정서를 표현할 수 있다.					①
28. 움직임과 춤으로 자신의 정서를 표현할 수 있다.					①
29. 미술활동으로 자신의 정서를 표현할 수 있다.					①
30. 역할놀이에서 자신의 역할을 잘 해낸다.					①
31. 주제를 주면 창의적으로 신체 표현 활동을 한다.					①
32. 다양한 예술 감상을 즐긴다.					①

정서발달 도식 평정척도 (만 5세용)

관찰 유아 : 최유정   생년월일 : 2013. 5. 20.   성 별 : 여
관 찰 자 : 배정아(예인어린이집)   관 찰 일 : 2019. 1. 9.   관찰일 현재 유아 연령 : 5년 8월

- 유아의 사회 · 정서발달에 대해 다음과 같이 평가하여 해당 란에 V표시한다.
- 내용을 종합하여 요약한다.

항 목	하위 5%에 속함	하위 25%에 속함	중간 50%에 속함	상위 25%에 속함	상위 5%에 속함
1. 자연의 소리나 주변의 다양한 소리에 관심을 갖고 탐색한다.					①
2. 자연의 아름다움이나 색깔을 보고 아름다움을 느낀다.					①
3. 자연의 색과 모양에 관심을 갖고 탐색한다.					①
4. 노래로 자신의 생각과 느낌을 표현할 수 있다.					①
5. 전래동요 부르기를 좋아하고 즐겨 부른다.					①
6. 리듬악기 연주를 좋아하고 자주 연주한다.					①
7. 즉흥적으로 리듬과 노래를 만들어 볼 수 있다.					①
8. 음악으로 자신의 정서를 표현할 수 있다.					①
9. 신체를 이용하여 주변의 움직임을 다양하게 표현할 수 있다.					①
10. 다양한 도구를 활용하여 창의적으로 신체표현을 할 수 있다.					①
11. 신체로 자신의 정서를 표현할 수 있다.					①
12. 다양한 미술 활동으로 자신의 생각과 느낌을 표현한다.					①
13. 다양한 재료와 도구를 이용하여 미술 활동을 즐긴다.					①
14. 자연물을 이용하여 미술 활동을 즐긴다.					①
15. 경험이나 이야기를 극놀이로 표현할 수 있다.					①
16. 여러 명의 친구들과 역할놀이를 즐긴다.					①
17. 극놀이로 자신의 정서를 표현할 수 있다.					①
18. 창의적으로 예술 표현 활동을 할 수 있다.					①
19. 다양한 음악 듣기를 좋아한다.					①
20. 미술작품 감상하기를 좋아한다.					①

6. 행동목록법

1) 행동목록법의 정의

행동목록법(behavior checklist)이란 관찰할 행동의 목록을 사전에 만들어 놓고 관찰하면서 해당되는 행동이 나타날 때마다 체크( )로 표기하는 방법이다. 이 방법은 관찰시간이 절약되고 유아의 행동을 쉽게 관찰할 수 있으며 그 결과를 학습계획 및 유아의 행동평가 등에 간편하게 적용할 수 있다. [53]

관찰 시 사용되는 기록양식을 행동목록 또는 행동목록표(behavior checklist)라고 한다. 체크리스트(checklist)는 단순한 행동 리스트이며 기본적인 목적은 중요하게 생각하는 행동 유무를 확인하는 데 있다. [54]

그러나 체크리스트는 행동 유무를 결정하는 효율적인 방법이지만 그 행동의 빈도, 지속시간, 특성 등에 대한 정보는 제공하지 못하고 자세하게 행동을 설명해 주지도 못한다.

체크리스트는 교사나 관찰자가 관찰대상 유아의 단순한 어떤 기술이나 행동 또는 발달 특성을 알아보는 데 쓰이는 관찰방법이므로 관찰자는 관찰대상 유아로부터 행동 유무를 확인해 보고 싶은 행동목록 기록지를 사전에 준비해 놓고 관찰 표기하도록 한다.

체크리스트를 사용하는 목적은 다음과 같다. [55]

첫째, 관찰하고자 하는 대상의 현재 상태를 평가하고자 할 때 사용된다. 체크리스트는 어느 한 시점에서 어떤 행동의 출현 유무에 주로 관심이 있을 때 사용하게 되고 기록양식은 관찰이 되면 '예', 관찰이 되지 않으면 '아니오'로 표시한다.

둘째, 체크리스트는 시간에 따른 발달의 변화를 알고자 할 때도 사용된다. 예를 들면, 학기 초에 유아의 기본생활 습관형성 정도를 알아보기 위해 체크리스트로 관찰한 후 학기 말에 다시 체크리스트를 이용하여 유아의 기본 생활습관을 관찰해 봄으로써 유아의 기본생활 습관형성이 어느 정도 변하였는가를 알 수 있을 것이다.

---

53) 한국유아교육학회, 앞의 사전, p. 663.
54) 홍순정, 앞의 책, p. 132.
55) 이정환, 박은혜, 앞의 책, p. 86.

2) 행동목록법 작성을 위한 지침

체크리스트는 사용하기 전에 무엇을 관찰하고자 하는지에 관해 숙고해 보아야 한다. 예를 들어, 5세 된 유아의 인지능력을 관찰해 보고자 할 때 관찰자는 5세 유아의 발달과업을 사전에 잘 알고 있어야 하며 5세 유아의 인지발달 영역에 내포될 수 있는 문항을 조직적이고 논리적으로 작성하여 관찰기록지를 만들어 놓은 다음 한 문장씩 체크해 가면 된다.

다음은 관찰자가 행동목록법를 작성하는 데 있어서 유의할 점이다.[56]

첫째, 체크리스트는 관찰하기 전에 준비되어 있어야 한다.

둘째, 체크리스트에 포함된 문항은 가능한 한 관찰 가능한 구체적 행동을 나타내는 것이어야 한다. 예를 들어, '시간 개념을 안다'라는 문항이 있다고 하면 이 문항을 갖고 유아의 행동을 관찰한다면 너무 포괄적이고 모호하여 판단하기가 어려울 것이다. 그러므로 오늘을 이해하고 있다, 어제와 오늘을 구별할 수 있다, 내일의 뜻을 알고 있다, 하루의 일과를 이해하고 있다, 낮과 밤을 구별할 수 있다. 등으로 분리하여 구체적으로 기술해야 한다.

셋째, 행동목록의 문장은 포괄적이고 대표적인 목록으로 구성되어야 하며 문항간 서로 중복이 없어야 한다. 많은 행동의 목록 가운데 특정 영역을 대표하면서 그 영역에 속한 하위 영역을 골고루 포함시킬 수 있는 문항들로 구성되어야 한다.

넷째, 행동목록의 문항은 일정한 체계에 맞게 논리적으로 조직되어야 하다.

다섯째, 체크리스트가 관찰목적에 맞도록 구성되어야 한다는 것이다.

---

56) 홍순정, 앞의 책, pp. 132~133.

3) 행동목록법의 장점과 단점

행동목록법의 장점과 단점은 다음과 같다.[57]

① 장점

첫째, 체크리스트는 관찰자로 하여금 관찰대상 유아의 행동 유무를 아주 빨리 그리고 효율적으로 기록할 수 있도록 해 준다는 점이다. 이 방법은 노력이 적게 드는데 그 이유는 부분적으로 평가방법이 단순하기 때문이고 또한 체크리스트를 만들 때 이미 계획을 마쳤기 때문이다.

둘째, 체크리스트는 유아의 행동을 계속적으로, 누가적으로 작성, 사용함으로써 행동 발달 단계 및 유아의 개인적인 발달을 기록하고 관찰하는 데 도움이 된다.

셋째, 체크리스트를 이용한 관찰은 특별한 훈련 없이도 관찰할 수 있는 가장 단순한 방법이다.

② 단점

첫째, 체크리스트의 단점은 유아 행동의 출현 유무는 알 수 있지만 출현행동의 빈도나 질적 수준에 대한 정보를 얻을 수 없다는 것이다. '어떻게' 그 행동이 일어났는지에 대해서는 전혀 알 수가 없다.

예를 들어, 3세 유아의 계단 오르기에 대한 항목이 있었다고 할 때 '양 발을 바꾸어 가며 계단을 오를 수 있다'라는 항목에 '아니오'라고 체크가 되었다면 이 유아는 양 발을 바꾸어 가면서 계단을 오를 수 없다는 것인지 아니면 계단을 오르기는 했지만 손을 짚고 두 발을 모두 사용했기 때문에 '아니오'에 체크가 되었는지를 알 수가 없다는 것이다.

둘째, 행동목록표 사용하기에는 용이하나 이를 작성하기 위해서는 시간과 노력이 많이 들고 관찰자의 연구 경험에 따라 그 융통성이 결정된다는 것이다.

셋째, 행동목록표는 특별한 훈련 없이도 비교적 쉽게 만들 수 있는 기록양식이기는 하나 자료로서의 유용성을 높이기 위해서는 기록양식이 체계적으로, 분명한 행동적 지표를 가지고 기술되어야 한다.

---

57) 홍순정, 앞의 책, p. 133.김병선, 이윤옥 공저, 앞의 책, p. 167.이은해, 앞의 책, p. 183.

4) 행동목록법의 관찰양식

(1) 언어발달 체크리스트

언어발달 체크리스트 (만 1세용)

관찰 영아 : _____   생년월일 : _____   성 별 : 남 · 여

관 찰 자 : _____   관 찰 일 : _____   관찰일 현재 영아 연령 :   년   월

- 관찰할 영아를 선택한 후 체크리스트에 있는 행동이 나타나면 V로 표시한다.
- 관찰 결과를 요약 정리한다.

항 목	예	아니오	비고
1. 교사나 엄마가 지시한 말을 이해한다.			
2. 간단한 심부름을 할 수 있다.			
3. 성인의 한두 단계의 지시를 듣고 따를 수 있다.			
4. 이야기 듣는 것을 좋아한다.			
5. 다른 사람이 말하는 사물을 지적할 수 있다.			
6. 두세 단어를 사용하여 말한다.			
7. 전치사, 수사, 대명사, 동사를 사용하여 말한다.			
8. 사회적인 단어를 말할 수 있다. (고마워, 미안해, 안녕 등)			
9. 사용하는 어휘 수가 50단어 이상이다.			
10. 다른 사람의 소리와 사물의 소리를 모방하여 말한다.			
11. 자신의 욕구와 관련된 단어를 말할 수 있다.			
12. "이게 뭐야"라는 질문을 한다.			
13. 두세 단어를 조합하여 문장으로 말한다.			
14. '나', '내 것', '너'와 같은 말이나 소유와 관련된 말을 사용한다.			
15. 전보식 언어를 사용한다.			
16. 사물의 이름을 계속해서 질문한다.			
17. 타인에게 지시하는 언어를 사용한다.			
18. 친숙한 그림을 알아본다.			
19. 그림책에 관심을 갖고 그림책 보는 것을 좋아한다.			
20. 글 내용보다 그림에 더 관심을 갖는다.			
21. 그림책에 있는 사물의 이름을 알고 말할 수 있다.			
22. 그림책에 있는 글자를 보고 읽는 흉내를 낸다.			
23. 크레파스나 쓰기 도구를 사용하여 끼적거리기를 한다.			
24. 글자 형태를 보고 끼적거리기를 한다.			

언어발달 체크리스트 (만 2세용)

관찰 영아 : _____　　　생년월일 : _____　　　성 별 : 남 · 여

관 찰 자 : _____　　　관 찰 일 : _____　　　관찰일 현재 영아 연령 :　　　년　　　월

- 관찰할 영아를 선택한 후 체크리스트에 있는 행동이 나타나면 V로 표시한다.
- 관찰 결과를 요약 정리한다.

항 목	예	아니오	비고
1. 단순한 이야기와 노래 듣기를 좋아한다.			
2. 높낮이와 세기 등 말소리의 차이를 구분한다.			
3. 짧은 이야기와 노랫말 듣기를 즐긴다.			
4. 그림책 등을 읽어주면 집중하여 듣는다.			
5. 두세 단어로 사물의 이름, 특성, 사건의 반복 등을 표현한다.			
6. 소유의 개념이 나타나며 소유격을 사용하여 말한다.			
7. 세 단어 이상을 사용하여 문장으로 말을 할 수 있다.			
8. 전보문처럼 3~4개의 단어를 이어서 말한다.			
9. 1000개 정도의 어휘를 사용하여 말할 수 있다.			
10. 의문문과 부정문을 사용하여 말할 수 있다.			
11. 노래, 운율, 손유희 등을 부분적으로 반복한다.			
12. 단순한 생각을 나타내는 짧은 문장을 사용한다.			
13. 시제가 혼란되어 나타난다.			
14. 글자를 읽는 흉내를 낸다.			
15. 원하는 것을 말로 요구한다.			
16. 바른 발음으로 말하기를 시도한다.			
17. 상황에 맞는 말(고마워, 반가워)을 한다.			
18. 그림책에 있는 그림과 내용에 관심을 보인다.			
19. 동화책, 그림책 보기를 좋아한다.			
20. 그림에 있는 사물의 이름을 부르며 읽는다.			
21. 친숙한 그림과 환경 인쇄물을 보고 읽는 흉내를 낸다.			
22. 여러 가지 도구를 가지고 끼적거리기를 한다.			
23. 글자의 기초가 되는 모양을 구분한다.			
24. 의도적으로 끼적거리기를 한다.			
25. 글자의 형태로 끼적거리기를 한다.			

언어발달 체크리스트 (만 3세용)

관찰 유아 : _____   생년월일 : _____   성 별 : 남 · 여

관 찰 자 : _____   관 찰 일 : _____   관찰일 현재 유아 연령 :   년   월

- 관찰할 유아를 선택한 후 체크리스트에 있는 행동이 나타나면 V로 표시한다.
- 관찰 결과를 요약 정리한다.

항 목	예	아니오	비고
1. 다른 사람의 말을 주의 깊게 듣는다.			
2. 낱말과 발음에 관심을 가지고 듣는다.			
3. 두 세가지 지시를 듣고 실행할 수 있다.			
4. 호기심이 많아 질문을 많이 한다.			
5. 두 가지 사물을 비교하여 말할 수 있다.			
6. 4~5개의 단어를 사용하여 문장으로 말할 수 있다.			
7. 문법적인 문장을 사용하기 시작한다.			
8. 자신의 의견을 말할 수 있다.			
9. 이야기를 듣고 기억해 내서 말할 수 있다.			
10. 읽어준 동화나 글을 이해하여 순서대로 말할 수 있다.			
11. '왜', '만약에' 등으로 시작하여 질문을 한다.			
12. 자신의 도움이나 요구를 말로 능숙하게 표현하다.			
13. 간단한 손유희나 운율이 반복되는 노래를 좋아한다.			
14. 네 문장으로 된 짧은 이야기를 자신의 말로 재현할 수 있다.			
15. 또래와 대화를 주고 받을 수 있다.			
16. 상황에 알맞게 말할 수 있다.			
17. 분명한 발음으로 말할 수 있다.			
18. 사용하는 어휘수가 2000단어 이상이고 다양하다.			
19. 간단한 낱말을 읽는다.			
20. 어른의 도움 없이 혼자 그림책을 읽는다.			
21. 자음과 모음에 관심을 보인다.			
22. 새로 내놓은 책에 관심을 갖는다.			
23. 끼적거리기 단계의 쓰기 현상이 나타난다.			
24. 자신의 이름을 쓸 수 있다.			
25. 연필, 필기도구를 바로 잡고 쓴다.			
26. 교사의 도움 없이 혼자 간단한 단어를 쓸 수 있다.			
27. 글자의 반전현상(3을 ε으로 0↑을 로 씀)이 나타난다.			
28. 그림 편지를 쓸 수 있다.			

언어발달 체크리스트 (만 4세용)

관찰 유아 : _____ 생년월일 : _____ 성 별 : 남 · 여

관 찰 자 : _____ 관 찰 일 : _____ 관찰일 현재 유아 연령 :   년   월

- 관찰할 유아를 선택한 후 체크리스트에 있는 행동이 나타나면 V로 표시한다.
- 관찰 결과를 요약 정리한다.

항 목	예	아니오	비고
1. 3~4가지 지시문을 듣고 실행할 수 있다.			
2. 최소 10분 정도 이야기를 듣고 집중할 수 있다.			
3. 같은 소리로 시작하는 단어를 구별한다.			
4. 들은 단어들의 소리와 문자를 연결할 수 있다.			
5. 비슷한 발음의 낱말을 주의깊게 구별하여 듣는다.			
6. 다섯 문장으로 된 짧은 이야기를 자신의 말로 재현할 수 있다.			
7. 적당한 시제와 동사를 사용하여 말할 수 있다.			
8. 소그룹 토의에서 토의한 내용과 관련된 말을 할 수 있다.			
9. 5~6개의 단어를 사용하여 말할 수 있다.			
10. 그리고(and), 그러나(but) 등의 접속사를 사용하여 말할 수 있다.			
11. 말을 잇기 위해 '음', '어' 같은 무의미한 글자를 사용하여 말한다.			
12. 과거의 경험을 말할 수 있다.(이전 경험 말하기)			
13. 자신의 경험을 이용하여 문장을 만들 수 있다.			
14. 4~5 단계의 지시문을 다시 말할 수 있다.			
15. 자음과 모음을 정확하게 발음한다.			
16. 긴 문장을 따라 말할 수 있다.			
17. 수수께끼 활동을 할 수 있다.			
18. 자신의 느낌과 생각, 경험을 말할 수 있다.			
19. 간단한 내용을 말을 듣고 다른 사람에게 내용을 전달한다.			
20. 신체의 부위와 기능에 대해 알고 말할 수 있다.			
21. 간단한 사물의 색, 크기, 모양, 용도 등을 설명할 수 있다.			
22. 사물이나 사람을 비교하여 말할 수 있다.			
23. 일상생활에서 자주 접하는 글자 읽기에 흥미를 갖고 읽는다.			
24. 읽어주는 글의 내용에 관심을 갖고 서로 이야기 나눌 수 있다.			
25. 동시나 짧은 글을 읽을 수 있다.			
26. 궁금한 것이 있으면 내용을 책에서 찾아본다.			
27. 낱말이나 문장 읽기에 관심을 갖고 읽는다.			
28. 글자를 보고 모방하여 쓴다.			
29. 다른 사람에게 하고 싶은 이야기를 그림이나 글자로 쓴다.			
30. 다양한 쓰기 매체를 이용하여 글자를 쓴다.			
31. 자신의 생각, 느낌 경험을 글자와 비슷한 형태나 글로 쓴다.			

언어발달 체크리스트 (만 5세용)

관찰 유아 : _____ 생년월일 : _____ 성 별 : 남 · 여

관 찰 자 : _____ 관 찰 일 : _____ 관찰일 현재 유아 연령 :   년   월

• 관찰할 유아를 선택한 후 체크리스트에 있는 행동이 나타나면 V로 표시한다.
• 관찰 결과를 요약 정리한다.

항 목	예	아니오	비고
1. 낱말과 문장을 듣고 이해한다.			
2. 다른 사람의 이야기를 듣고 이해한다.			
3. 낱말의 발음에 관심을 갖고 비슷한 발음을 듣고 구별한다.			
4. 이야기 듣고 궁금한 것에 대해 질문한다.			
5. 네 가지 이상 지시사항을 이해하여 행동할 수 있다.			
6. 동시, 동요, 동화의 내용을 듣고 이해한다.			
7. 6~8개의 단어로 된 문장을 말할 수 있다.			
8. 일상생활에서 일어나는 일들을 다양한 문장으로 말한다.			
9. 문법에 맞는 문장으로 말할 수 있다.			
10. 시제(과거, 현재, 미래)에 맞는 문장으로 말한다.			
11. 새로운 단어에 대해 질문한다.			
12. 자신의 느낌이나 생각을 적절한 낱말과 문장으로 말한다.			
13. 두 세가지 사물을 비교하여 말할 수 있다.			
14. 주제를 정하여 함께 이야기 나눌 수 있다.			
15. 자신의 경험을 비교하여 말할 수 있다.			
16. 이야기를 지어서 말할 수 있다.			
17. 그림이나 그림카드를 보며 이야기를 꾸밀 수 있다.			
18. 성인과 유사한 문법을 구사하여 말할 수 있다.			
19. 때와 장소에 맞는 말을 사용할 수 있다.			
20. 어떻게(How)로 시작하는 질문을 할 수 있다.			
21. 들은 이야기를 시간, 순서에 따라 설명할 수 있다.			
22. 이야기를 들은 후 내용을 잘 조직하여 다시 말할 수 있다.			
23. 자신의 감정을 적절한 말로 표현할 수 있다.			
24. 주변에서 친숙한 글자를 찾아 읽는다.			
25. 편지나 보고서 등을 읽을 수 있다.			
26. 동시나 동화를 읽을 수 있다.			
27. 책 보는 것을 좋아하고 책을 소중히 다룬다.			
28. 교사나 윗사람의 도움 없이 혼자 책을 읽을 수 있다.			
29. 책의 내용을 이해하며 읽을 수 있다.			
30. 말이나 생각을 글로 나타낼 수 있다.			
31. 주변의 친숙한 글자를 쓸 수 있다.			
32. 자신의 느낌, 생각, 경험을 글자로 표현할 수 있다.			
33. 짧은 글이나 동시를 지어서 쓸 수 있다.			
34. 다양한 쓰기 도구와 매체를 사용하여 쓸 수 있다.			

(2) 인지발달 체크리스트

인지발달 체크리스트 (만 1세용)

관찰 영아 : _____   생년월일 : _____   성 별 : 남 · 여

관 찰 자 : _____   관 찰 일 : _____   관찰일 현재 영아 연령 :   년   월

- 관찰할 영아를 선택한 후 체크리스트에 있는 행동이 나타나면 V로 표시한다.
- 관찰 결과를 요약 정리한다.

항 목	예	아니오	비고
1. 사물의 1~3까지 셀 수 있다.			
2. '한 개'와 '여러 개'를 구별할 수 있다.			
3. '크다', '작다'와 같은 수 개념을 이해한다.			
4. 세 가지 정도의 색 이름을 안다.			
5. 기본 도형의 이름을 안다.			
6. 사물과 그림을 짝지을 수 있다.			
7. 감추는 것을 보지 못한 물건도 찾을 수 있다.			
8. 정신적으로 사물을 기억하고 찾을 수 있다.			
9. 기본 도형을 알고 같은 도형을 찾을 수 있다.			
10. 3~5조각의 퍼즐을 맞출 수 있다.			
11. '작다', '크다'의 개념을 이해한다.			
12. '높다', '낮다'의 개념을 이해한다.			
13. '가볍다', '무겁다'의 개념을 이해한다.			
14. 두 세 가지 사물을 반복하여 패턴을 만들 수 있다.			
15. 두 세 가지 기준에 따라 사물을 서열화할 수 있다.			
16. 인과관계를 이해한다.			
17. 주변 동식물의 모양에 관심을 갖는다.			
18. 3~6개의 신체 부위를 식별할 수 있다.			
19. 동물과 동물이 내는 소리를 짝지을 수 있다.			
20. 주변의 사물이나 자연물의 냄새를 맡을 수 있다.			
21. 여러 가지 맛에 관심을 갖고 맛을 느낄 수 있다.			
22. 도구를 사용하여 음식을 먹는다.			
23. 여러 가지 생활 도구를 탐색하고 관심을 갖는다.			
24. 적극적으로 환경을 탐색한다.			
25. 머리 속으로 상상해보고 문제를 해결할 수 있다.			

인지발달 체크리스트 (만 2세용)

관찰 영아 : _____   생년월일 : _____   성 별 : 남 · 여

관 찰 자 : _____   관 찰 일 : _____   관찰일 현재 영아 연령 :   년   월

- 관찰할 영아를 선택한 후 체크리스트에 있는 행동이 나타나면 V로 표시한다.
- 관찰 결과를 요약 정리한다.

항 목	예	아니오	비고
1. 사물을 1~7까지 셀 수 있다.			
2. 더 많다, 더 크다, 약간, 조금 등과 같은 수 개념을 이해한다.			
3. 과거, 현재, 미래의 개념을 이해한다.			
4. 전·후의 개념을 이해한다.			
5. 단순한 순서를 안다.			
6. 다섯가지 이상의 색 이름을 안다.			
7. 세 번째까지의 서수를 셀 수 있다.			
8. 같은 도형을 찾을 수 있다.			
9. 2~8조각 퍼즐을 맞출 수 있다.			
10. 위치와 방향에 관한 어휘를 사용한다.			
11. 기본 도형으로 모양을 구성할 수 있다.			
12. 3개의 고리를 크기에 따라 끼울 수 있다.			
13. 두 물체의 크기를 비교할 수 있다.			
14. 두 물체의 길이를 측정하고 비교할 수 있다.			
15. 일정한 기준에 따라 사물을 나열할 수 있다.			
16. 구체물을 1:1 대응할 수 있다.			
17. 2~3가지 기준에 따라 사물을 서열화할 수 있다.			
18. 사물을 이용하여 단순한 패턴을 만들 수 있다.			
19. 비슷한 것 끼리 짝을 지을 수 있다.			
20. 주변 환경과 사물에 호기심을 갖는다.			
21. 거울로 탐색하는 것을 즐긴다.			
22. 친숙한 물체나 물질을 적극적으로 탐색한다.			
23. 동물의 이름을 5가지 이상 안다.			
24. 자신의 신체 부분에 대해 안다.			
25. 낮과 밤을 구분한다.			
26. 날씨를 감각적으로 느낀다.			
27. 생활주변의 간단한 도구에 관심을 갖는다.			
28. 도구를 사용하여 음식을 먹는다.			

인지발달 체크리스트 (만 3세용)

관찰 유아 : _____   생년월일 : _____   성 별 : 남 · 여

관 찰 자 : _____   관 찰 일 : _____   관찰일 현재 유아 연령 :   년   월

- 관찰할 유아를 선택한 후 체크리스트에 있는 행동이 나타나면 V로 표시한다.
- 관찰 결과를 요약 정리한다.

항 목	예	아니오	비고
1. 사물을 1~10까지 셀 수 있다.			
2. 비교급의 단어를 사용하여 수 개념을 이해한다.			
3. 과거, 현재, 미래의 시간 개념을 이해한다.			
4. 다섯 번째까지 서수를 안다.			
5. '더 많다', '더 적다' 등의 수 개념을 이해한다.			
6. 일곱 가지 정도의 색깔 이름을 안다.			
7. 같은 도형 뒤집기, 찾기 등을 할 수 있다.			
8. 위, 아래, 앞, 뒤, 옆 등의 공간개념을 이해한다.			
9. 10조각 이하의 퍼즐을 맞출 수 있다.			
10. 3~4개의 고리를 크기에 따라 끼워 넣을 수 있다.			
11. 위치와 방향과 관련된 어휘를 이해할 수 있다.			
12. 기본 도형으로 여러 가지 모양을 구성할 수 있다.			
13. 길이, 크기, 무게를 측정할 수 있다.			
14. 측정한 것을 비교하여 순서를 매길 수 있다.			
15. 임의 측정 단위로 측정할 수 있다.			
16. 사건의 순서를 이해한다.			
17. 기준에 따라 3~5가지 사물을 늘어놓을 수 있다.			
18. 반복되는 규칙성을 이해하고 3~4가지 정도 패턴을 만들 수 있다.			
19. 사물을 같은 모양과 크기, 색깔별로 분류할 수 있다.			
20. 비슷한 것끼리 짝을 지을 수 있다.			
21. 친숙한 물체와 사물을 적극적으로 탐색한다.			
22. 사물의 공통점과 차이점을 이해한다.			
23. 사람의 출생에 관한 질문을 하고 관심을 갖는다.			
24. 5가지 이상 동물의 이름을 알고 있다.			
25. 자신의 신체 구조에 대해 관심을 갖는다.			
26. 낮과 밤의 규칙성을 이해한다.			
27. 계절의 변화를 안다.			
28. 일상생활에 사용되어지는 기계와 도구에 관심을 갖고 활용할 수 있다.			
29. 정확한 사물을 보고 이름을 알고 단어와 연결시킬 수 있다.			
30. 주변의 단순한 기계와 도구를 조작할 수 있다.			

인지발달 체크리스트 (만 4세용)

관찰 유아 : _____   생년월일 : _____   성 별 : 남 · 여

관 찰 자 : _____   관 찰 일 : _____   관찰일 현재 유아 연령 :   년   월

- 관찰할 유아를 선택한 후 체크리스트에 있는 행동이 나타나면 V로 표시한다.
- 관찰 결과를 요약 정리한다.

항 목	예	아니오	비고
1. 1~15 그 이상의 수를 셀 수 있다.			
2. 구체물을 가지고 다섯까지 더하기를 할 수 있다.			
3. 다섯개 가량의 구체물에서 부분과 전체를 이해한다.			
4. 약간, 대부분, 전체의 개념을 이해한다.			
5. 분수(1/2, 1/4)를 이해한다.			
6. 12조각 정도의 퍼즐을 맞출 수 있다.			
7. 도형 옮기기, 뒤집기, 돌리기 등을 할 수 있다.			
8. 도형을 보거나 기억하여 그릴 수 있다.			
9. 단순한 지도와 약도를 그리거나 만들 수 있다.			
10. 길이, 무게, 둘레를 측정할 수 있다.			
11. 사건의 순서를 이해한다.			
12. 임의 측정단위로 어림 잡아 측정할 수 있다.			
13. 4가지 정도의 패턴을 만들 수 있다.			
14. 사물의 크기에 따라 1~5순위로 서열화할 수 있다.			
15. 두 가지 기준으로 자료를 분류할 수 있다.			
16. 구체물이나 그림, 사진을 이용하여 그래프로 나타낼 수 있다.			
17. 두 사물의 특성과 공통적인 특성을 나타낼 수 있다.			
18. 주변 자연 세계에 대해 호기심을 갖는다.			
19. 사물을 관찰하고 비교해 본다.			
20. 두 사물을 비교하여 유사한 점을 찾아낼 수 있다.			
21. 물체와 물질을 여러 가지 방법으로 변화시켜 본다.			
22. 동식물의 성장 과정에 관심을 갖는다.			
23. 생명체를 소중히 여긴다.			
24. 계절의 변화와 규칙성을 안다.			
25. 자연물의 특성과 변화를 탐색하고 알아본다.			
26. 생활 속에서 간단한 도구와 기계를 활용한다.			

인지발달 체크리스트 (만 5세용)

관찰 유아 : _____ 생년월일 : _____ 성 별 : 남 · 여

관 찰 자 : _____ 관 찰 일 : _____ 관찰일 현재 유아 연령 :   년   월

• 관찰할 유아를 선택한 후 체크리스트에 있는 행동이 나타나면 V로 표시한다.
• 관찰 결과를 요약 정리한다.

항 목	예	아니오	비고
1. 1~20 그 이상의 수를 셀 수 있다.			
2. 수 세기를 한 후 한 자리 수 숫자만큼 더하기, 빼기를 할 수 있다.			
3. 하루 일과를 순서대로 말하고 이해할 수 있다.			
4. 15조각 정도의 퍼즐을 맞출 수 있다.			
5. 기본 도형과 입체 도형을 안다.			
6. 사물이나 자연물로 도형을 구성할 수 있다.			
7. 칠교를 사용하여 모양을 구성할 수 있다.			
8. 사물의 길이, 무게, 둘레 등을 측정할 수 있다.			
9. 양팔 저울로 사물의 무게를 측정하고 비교할 수 있다.			
10. 사물을 측정하고 비교하여 순서지어 보기를 할 수 있다.			
11. 사물의 크기를 1~10순위로 서열화 할 수 있다.			
12. 사물과 숫자를 서로 연결하여 1:1 대응을 할 수 있다.			
13. 일의 순서를 알고 순서대로 놓아볼 수 있다.			
14. 5가지 이상 기준에 따라 규칙성을 만들어 볼 수 있다.			
15. 사물의 공통적인 특성에 따라 분류/재분류 할 수 있다.			
16. 사물의 특성과 공통적인 특성을 벤다이어그램으로 나타낼 수 있다.			
17. 그래프를 이용하여 표현할 수 있다.			
18. 관찰한 사물을 서로 비교할 수 있다.			
19. 관찰한 사물을 토대로 다른 것을 예측할 수 있다.			
20. 여러 가지 물체의 기본 특성을 안다.			
21. 물체와 물질을 여러 가지 방법으로 변화시켜 본다.			
22. 나와 다른 사람의 출생과 성장에 대해 관심을 갖는다.			
23. 생태계 변화에 관심을 갖는다.			
24. 자연 친화적인 활동에 관심을 갖는다.			
25. 날씨 변화와 기후 변화에 관심을 갖는다.			
26. 계절의 변화와 자연물의 변화를 이해한다.			
27. 생활 속에 사용하는 기계와 도구를 활용한다.			
28. 실험도구를 이용하여 실험해 본다.			
29. 자연 현상에 관심을 갖는다.			
30. 텃밭 가꾸기 등 생태활동에 참여한다.			

(3) 신체발달 체크리스트

신체발달 체크리스트 (만 1세용)

관찰 영아 : _____　　생년월일 : _____　　성 별 : 남 · 여

관 찰 자 : _____　　관 찰 일 : _____　　관찰일 현재 영아 연령 :　　　년　　　월

• 관찰할 영아를 선택한 후 체크리스트에 있는 행동이 나타나면 V로 표시한다.
• 관찰 결과를 요약 정리한다.

항 목	예	아니오	비고
1. 한 손으로 물건을 쥐고 다른 손으로 조작할 수 있다.			
2. 손가락으로 막대 구멍에 꽂을 수 있다.			
3. 탑 쌓기를 할 수 있다.			
4. 기본 도형을 맞출 수 있다.			
5. 크레파스나 펜으로 그리기를 할 수 있다.			
6. 지퍼를 잡아당길 수 있다.			
7. 동그라미를 보고 따라 그릴 수 있다.			
8. 움직이는 장난감을 작동할 수 있다.			
9. 물건을 굴리고 잡을 수 있다.			
10. 정확하게 손을 뻗쳐 잡을 수 있다.			
11. 공을 차고 던질 수 있다.			
12. 혼자 옷을 벗을 수 있다.			
13. 문을 열고 닫을 수 있다.			
14. 혼자 걸을 수 있다.			
15. 손을 짚고 계단을 기어서 오를 수 있다.			
16. 물건을 당기고 밀 수 있다.			
17. 자전거 페달을 밟을 수 있다.			
18. 두 발로 점프할 수 있다.			
19. 앞, 뒤, 옆으로 걸을 수 있다.			
20. 두 발을 한 계단에 디디면서 계단을 오를 수 있다.			
21. 두 발 모아 제자리에서 뛸 수 있다.			
22. 난간을 잡고 계단을 오를 수 있다.			
23. 똑바로 앉아 몸의 균형을 잡을 수 있다.			
24. 똑바로 서서 물체를 잡고 균형을 잡을 수 있다.			
25. 한 발로 잠시 서 있을 수 있다.			

신체발달 체크리스트 (만 2세용)

관찰 영아 : _____   생년월일 : _____   성 별 : 남 · 여

관 찰 자 : _____   관 찰 일 : _____   관찰일 현재 영아 연령 :   년   월

- 관찰할 영아를 선택한 후 체크리스트에 있는 행동이 나타나면 V로 표시한다.
- 관찰 결과를 요약 정리한다.

항 목	예	아니오	비고
1. 5개 정도 큰 구슬 꿰기를 할 수 있다.			
2. 자신의 키 만큼 블록을 쌓을 수 있다.			
3. 도움을 받아 옷을 입고 벗을 수 있다.			
4. 큰 단추, 가는 단추 끼우기, 지퍼를 올리고 내릴 수 있다.			
5. 7~8조각의 퍼즐을 맞출 수 있다.			
6. 손가락을 이용해서 쓰기 도구를 잡고 끼적거리기를 할 수 있다.			
7. 공 던지기, 팥 주머니 던지기를 할 수 있다.			
8. 작은 사물을 두 세발 정도의 거리에서 던질 수 있다.			
9. 굴러가는 공을 잡을 수 있다.			
10. 공을 앞으로 옆으로 뒤로 굴릴 수 있다.			
11. 목표를 보고 팔을 뻗혀 공을 던질 수 있다.			
12. 30cm정도 앞으로 멀리 뛰기를 할 수 있다.			
13. 음악에 맞추어 걷고 몸을 움직일 수 있다.			
14. 난간을 잡고 계단을 오를 수 있다.			
15. 세발자전거를 탈 수 있다.			
16. 계단에서 뛰어 내릴 수 있다			
17. 두 발로 함께 계단을 뛰어 오를 수 있다.			
18. 똑바로 서서 선을 따라 걸을 수 있다.			
19. 목표물을 향해 달릴 수 있다.			
20. 발 끝이나 발꿈치를 이용해서 걸을 수 있다.			
21. 한 발로 깡총뛰기를 할 수 있다.			
22. 두 발을 모아 계단을 위 아래로 오르내릴 수 있다.			
23. 정리된 상태에서 몸의 균형을 잡을 수 있다.			
24. 제자리에서 10개 미만의 블록을 쌓을 수 있다.			
25. 낮은 평균대 위에 서 있을 수 있다.			
26. 손이나 팔 다리 꼬기를 할 수 있다.			
27. 한 발로 잠시 서 있을 수 있다.			

신체발달 체크리스트 (만 3세용)

관찰 유아 : _____　　생년월일 : _____　　성 별 : 남 · 여

관 찰 자 : _____　　관 찰 일 : _____　　관찰일 현재 유아 연령 :　　　년　　월

- 관찰할 유아를 선택한 후 체크리스트에 있는 행동이 나타나면 V로 표시한다.
- 관찰 결과를 요약 정리한다.

항 목	예	아니오	비고
1. 가위로 선을 따라 오릴 수 있다.			
2. 숟가락이나 포크로 흘리지 않고 음식을 떠 먹을 수 있다.			
3. 옷을 스스로 입고 벗을 수 있다.			
4. 물을 흘리지 않고 따를 수 있다.			
5. 10조각 이하의 퍼즐을 쉽게 맞출 수 있다.			
6. 단추 열기와 달기를 할 수 있다.			
7. 둥근 선과 직선 사선을 그릴 수 있다.			
8. 큰 공을 잡고 던질 수 있다.			
9. 공을 굴리고 차고 던질 수 있다.			
10. 손으로 공치기를 할 수 있다.			
11. 매트에서 구를 수 있다.			
12. 목표를 향해 공을 던질 수 있다.			
13. 한 손이나 두 손으로 사물을 능숙하게 들어 올릴 수 있다.			
14. 한 발로 뛸 수 있다.			
15. 세발자전거를 탈 수 있다.			
16. 두 발 모아 20cm 정도 점프할 수 있다.			
17. 발을 교대로 계단을 오를 수 있다.			
18. 짧게 앵금질(hopping)을 할 수 있다.			
19. 달리기 속도를 조절하여 달릴 수 있다.			
20. 뜀뛰기를 할 수 있다.			
21. 손으로 귀를 잡고 뛸 수 있다.			
22. 한 발로 몸의 균형을 잡을 수 있다.			
23. 팔 다리를 뻗어 스트레칭을 할 수 있다.			
24. 구령에 맞춰 멈추기를 할 수 있다.			
25. 두 팔을 뻗어 몸의 균형을 잡을 수 있다.			
26. 신체에 사물을 올려놓고 균형을 잡을 수 있다.			

신체발달 체크리스트 (만 4세용)

관찰 유아 : _____   생년월일 : _____   성 별 : 남 · 여

관 찰 자 : _____   관 찰 일 : _____   관찰일 현재 유아 연령 :   년   월

- 관찰할 유아를 선택한 후 체크리스트에 있는 행동이 나타나면 V로 표시한다.
- 관찰 결과를 요약 정리한다.

항 목	예	아니오	비고
1. 다양한 종류와 크기의 단추를 잠그고 열 수 있다.			
2. 주전자에 물을 흘리지 않고 따를 수 있다.			
3. 12조각 이상 퍼즐 맞추기를 할 수 있다.			
4. 복합적인 입체 구조물을 만들 수 있다.			
5. 사람의 얼굴 형태를 그릴 수 있다.			
6. 신발 끈을 맬 수 있다.			
7. 자신이 원하는 방향으로 공을 던질 수 있다.			
8. 두 손으로 공을 잡을 수 있다.			
9. 다른 사람과 공 굴리기를 하며 공을 주고 받을 수 있다.			
10. 튀긴 공을 두 손으로 잡을 수 있다.			
11. 달리면서 방향을 전환할 수 있다.			
12. 세발 자전거를 이용하여 친구와 시합할 수 있다.			
13. 직선과 곡선 평균대 위에서 걸을 수 있다.			
14. 20cm 정도 높이에서 뛰어 내릴 수 있다.			
15. 좁은 선 위로 걸을 수 있다.			
16. 한 발로 깡총뛰기를 할 수 있다.			
17. 뒤로 걸을 수 있다.			
18. 친구의 도움 없이 그네를 탈 수 있다.			
19. 계단 오르내리기를 능숙하게 한다.			
20. 한 발을 들고 잠시 서 있을 수 있다.			
21. 손을 어깨 위로 올려 돌릴 수 있다.			
22. 구령에 맞춰 안고 서기를 할 수 있다.			
23. 음악에 맞춰 멈추기를 할 수 있다.			
24. 물체를 손에 잡고 몸의 균형을 잡을 수 있다.			
25. 모양을 따라 바로 걸을 수 있다.			

신체발달 체크리스트 (만 5세용)

관찰 유아 : _____   생년월일 : _____   성 별 : 남 · 여

관 찰 자 : _____   관 찰 일 : _____   관찰일 현재 유아 연령 :   년   월

• 관찰할 유아를 선택한 후 체크리스트에 있는 행동이 나타나면 V로 표시한다.
• 관찰 결과를 요약 정리한다.

항 목	예	아니오	비고
1. 선을 따라 도형이나 무늬를 가위로 오릴 수 있다.			
2. 선 밖으로 나오지 않게 색칠할 수 있다.			
3. 작은 퍼즐이나 작은 블록으로 구성물을 만들 수 있다.			
4. 3차원의 블록 구조물을 만들 수 있다.			
5. 작은 구슬을 혼자 꿸 수 있다.			
6. 신발끈을 묶을 수 있다.			
7. 공 · 오자미 등을 능숙하게 던질 수 있다.			
8. 공이나 사물을 목표점을 향해 칠 수 있다.			
9. 튀긴 공을 잡을 수 있다.			
10. 사물을 능숙하게 들어올릴 수 있다.			
11. 빠른 속도로 걷기를 할 수 있다.			
12. 높은 곳에서 점프를 할 수 있다.			
13. 양 발을 바꾸어 가며 계단을 쉽게 오르내릴 수 있다.			
14. 스키핑(skipping)을 할 수 있다.			
15. 말처럼 달리기(galloping)를 할 수 있다.			
16. 한 발로 깡총뛰기를 할 수 있다.			
17. 평균대 위에서 걸을 수 있다.			
18. 뜀틀뛰기를 3 ~ 4계단 뛸 수 있다.			
19. 목표를 향해 멀리 뛰기를 할 수 있다.			
20. 사물을 건너 뛰어넘기를 할 수 있다.			
21. 목표를 향해 빨리 뛰기를 할 수 있다.			
22. 허리나 신체를 유연하게 구부리기를 할 수 있다.			
23. 팔 다리를 능숙하게 뻗기를 할 수 있다.			
24. 공이나 사물을 피할 수 있다.			
25. 신체 부위에 사물을 올려놓고 몸의 균형을 잡을 수 있다.			
26. 사물을 건너 뛰어넘기를 할 수 있다.			
27. 줄넘기를 할 수 있다.			
28. 목표물을 향해 빠른 속도로 기기를 할 수 있다.			
29. 빠른 속도로 안고 서기를 할 수 있다.			
30. 두발 자전거 타기를 한다.			

(4) 사회 · 정서발달 체크리스트

사회 · 정서발달 체크리스트 (만 1세용)

| 관찰 영아 : _____ | 생년월일 : _____ | 성 별 : 남 · 여 | |
| 관 찰 자 : _____ | 관 찰 일 : _____ | 관찰일 현재 영아 연령 : | 년   월 |

- 관찰할 영아를 선택한 후 체크리스트에 있는 행동이 나타나면 V로 표시한다.
- 관찰 결과를 요약 정리한다.

항 목	예	아니오	비고
1. 거울 속의 자신을 알아보고 반응한다.			
2. 자기 물건을 안다.			
3. 자신을 나타내기 위해 자기 이름을 사용한다.			
4. 부정적인 정서를 숨길 수 있다. (당황, 수치, 죄책감, 분노 등)			
5. 자신의 욕구와 감정을 나타낸다.			
6. 다른 사람이 나타내는 여러 가지 감정에 주의를 기울인다.			
7. 웃음과 울음으로 타인의 행동에 반응한다.			
8. 낯선 사람에게 두려움을 나타낸다.			
9. 상상력이 증가하여 환상적인 두려움을 나타낸다.			
10. 감정의 굴곡이 나타낸다.			
11. 성인들의 인정을 받고 싶어한다.			
12. 주위를 끌기 위해 여러 가지 행동을 한다.			
13. 자신의 행동과 타인의 행동을 모방한다.			
14. 성 유형화된 놀잇감을 사용한다.			
15. '옳고', '그름'을 안다.			
16. 나누어 쓰기를 시도한다.			
17. 도움을 받아 장난감을 정리한다.			
18. 주변 사람들에게 인사를 한다.			
19. 주변에서 나는 소리와 리듬에 관심을 갖는다.			
20. 자연물의 색깔과 모양에 관심을 갖는다.			
21. 손과 발, 신체를 이용하여 움직임으로 반응한다.			
22. 자연의 소리와 리듬에 관심을 갖고 듣는다.			
23. 자연의 아름다움에 관심을 갖고 본다.			
24. 놀이를 통해 정서를 표현한다.			
25. 상징놀이를 한다.			
26. 다른 사람의 일을 도와준다.			
27. 행동과 말로 정서를 표현한다.			

사회 · 정서발달 체크리스트 (만 2세용)

관찰 영아 : _____   생년월일 : _____   성 별 : 남 · 여

관 찰 자 : _____   관 찰 일 : _____   관찰일 현재 영아 연령 :   년   월

- 관찰할 영아를 선택한 후 체크리스트에 있는 행동이 나타나면 V로 표시한다.
- 관찰 결과를 요약 정리한다.

항 목	예	아니오	비고
1. 독립심을 보이며 자율적으로 행동하려고 한다.			
2. 소유욕이 강한 행동을 한다.			
3. 범주적 자아로 말한다. (나는요 ~이고요)			
4. 도움을 받지 않고 겉옷을 입고 벗을 수 있다.			
5. 흘리지 않고 숟가락으로 음식을 먹을 수 있다.			
6. 성인에게 관심을 끌며 기쁘게 하려고 한다.			
7. 다른 사람에게 자신의 감정을 나타낸다.			
8. 자신의 정서를 적절하게 표현하려고 한다.			
9. 다른 사람의 정서에 관심을 갖는다.			
10. 다른 사람의 감정을 인식하고 반응을 보인다.			
11. 자신의 가족에게 애정을 표현하다.			
12. 부모를 동일시하고 부모 흉내를 낸다.			
13. 다른 사람과 협동한다.			
14. 성 유형화된 사고를 하고 행동한다.			
15. 다른 사람에게 도움을 청한다.			
16. 또래의 모습과 행동을 모방한다.			
17. 자신이 속한 집단의 사람들을 도와줄 수 있다.			
18. 다른 사람과 사물을 나누고 공유한다.			
19. 간단한 약속을 지킨다.			
20. 기본적인 예절을 지킨다.			
21. 주변에서 나는 소리와 움직임을 탐색한다.			
22. 주변 환경에서 볼 수 있는 색깔과 모양을 탐색한다.			
23. 반복되는 운율이 잇는 노래를 좋아한다.			
24. 신체나 사물을 이용하여 간단한 리듬과 소리를 만들 수 있다.			
25. 다른 사람의 움직임을 모방하여 신체로 표현할 수 있다.			
26. 흉내놀이 상징놀이를 한다.			
27. 다른 사람을 모방하여 놀이한다.			
28. 친근한 음악에 관심을 갖고 들을 수 있다.			
29. 다른 사람이 표현하는 노래나 춤을 관심있게 본다.			
30. 자연의 아름다움을 감상할 수 있다.			

사회 · 정서발달 체크리스트 (만 3세용)

관찰 유아 : _____ 생년월일 : _____ 성 별 : 남 · 여

관 찰 자 : _____ 관 찰 일 : _____ 관찰일 현재 유아 연령 : 　년　　월

- 관찰할 유아를 선택한 후 체크리스트에 있는 행동이 나타나면 V로 표시한다.
- 관찰 결과를 요약 정리한다.

항 목	예	아니오	비고
1. 자신의 물건에 대한 소유 의식이 있다.			
2. 자신과 다른 사람의 같은 점과 다른 점을 인식한다.			
3. 범주적 자아 개념을 사용한다.			
4. 독립심이 나타나기 시작하여 자신이 하고 싶은 일을 한다.			
5. 스스로 해 보려고 노력한다.			
6. 자신의 정서와 느낌을 강하게 표현한다.			
7. 다른 사람에게 관심을 끌려고 애쓴다.			
8. 다른 사람에게 자신의 감정을 표현한다.			
9. 다른 사람에게 감정에 공감할 수 있다.			
10. 자신의 정서를 조절하려고 노력한다.			
11. 다른 사람을 돕는다.			
12. 친구와 함께 연합놀이를 한다.			
13. 간식을 친구와 함께 나누어 먹는다.			
14. 친구가 울면 신체나 언어로 위로한다.			
15. 함께 정한 약속과 규칙을 지킬 수 있다.			
16. 차례를 지킬 수 있다.			
17. 예의를 지킬 수 있다.			
18. 공공장소에서 지켜야 할 약속을 지킬 수 있다.			
19. 우리 동네에 대해 관심을 갖는다.			
20. 우리나라 풍습에 관심을 갖는다.			
21. 우리나라 명절에 대해 안다.			
22. 주변의 색, 모양, 질감 등에 관심을 갖고 탐색한다.			
23. 자신의 생각과 느낌을 노래로 표현할 수 있다.			
24. 노랫말을 바꾸어서 노래할 수 있다.			
25. 도구를 활용하여 여러 가지 움직임을 표현할 수 있다.			
26. 다른 사람의 움직임을 모방하여 표현할 수 있다.			
27. 다른 사람과 협동하여 미술활동을 할 수 있다.			
28. 부모를 동일시 하여 흉내놀이를 한다.			
29. 여러 가지 재료, 음악, 소품을 활용하여 극놀이를 할 수 있다.			
30. 우리나라 전통음악과 그림에 관심을 갖는다.			

사회 · 정서발달 체크리스트 (만 4세용)

관찰 유아 : _____ 생년월일 : _____ 성 별 : 남 · 여

관 찰 자 : _____ 관 찰 일 : _____ 관찰일 현재 유아 연령 : 년 월

- 관찰할 유아를 선택한 후 체크리스트에 있는 행동이 나타나면 V로 표시한다.
- 관찰 결과를 요약 정리한다.

항 목	예	아니오	비고
1. 자신에 대해 올바른 자아개념을 갖고 있다.			
2. 자신에 대해 긍정적으로 생각하고 존중한다.			
3. 자신이 하고 싶은 일을 계획해서 한다.			
4. 스스로 해보려는 자립심이 있다.			
5. 자신의 감정을 알고 표현한다.			
6. 자신의 정서를 긍정적인 방법으로 표현한다.			
7. 다른 사람을 위해 내가 할 수 있는 일을 한다.			
8. 친구와 갈등을 긍정적인 방법으로 해결할 수 있다.			
9. 도움이 필요할 때 다른 사람과 도움을 주고 받는다.			
10. 주변 사람들과 화목하게 지낸다.			
11. 자신이 속한 집단 구성원과 소속감을 갖는다.			
12. 다른 사람의 생각 행동을 존중한다.			
13. 다른 사람과 한 약속을 지킨다.			
14. 다른 사람에게 예의 바르게 행동한다.			
15. 우리나라 명절에 대해 관심을 갖는다.			
16. 우리나라 전통 문화와 놀이에 대해 안다.			
17. 우리나라 세시 풍속에 대해 안다.			
18. 다양한 인종과 문화에 관심을 갖는다.			
19. 자연과 사물의 색, 모양에 관심을 갖는다.			
20. 자연의 소리와 움직임에 관심을 갖는다.			
21. 신체를 이용하여 주변의 움직임을 표현할 수 있다.			
22. 자신의 생각과 느낌을 신체로 표현할 수 있다.			
23. 도구를 활용하여 창의적으로 움직임을 표현할 수 있다.			
24. 자연물을 이용하여 미술활동을 즐긴다.			
25. 자신의 느낌과 생각을 미술활동으로 표현할 수 있다.			
26. 일상생활의 이야기를 극놀이로 표현할 수 있다.			
27. 다양한 음악 듣는 것을 즐긴다.			
28. 다양한 미술작품 보는 것을 즐긴다.			
29. 우리나라 전통 예술에 관심을 갖는다.			
30. 우리나라 전통 예술에 감상을 즐긴다.			

사회 · 정서발달 체크리스트 (만 5세용)

관찰 유아 : _____   생년월일 : _____   성 별 : 남 · 여

관 찰 자 : _____   관 찰 일 : _____   관찰일 현재 유아 연령 :   년   월

- 관찰할 유아를 선택한 후 체크리스트에 있는 행동이 나타나면 V로 표시한다.
- 관찰 결과를 요약 정리한다.

항 목	예	아니오	비고
1. 긍정적인 자아 개념을 갖고 있다.			
2. 자신의 감정을 알고 표현할 수 있다.			
3. 다른 사람의 감정을 알고 공감할 수 있다.			
4. 자신의 감정을 상황에 맞게 조절할 수 있다.			
5. 다른 사람과 서로 돕고 협력한다.			
6. 또래와 협동하여 놀이한다.			
7. 장난감을 서로 나누고 교환하여 놀이할 수 있다.			
8. 친구의 의견을 존중한다.			
9. 친구의 물건을 사용할 때 허락을 구한다			
10. 다른 사람에게 자신의 것을 그저 줄 수 있다.			
11. 주변 사람들과 화목하게 지낸다.			
12. 친하게 지내는 친구가 많이 있다.			
13. 다른 사람을 배려하여 행동한다.			
14. 다른 사람에게 예의 바르게 행동한다.			
15. 다른 사람과 한 약속을 지킨다.			
16. 공공장소에서 약속된 규칙을 지킨다.			
17. 질서를 잘 지킨다.			
18. 교사의 지시에 잘 따르고 순종한다.			
19. 인내심과 자제력이 있다.			
20. 자신에게 주어진 책임을 다하려고 노력한다.			
21. '옳고', '그름'을 알고 옳은 일을 선택하여 행동할 수 있다.			
22. 다양한 직업에 대해 관심을 갖는다.			
23. 우리나라를 상징하는 것을 알고 예절을 지킨다.			
24. 우리나라에 대해 자부심을 갖는다.			
25. 다문화 가정의 친구들을 존중한다.			
26. 자연의 아름다움을 보고 정서를 표현할 수 있다.			
27. 음악으로 자신의 정서를 표현할 수 있다.			
28. 움직임과 춤으로 자신의 정서를 표현할 수 있다.			
29. 미술활동으로 자신의 정서를 표현할 수 있다.			
30. 역할놀이에서 자신의 역할을 잘 해낸다.			
31. 주제를 주면 창의적으로 신체 표현 활동을 한다.			
32. 다양한 예술 감상을 즐긴다.			

5) 행동목록법의 실제

(1) 언어발달 체크리스트

언어발달 체크리스트 (만 5세용)

관찰 유아 : 최유정   생년월일 : 2013. 5. 20.   성 별 : 여
관 찰 자 : 배정아(예인어린이집)   관 찰 일 : 2019. 1. 14.   관찰일 현재 유아 연령 : 5년 8월

- 관찰할 유아를 선택한 후 체크리스트에 있는 행동이 나타나면 V로 표시한다.
- 관찰 결과를 요약 정리한다.

항 목	예	아니오	비고
1. 낱말과 문장을 듣고 이해한다.	V		
2. 다른 사람의 이야기를 듣고 이해한다.	V		
3. 낱말의 발음에 관심을 갖고 비슷한 발음을 듣고 구별한다.	V		
4. 이야기 듣고 궁금한 것에 대해 질문한다.	V		
5. 네 가지 이상 지시사항을 이해하여 행동할 수 있다.	V		
6. 동시, 동요, 동화의 내용을 듣고 이해한다.	V		
7. 6~8개의 단어로 된 문장을 말할 수 있다.	V		
8. 일상생활에서 일어나는 일들을 다양한 문장으로 말한다.	V		
9. 문법에 맞는 문장으로 말할 수 있다.	V		
10. 시제(과거, 현재, 미래)에 맞는 문장으로 말한다.	V		
11. 새로운 단어에 대해 질문한다.	V		
12. 자신의 느낌이나 생각을 적절한 낱말과 문장으로 말한다.	V		
13. 두 세가지 사물을 비교하여 말할 수 있다.	V		
14. 주제를 정하여 함께 이야기 나눌 수 있다.	V		
15. 자신의 경험을 비교하여 말할 수 있다.	V		
16. 이야기를 지어서 말할 수 있다.	V		
17. 그림이나 그림카드를 보며 이야기를 꾸밀 수 있다.	V		
18. 성인과 유사한 문법을 구사하여 말할 수 있다.	V		
19. 때와 장소에 맞는 말을 사용할 수 있다.	V		
20. 어떻게(How)로 시작하는 질문을 할 수 있다.	V		
21. 들은 이야기를 시간, 순서에 따라 설명할 수 있다.	V		
22. 이야기를 들은 후 내용을 잘 조직하여 다시 말할 수 있다.	V		
23. 자신의 감정을 적절한 말로 표현할 수 있다.	V		
24. 주변에서 친숙한 글자를 찾아 읽는다.	V		
25. 편지나 보고서 등을 읽을 수 있다.	V		
26. 동시나 동화를 읽을 수 있다.	V		
27. 책 보는 것을 좋아하고 책을 소중히 다룬다.	V		
28. 교사나 윗사람의 도움 없이 혼자 책을 읽을 수 있다.	V		
29. 책의 내용을 이해하며 읽을 수 있다.	V		
30. 말이나 생각을 글로 나타낼 수 있다.	V		
31. 주변의 친숙한 글자를 쓸 수 있다.	V		
32. 자신의 느낌, 생각, 경험을 글자로 표현할 수 있다.	V		
33. 짧은 글이나 동시를 지어서 쓸 수 있다.	V		
34. 다양한 쓰기 도구와 매체를 사용하여 쓸 수 있다.	V		

(2) 인지발달 체크리스트

인지발달 체크리스트 (만 5세용)

관찰 유아 : 최유정 생년월일 : 2013. 5. 20. 성 별 : 여
관 찰 자 : 배정아(예인어린이집) 관 찰 일 : 2019. 1. 16. 관찰일 현재 유아 연령 : 5년 8월

• 관찰할 유아를 선택한 후 체크리스트에 있는 행동이 나타나면 V로 표시한다.
• 관찰 결과를 요약 정리한다.

항 목	예	아니오	비고
1. 1~20 그 이상의 수를 셀 수 있다.	V		
2. 수 세기를 한 후 한 자리 수 숫자만큼 더하기, 빼기를 할 수 있다.	V		
3. 하루 일과를 순서대로 말하고 이해할 수 있다.	V		
4. 15조각 정도의 퍼즐을 맞출 수 있다.	V		
5. 기본 도형과 입체 도형을 안다.	V		
6. 사물이나 자연물로 도형을 구성할 수 있다.	V		
7. 칠교를 사용하여 모양을 구성할 수 있다.	V		
8. 사물의 길이, 무게, 둘레 등을 측정할 수 있다.	V		
9. 양팔 저울로 사물의 무게를 측정하고 비교할 수 있다.	V		
10. 사물을 측정하고 비교하여 순서지어 보기를 할 수 있다.	V		
11. 사물의 크기를 1~10순위로 서열화 할 수 있다.	V		
12. 사물과 숫자를 서로 연결하여 1:1 대응을 할 수 있다.	V		
13. 일의 순서를 알고 순서대로 놓아볼 수 있다.	V		
14. 5가지 이상 기준에 따라 규칙성을 만들어 볼 수 있다.	V		
15. 사물의 공통적인 특성에 따라 분류/재분류 할 수 있다.	V		
16. 사물의 특성과 공통적인 특성을 벤다이어그램으로 나타낼 수 있다.	V		
17. 그래프를 이용하여 표현할 수 있다.	V		
18. 관찰한 사물을 서로 비교할 수 있다.	V		
19. 관찰한 사물을 토대로 다른 것을 예측할 수 있다.	V		
20. 여러 가지 물체의 기본 특성을 안다.	V		
21. 물체와 물질을 여러 가지 방법으로 변화시켜 본다.	V		
22. 나와 다른 사람의 출생과 성장에 대해 관심을 갖는다.	V		
23. 생태계 변화에 관심을 갖는다.	V		
24. 자연 친화적인 활동에 관심을 갖는다.	V		
25. 날씨 변화와 기후 변화에 관심을 갖는다.	V		
26. 계절의 변화와 자연물의 변화를 이해한다.	V		
27. 생활 속에 사용하는 기계와 도구를 활용한다.	V		
28. 실험도구를 이용하여 실험해 본다.	V		
29. 자연 현상에 관심을 갖는다.	V		
30. 텃밭 가꾸기 등 생태활동에 참여한다.	V		

(3) 신체발달 체크리스트

신체발달 체크리스트 (만 5세용)

관찰 유아 : 최유정 생년월일 : 2013. 5. 20. 성 별 : 여

관 찰 자 : 배정애(예인어린이집) 관 찰 일 : 2019. 1. 21. 관찰일 현재 유아 연령 : 5년 8월

- 관찰할 유아를 선택한 후 체크리스트에 있는 행동이 나타나면 V로 표시한다.
- 관찰 결과를 요약 정리한다.

항 목	예	아니오	비고
1. 선을 따라 도형이나 무늬를 가위로 오릴 수 있다.	V		
2. 선 밖으로 나오지 않게 색칠할 수 있다.	V		
3. 작은 퍼즐이나 작은 블록으로 구성물을 만들 수 있다.	V		
4. 3차원의 블록 구조물을 만들 수 있다.	V		
5. 작은 구슬을 혼자 꿸 수 있다.	V		
6. 신발끈을 묶을 수 있다.	V		
7. 공·오자미 등을 능숙하게 던질 수 있다.	V		
8. 공이나 사물을 목표점을 향해 칠 수 있다.	V		
9. 튀긴 공을 잡을 수 있다.	V		
10. 사물을 능숙하게 들어올릴 수 있다.	V		
11. 빠른 속도로 걷기를 할 수 있다.	V		
12. 높은 곳에서 점프를 할 수 있다.	V		
13. 양 발을 바꾸어 가며 계단을 쉽게 오르내릴 수 있다.	V		
14. 스키핑(skipping)을 할 수 있다.	V		
15. 말처럼 달리기(galloping)를 할 수 있다.	V		
16. 한 발로 깡총뛰기를 할 수 있다.	V		
17. 평균대 위에서 걸을 수 있다.	V		
18. 뜀틀뛰기를 3 ~ 4계단 뛸 수 있다.	V		
19. 목표를 향해 멀리 뛰기를 할 수 있다.	V		
20. 사물을 건너 뛰어넘기를 할 수 있다.	V		
21. 목표를 향해 빨리 뛰기를 할 수 있다.	V		
22. 허리나 신체를 유연하게 구부리기를 할 수 있다.	V		
23. 팔 다리를 능숙하게 뻗기를 할 수 있다.	V		
24. 공이나 사물을 피할 수 있다.	V		
25. 신체 부위에 사물을 올려놓고 몸의 균형을 잡을 수 있다.	V		
26. 사물을 건너 뛰어넘기를 할 수 있다.	V		
27. 줄넘기를 할 수 있다.	V		
28. 목표물을 향해 빠른 속도로 기기를 할 수 있다.	V		
29. 빠른 속도로 안고 서기를 할 수 있다.	V		
30. 두발 자전거 타기를 한다.	V		

(4) 사회 · 정서발달 체크리스트

사회 · 정서발달 체크리스트 (만 5세용)

관찰 유아 : 최유정   생년월일 : 2013. 5. 20.   성 별 : 여

관 찰 자 : 배정아(예인어린이집)   관 찰 일 : 2019. 1. 23.   관찰일 현재 유아 연령 : 5년 8월

- 관찰할 유아를 선택한 후 체크리스트에 있는 행동이 나타나면 V로 표시한다.
- 관찰 결과를 요약 정리한다.

항 목	예	아니오	비고
1. 긍정적인 자아 개념을 갖고 있다.	V		
2. 자신의 감정을 알고 표현할 수 있다.	V		
3. 다른 사람의 감정을 알고 공감할 수 있다.	V		
4. 자신의 감정을 상황에 맞게 조절할 수 있다.	V		
5. 다른 사람과 서로 돕고 협력한다.	V		
6. 또래와 협동하여 놀이한다.	V		
7. 장난감을 서로 나누고 교환하여 놀이할 수 있다.	V		
8. 친구의 의견을 존중한다.	V		
9. 친구의 물건을 사용할 때 허락을 구한다	V		
10. 다른 사람에게 자신의 것을 그저 줄 수 있다.	V		
11. 주변 사람들과 화목하게 지낸다.	V		
12. 친하게 지내는 친구가 많이 있다.	V		
13. 다른 사람을 배려하여 행동한다.	V		
14. 다른 사람에게 예의 바르게 행동한다.	V		
15. 다른 사람과 한 약속을 지킨다.	V		
16. 공공장소에서 약속된 규칙을 지킨다.	V		
17. 질서를 잘 지킨다.	V		
18. 교사의 지시에 잘 따르고 순종한다.	V		
19. 인내심과 자제력이 있다.	V		
20. 자신에게 주어진 책임을 다하려고 노력한다.	V		
21. '옳고', '그름'을 알고 옳은 일을 선택하여 행동할 수 있다.	V		
22. 다양한 직업에 대해 관심을 갖는다.	V		
23. 우리나라를 상징하는 것을 알고 예절을 지킨다.	V		
24. 우리나라에 대해 자부심을 갖는다.	V		
25. 다문화 가정의 친구들을 존중한다.	V		
26. 자연의 아름다움을 보고 정서를 표현할 수 있다.	V		
27. 음악으로 자신의 정서를 표현할 수 있다.	V		
28. 움직임과 춤으로 자신의 정서를 표현할 수 있다.	V		
29. 미술활동으로 자신의 정서를 표현할 수 있다.	V		
30. 역할놀이에서 자신의 역할을 잘 해낸다.	V		
31. 주제를 주면 창의적으로 신체 표현 활동을 한다.	V		
32. 다양한 예술 감상을 즐긴다.	V		

아동관찰 및 행동연구

PART 3

아동관찰 및 행동 연구 방법의 이해

chapter 4

포트폴리오

1. 포트폴리오란 무엇인가?

포트폴리오 평가는 전통적인 평가방식의 한계점을 보완하고 총체적인 평가를 하기 위해 유아들의 작품을 통하여 분석해 보는 오늘날 교육계의 새로운 동향으로 나타난 대안적 평가(alternative assessment: 기존의 어떤 평가방법을 대치할 수 있는 평가방법)의 대표적인 방법이다. 기존의 평가가 갖는 문제점들을 극복하기 위하여 최근 교육계에서는 평가에 대한 새로운 접근이 이루어지고 있는데, 이들의 공통점은 크게 다음과 같이 크게 세 가지를 들 수 있다.[1] 첫째, 단순히 평가 결과 그 자체를 중요시하기보다는 평가의 결과가 교수−학습의 과정에 다양하게 활용되도록 하는 데 그 목적을 두며, 유아들의 실제 능력을 실제 상황에서 측정하고자 한다. 둘째, 다른 유아들과 비교하여 선발하기 위한 개인 간 평가 또는 상대 평가보다는 자신의 이전 수준과 비교하여 어떠한 진보를 나타내었는지 알고 교수−학습 활동을 돕기 위한 개인내 평가 또는 절대 평가가 시도되고 있다. 셋째, 교육활동의 마지막에 한 번 시도되어 유아가 무엇을 모르는지에 관심을 두는 결과중심의 평가보다는 학습의 과정을 중시하고 유아의 발달이 어떻게 이루어지는지, 발달의 과정에 교수활동이 어떤 도움을 줄 수 있는지를 알고자 하는 과정 중심의 평가를 지향하고 있다.

---

1) 황해익 외 공저, 『포트폴리오평가』, 창지사, 2003, p. 15.

  이러한 시도들도 새롭게 대두되고 있는 평가는 직접평가, 대안평가, 참평가, 역동적 평가, 수행평가, 포트폴리오 평가 등으로 다양하게 불리고 있는데 이들에 대해 간략히 정리하면 다음과 같다.[2]

① 대안적 평가(Alternative assessment) : 표준화 검사나 결과 중심 평가에 대한 기존의 어떤 평가 방법을 대치할 수 있는 평가

② 직접 평가(Direct assessment) : 관찰이나 면접과 같은 직접적인 평가 방법을 중시하는 것으로서 정답을 선택하는 것이 아니라 정답을 구술하거나 구성할 수 있는 방법

③ 참평가(Authentic assessment) : 실제 상황이나 내용과 유사하게 하는 것을 강조하는 수행 정도를 측정하는 평가

④ 역동적 평가(Dynamic assessment) : 학습의 결과보다는 과정에 초점을 맞추면서 평가자와 유아 간의 역동적 상호작용을 포함하는 방법으로 평가의 과정에 교수(teaching)가 포함되어 있는 평가

⑤ 수행평가(Performance assessment) : 유아들의 학습 과제를 수행하는 과정이나 결과를 보고 그들의 지식이나 기능, 태도, 기술의 수행 정도를 측정하는 평가

⑥ 포트폴리오 평가(Portfolio assessment) : 유아들 개인의 작업의 결과나 작품 혹은 어떤 수행 결과를 모아둔 자료집이나 서류철을 보고 평가하는 방법.

대안적 평가의 특징을 박은혜는 다음과 같이 정리하였다.[3]

  첫째, 대안적 평가는 전통적 평가보다 훨씬 광범위하고 종합적이다.

  둘째, 대안적 평가는 한 번에 끝나는 것이 아니라 계속 진행되는 과정이다.

  셋째, 대안적 평가는 참평가이다.

  넷째, 대안적 평가는 지속적이며 매일 매일의 교실 생활에 통합되어진다.

  다섯째, 대안적 평가의 가장 중요한 요소는 아동중심, 사회적 맥락 속의 평가, 그리고 다면성이다.

---

2) 황해익 외 공저, 앞의 책, p. 16.박은혜, "유아교사를 위한 포트폴리오", 한국어린이육영회전문가연수⑦, 1999, p. 5.
3) 박은혜, 앞의 자료, p. 6.

유아의 작품을 통한 평가는 유아들의 행동 특성과 발달 수준을 평가할 수 있는 중요한 방법 중의 하나가 된다. 작품분석을 통한 평가는 교사가 일부러 평가에 대한 계획을 세우지 않아도 그 날 그 날의 활동을 통해 쉽게 수집할 수 있는 이점이 있으며, 부모면담 시에도 좋은 참고 자료가 될 수 있다. 교사는 유아들의 작품을 이용하여 부모에게 구체적인 증거를 제시할 수 있으며, 객관적인 평가를 할 수 있고 영유아 지도 시에도 훌륭한 지침이 될 수 있다.

작품분석을 통한 객관적인 평가를 하기 위해서는

① 다양하게 유아의 작품을 수집해야 한다. 예를 들면, 유아의 말을 받아쓰거나 녹음한 자료, 미술활동시간에 유아가 표현한 그림 자료, 유아들의 작품 사진, 노래를 녹음한 자료나 신체표현을 한 사진 자료, 동시 보고 쓴 것, 동시 짓기 등 다양한 자료를 수집해야 한다.

② 유아의 작품을 체계적이고 장기적으로 수집해야 한다.

③ 유아의 작품을 한 주일의 활동, 한 달의 활동, 계절별로 수행한 활동 등 체계적으로 수집해야 하며 올바른 평가를 하기 위해서는 장기적으로 작품을 수집해야 유아의 발달을 평가하는 데 도움이 된다.

④ 수집된 영유아의 작품에는 그 날 그 날의 날짜와 그 작품에 대한 유아의 설명, 태도 등을 기록하여 File 해야 한다. 예를 들면, 유아들이 표현한 자료 밑에 이렇게 표현하게 된 배경, 유아의 설명, 느낌, 특정 행동, 함께 한 친구들의 이름 등을 간단히 적어두면 그 작품을 이해하는 데 많은 도움을 받을 수 있다.

2. 포트폴리오의 정의

포트폴리오는 유아가 무엇을 배우고, 질문하고, 사고하고, 분석하고, 종합, 생산하는지, 그리고 다른 사람과 지적·정서적·사회적으로 상호작용을 하는지를 기록한 것으로 포트폴리오는 학생이나 교사 혹은 다른 사람에게 한 가지 또는 그 이상의 영역에서 성취한 것을 보여주기 위해 의도적으로 수집한 학생들의 작품이라고 Arterdhk Spandal(1991)은 정의했으며, Murphy와 Smith(1990)는 포트폴리오는 "표준적으로 참조되는" 또는 "표준화된 검사"와 같이 엄밀한 지침과 관련되는 용어라기보다는 오히려 발달하는 개념으로 보아 평가의 대상이나 목적이 달라지면 각기 다른 유형의 포트폴리오를 가지게 된다고 했으며, Northwest Evaluation Association(1990)은 포트폴리오는 "시간의 흐름에 따른 유아의 발달과 학습을 기록하는 증거를 조직하고 목적을 가지고 모아 놓은 것"이라고 했다. 포트폴리오라는 용어는 최근에 새롭게 생긴 개념이 아니라 교육계 외의 여러 분야에서 오래 전부터 사용되어 오던 내용이고 미술가, 사진작가, 건축가, 음악가들이 자신의 작품을 기록하고 보여주기 위하여 포트폴리오를 사용하여 왔다. [4)]

예술가나 건축가의 포트폴리오가 다른 사람들과 공통적인 성취들뿐 아니라 그들의 독특한 능력도 보여주는 것처럼 유아에 대한 포트폴리오도 그 유아의 경험, 노력, 진전, 성취들을 보여주는 학습과 발달을 위한 평가와 지침의 기초를 제공하는 것이다.

위와 같은 학자들의 개념을 종합하여 Assessment, Curriculum, and Evaluation, Consortium (1991)은 포트폴리오를 다음과 같이 규정했다. [5)]

첫째, 포트폴리오는 처방들의 수집과 같다. 처음에는 모든 범주에서 많은 것을 수집하지만 시간의 흐름에 따라 자신이 원하는 한 가지 범주에만 초점을 맞추게 된다.

둘째, 포트폴리오를 통해 유아의 발달 전체를 알기 위해서는 많은 자료가 필요하다. 이는 마치 화면의 움직임을 위해 많은 그림이 필요한 만화영화와 같다.

셋째, 포트폴리오는 참여한 사람에게 추억을 상기시키고, 시간의 흐름에 따른 변화를 보여주며, 현재의 새로운 모습을 이끌어 낼 수 있는 사진첩과 같다.

---

4) 박은혜, 앞의 자료, pp. 6~7.
5) 박은혜, 앞의 자료, pp. 6~8.

넷째, 포트폴리오는 연로한 대가가 그린 그림과 같다. 포트폴리오는 전체성이 유아의 본질을 잡고 있지만, 더 자세히 보면 많은 흥미로운 제목들이 새로이 나타나고 더 많이 연구할수록 더 많이 볼 수 있다.

다섯째, 포트폴리오는 정원과 같다. 많은 계획과 힘든 노동을 해야 하고 불필요한 요소들을 제거하고, 긍정적인 요소들을 증진시켜, 그것을 자랑스레 보여주는 것이다.

3. 포트폴리오의 의미와 목적

포트폴리오는 1년 동안 각 유아가 경험한 것들에 대한 풍부한 기록들로 유아들의 노력, 진보, 성취를 보여주는 작품들을 모으려는 목적으로 수집하는 것을 말한다. 또한, 포트폴리오는 교사로 하여금 교수-학습 과정을 통합할 수 있게 해주어 교사의 교육목표를 잘 반영하는 평가로서 기능을 할 수 있게 된다.

포트폴리오는 포트폴리오에 들어갈 내용을 협의하고 작품을 채워 가는 과정을 통해 유아와 교사가 함께 교육과정에 관한 결정을 내려가게 해 준다는 점에서 평가로서 뿐 아니라 교육과정 실행에 중요한 요소로서 기능할 수 있다. 포트폴리오를 통한 이러한 평가는 유아평가의 다른 모든 양식과 마찬가지로 유아들을 서로 비교하기 위한 것이 아니라 비형식적 유아평가의 본질을 개인차(intra-individual difference)의 평가에 있다고 할 수 있다. 잘 수집된 유아의 기록들은 유아의 학습을 증진시켜 주고, 유아들에게도 자신들의 작업을 진지하게 다루도록 격려하게 될 뿐 아니라 교사의 계속적인 작업평가와 계획을 고무해 주고 부모의 이해와 참여를 유도할 수 있으며 교사의 연구와 인식과정을 촉진시켜 준다고 할 수 있다.

무엇보다 포트폴리오는 유아들이 자기 평가의 경험을 개발할 수 있게 해준다는 장점을 지니고 있다.[6]

---

6) 김지영, "유아교육기관에서의포트폴리오의구성과운영", 한국어린이육영회전문가연수⑦, 1999, p. 22.

포트폴리오를 활용하는 목적은 다음과 같다.[7]

- 아동의 사고와 작업의 질을 포착한다.

- 시간의 흐름에 따른 아동의 진보를 보여준다.

- 아동이 자신의 작업을 평가하는 과정을 참여할 수 있다.

- 아동의 작업에 대한 교사 자신의 기대수준을 점검해 볼 수 있다.

- 아동, 교사, 부모, 관리자 등에게 아동의 진보와 교실활동에 대한 본질적인 정보를 준다.

이러한 목적 하에 수집하는 포트폴리오가 진정한 평가 자료로 활용될 수 있으려면 다음과 같은 기준을 갖추고 있어야 한다.

- 유아에게 학습하는 것에 대한 것을 배우도록 하는 기회를 제공해 주는 것이어야 한다. 따라서 작품의 수집과정이 유아의 자기반영(self-reflection)의 결과이기도 해야 한다.

- 유아에 의해 선정되는 과정이 포함되어야 한다.

- 유아가 작품의 선정과정을 통해 자신을 학습자로서 재인식하고, 자신의 작품에 대해 가치를 느낄 수 있어야 한다.

- 수량적인 결과와는 무관하게 취급되어야 한다.

- 작품 수집의 목적이나 내용, 선정기준, 판단과정 등에 유아의 활동이 포함되어야 한다.

- 포트폴리오의 목적은 복합적일 수 있으나 이들이 상치되는 것은 아니다.

- 포트폴리오의 목적은 수정이 가해질 수도 있다.

- 유아의 성장과 진보를 설명해 주는 자료들이 포함되어야 한다.

- 포트폴리오의 수집과정에 다른 사람의 조력이나 선행경험들이 받아들여질 수도 있다.

---

7) 김지영, 앞의 자료, pp. 22~24.

황해익 외는 포트폴리오 평가를 실시하는 목적을 다음과 같이 기술하고 있다.[8]

① 유아의 진보 및 발전 확인 : 한 번의 검사로 유아의 능력을 평가하는 표준화 검사와는
   달리 포트폴리오 평가는 유아의 능력이 진보되어 가는 과정을 볼 수 있도록 해주며, 일년
   동안 유아가 경험한 것에 대한 풍부한 정보를 제공해 준다. 또한 미리 짜여진 도구에 의한
   검사가 아니기 때문에 여러 영역에서 유아의 다양한 능력들을 살펴볼 수 있게 해준다.

② 교수 계획의 도구 : 포트폴리오 평가는 교수 활동과 바로 연결될 수 있기 때문에 개별
   유아에게 적절한 교수 계획을 수립하고자 하는 목적으로 사용될 수 있다. 교사는
   포트폴리오에 포함될 유아의 작품을 검토하고, 유아의 행동을 관찰하면서 현재 유아의
   발달 상태를 파악하고, 자신의 교수 활동이 개별 유아의 수준에 적절한지 살펴볼 수
   있다. 이러한 관찰을 토대로 특정 영역에서의 교수 활동의 수준이 개별 유아에게
   부적절하다고 판단될 때 교사는 이를 즉시 수정하여 수업을 진행해 나갈 수 있다.

③ 가족 및 행정가와의 의사소통 : 포트폴리오 평가는 교사가 유아를 적절하게 가르치고
   있다는 것에 대한 증명이 될 수 있다. 포트폴리오를 통하여 교사가 유아들에 대해
   무엇을 하고 있고, 유아들이 어떻게 배우며, 유아들의 발달 과정이 어떻게 진행되고
   있는지, 그리고 그 과정에서 어떤 노력을 하고 있는지에 대한 최선의 정보를 제공해
   준다. 유아가 산출한 자료와 교사가 수집한 자료가 포트폴리오 평가 속에 포함됨으로써
   교사는 부모나 동료교사, 행정가, 기타 사람들에게 더욱 구체적이고 의미 있는
   정보를 제시할 수 있다. 또한 교사가 유아의 성장과 발달을 촉진하기 위하여 적절한
   교육활동을 하고 있다는 것을 알고자 하는 부모와 면담을 할 때 유용한 자료로 활용할
   수 있을 것이다.

④ 유아의 학습 동기 및 자율성 향상 : 포트폴리오는 평가의 과정에 유아를 참여시킨다.
   교사가 유아의 작품에 대한 구성과 선택에 안내 지침을 제공할 수는 있지만,
   궁극적으로 포트폴리오는 유아 스스로의 활동이며, 자신의 목표가 성취되었는지의
   대하여 유아와 교사가 함께 평가해 보아야 의미 있는 것이다. 이 과정을 통하여
   유아들의 자율성이 강조될 뿐 아니라 학습 활동에 대한 유아 스스로의 책임도 중요하게
   요구된다. 따라서, 포트폴리오 평가는 스스로의 학습에 대한 유아의 동기와 책임을
   증진하고 자율성을 향상시키기 위한 목적으로 사용될 수 있다.

---

8) 황해익 외 공저, 앞의 책, pp. 19~21.

⑤ 연계성 있는 교육을 위한 정보 제공 : 유아에 대한 종합적인 정보를 포함하고 있는 포트폴리오는 학년이 바뀌거나 담임교사가 바뀔 경우 새로운 교사가 개별 유아에 대해 더 많이 알 수 있도록 해준다. 새로운 교사는 유아의 포트폴리오를 검토해 보고 유아의 발달 정도나 관심 영역에 대하여 알 수 있으며 새로운 프로젝트의 계기를 발견할 수 있다. 따라서, 포트폴리오 평가는 학년이 바뀌거나 담임교사가 바뀔 때 새로운 교사에게 유아에 대한 다양한 정보를 제공해 주어 연계성 있는 교육을 제공하기 위한 목적으로 사용될 수 있다.

4. 포트폴리오의 특징

McAfee와 Leong(1994)은 포트폴리오의 특징을 다음과 같이 말하고 있다.[9]

① 포트폴리오는 유동적이고 적응성이 있다.

② 포트폴리오에 포함되는 내용, 조직방법, 활용 등은 유아의 연령과 발달적 수준, 현재 교사가 고려하고 있는 주요한 문제나 발달 영역, 기관의 목적, 그 밖의 다른 요소들에 따라 다양하게 바뀔 수 있다.

③ 포트폴리오는 유아들의 발달과 학습에 대한 많은 자료를 제공해 준다.

④ 포트폴리오는 특히 유아들의 독특한 관심, 지식, 기술, 기질, 발달과 학습양식들을 찾아내고 기록하는 기회를 제공한다. 그러나 포트폴리오에는 각 유아들에게 독특한 것뿐 아니라 집단에서 모아지는 정보도 포함시킬 수 있다.

⑤ 포트폴리오는 유아들의 능력, 즉 그들이 할 수 있는 것에 초점을 맞춘다.

⑥ 포트폴리오는 다양한 방법을 이용하여 오랜 시간에 걸쳐 자료를 수집하므로 유아들의 다양한 능력을 측정하는 것이 가능하다.

⑦ 유아들은 포트폴리오에 포함시키기에 적합한 항목들을 선정하고 반영하는데 참여할 수 있다. 따라서 포트폴리오는 교사와 유아가 유아들의 학습에 관하여 함께 의사소통하는 장이 되어 준다.

9) 박은혜, 앞의 자료, PP. 8~10 재인용.

5. 포트폴리오에 포함되는 내용

포트폴리오에 포함되는 내용은 다음과 같다.[10]

① 신체 및 표현 영역

- 율동, 실외놀이, 게임 등의 시간에 유아의 움직임을 체계적으로 관찰한 기록

- 유아들이 제일 좋아하는 게임, 운동 등의 실외활동에 대한 자기보고

- 대근육 활동에 참여하는 정도에 대한 증거 및 활동의 예

- 노래나 비디오 테이프를 보면서 율동이나 손유희 등을 따라하는 것을 기록한 것

- 방과후 혹은 주말에 하고 있는 운동에 대해 기록한 것

- 손유희, 점토, 조작놀이, 쓰기 도구 등을 사용할 때 체계적으로 관찰한 것

- 가위질한 샘플

- 유아가 그림을 디자인할 때 여러 가지 자료나 도구를 사용한 것의 예나 콜라주

- 긁적거리기, 글자나 숫자를 쓴 것의 예

- 책상 위에서 하는 레고, 퀴즈네어 막대, 패턴 블록 등의 작품의 예

- 그림 그리는 컴퓨터 프로그램의 프린트물

- 컴퓨터 키보드, 마우스 등을 사용하는 능력에 대한 관찰기록

- 실 끼우기, 바느질한 것의 샘플들

- 자기를 그린 자화상(학기초와 학기말)

- 신발 끈, 단추나 지퍼 잠그기 등을 관찰한 것

- 평소와 다르거나 독특하게 만든 쌓기물이나 프로젝트

---

10) 박은혜, 앞의 자료, pp. 11~14.

② 탐구 영역

- 유아의 사고과정을 볼 수 있는 주제 조직망

- 도표나 그림으로 정보를 표현할 수 있는 유아의 능력을 보여주는 작품의 예

- 퍼즐, 해결된 문제들 그리고 어떻게 풀었는가를 보여주는 예나 체계적인 관찰들

- 분류, 패턴, 서열, 상징부호의 사용, 순서, 수 개념 등의 기본적인 사고과정을 수행하는 유아들의 능력을 보여주는 예들

- 기억전략에 대한 자기보고나 유도된 반응들

- 사물의 변화 혹은 일이 진행되는 순서에 대한 이해를 나타내는 자기보고나 유도된 반응들

- 프로젝트 접근법으로 얻어진 보고서, 전시한 것, 그림, 모델 등의 결과물들

- 자신의 생각이나 의사 결정을 지지해 주는 보조 전략들(즉, 수 세기에서 열손가락을 사용, 혼잣말, 사고과정을 모니터한 것)

- 유아가 문제를 해결할 때 조언해 준 힌트들의 예

- 유아가 가장 좋아하는 게임이나 퍼즐 등의 예

- 요리활동을 할 때 요리 재료를 재거나 세기를 할 때의 사진

- 유아들이 교실이나 놀이터에서 기록해 놓은 차트들(물주기, 햇빛의 길이)

- 수 개념을 이해했음을 보여주는 work sample들(예를 들어, 종이 위에 쓰여진 숫자 옆에 그 숫자에 맞는 콩을 올려놓거나 풀로 붙인 것)

- 유아의 수 개념 이해를 진보적인 형태로 나타내 주는 작업 견본, 교사의 기록, 수 개념에 대하여 유아와 면접한 결과(예를 들어, 사물의 집합을 세고 그 집합을 다시 합쳐서 새로운 집합을 세는 것, 이 활동은 유아가 더하기 개념을 이해하고 있는지를 보여준다)

- 유아의 개념적인 이해, 탐구, 가설 세우기, 문제해결하기 등을 기록으로 나타내 주는 사진 혹은 체크리스트나 면접에서 얻어진 자료들

③ 언어 발달

• 의사소통 능력을 보여주는 체계적인 관찰

• 이해력, 개념, 어휘에 대한 증거

• 책을 읽거나 보는 데 보내는 시간

• 집이나 학교에서 읽은 도서의 목록

• 유아가 선호하는 도서의 목록

• 인쇄물의 기능에 대한 유아들의 이해(지도, 글자, 신문, 목록, 책 등)

• 유아들이 써 놓은 글의 샘플

• 아동과 학부모가 읽은 책의 목록

• 유아들이 자기 자신의 일이나 활동에 대하여 쓴 글이나 코멘트

• 동화나 음악을 듣고 그린 그림이나 묘사들

• 유아들이 출판한 것, 자신들이 쓰거나 혹은 받아쓰기를 한 동화를 읽은 것을 녹음한 테이프

• 자신이 썼거나 교실에 있는 성인들에게 써달라고 했던 이야기를 다시 읽는 것을 녹음한 테이프

• 유아의 저널에서 뽑은 예들

• 유아가 구성한 표시판이나 라벨의 복사본

• 유아가 읽은 책의 목록

• 유아가 썼거나 혹은 받아 써준 이야기, 시, 노래의 복사본

• 책 읽기, 동극, 이야기하기, 주말 발표 등을 사진이나 비디오로 남겨 놓은 것

④ 사회성 발달

- 또래와 상호 작용하는 것에 대한 체계적인 관찰 기록

- 친구관계에 대한 기록

- 소집단 프로젝트를 할 때 협동을 잘 하는지의 여부

- 유아가 주로 선택하는 활동

- 또래와의 상호작용을 요구하는 다양한 활동에 참여하고 공헌하는 증거

- 유아의 독특함, 성격, 흉내, 성향에 대한 증거

- 사회적 문제를 해결하는 능력

- 다른 사람과의 관계에서 주도권을 쥐는지 혹은 주로 추종자의 역할을 하는지의 여부

- 자아개념에 대한 자기보고

- 다양한 형태의 활동을 하는 동안 나타나는 유아의 동기

- 부모 면담을 통해 얻은 자료

6. 포트폴리오의 장점과 단점

① 장점

포트폴리오 평가는 그 특성상 기존의 평가가 갖지 못한 여러 가지 장점이 있다.

포트폴리오 평가의 장점에 대한 여러 학자들의 의견을 종합하여 황해익 등은 다음과 같이 정리하였다.[11]

- 발달의 과정에 대한 정보를 얻을 수 있다.

- 전통적인 평가가 지필검사의 결과로 유아의 능력을 평가하는 데 비해서, 포트폴리오는 결과물이 만들어지는 과정과 그것에 대한 유아의 반성적 사고 및 자기 평가를

---

11) 황해익 외 공저, 앞의 책, pp. 22~24.

중요시한다. 따라서 학습의 과정에서 유아가 어떤 어려움을 겪는지, 혹은 어떠한 과정으로 발달하고 있는지에 대한 정보를 얻을 수 있다.

• 유아의 긍정적 자존감 형성에 도움이 된다.

• 유아도 교사와 협력해서 평가목표와 평가준거 설정 그리고 자기 평가나 동료 평가의 실시, 그리고 협의회를 통해 평가의 결과 활용에도 참여한다. 유아가 교사와 협력하여 평가의 과정을 공유하는 것은 유아의 긍정적인 자존감 형성에 도움이 된다.

• 매일의 친숙한 환경 속에서 평가가 이루어진다.

• 포트폴리오 평가는 매일의 친숙한 환경 속에서 평가받고 있다는 것을 느끼지 않는 상태에서 평가가 이루어진다. 인위적인 검사 상황을 배격하고 일상의 수업 진행 과정 속에서 유아의 행동을 총체적으로 파악할 수 있으며 별도의 시간을 내어 평가를 할 필요가 없다.

• 유아의 장점에 초점을 맞춘다.

• 한 번의 사건만을 통해서가 아니라 장기간에 걸친 작품 수집을 통해 유아가 어떤 것을 할 수 있고 이전과 비교하여 어떤 점이 더 좋아졌는지에 대해 알 수 있다. 즉, 포트폴리오 평가는 유아가 무엇을 할 수 없는가에 대해서가 아니라 무엇을 할 수 있는가에 대해 관심을 갖게 해 준다.

• 개별 유아에게 적합한 평가를 실시할 수 있다.

• 유아의 연령과 발달 수준, 발달 영역 및 교육과정 영역, 유아교육기관의 목적, 또는 그 이외의 여러 요인 및 상황에 따라 포트폴리오가 어떻게 조직되고 이용되는지가 달라질 수 있다. 따라서 개별 유아에게 가장 적절하고, 정밀하고, 완전하며, 발달적으로 적합한 평가를 실시할 수 있다.

• 평가의 과정에 부모와 가족도 참여하게 된다.

• 평가의 과정에 부모와 가족도 참여하게 된다. 유아에 대하여 가장 많은 정보를 가지고 있는 부모가 평가의 과정에 참여함으로써 유아에 대한 이해를 높이고 교육의 효과를 증진시킬 수 있다.

- 협동을 장려한다.

- 포트폴리오 평가에서 많이 활용되는 동료 평가를 통하여 다른 사람의 작품에 대한 평가능력을 기를 수 있을 뿐 아니라 다른 사람의 협동적 학습 능력도 기를 수 있다. 또한 포트폴리오 평가의 가정에서 유아와 유아, 유아와 교사, 교사와 교사 사이의 협력적 관계가 유지되고 요구되며, 그 결과 상호간의 협동 및 신뢰감 형성에 기여한다.

- 평가의 결과가 교수 계획에 바로 반영될 수 있다.

- 포트폴리오 평가는 매일의 수업과정 속에서 평가가 이루어지기 때문에 평가의 과정과 교수의 과정이 일치한다. 이러한 평가의 결과는 교수과정을 계획하고 수정하는 데 바로 이용될 수 있다.

② 단점

포트폴리오 평가의 단점을 황해익 등은 다음과 같이 정리하였다.

- 비용과 시간이 많이 소요된다.

- 포트폴리오 평가를 시행하는 과정에서 유아의 작품을 모으고 평가하는 데 교사의 시간이 많이 소요되며 비용또한 표준화 검사와 비교하여 많이 든다.

- 감상적인 기억들을 담은 상자가 될 수 있다.

- 포트폴리오 평가라고 할 때 이것은 단순한 자료 처리나 유아의 작업표본을 수집해 놓은 것만을 의미하는 것은 아니다. 그러나 포트폴리오 평가의 목적이나 방법에 대한 이해가 선행되지 않으면 단순히 유아의 작품들을 모아둔 자료철에 머물게 된다. 또한 유아작품의 기록 보관에만 치중하게 되면 유아의 학습과정이 기록이 용이한 영역으로 편향될 우려가 있다.

- 기록물들을 보관할 충분한 공간이 필요하다.

- 포트폴리오 평가를 하고자 할 때는 개별 유아들의 작품을 모아서 이를 검토하고, 기록하고, 유아와 그것에 대해 토의하고, 포트폴리오에 넣을 항목이나 정보에 대한 결정이 이루어져야 한다. 따라서 유아들의 작품을 수집하고 조직할 수 있는 상자나 파일등 충분한 공간이 필요하게 된다.

- 기록물을 수집하고 평가하는 과정에서 교사의 편견이 작용할 가능성이 많다.

- 학습결과나 유아의 발달에 대해 갖는 교사의 개인적인 기대는 유아 작품이나 행동을 평가하는 데 영향을 미친다. 교사가 유아의 대해서 가지고 있는 예비지식이나 개인적인 감정으로 인하여 유아의 작품에 대해서 과대 또는 과소평가 하게 될 수도 있다.

- 포트폴리오 내용 타당성의 확보가 쉽지 않으며 평가결과에 대한 신뢰성 및 객관성의 확보가 어렵다.

- 포트폴리오가 지닌 취약점은 포트폴리오 내용 타당성의 확보가 용이하지 않다는 점과 포트폴리오 평가 결과에 대한 신뢰성, 객관성의 확보가 어렵다는 점이다. 자료 수집과 평가의 과정에 교사의 판단과 주관이 개입되고 또 교사마다 관점이 다르기 때문에 같은 유아의 대하여도 전혀 다른 작품을 수집하고 전혀 다른 평가를 내릴 가능성도 배제할 수 없다.

7. 포트폴리오의 조직

포트폴리오를 조직할 때 고려해야 할 사항을 김지영은 다음과 같이 정리하였다.[12]

① 포트폴리오를 조직하는 기준은 어떻게 정할 것인가?

- 생활 영역별
- 흥미 영역별
- 활동 종류별

② 포트폴리오에 들어가는 내용마다 날짜를 기입한다.

③ 각 유아마다 모두 똑같은 포트폴리오를 가지는가?

④ 내용물을 넣을 장소 혹은 도구로 적합한 것을 결정한다(파일, 상자 등).

---

12) 김지영, 앞의 자료, p. 30.

⑤ 교사가 당장 해 볼 수 있는 자신 있는 것부터 시작한다.

　　• 복잡한 계획으로 시작하지 않는다.

⑥ 평가를 하루의 생활에 정규적인 일부가 되도록 한다.

⑦ 어떤 형태로 보완할 수 있을까?

　　• 유아 작품, 사진, 오디오, 비디오 등

⑧ 학기초에 구체적인 계획을 세운다.

유아의 포트폴리오 자료를 분석할 때 교사가 참고할 수 있는 지침은 다음과 같다.[13]

　　• 프로파일에 제한된 수의 교육적, 발달적 목적과 목표들을 적어 놓는다.

　　• 주요한 정보 기록들을 지지하는 지속적인 참조 체제를 이용한다.

　　• 모든 유용한 정보를 이용한다.

　　• 한번에 한 영역, 한 번에 한 유아에 대한 정보를 편집한다.

　　• 바람직한 성장 경향이나 학습에서의 성공을 요약한다.

　　• 유아의 독특한 특성을 찾아서 요약한다.

　　• 유아의 초기 작업 견본과 현재의 것을 비교한다.

　　• 유아와 함께 포트폴리오를 검토해 본다.

　　• 유아의 작품 견본과 교사의 관찰 기록을 적절히 조화시켜 판단한다.

　　• 교사는 또한 어린이들의 포트폴리오를 검토하기 위해 팀으로 일할 수 있다.

---

13) 박은혜, 앞의 책, pp. 15~16.

8. 포트폴리오의 실제

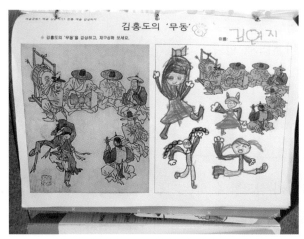

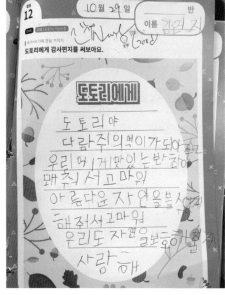

chapter 5

학부모 면담

1. 면담의 정의

면담(interview)은 특정한 목적을 가지고 특정한 내용에 관하여 사람과 사람이 직접 얼굴을 맞대고 일정한 시간에 언어를 매개로 하여 정보를 얻거나 의사나 감정을 전하는 양식을 말한다. 교육·심리의 영역에서 이는 자료 수집의 기법이 되며 또한 카운슬링과 정신치료의 핵심적 기법이 되고 있다. 자료 수집 방법으로서 면담은 문화인류학, 사회학, 심리학 등에서 여러 세기 전부터 광범위하게 활용되어 왔는데, 이것이 체계적으로 발전되어 방법론적으로 잘 통제된 관찰 방법으로 그 가치가 인정된 것은 20세기에 들어와서이다. 면담은 관찰과 달리 연구대상과 직접적인 상호작용을 통해 자료를 수집하는 방법으로, 대상과 일대일로 대화를 나누면서 정보를 수집한다. Sax는 면담을 다음과 같이 정의하였다.[1]

면담은 목적에 따라 조사적 면담과 임상적 면담으로 나누어진다.

조사적 면담에서 면담자는 미리 질문을 준비하여 두고 피면담자에게 질문하는 가운데 정보를 얻거나 그 상황에서의 피면담자의 태도를 알 수가 있다.

---

[1] G. Sax(1968), Empirical foundation of educational research(Englewood Cliffs NJ : Prentice-Hall), p. 201.

임상적 면담은 카운슬링과 정신치료에서의 면담과 같은 경우에 사용되며 피면담자에 대한 정보를 제공받는 것에서부터 신경증이나 정신병을 치료하는 것에 이르는 광범위한 문제를 해결하는 것까지를 포함한다.

임상 면담에서는 어떤 사건이나 현상에 대한 태도, 지식, 가치, 판단 등만이 아니라 개인이 주관적으로 느끼고 있는 감정도 중요시되며 의식적 감정만이 아니라 잠재되어 있거나 억압되어 있는 감정을 언어로 표현하는 것도 강조된다.

면담에서 중요한 것은 면담자와 피면담자가 라포(rapport)를 형성하는 것이다.

조사적 목적에서 사용되는 면담은 다음과 같은 역할을 수행한다.

첫째, 면담은 관찰과 더불어 여러 가지 연구 활동에 활용할 수 있는 일반적 도구이다.

둘째, 면담은 자료 수집의 주된 도구로써 역할을 수행한다.

셋째, 면담은 관찰이나 질문지 등으로 얻은 자료의 공백을 보충하는 데 사용될 수 있다. 유아와 관련된 정보를 부모나 아동 주변의 성인을 통해 수집할 수 있으므로 면담은 아동연구에서 필수적인 검사방법이라 할 수 있다.

유아교육기관에서는 조사적 면담이 주로 이루어지므로 이 장에서는 유아교육기관에서 학부모를 대상으로 면담하는 면담의 형태와 면담 진행 절차에 대해 살펴보고 학부모 면담의 양식과 면담안내 편지의 실제, 학부모 면담 후의 평가도 함께 간략하게 살펴보기로 한다.

2. 면담의 형태

면담의 형태는 구조화 면담(structured interview)과 비구조화 면담(unstructured interview), 지시적 면담(directive interview), 비지시적 면담(non-directire interview)으로 구분한다.[2]

구조화 면담과 비구조화 면담은 면담상황이 사전에 얼마나 구조화 되어 있는가 또는 융통성이 있는가에 따른 분류이다.

위의 면담 형태는 사용목적이나 절차상 각각 특징이 있지만 여기서는 구조화 면담과 비구조화 면담에 대해 간단히 살펴본다.

구조화 면담(structured interview)은 표준화 면담(srandardized interview)이라고도 하며, 면담 내용의 순서가 미리 일관성 있게 준비되고 이에 따라 면담이 실시되는 형태이다. 면담 내용은 사전에 면담표(interview schedule)를 작성할 때 이미 결정되므로 면담을 하는 과정에서 융통성이 거의 없는 것이 특징이다. 면담자는 이러한 형태의 면담에서는 어법이나 문항의 순서 등을 전혀 바꿀 수 없으며, 면담자는 어느 정도 자유 재량권이 주어지는 개방식 질문에서조차도 구체적 지침을 따라야 한다. 구조화 면담의 장점은 면담자의 행동에 일관성이 높고 자료의 신뢰도와 객관도가 높으며, 면담자의 훈련도 비교적 쉽다는 것이다.

단점은 면담에 융통성을 부여하지 않으므로 면담표에서 구체화되지 않은 정보나 새로운 사실을 발견할 가능성이 적다는 것이다.

비구조화 면담(unstructured interview)은 면담자에게 상당히 많은 자유 재량권이 주어지고 절차상 융통성이 부여되는 형태이다. 비구조화 면담은 비표준화 면담(unstandardized interview)이라고도 하며 연구목적에서 크게 벗어나지 않는 한 질문의 내용이나 어법, 순서 등을 면담자에게 일임하는 방법이다. 이 방법은 면담을 통해 수집되어야 할 자료가 무엇인지 분명해야 되며, 가장 타당한 자료를 수집하기 위한 융통성 있는 질문과 개략적인 절차가 준비된다. 비구조화 면담의 장점은 면담상황에 융통성이 많이 부여되므로 자료의 타당도가 높고 새로운 사실이나 가설을 발견할 가능성도 높다.

단점은 면담자의 자질과 훈련 정도에 따라 크게 영향을 미칠 수 있고, 자료의 신뢰도에 문제가 생길 수 있으며, 면담결과의 분석이 쉽지 않다는 것이다.[3]

---

2) L, Cohen and L, Manion(1980), Research methods in education(London: Croom Helm Ltd.), pp. 243~244.
3) 이은해, 앞의 책, pp. 236~237.

3. 면담의 절차

면담은 면담자와 피면담자와의 상호작용을 통해 이루어지므로 우호적이고 신뢰할 수 있는 관계가 성립되어야 한다.

면담을 하기 위한 계획을 세울 때 면담자와 피면담자 간의 의사소통을 원활히 할 수 있는 방법이 모색되어야 한다.

면담자는 면담을 실시하기 전에 다음의 사항을 충분히 고려하여 원만한 면담이 될 수 있도록 한다. 여기서는 유아교육기관에서 학부모를 대상으로 면담을 할 경우 절차에 대해 간단히 살펴본다.

1) 사전 준비

학부모와 면담을 할 경우 유아교육기관 교사들은 유아에 대한 기록, 관찰평가 등의 기록을 유아 개인별로 묶어서 준비한다.

교사는 그동안 모아두었던 기록들을 자세히 검토하고 각각 유아에게 필요한 자료들을 빠짐없이 준비하여 면담에 적극 활용하도록 한다.

예를 들면, 유아들의 신체검사표나 일화기록, 표본식 기술, 평정척도, 체크리스트, 사건표집법, 시간표집법, 보존개념 실험 결과지 등 그동안 유아교육기관에서 모아 두었던 모든 자료들도 충분히 면담자료로 활용될 수 있으므로 유아들의 흔적이 담겨 있는 그림, 작품, 글 등을 소중하게 간직했다가 학부모 면담 시에 이런 자료들을 토대로 유아들의 발달과정을 설명한다면 더 객관적이고 신뢰성이 높은 면담이 될 것이다.

2) 면담 자료 준비

유아교육기관 나름대로 사용하고 있는 기본 양식에 맞추어 그동안의 관찰기록을 정리한다. 관찰기록이 정리되고 나면 유아의 발달을 종합 평가한 후 학부모와 상의할 내용이라든지, 가정에서 유아의 양육태도, 유아의 행동 등을 묻고 싶은 내용을 간략하게 적어 놓고 면담에 응한다면 면담시간도 단축될 뿐 아니라 교사는 원아에 대해서 더 많은 정보를 확보할 수 있을 것이다.

면담양식은 〈표 5-1〉 같이 작성될 수 있다.

표 5-1

학부모 면담 양식

상담일자		시 간	
영·유아명		생년월일	
보호자명		상담교사	
상담방법	방문 · 전화 · 연락장 · 기타(홈페이지, 게시판 등)		

상담내용	영역	교사관찰내용	부모상담내용(가정에서)
	신체 운동 · 건강		
	의사 소통		
	사회 관계		
	예술 경험		
	자연 탐구		

특이 및 건의사항	담임교사	학부모

종합평가 (기타)	

3) 면담시간과 장소 정하기

학부모 면담의 계획이 잡히면 주간 교육계획안을 통하여 면담시간과 장소를 2주 전에 학부모에게 알려드린다. 면담시간은 한 명당 20분 정도로 계획하고 매번 5~10분 정도의 쉬는 시간을 두고 시간표를 작성하여 교사가 다음 유아의 면담을 준비할 수 있도록 한다(학급의 유아 수를 고려하여 면담일을 짧게, 또는 길게 할 수 있으며 면담시간도 원아 수를 고려하여 1인에 20분~30분 정도로 한다).

개인 면담의 안내편지는 〈표 5-2〉와 같다.

표 5-2 개인면담 안내편지

○○○○부모님께

아름다운 계절 가을이 돌아왔습니다.

1학기 동안 어린이들이 어린이집 생활을 통해서 많이 성장하였습니다. 그동안 유아들의 성장 발달한 관찰내용을 토대로 다음과 같이 담임 교사와 면담시간을 마련하였습니다. 바쁘시더라도 정해진 날짜와 시간에 꼭 참석하여 주시기 바랍니다.

0000. 0. 00(수요일)			지혜반		면담장소 : 지혜반교실	
13:30 ~13:50 강현민	14:00 ~14:20 정윤혁	14:30 ~14:50 김세원	15:00 ~15:20 정윤지	15:30 ~15:50 서동권	16:00 ~16:20 홍다혜	16:30 ~16:50 한지윤
0000. 0. 00(목요일)			사랑반		면담장소 : 사랑반교실	
13:00 13:20 이지혜	13:30 ~13:50 이민영	14:00 ~14:20 함승원	14:30 ~14:50 신윤섭	15:00 ~15:20 장다현	15:30 ~15:50 김태완	16:00 ~16:20 박상민

개인면담은 그동안 교사가 유아들과 함께 생활을 하면서 관찰 기록했던 여러 가지 내용을 중심으로 면담이 이루어집니다.

- 면담 시간은 1인당 20분씩입니다.
- 시간을 절약하는 의미에서 부모님께서 관심을 갖고 계신 내용이나 면담하실 내용을 간략히 적어 오시면 많은 도움이 되겠습니다.
- 정해진 면담일이나 해당 시간에 오시지 않으면 다음 분에게 지장을 주어 면담을 해드릴 수가 없게 되므로 면담일과 시간을 꼭 지켜 주시기 바랍니다.
- 사전에 연락이 없이 면담에 오시지 않으면 개인면담을 원하지 않는 것으로 알겠습니다.

0000년 0월 00일
어린이집
원장

4) 면담 장소 준비

유아교육기관 건물 내에서 가장 방해를 덜 받는 장소에 관찰 자료를 놓아 둘 수 있는 책상과 의자 두 개를 준비한다.

미리 도착하신 부모님을 위해 유아교육에 관한 잡지나 원내 행사앨범이나 사진, 유아들의 작품 등을 대기실에 배치해 놓아둔다. 간단한 음료수도 준비해 두면 분위기를 부드럽게 하는 데 도움이 된다.

면담 장소에는 여러 사람이 드나들지 않고 전화소리나 유아들의 잡음 등 다른 소리에 방해를 받지 않는 곳이 좋다.

유아교육기관 사정에 의해 장소가 협소할 경우에는 학급 교실을 면담 장소로 활용해도 좋다.

그러나 방과후반이나 종일반 원아가 있을 경우에는 사전에 교사회의를 거쳐 그 날 면담을 하지 않는 교사가 원아들을 맡아서 지도할 수 있도록 한다.

5) 면담하기

면담은 정시에 시작하고 약속된 시간을 넘기지 않도록 한다.

만약 유아가 문제행동이 있거나 특별한 도움이 요청되는 경우에는 정기면담 이외에 개별적으로 약속을 다시 하여 더 자세하게 면담을 하도록 한다.

교사는 면담 중에는 친절하고 개방적이고 긍정적인 대화를 이끌어 가도록 한다.

부모님의 의견을 잘 경청하고 면담의 결과에 따라 원아별로 다음 학기에 성취하고자 하는 목표를 설정하도록 한다.

일반적인 면담 진행법은 다음과 같다.

4. 면담의 진행

면담은 다음과 같은 순서로 진행된다.

① 부모와 인사 나누기

교사는 부모에게 자리를 안내하고 서로 서먹서먹하지 않도록 계절이나 날씨 등에 대해 말하며 간단한 인사를 나눈다.

② 개인면담의 취지를 설명한다

학부모 면담의 중요한 목적은 교사와 학부모가 함께 시간을 내어 유아들의 전반적인 발달에 대해 정보를 교환하고 학부모와 교사의 상호관계를 더욱 견고히 해서 유아의 전반적인 발달을 도와주는 데 있다는 것을 인식시킨다.

유아교육기관은 가정이 유아의 발달에 가장 기본이 되는 학습의 현장이라는 사실을 염두에 두고 교사는 가정과 유아교육기관을 연결하는 중요한 역할을 한다는 사실을 인식해야 한다.

③ 진행

교사는 면담을 위해 준비한 자료를 토대로 하여 유아의 장점이나 최근에 관찰된 중요한 성장기록을 이야기하는 것부터 시작하는 것이 좋다.

예를 들면, 유민이는 전에는 친구와 말도 잘 하지 않고 쳐다보기만 했는데 요즈음은 친구들과 대화에도 잘 참여하고 주말 지낸 이야기를 친구들 앞에서 잘 표현하고 있는 것으로 보아 입학 초기보다 언어 발달에 많은 향상을 보이고 있다거나, 승헌이는 학기초에 혼자서 화장실 다녀오기를 잘 하지 못하였고 용변 후에 뒤처리나 손씻기 등도 혼자 잘 하지 못하였지만 이제는 옷을 버리지 않고도 소변을 잘 보고 뒤처리도 잘 하며 혼자 양치질도 잘 하고 있는 것으로 보아 기본생활습관이 많이 향상되었음을 말씀 드리면서 가정에서는 어떠한지를 물으면 학부모가 훨씬 더 마음을 열고 면담에 응하게 된다.

만약 특별하게 언급할 만한 장점이 없거나 학기초에 비해 큰 발전이 없을 경우에는 아주 작은 것이라도 학부모의 참여를 유도할 수 있는 것, 친구들과 좋아하는 놀이, 최근에 관심을 갖고 있는 것 등으로부터 면담을 시작해 나간다.

일단 긍정적인 분위기가 형성되면 앞에 준비된 학부모 면담양식에 따라 면담을 진행해 간다. 이 때 교사는 미리 준비된 관찰기록과 유아 작업 샘플, 활동사진 등을 이용하여 전반적인 발달에 대해 이야기한다.

면담을 통하여 교사는 유아가 가정에서도 유아교육기관에서와 비슷한 행동을 하는지 아니면 다르게 행동하는지를 알 수 있을 것이다.

대부분의 경우 유아들이 가정에서나 유아교육기관에서나 비슷한 행동을 보인다고 하지만 때에 따라서 어떤 유아는 가정과 유아교육기관에서 하는 행동이 전혀 달라서 놀라게 되는 경우도 있다.

이런 경우에 왜 유아가 이런 행동을 하는지 교사가 관심을 갖고 유아의 행동을 관찰하여 분석해 보는 일도 좋을 것이다.

④ 마무리

면담이 진행되는 동안 교사는 면담과정을 기록하고 앞으로 중점을 두어 지도해야 할 부분을 교사와 부모가 함께 의논하는 형식으로 진행한다.

⑤ 추후활동

면담 후 필요에 따라 전화를 한다든지 유아들 편으로 메모를 보낸다든지 혹은 등원 및 귀가시간에 일상적인 대화를 통하여 면담 때 했던 이야기들을 자연스럽게 확장시켜 나간다.

면담을 통해 교사는 여러 가지 새로운 정보를 얻을 수 있으며 그로 인하여 새로운 관점에서 유아를 볼 수 있게 된다.

5. 면담법의 장점과 단점

① 장점

면담은 기본적으로는 인간을 이해하는 것이며 그 이해를 바탕으로 정보를 수집하게 된다.

면담은 질문지법 등과 비교했을 때 융통성이 있으며 대상의 복잡한 심리 상태나 정신과정을 대화를 통하여 알아낼 수 있는 장점이 있다.

구체적인 면담법의 장점은 다음과 같다.[4]

첫째, 면담은 자연스럽고, 인위적이지 않으며, 융통성(flexivility)이 있으며 질문의 유형도 변화시킬 수 있으며 불분명한 점을 다시 물을 수도 있다.

둘째, 면담은 어린 아동이나 문맹자의 경우에도 정보를 얻는 데 유용하다.

셋째, 면담은 자유롭게 반응할 수 있어서 질문지에서 알아낼 수 없는 사항들도 알 수 있게 된다. 또한, 면담은 구조화되어 활용할 수도 있으며 면담과정 중 대상의 행동과 다른 반응들도 함께 관찰할 수 있다.

넷째, 면담은 특히 개인적인 정보, 태도, 지각, 신념 외에 그 배경까지도 관련된 정보를 수집하는 데 매우 유용하다.

다섯째, 일관성이 없거나 모호한 부분은 다시 물을 수 있기 때문에 철저하게 조사할 수 있다.

여섯째, 면담자와 피면담자가 신뢰가 형성되면 솔직하고 개방적으로 대화를 나눌 수 있기 때문에 면담결과의 타당도를 높일 수 있게 된다.

일곱째, 제삼자의 개입을 막을 수 있고 본인의 의견을 직접 들을 수 있다.

여덟째, 조사에 대한 응답률이 높다.

---

4) 홍순정, 앞의 책, pp. 159~160.이은해, 앞의 책, pp. 247~248 참조.

② 단점

첫째, 면담은 시간과 비용이 많이 들고 일시에 많은 대상을 실시하기 어렵다.

둘째, 면담이 비교적 비구조적이고 융통성을 지닌 방법이기 때문에 반응자의 질문에 대한 해석도 다를 수 있으며 이로 인해 결과를 수량화하거나 종합하고 분류, 평가, 해석할 때 어려움이 따르게 된다.

셋째, 면담자는 많은 훈련이 필요하게 된다. 개인적인 가치, 신념, 편견 등이 반응에 영향을 미칠 수 있기 때문에 이러한 주관적인 영향을 줄 수 있도록 훈련되어야 할 필요가 있다.

넷째, 사실과 의견의 차이가 문제되는 경우 즉, 사실이 필요한 경우라면 면접보다는 객관적인 기록들이 보다 정확한 것일 수 있다.

다섯째, 면담과정에서는 중요한 문제에 대해서 언급을 회피하려는 경향이 있다.

여섯째, 면담자와 대상자의 표정, 몸짓들의 영향으로 왜곡된 평가를 할 수도 있다.

6. 학부모 면담 평가

학부모와 면담이 끝나면 교사는 다음과 같은 질문을 해본다.[5]

- 면담의 분위기는 긍정적이었는가?

- 부모님은 편안해 했는가?

- 긍정적인 언어로 면담을 시작했는가?

- 교사와 학부모가 서로의 입장을 이해하였는가?

- 부모님이 교사의 의견을 잘 받아들였는가?

- 교사는 부모님의 의견을 잘 경청하였는가?

- 부모님의 의견이 면담에서 충분히 토의되고 받아들여졌는가?

- 유아의 장점과 단점이 모두 토의되었는가?

- 교사가 면담 자료들을 충분히, 적절하게 준비했는가?

- 면담결과에 따라 유아를 위한 개별활동계획 목표가 정해졌는가?

- 면담을 다시 한다면 보충하거나 수정해야 할 점이 무엇인가?

- 추후활동을 어떻게 할 것인지 계획이 되어있는가?

위의 내용 외에도 유아에 따라 또 다른 질문거리가 생길 것이다. 교사는 처음 면담한 내용을 잘 정리하여 다음 면담에 적극 활용할 수 있도록 한다.

---

[5] 이정환, 박은혜, 앞의 책, p. 129.

7. 면담의 실제

① 만2세 학부모 상담일지

학부모 면담 기록부

상담일자	2019. 6. 8.		시　간	오전 10:40
영 · 유아명	최여진		생년월일	2017. 4. 19.(2년 1월)
보호자명	이유나(모)		상담교사	최영미
상담방법	〈방문〉 · 전화 · 연락장 · 기타(홈페이지, 게시판 등)			

	영역	1학기	학부모
상담내용	기본생활	숟가락과 포크를 사용하는 것이 잘 되지는 않으나 스스로 해보려고 합니다. 손을 씻을 때 물비누를 묻혀주면 스스로 씻어보려고 시도를 합니다. 자신의 사물함 자리를 알고 낮잠 시에는 교사가 토닥여주기 전에는 잠을 청하지 않고 기다립니다.	먹여주는 거보다 스스로 먹는 걸 좋아합니다. 손을 씻을 때도 도움을 주는 거 보다 스스로 하려는 모습이에요.
	신체운동 · 건강	신체 움직임이 많고 또래주변보다 교사의 주변에서 놀잇감을 가지고 노는 모습을 자주 보입니다. 공을 굴리고 자리에 앉아 손을 뻗쳐 잡을 수 있습니다. 신체를 인식하여 놀이기구를 이용해 놀이하는 것을 좋아하고 소근육을 조절해 손가락의 힘으로 종이 찢기를 잘하며 풀로 붙이는 활동을 좋아합니다.	집에서도 공굴리기, 공차기도 좋아하고 아가인형을 재워주고 밥을 주는 놀이를 좋아합니다. 놀이터에 가서 걷고 뛰며 활동이 커요.
	의사소통	친숙한 그림책이나 인쇄물을 가지고서 그림책을 읽는 흉내를 냅니다. 선호하는 그림책을 읽어주면 짧지만 제자리에 앉아 집중해서 듣고 다른 그림책을 들고 와 읽는 흉내를 내며 책장을 넘깁니다. 그림을 손가락으로 가리키며 "이거 뭐야" 하며 관심을 가집니다.	아직 책을 오래 읽지는 않지만 익숙한 책을 가져와 봅니다. '이거 뭐야'라는 질문이 많아서 좋아요. 뭐가 먹고 싶거나 본인이 원하는 물건이 있는 곳을 알고 데리고 가서 가리키거나 달라고 말합니다.
	사회관계	또래에 관심이 많으나 혼자 놀이를 좋아하고 또래의 행동을 모방하며 놀이를 합니다. 놀잇감에 대한 소유욕이 강한 편이나 교사가 이야기를 하면 조금씩 친구들과 나누며 공유해보려고 노력합니다.	친구들의 이름을 외우고 알아보고 보고 싶다고 해요. 어린이집 친구들, 선생님이 너무 좋다고 합니다.
	예술경험	친근한 노래를 따라 부르기를 잘할 수 있으며, 특히 "곰 세 마리와 삐약삐약 병아리~" 노래를 부를 때는 노래에 맞춰 춤추는 것을 좋아합니다. 음악에 맞춰 엉덩이를 흔들며 리듬을 맞출 줄 압니다. 그림 그리기를 좋아하고 제자리에 앉아 한 가지 색보다는 여러 색을 이용해 그리기를 시도합니다.	노래를 부를 줄 알고 그에 맞는 율동도 할 줄 알고, 좋아하는 노래가 많아요. 종이에 펜, 색연필로 잘 그리고 가지고 놀아요.
	자연탐구	호기심이 많으며 새로운 것을 두려워하면서도 관심 있는 사물에 대해서는 반복하여 탐색합니다. (예를 들면 달팽이) 기본적인 모양에 대한 명칭은 잘 모르지만 같은 모양 퍼즐을 따라 맞추기를 잘하고 좋아합니다.	새로운 것을 만져보지 않고 관찰해요. 낯선 것에 조금 두려움이 있어요. 익숙해지는데 오래 걸리지만 즐거워해요.
		담임교사	학부모
종합평가		숟가락과 포크 사용이 서툴기는 하지만 스스로 하는 모습을 보입니다. 또래와의 모방놀이를 좋아하고 또래보다는 교사 주변에서 놀이를 더 좋아합니다. 친근한 노래를 들려주면 따라 부르기도 하고 북이나 여러 악기를 두드리거나 흔드는 것을 좋아합니다.	아직은 친구들보다 선생님을 많이 따르는 모습이 걱정스럽지만 선생님과 잘 지내고 의지하는 모습이 좋아요. 즐겁게 지내는 어린이집 생활이 너무 좋아요.

② 만3세 학부모 상담일지

학부모 면담 기록부

상담일자	2019. 6. 8.		시　간	오전 9:00
영 · 유아명	김하윤		생년월일	2016. 3. 7.(3년 3월)
보호자명	박지영(모)		상담교사	박은희
상담방법	〈방문〉· 전화 · 연락장 · 기타(홈페이지, 게시판 등)			

	영역	1학기	학부모
상담내용	신체운동·건강	발끝이나 발꿈치를 이용하여 걸을 수 있으며 두 발로 점프할 수 있다. 책장을 한 장씩 넘길 수 있으며, 단추 끼우기를 시도할 수 있다.	횡단보도 건널 때에 두 발 점프로 흰색 or 검은색만 밟으려 합니다. 횡단보도는 위험한 곳인데 조금 걱정이 되는데 어떻게 할까요?
	의사소통	세 단어 이상을 사용해서 말 할 수 있으며 큰 소리, 부드러운 소리를 인식하며 들을 수 있고, 끼적이기에 관심을 보이며 스스로 끼적여 보려고 한다.	동생에게 말을 자주 걸어주며 끊임없이 이야기 합니다. 동생 때문에 스트레스를 받는지 "미워, 너랑 안놀아, 싫어"라는 단어를 사용하기 시작하였다.
	사회관계	자신과 친구의 모습을 구별할 수 있으며 특정한 친구와 놀이를 자주하는 편이다. 가족에게 애정을 표현할 수 있으며 간단한 약속을 지키기 위해 노력할 수 있다.	집에 와서 특정 친구와의 놀이가 즐거웠다고 이야기 하는데, 다양한 성향의 친구들을 만나게 해주어야 할 것 같습니다.
	예술경험	자발적으로 그리기 활동을 할 수 있으며 간단한 도구를(물감, 사인펜 등) 이용하여 미술활동을 할 수 있다. 새노래 부르기를 좋아하고 자신의 정서를 동작으로 표현할 수 있다.	요즘 집에서는 붓으로 물감을 묻혀 색칠하는 놀이를 즐겨하고 발레를 배우고 싶은지 발레 동작을 잘 따라해봅니다.
	자연탐구	1~5 수세기를 할 수 있으며, 다섯 가지 이상의 색의 이름을 알고 있다. 주변 사물에 호기심을 가질 수 있으며 두 물체의 길이, 크기를 비교할 수 있다.	숫자를 써 보기를 원해서 스케치북에 점선을 그려주면 따라서 그려보기도 합니다.
	기본생활	스스로 이를 닦을 수 있으며, 도구를 사용하여 음식을 골고루 먹을 수 있다. 위험한 상황 시 교사의 안내에 따라 대피할 수 있으며 안전한 장소에서 놀이한다.	요즘 들어 양치하는 것을 귀찮아합니다. 치카치카가 즐거운 시간이 되도록 어떻게 지도해야 할까요?
		담임교사	학부모
	종합평가	모든 영역이 연령에 맞게 잘 발달되고 있다. 사회관계에서 조금 더 적극적이고, 더 많은 친구들과 놀이할 수 있도록 기회를 제공하고 있다. 가정에서도 친구들을 꾸준히 만날 수 있는 기회를 제공해주어야 한다.	평상시 궁금했던 부분을 이야기 해주셔서 감사드리고, 가정에서도 많은 격려와 칭찬을 해주겠습니다.

③ 만4세 학부모 상담일지

학부모 면담 기록부

상담일자	2019. 6. 10		시　간	오후 6:00
영 · 유아명	김예원		생년월일	2014. 11. 13.(4년 7월)
보호자명	한아름(모)		상담교사	김수지
상담방법	〈방문〉· 전화 · 연락장 · 기타(홈페이지, 게시판 등)			

상담내용	영역	1학기	학부모
	신체운동 · 건강	지퍼를 열고 잠글 수 있고, 12조각 정도의 퍼즐을 맞출 수 있습니다. 주전자의 물을 흘리지 않고 따를 수 있고, 사람의 형태를 그릴 수 있습니다. 다른 사람과 공굴리기를 하며 공을 주고받을 수 있고, 직선과 곡선 평균대 위에서 걸을 수 있습니다. 클라이밍을 할 수 있고, 계단을 내려올 때 왼발, 오른발 번갈아 내려올 수 있도록 돕고 있습니다. 구령에 맞춰 앉고, 서기를 하며, 음악에 맞춰 멈추기를 할 수 있습니다.	살이 좀 쪄서 그런가 운동은 잘 안하려고 하는데, 율동이나 체조는 좋아하는 편.
	의사소통	의사소통 전반에 걸쳐 만3세 월령발달을 보이고 있으나 말하기 내용범주에서는 만4세 발달을 보이기도 합니다. 다른 사람의 말을 주의 깊게 들을 수 있고, 두세 가지 지시를 듣고 실행할 수 있습니다.("손 씻고, 도시락 꺼내오면 돼.", "실내화를 벗어서 그림이 있는 곳에 정리해보자." 등) 말하는 사람을 바라보며 듣고, 사용하는 어휘수가 많고, 다양합니다. 자신의 의견을 말할 수 있고, 또래와 대화를 주고받을 수 있고, 상황에 알맞게 말할 수 있습니다. '왜'로 시작하는 질문을 하고 자신의 도움이나 요구를 말로 능숙하게 표현할 수 있습니다.("선생님, 왜 달팽이는 비 오는 날을 좋아할까요?")	어린이집에서 어떤 일이 있었는지 사실 예원이를 통해 잘 듣고 있음.
	사회관계	자신에 대해 올바른 자아개념을 가질 수 있도록 "할 수 있어. 해 보는 거야. 잘 안될 수 있어. 그래도 괜찮아." 등의 격려를 통해 지도하고 있습니다. 자신의 감정을 알고 표현하는데 있어 말로 표현해 볼 수 있도록 도움을 주며 지도하고 있습니다. 가족의 소중함을 알고, 구성원과 역할에 대해 알고 있습니다. 주변의 친구들의 좋은 점 등을 이야기를 통해 소개해 주며 폭넓은 또래관계를 격려하고 있지만, 마음이 맞는 친구와의 놀이가 하루 일과 중 많은 비중을 차지하고 있어 이점은 꾸준한 관심으로 도움을 주고 있습니다.(다른 친구들과의 놀이를 시도 하지 않거나 관심을 보이지 않는 모습 등)	한 친구의 이름을 지속적으로 이야기하며 장구 채로 자꾸 찌른다고 하는데, 이게 한 번 그런걸 계속한다고 하는건지, 아니면 지속적인 건지 관찰부탁.
	예술경험	노래를 듣고 따라 부를 수 있고, 노래에 맞추어 리듬 악기를 간단하게 연주할 수 있습니다. 도구를 활용하여 여러 가지 움직임을 표현할 수 있고, 다른 사람의 움직임을 모방하여 표현할 수 있습니다. 노래에 맞추어 리듬악기를 연주할 수 있고, 전래동요를 부르며 관련된 놀이를 할 수 있습니다.(우리 집에 왜 왔니? 여우야, 여우야 뭐하니?) 도구를 활용하여 다양한 움직임을 표현할 수 있고, 미술재료와 도구를 다양하게 사용하여 그림그리기를 즐깁니다. 심리 미술활동 시 자신의 생각을 그림으로 섬세하게 표현하며 교사가 하는 이야기를 자신만의 표현 방법으로 묘사합니다.	집에서도 그리고, 칠하고, 오리고 하면서 미술활동을 주로 하는 편임. 선생님께 편지로 준다며 매일 그림을 그리고 있음.
	자연탐구	1-10까지 수를 세고 수량을 이해합니다.(두뇌로 창의 수학 활동 시 적극적으로 참여합니다.) 주의집중 시간이 10분정도 되고, 같다, 더 많다, 더 적다의 관계를 이해하고, 12조각 정도의 퍼즐을 맞출 수 있습니다. 부드럽고 단단하고, 거친 것들을 이해하고, 동물 이름을 5가지 이상 알고 있으며, 비, 구름, 해, 바람 등을 알고 있습니다. 일상생활에 사용하는 간단한 도구에 관심을 보이며, 도구를 사용하여 스스로 먹을 수 있습니다.	두뇌로 수학 노래라며 계속 흥얼거리며 숫자에 더 관심이 많아진 것 같음.
	기본생활	편식습관 없이 주어진 양을 먹고 주변을 정리합니다. 하루 일과에 즐겁게 참여하며, 스스로 대 · 소변을 볼 수 있습니다. 학급 내 약속과 규칙에 관심을 갖고 스스로 실천하려고 노력하는 모습이 관찰됩니다.	정리정돈에 관심을 보이면서 정리하고 나면 꼭 정리 다 한 모습을 보라고 이야기 함.
종합평가	담임교사		학부모
	누리과정 5개영역과 기본생활습관을 포함해 고른 흥미와 관심을 보이며 일상생활에서 자발적으로 참여하는 모습이 자주 관찰되어집니다. 친구와 놀이 시 갈등 상황에서 긍정적으로 해결하고, 화목하게 지낼 수 있도록 타인의 마음도 생각해보고, 어떻게 하면 모두가 다시 기분이 좋아질 수 있는지 방법을 이야기 나누며 도움을 주고 있습니다. 앞으로도 다양한 경험 활동을 통해 전인적인 발달을 할 수 있도록 돕겠습니다.	선생님의 정확한 평가내용으로 제가 몰랐던 예원이의 발달영역들도 많이 알고 도움이 많이 되었습니다. 참고하여 더욱 관심 있게 도와줘야겠네요. 항상 감사합니다.

④ 만5세 학부모 상담일지

학부모 면담 기록부

상담일자	2019. 6. 8.	시 간	12:00
영·유아명	김민정	생년월일	2013. 9. 30.(5년 8월)
보호자명	권근령(모)	상담교사	이민경
상담방법	〈방문〉·전화·연락장·기타(홈페이지, 게시판 등)		

	영역	1학기	학부모
상 담 내 용	신체 운동 · 건강	공간, 힘, 시간 등 움직임의 요소를 고려하여 자신의 행동을 조절하고 움직일 수 있습니다. 다양한 도구를 이용해 활동하는 방법을 알고 적극적으로 참여합니다.	월 2회 그룹 체육활동을 하고 있어요. 자전거, 씽씽카, 달리기 등 운동하는 활동을 좋아합니다.
	의사 소통	다른 사람의 이야기를 듣고 이야기를 한 사람의 생각, 의도, 감정을 이해합니다. 주제에 대한 대화, 토의 등의 방법으로 자유롭게 이야기를 주고받을 수 있습니다.	어린이집 활동이야기를 잘 해주고, 엄마의 감정에 대해 잘 공감해 줍니다. 친구들 사이에서도 잘 지낸다고 하는 편입니다.
	사회 관계	자신의 감정을 알고 조절할 수 있으며 , 우리 지역, 우리나라 나아가 세계 여러 나라에도 관심이 있어 친구들에게도 소개해줍니다. 친구들과 갈등이 생길 때 다른 사람의 감정을 이해하도록 지도하고 있습니다.	성격이 털털한 편이라 잘 수긍하고 인지하는 편입니다. 친구가 속상한 말은 하지 않도록 가정에서 지도하겠습니다.
	예술 경험	배운 노래 전체를 정확하게 끝까지 부릅니다. 다양한 미술활동으로 자신의 생각과 느낌을 즐겁게 표현합니다. 처음 시작할 때는 다양한 색으로 꼼꼼하게 표현할 수 있어 마무리 하도록 지도하고 있습니다.	집에서 피아노 치는 것을 좋아하고 노래를 언니랑 잘 부릅니다. 요즘은 신비아파트 그림을 그리고 미술선생님이 꿈이랍니다.
	자연 탐구	호기심을 느끼거나 궁금한 것에 대해 탐색하고 발견해 가는 탐구과정에 즐겁게 참여합니다. 생활 속에서 간단한 도구와 기계를 활용하여 탐구활동에 참여할 수 있습니다.	관찰하기를 좋아하고 자연관찰 책 읽는 것을 즐겨합니다. 조작활동을 좋아합니다.
	기본 생활	자신이 사용한 물건은 물론 자신이 활동하는 공간이나 주변을 스스로 깨끗이 합니다. 실내·외 활동에서 규칙을 지켜 안전하게 놀이를 합니다. 나물종류의 반찬에(애호박, 가지 등) 편식이 있어 먹어보도록 격려하고 있습니다.	본인이 해야 하는 일에 대해서는 스스로 할 수 있는 규칙을 정해놓고 실천중입니다. 책상정리, 식판정리, 신발정리, 실내화 씻기는 스스로 할 수 있는 습관을 들이는 중입니다.
종합평가		담임교사	학부모
		민정이는 다양한 영역에서 골고루 발달하고 있습니다. 원에서는 식습관에 대해 관심을 가져주고 있어 가정에서도 관심을 갖고 지도해주세요.	가정에서도 식사시간이 길어지는 경우가 있습니다. 그래서 시간을 정해놓고 지도해 보려고 합니다.

chapter 6

유보통합평가와 통합평가의 평가 내용

1. 유보통합평가의 지표 내용

1) 5영역 (5-6 평가)

●**의의**

　　객관적이고 주기적인 평가를 통해 영유아의 발달에 대한 이해가 가능하고, 교사의 교수방법 개선 및 보육·교육의 효과 증진을 가져올 수 있으며, 부모 면담 등에 활용 가능한 기초자료를 마련할 수 있다. 이는 궁극적으로 보육·교육의 질 향상에 기여한다.

●**필요성**

　　모든 보육·교육과정의 운영은 계획, 실행, 평가의 단계를 가지는 것이 바람직하며, 각 단계는 서로 유기적으로 연결되어 이전 단계의 내용이 다음 단계에 적절하게 반영될 수 있어야 한다. 이를 위해 영유아에 대한 평가와 보육·교육과정에 대한 평가가 적절히 이루어져야 한다.

●**세부항목 요약**

　　평가의 대상(영유아, 일과, 보육교육과정 계획 및 운영)에 대한 이해가 필요하다. 영유아 평가를 위해 영유아의 발달에 적합한 다양한 방법을 사용하고 있으며 보육·교육과정에 대한 평가가 실행되어야 한다. 또한 평가의 결과는 보육·교육과정의 계획 및 운영에 반영하여야 한다.

⊙ 객관적인 관찰 · 주기적인 기록 평가

5-6-1	놀이, 활동, 일상생활에서 개별 영유아의 반응, 행동을 객관적으로 관찰하여 주기적으로 기록한다.			
1) 영유아의 반응과 행동에 대한 관찰 내용은 놀이, 활동, 일상생활 모두를 골고루 포함하고 있다.				
2) 영유아의 반응, 행동에 대한 관찰 횟수가 일회성이 아니라 주기적으로 이루어진다.				
◆ 기록 확인 자료 : 영유아 관찰기록물				
				※ 2개의 평가기준을 충족해야 Y로 평정
평가방법	기록	충족여부	□ Y	□ N

⊙ 관찰기록 외 활동 결과물 수집 평가

5-6-2	영유아의 변화과정을 파악할 수 있도록 관찰기록 외에 활동 결과물 등 추가적인 정보를 주기적으로 수집하여 평가에 활용한다.			
1) 관찰 기록 외의 정보를 수집하여 영유아의 변화과정을 평가한다. ※ 관찰 기록 외의 정보의 예 : 활동 결과물, 사진, 동영상 등				
2) 관찰 기록 외의 정보 수집은 일회성이 아니라 주기적으로 이루어진다.				
◆ 기록 확인 자료 : 영유아 관찰기록물 외 수집 결과물				
				※ 2개의 평가기준을 충족해야 Y로 평정
평가방법	기록	충족여부	□ Y	□ N

⊙ 영유아의 수준에 맞는 평가 문항 · 도구 활용 평가

5-6-3	영유아의 수준에 맞는 평가 문항이나 도구를 활용하여 평가한다.			
1) 평가 문항이나 평가 도구는 영유아의 연령이나 발달정도를 고려하여 활용하고 있다.				
◆ 기록 확인 자료 : 영유아 평가 도구				
				※ 1개의 평가기준을 충족해야 Y로 평정
평가방법	기록	충족여부	□ Y	□ N

⊙ 영유아의 발달 특성 · 변화를 기술한 평가 기록

5-6-4	보육 · 교육 과정 목표와 내용을 준거로 영유아의 발달 특성과 변화의 정도를 기술하여 평가한다.			
1) 평가의 내용이나 영역이 보육교육 과정의 영역별 목표, 내용범주 및 세부내용을 기준으로 한다.				
2) 수집한 평가 자료를 활용하여 영유아의 발달 특성과 변화의 정도를 기술하고 있다.				
◈ 기록 확인 자료 : 영유아 평가 기록물				
※ 2개의 평가기준을 충족해야 Y로 평정				
평가방법	기록	충족여부	□ Y	□ N

⊙ 영유아의 평가 결과 운영

5-6-5	영유아의 평가 결과를 보육 · 교육 과정의 편성 및 운영에 반영한다.			
1) 영유아의 평가 결과를 계획안 작성 시 수업 내용 선정, 환경구성, 교수 전략, 상호작용 등에 반영한 근거가 있다.				
◈ 기록 확인 자료 : 영유아 평가 기록물				
2) 면담내용 예시 (교사) Q. 계획안 작성 시 영유아의 전반적인 평가 결과를 어떻게 활용하고 있는가?				
※ 2개의 평가기준을 충족해야 Y로 평정				
평가방법	기록, 면담	충족여부	□ Y	□ N

⊙ 부모 면담시 영유아의 평가 결과 자료 활용

5-6-6	영유아 평가 결과를 부모 면담의 기초 자료로 활용한다.			
1) 영유아 평가 결과에 대해 부모와의 의사소통한 자료(근거)가 있다.				
◈ 기록 확인 자료 : 부모 면담 실시 기록				
※ 1개의 평가기준을 충족해야 Y로 평정				
평가방법	기록, 면담	충족여부	□ Y	□ N

◉ 보육 · 교육과정 운영에 대한 평가

5-6-7	보육 · 교육 과정 운영에 대한 평가가 이루어지고 있다.			
1) 연간 및 월간 계획안 운영에 대한 주기적인 평가가 이루어지고 있다.				
◈ 기록 확인 자료 : 보육 · 교육 일지, 월간, 주간(또는 일일) 계획안				
				※ 1개의 평가기준을 충족해야 Y로 평정
평가방법	기록	충족여부	□ Y	□ N

◉ 과정 평가 내용 다음 계획안에 반영하기

5-6-8	과정 평가 내용을 다음 계획안에 반영한다.			
1) 보육 · 교육 과정 운영에 대한 편가 결과를 다음 계획안 작성에 반영하고 있다.				
◈ 기록 확인 자료 : 보육 · 교육 일지, 연간, 월간, 주간(또는 일일) 계획안				
				※ 1개의 평가기준을 충족해야 Y로 평정
평가방법	기록	충족여부	□ Y	□ N

합 계	총 개	충족 여부	□ 우수 □ 적합 □ 개선필요

평가항목 수	평가지표 등급 기준		
	우수	적합	개선필요
8	6개 이상	4~5개	3개 이하

2. 통합평가의 지표 내용

2) 1영역 (1-6 평가)

- 객관적이고 주기적인 영유아 및 보육과정 평가를 통해 영유아의 발달에 대한 이해가 가능하고, 교사의 교수방법 개선 및 보육의 효과 증진을 가져올 수 있으며, 부모 면담 등에 활용 가능한 기초자료를 마련할 수 있다. 이는 궁극적으로 보육의 질 향상에 기여한다.

- 모든 보육과정의 운영은 계획, 실행, 평가의 단계를 가지는 것이 바람직하며, 각 단계는 서로 유기적으로 연결되어 각 단계의 내용이 다음 단계에서 적절하게 반영될 수 있어야 한다. 이를 위해 영유아에 대한 평가와 보육과정에 대한 평가가 적절히 이루어져야 한다.

1-6-1 유보통합평가 (5-6-1)	영유아의 행동을 객관적으로 관찰·기록한다. 놀이, 활동, 일상생활에서 개별 영유아의 반응, 행동을 객관적으로 관찰하여 주기적으로 기록한다.

1) 놀이, 활동, 일상생활에서 개별 영유아의 반응과 행동을 객관적으로 관찰하여 기록한다.
2) 영유아의 반응과 행동에 대한 관찰 횟수가 일회성이 아니라 주기적으로 이루어진다.
◆기록 확인 자료 : 영유아 관찰기록물
3) 영유아의 변화과정을 파악할 수 있도록 관찰 기록 외에 활동 결과물 등 추가적인 정보를 수집한다.
　　유보통합평가(5-6-2) 영유아의 변화과정을 파악할 수 있도록 관찰기록 외에 활동 결과물 등 추가적인 정보를 주기적으로 수집하여 평가에 활용한다.
◆기록 확인 자료 : 영유아 관찰기록물 외 수집 결과물

※ 3개의 평가기준(■)을 충족해야 Y로 평정

평가방법	기록	충족여부	☐ Y	☐ N

1-6-2	보육과정 목표와 내용을 준거로 영유아의 발달특성과 변화를 평가한다.

1) 수집한 평가 자료를 활용하여 영유아기의 발달특성과 변화의 정도를 기술하고 있다.
　유보통합평가(5-6-4) 보육·교육 과정 목표와 내용을 준거로 영유아의 발달 특성과 변화의 정도를 기술하여 평가한다.
2) 평가 내용은 보육과정의 영역별 목표, 내용범주 및 세부내용을 기준으로 한다.
　　유보통합평가(5-6-3) 영유아 수준에 맞는 평가 문항이나 도구를 활용하여 평가한다.
　　　　1) 평가문항이나 평가 도구는 영유아의 연령이나 발달정도를 고려하여 활용하고 있다.
3) 영유아의 발달 변화의 정도를 연 2회 이상 기록한다.
◆기록 확인 자료 : 영유아 관찰기록물 외 수집 결과물

※ 3개의 평가기준(■)을 충족해야 Y로 평정

평가방법	기록	충족여부	□ Y	□ N

1-6-3 유보통합평가 (5-6-6)	영유아 평가결과를 보육과정 편성 및 운영에 반영하고, 부모면담의 자료로 활용한다. 영유아 평가 결과를 부모 면담의 기초 자료로 활용한다.

1) 영유아의 평가결과를 계획안 작성 시 수업 내용 선정, 환경 구성, 교수전략, 상호작용 방법 등에 반영한 근거가 있다.

　　유보통합평가(5-6-5) 영유아의 평가 결과를 보육 · 교육 과정의 편성 및 운영에 반영한다.

◆기록 확인 자료 : 보육일지, 월간, 주간, 일일 계획안, 영유아 평가 기록물

• 면담내용 예시

Q. 계획안 작성 시 영유아에 대한 전반적인 평가 결과를 어떻게 활용하고 있는가?

2) 영유아 평가결과에 대해 부모와 의사소통한 자료(근거)가 있다.

　　유보통합평가(5-6-5) 영유아 평가 결과를 부모 면담의 기초 자료로 활용한다.

　　　　1) 영유아 평가 결과에 대해 부모와의 의사소통한 자료(근거)가 있다.

◆기록 확인 자료 : 부모 면담 실시 기록

※ 2개의 평가기준(■)을 충족해야 Y로 평정

평가방법	기록, 면담	충족여부	□ Y	□ N

1-6-4 유보통합평가 (5-6-8)	보육과정 운영에 대한 평가를 실시하고, 그 결과를 다음 계획안에 반영한다. 과정 평가 내용을 다음 계획안에 반영한다.

1) 보육과정 운영에 대한 주기적인 평가를 실시하고 있다.

　　유보통합평가(5-6-7) 보육 · 교육 과정 운영에 대한 평가가 이루어지고 있다.

　　　　1) 연간 및 월간 계획안 운영에 대한 주기적인 평가가 이루어지고 있다.

◆기록 확인 자료 : 보육일지, 월간, 주간, 일일 계획안

2) 보육과정 운영에 대한 평가 결과를 다음 계획안 작성에 반영하고 있다.

　　유보통합평가(5-6-8) 과정 평가 내용을 다음 계획안에 반영한다.

　　　　1) 보육 · 교육 과정 운영에 대한 평가 결과를 다음 계획안 작성에 반영하고 있다.

◆기록 확인 자료 : 보육일지, 연간, 월간, 주간, 일일 계획안

※ 2개의 평가기준(■)을 충족해야 Y로 평정

평가방법	기록	충족여부	□ Y	□ N

아동관찰 및 행동연구

부 록

만 3~5세
새교육과정 발달과업

만3세 발달과업

신체발달

연령	발달영역	내용범주	발달과업 내용	내용 및 비고
만3세	신체발달	신체활동 즐기기	• 엄지와 집게 손가락으로 물건을 능숙하게 집을 수 있다. • 가위로 선을 따라 오릴 수 있다. • 숟가락으로 정확하게, 쉽게 음식을 떠 먹을 수 있다. • 옷을 스스로 입고 벗을 수 있다. • 못 박기판 놀이에 큰 못을 박을 수 있다. • 큰 구슬을 꿸 수 있다. • 물을 따를 수 있다. • 블록 탑 쌓기를 할 수 있다. • 10조각 이상의 퍼즐을 맞출 수 있다. • 원과 도형을 잘 그릴 수 있다. • 집이나 형체를 갖춘 그림을 그릴 수 있다. • 손가락으로 크레용, 사인펜을 쥐고 그릴 수 있다. • 단추 열기를 숙련된 기술로 할 수 있다. • 천천히 단추 잠그기를 할 수 있다. • 둥근 선과 직선, 사선을 그릴 수 있다.	신체움직임을 조절한다. 소근육 발달 (조작활동)
			• 큰 공을 잡을 수 있다. (catching) • 공을 손으로 던질 수 있다. (throwing) • 공을 발로 찰 수 있다. (kicking) • 방향이나 목표를 정하지 않고 쉽게 공을 던질 수 있다. • 매트에서 구를 수 있다. • 공 굴리기를 능숙하게 할 수 있다. (Rolling) • 손으로 공치기를 할 수 있다. (striking) • 한 손이나 두 손으로 사물을 능숙하게 들어 올릴 수 있다. (lifting)	신체움직임을 조절한다. 대근육발달 (조작운동)
			• 한 발로 뛸 수 있다. (Hopping) • 세발자전거를 탈 수 있다. • 능숙하게 자전거나 자동차의 페달을 밟을 수 있다. • 그네를 탈 수 있다. • 계단을 오르내릴 수 있다. • 두 발 모아 20cm 정도 점프 할 수 있다. (jumping) • 발을 교대로 계단을 오를 수 있다. • 짧게 앵금질 할 수 있다. (hopping) • 발 뒤꿈치를 들고 걸을 수 있다. (walking) • 옆이나 뒤로 걸을 수 있다. (walking) • 달리기를 할 수 있다. (running) • 달리는 속도를 나름대로 조절할 수 있다. • 뜀뛰기를 할 수 있다. • 손으로 귀를 잡고 뛸 수 있다. • 갤로핑(galloping)동작을 모방하여 유사하게 나타낼 수 있다.	기초적인 이동운동, 제자리운동, 도구를 이용한 운동을 한다. (이동운동)

연령	발달영역	내용범주	발달과업 내용	내용 및 비고
만3세	신체발달	신체활동 즐기기	• 한 발로 균형을 잡을 수 있다. (balancing) • 한 발을 들고 잠시 서 있을 수 있다. (standing) • 팔 다리 뻗기(stretching)를 할 수 있다. • 앉기(sitting), 서기(standing)를 능숙하게 할 수 있다. • 구령에 맞춰 멈추기(stopping)를 할 수 있다. • 두 팔을 뻗어 몸의 균형을 잡을 수 있다. (balancing)	기초적인 이동운동, 제자리운동, 도구를 이용한 운동을 한다. (비이동운동)
			• 세 발 자전거를 탈 수 있다. • 30cm정도의 넓은 평균대를 걸을 수 있다. • 2단계의 뜀틀뛰기를 할 수 있다. • 넓은 돌다리를 건널 수 있다. • 부피가 작은 장애물 넘기를 할 수 있다. • 바깥놀이 기구를 이용하여 놀이활동을 할 수 있다.	기초적인 이동운동, 제자리운동, 도구를 이용한 운동을 한다. (도구를 이용한 운동)
			• 가까운 거리에 팽이 던지기를 할 수 있다. • 숨바꼭질 놀이를 할 수 있다. • 단순한 보물찾기 놀이를 할 수 있다. • 폐품상자를 이용하여 놀이를 할 수 있다. • 두 팀으로 나누어 단순한 게임놀이를 할 수 있다. • 술래잡기 놀이를 할 수 있다. • 단순한 전통놀이 게임을 할 수 있다. • 제기 던지기를 할 수 있다. • 가까운 거리에서 투호 던지기를 할 수 있다. • 3개의 공기로 공기놀이를 할 수 있다. • 딱지 뒤집기 놀이를 할 수 있다. • 땅따먹기 놀이를 할 수 있다.(5회에 들어오기) • '쌀 보리'게임을 할 수 있다. • '동대문을 열어라' 놀이를 할 수 있다. • '여우야 여우야' 놀이를 할 수 있다. • '무궁화 꽃이 피었습니다' 놀이를 할 수 있다.	실내외 신체활동에 자발적으로 참여한다.

※ 위의 발달 과업은 일반적인 유아들의 범주이며 개인의 발달에 따라 개인차가 있을 수 있다.

언어발달

연령	발달영역	내용범주	발달과업 내용	내용 및 비고
만3세	언어발달	듣기와 말하기	• 다른 사람의 말을 주의 깊게 들을 수 있다. • 기초적인 낱말의 문장을 듣고 이해한다. • 두, 세 가지 지시를 듣고 실행할 수 있다. • 다른 사람의 이야기를 관심 있게 듣는다. • 낱말의 발음에 관심을 가지고 듣는다. • 말하는 사람을 바라보며 듣는다.	말이나 이야기를 관심 있게 듣는다.
			• 호기심이 많아 질문을 많이 한다. • 두 가지 사물을 비교하여 말할 수 있다. • 자신의 의견을 말할 수 있다. • 또래와 대화를 주고받을 수 있다. • 자신의 생각을 말할 수 있다. • 이야기를 듣고 기억해 내서 말할 수 있다. • 읽어준 동화나 글을 이해하여 순서대로 말할 수 있다. • 과잉 일반화 현상이 나타난다. • 자신의 느낌을 간단하게 말할 수 있다. • 대화의 주제가 빨리 바뀐다. • 네 문장으로 된 짧은 이야기를 자신의 말로 재현할 수 있다. • 자신의 경험을 짧게 말할 수 있다. • 3단계의 지시문을 듣고 다시 말할 수 있다.	자신의 경험, 느낌, 생각을 말한다.
			• 사용하는 어휘수가 많고 다양하다. • 4~5개의 단어를 사용하여 말할 수 있다. • 문법적인 문장을 사용하기 시작한다. • 분명한 발음으로 말할 수 있다. • 상황에 알맞게 말할 수 있다. • '왜', '만약에' 등으로 시작하는 질문을 한다. • 자신의 도움이나 요구를 말로 능숙하게 표현한다.	상황에 적절한 단어를 사용하여 말한다.
			• 다른 사람이 묻는 말에 짧은 말로 대답한다. • 짧은 귓속말을 듣고 전달할 수 있다. • 쉽고 단순한 끝말잇기 게임을 할 수 있다. • 짧은 내용의 말을 듣고 다른 사람에게 전달할 수 있다. • 다른 사람의 이야기를 듣고 간단한 이야기를 나눌 수 있다.	상대방이 하는 이야기를 듣고 관련해서 말한다.
			• 내 순서에 말할 수 있다. • 바른 자세로 말할 수 있다. • 다른 사람이 이야기 할 때 짧은 시간 듣고 말할 수 있다. • 다른 사람이 이야기 할 때 반응을 보인다.	바른 태도로 듣고 말한다.
			• 바른 말을 사용해야 됨을 알고 노력한다. • 고운 말을 사용해야 됨을 알고 노력한다. • 친구의 입장을 생각해서 말하려고 노력한다. • 친구의 기분을 생각해서 말하려고 노력한다.	고운 말을 사용한다.

연령	발달영역	내용범주	발달과업 내용	내용 및 비고
만3세	언어발달	읽기와 쓰기에 관심 가지기	• 자음과 모음에 관심을 보인다. • 글자 읽는 것에 관심을 보인다. • 간단한 낱말을 읽는다.	말과 글의 관계에 관심을 가진다.
			• 자신의 이름을 읽을 수 있다. • 같은 글자를 찾아 읽을 수 있다. • 자주 보는 글자에 관심을 갖고 읽으려고 노력한다. • 짧은 문장을 읽으려고 노력한다. • 자신이 관심 있는 글자를 읽으려고 노력한다.	주변의 상징, 글자 등의 읽기에 관심을 가진다.
			• 끼적거리기 단계의 쓰기 현상이 나타난다. • 글자의 반전현상이 나타난다. • 자신의 이름을 쓸 수 있다. • 바르게 앉아서 쓸 수 있다. • 연필, 필기도구를 바로잡고 쓴다. • 교사의 도움 없이 혼자 간단한 단어를 쓸 수 있다. • 그림 편지로 자신의 생각을 나타낼 수 있다. • 글자모양을 보고 따라 쓸 수 있다. • 짧은 동시를 보고 따라 쓸 수 있다.	자신의 생각을 글자와 비슷한 형태로 표현한다.
		책과 이야기 즐기기	• 책 보는 것을 좋아한다. • 새로 내놓은 책에 관심을 갖는다. • 어른의 도움없이 혼자 그림책을 읽는다. • 읽어주는 책의 내용을 상상할 수 있다. • 읽어준 책의 내용을 간단하게 말할 수 있다. • 그림책의 그림을 단서로 상상하여 말할 수 있다.	책에 관심을 가지고 상상하기를 즐긴다.
			• 그림 동화책에 관심을 갖고 자주 본다. • 짧은 동시를 읽고 반복되는 운율에 관심을 갖는다. • 동화책에 관심을 갖고 반복되는 이야기에 재미를 느낀다.	동화, 동시에서 말의 재미를 느낀다.
			• 친구 별명 짓기놀이를 할 수 있다. • 운율이 있는 의성어를 반복하여 말하는 것을 즐긴다. • 간단한 이야기를 꾸며서 말할 수 있다. • 동화를 듣고 일부분을 간단하게 지어서 말할 수 있다.	말놀이와 이야기 짓기를 즐긴다.

※ 위의 발달 과업은 일반적인 유아들의 범주이며 개인의 발달에 따라 개인차가 있을 수 있다.

인지발달

연령	발달영역	내용범주	발달과업 내용	내용 및 비고
만3세	언어발달	탐구과정 즐기기	• 주변 환경에 관심과 호기심을 보인다. • 주변 사물에 대해 궁금해 한다.	주변 세계와 자연에 대해 지속적으로 호기심을 가진다.
			• 관심 있는 사물을 반복하여 탐색하는 것을 좋아한다. • 친숙한 물체와 사물을 적극적으로 탐색한다.	궁금한 것을 탐구하는 과정에 즐겁게 참여한다.
			• 사물의 공통점과 차이점을 이해한다. • 다섯 가지 이상의 색 이름을 알고 비교할 수 있다. • 사물의 서로 다른 점을 관찰하고 간단하게 비교할 수 있다. • 사물을 관찰한 후 자신의 생각을 말할 수 있다.	탐구과정에서 서로 다른 생각에 관심을 가진다.
		생활 속에서 탐구하기	• 물체와 물질에 대한 탐색을 적극적으로 시도한다. • 물체를 변화시켜 보는 것에 관심을 갖는다. • 친숙한 물체의 특성을 안다. • 부드럽고, 단단하고, 거친 것을 이해한다.	물체의 특성과 변화를 여러 가지 방법으로 탐색한다.
			• 사물을 1~10까지 셀 수 있다. • 비교급의 단어를 사용하여 수 개념을 이해한다. • 지금, 곧, 어제 오늘 내일과 같은 시간 개념을 이해한다. • 다섯 번째 까지 서수를 알 수 있다. • 주의집중 시간이 5~10분 정도 된다. • 더 많다, 더 적다, 약간, 조금, 더 큰 것 등의 수 개념을 이해한다. • 일상생활에 사용하는 수 세기를 단위를 이해한다. • 일곱 가지 정도의 색깔 이름을 안다. • 구체물을 1:1로 대응할 수 있다.	물체를 세어 수량을 알아본다.
			• 도형 뒤집기, 같은 도형 찾기 등을 할 수 있다. • 위·아래, 앞·뒤, 밑, ~넘어 와 같은 공간개념을 이해한다. • 10조각 이상의 퍼즐을 맞출 수 있다. • 3~4개의 고리를 크기에 따라 끼워 놓을 수 있다. • 위치와 방향과 관련된 어휘를 이해할 수 있다. • 기본 도형을 안다. • 기본 도형으로 여러 가지 모양을 구성 할 수 있다.	물체의 위치와 방향, 모양을 알고 구별한다.
			• 길이, 크기, 무게를 측정할 수 있다. • 측정한 것을 비교하여 순서를 매길 수 있다. • 사건의 순서를 이해한다. • 양팔 저울을 이용하여 무게를 측정할 수 있다. • 임의 측정 단위로 측정할 수 있다.	일상에서 길이, 무게 등의 속성을 비교한다.

연령	발달영역	내용범주	발달과업 내용	내용 및 비고
만3세	인지발달	생활 속에서 탐구하기	• 같은 모양끼리 분류할 수 있다. • 같은 크기끼리 분류할 수 있다. • 같은 색깔끼리 분류할 수 있다. • 두 사물을 비교할 수 있다. • 형태에 근거하여 분류할 수 있다. • 한, 두 가지 속성에 맞추어 분류할 수 있다. • 두, 세 물체의 크기와 길이를 비교할 수 있다. • 비슷한 것끼리 짝을 지을 수 있다.	일상에서 모은 자료를 기준에 따라 분류한다.
			• 주변의 단순한 기계와 도구를 조작할 수 있다. • 일상생활에 사용하는 간단한 도구에 관심을 갖는다. • 도구를 사용하여 스스로 먹을 수 있다. • 자석, 확대경을 이용하여 탐색활동을 할 수 있다. • 일상생활에 사용되어지는 기계와 도구에 관심을 갖고 활용할 수 있다. • 도구와 기계를 사용하면 편리한 점을 안다.	도구와 기계에 대해 관심을 가진다.
		자연과 더불어 살기	• 사람의 출생에 관한 질문을 하고 관심을 갖는다. • 동물 이름을 5가지 이상 알고 있다. • 정확한 사물을 보고 이름을 알고 단어와 연결시킬 수 있다. • 주변의 애완동물이나 동물에 관심을 갖는다. • 자신의 신체구조와 특성에 관심을 갖는다. • 주변의 익숙한 곤충의 특성에 관심을 갖는다. • 동식물의 성장과정에 관심을 갖는다.	주변의 동식물에 관심을 가진다.
			• 생명체의 소중함을 안다. • 생명체가 살기 좋은 환경에 관심을 갖는다. • 자연친화적인 활동에 관심을 갖는다. • 녹색환경 가꾸기에 관심을 갖는다.	생명과 자연환경을 소중히 여긴다.
			• 비, 구름, 해, 바람 등을 알고 있다. • 낮과 밤의 규칙성을 안다. • 날씨를 감각적으로 느낄 수 있다. • 계절의 변화를 안다. • 기후의 변화를 안다. • 낮과 밤의 차이를 안다.	날씨와 계절의 변화를 생활과 관련 짓는다.

※ 위의 발달 과업은 일반적인 유아들의 범주이며 개인의 발달에 따라 개인차가 있을 수 있다.

사회성발달

연령	발달영역	내용범주	발달과업 내용	내용 및 비고
만3세	사회성발달	탐구과정 즐기기	• 나에 대해 관심을 갖는다. • 자기 물건에 대한 소유 의식이 생긴다. • 자신에 대한 긍정적, 부정적 개념이 발달한다. • 자신과 다른 사람의 같은 점과 다른 점을 인식한다. • 나를 소중히 생각한다. • 자아 개념이 생기기 시작한다.	나를 알고 소중히 여긴다.
			• 자신의 정서와 느낌을 표현한다. • 자신에게 여러 가지 감정이 있음을 안다.	나의 감정을 알고 상황에 맞게 표현한다.
			• 독립심이 나타나기 시작한다. • 자신이 하고 싶은 일을 한다. • 스스로 해 보려는 자립심이 생긴다. • 내가 하고 싶은 일을 선택해서 하려고 한다.	내가 할 수 있는 것을 스스로 한다.
			• 가족의 소중함을 안다. • 가족 구성원을 안다. • 가족을 위해 내가 할 수 있는 일을 안다. • 가족의 역할을 이해한다.	가족의 의미를 알고 화목하게 지낸다.
		생활 속에서 탐구하기	• 또래를 도와준다. • 친구와 함께 연합놀이를 한다. • 간식을 친구와 함께 나누어 먹는다. • 협동놀이가 가능하다. • 모래와 장난감을 서로 나누어 사용하려고 한다.	친구와 서로 도우며 사이좋게 지낸다.
			• 친구가 울면 신체적인 표현이나 접촉을 통해 위로한다. • 친구와 놀이 시 갈등이 생기면 서로 협상하려고 노력한다.	친구와의 갈등을 긍정적인 방법으로 해결한다.
			• 친구와 의견 차이가 있음을 안다. • 자신의 정서를 조절하려고 노력한다. • 기분의 변화가 심하나 다른 사람의 행동을 존중하려고 노력한다. • 다른 사람의 소유물을 소중히 여긴다. • 자신의 감정을 조절하려고 노력한다.	서로 다른 감정, 생각, 행동을 존중한다.
			• 친구의 생각을 존중하려고 노력한다. • 친구나 어른께 예절을 지키려고 노력한다. • 친구들과 질서를 지키려고 노력한다. • 친구나 교사를 도와줄 수 있다.	친구와 어른께 예의 바르게 행동한다.
			• 약속과 규칙을 지켜야 함을 안다. • 차례를 지킬 수 있다. • 친구와 한 약속을 알고 지킨다. • 나의 것과 다른 사람의 것을 구별한다. • 공공장소에서 지켜야 할 약속을 지킬 수 있다.	약속과 규칙의 필요성을 알고 지킨다.
		사회에 관심 가지기	• 우리 동네의 이름을 안다. • 우리 동네 사람들에 대해 관심을 갖는다. • 우리 동네 기관에 대해 관심을 갖는다.	내가 살고 있는 곳에 대해 궁금한 것을 알아본다.
			• 우리나라를 상징하는 것에 관심을 갖는다. • 우리나라의 전통놀이에 관심을 갖는다. • 우리나라의 풍습에 관심을 갖는다. • 우리나라의 명절에 대해 안다.	우리나라에 대해 자부심을 가진다.
			• 세계 여러 나라 사람들의 생활에 관심을 갖는다. • 세계 여러 나라 문화에 관심을 갖는다. • 다양한 문화를 존중한다.	다양한 문화에 관심을 가진다.

※ 위의 발달 과업은 일반적인 유아들의 범주이며 개인의 발달에 따라 개인차가 있을 수 있다.

정서발달

연령	발달영역	내용범주	발달과업 내용	내용 및 비고
만3세	정서발달	아름다움 찾아보기	• 자연에서 나는 소리에 관심을 갖는다. • 자연물의 아름다움에 관심을 갖는다. • 자연물의 색깔과 모양에 관심을 갖는다.	자연과 생활에서 아름다움을 느끼고 즐긴다.
			• 주변의 소리와 리듬에 관심을 갖는다. • 사람, 사물의 움직임에 관심을 갖고 탐색한다. • 자연의 색, 모양, 질감 등에 관심을 갖고 탐색한다.	예술적 요소에 관심을 갖고 찾아본다.
		창의적으로 표현하기	• 노래를 듣고 따라 부를 수 있다. • 자신의 생각과 느낌을 노래로 표현할 수 있다. • 노래에 맞추어 리듬 악기를 간단히 연주할 수 있다. • 반복되는 운율이 있는 노래 부르기를 좋아한다. • 노랫말을 바꾸어서 노래를 만들어 볼 수 있다.	노래를 즐겨 부른다.
			• 노래에 맞추어 리듬악기를 간단히 연주 할 수 있다. • 신체를 이용하여 간단한 리듬을 만들 수 있다. • 자연물을 이용하여 간단한 리듬을 만들 수 있다. • 전통악기를 이용하여 간단한 리듬을 만들 수 있다.	신체, 사물, 악기로 간단한 소리와 리듬을 만들어본다.
			• 자신의 정서를 동작과 언어로 표현한다. • 도구를 활용하여 여러 가지 움직임을 표현할 수 있다. • 다른 사람의 움직임을 모방하여 표현할 수 있다.	신체나 도구를 활용하여 움직임과 춤으로 자유롭게 표현한다.
			• 자신의 생각과 느낌을 그림으로 표현하려고 한다. • 다른 사람과 협동하여 미술 활동을 할 수 있다. • 다양한 미술 재료를 사용할 수 있다. • 주변 사물을 이용하여 미술 활동을 할 수 있다. • 자연물을 이용하여 만들기를 할 수 있다. • 간단한 종이 접기를 할 수 있다.	다양한 미술 재료와 도구로 자신의 생각과 느낌을 표현한다.
			• 상징 놀이를 자극한다. • 부모를 동일시하여 흉내 놀이를 한다. • 평행 · 연합놀이를 한다. • 환상과 놀이에서 성인과 동일시한다. • 여러 가지 재료, 음악, 소품, 의상을 활용하여 극놀이를 할 수 있다. • 인형극 · 극놀이 활동을 즐긴다.	극놀이로 경험이나 이야기를 표현한다.
		예술 감상하기	• 여러 종류의 음악 듣기를 즐긴다. • 여러 종류의 미술작품 보는 것을 즐긴다. • 여러 종류의 극놀이, 인형극 관람을 즐긴다.	다양한 예술을 감상하며 상상하기를 즐긴다.
			• 자신의 그림을 소중히 여긴다. • 친구의 그림을 소중히 여긴다.	서로 다른 예술 표현을 존중한다.
			• 우리나라 전통그림에 관심을 갖고 감상한다. • 우리나라 전통음악에 관심을 갖고 감상한다. • 우리나라 전통무용에 관심을 갖고 감상한다.	우리나라 전통예술에 관심을 갖고 친숙해진다.

※ 위의 발달 과업은 일반적인 유아들의 범주이며 개인의 발달에 따라 개인차가 있을 수 있다.

만4세 발달과업
신체발달

연령	발달영역	내용범주	발달과업 내용	내용 및 비고
만4세	신체발달	신체활동 즐기기	• 한 손으로 책장을 넘길 수 있다. • 다양한 모양과 크기의 단추를 채울 수 있다. • 지퍼를 열고 잠글 수 있다. • 다양한 종류와 크기의 똑딱 단추를 잠그고 열 수 있다. • 주전자에 물을 흘리지 않고 따를 수 있다. • 다양한 구슬 꿰기를 할 수 있다. • 12조각 이상의 퍼즐 맞추기를 할 수 있다. • 복합적인 입체 구조물을 만들 수 있다. • 사람의 얼굴 형태를 그릴 수 있다. • 신발 끈을 맬 수 있다.	신체움직임을 조절한다. 소근육 발달 (조작활동)
			• 자기가 원하는 방향으로 공을 던질 수 있다. (throwing) • 두 손으로 공을 받을 수 있다. (catching) • 목표물을 향해 공이나 사물을 찰 수 있다. (kicking) • 머리 위로 공을 던질 수 있다. (throwing) • 다른 사람과 공 굴리기를 하며 공을 주고 받을 수 있다.(rolling) • 밀고(pushing) 당기기(pulling) 게임을 할 수 있다. • 튀긴 공을 두 손으로 잡을 수 있다.(trapping)	신체움직임을 조절한다. 대근육발달 (조작운동)
			• 달리면서 방향 전환을 할 수 있다.(running) • 세 발 자전거를 이용하여 친구와 시합 할 수 있다. • 직선과 곡선 평균대 위에서 걸을 수 있다.(walking) • 20cm 정도의 높이에서 뛰어 내릴 수 있다.(leaping) • 높은 곳에 올라가기를 좋아한다.(climbing) • 한 발로 깡총뛰기를 할 수 있다.(hopping) • 좁은 선 위로 걸을 수 있다.(walking) • 뒤로 걸을 수 있다.(walking) • 모양을 따라 바로 걸을 수 있다.(walking) • 친구의 도움 없이 그네를 탈 수 있다. • 계단 오르내리기를 잘 할 수 있다.	기초적인 이동운동, 제자리운동, 도구를 이용한 운동을 한다. (이동운동)

연령	발달영역	내용범주	발달과업 내용	내용 및 비고
만4세	신체발달	신체활동 즐기기	• 한 발을 들고 잠시 서 있을 수 있다.(standing) • 손을 어깨 위로 올려 돌릴 수 있다.(turning) • 신체로 뻗기(stretching)를 할 수 있다. • 구령에 맞춰 앉고(sitting) 서기(standing)를 할 수 있다. • 음악에 맞춰 멈추기(stopping)를 할 수 있다. • 물체를 손에 잡고 몸의 균형을 잡을 수 있다. (balancing)	기초적인 이동운동, 제자리운동, 도구를 이용한 운동을 한다. (비이동운동)
			• 세 발 자전거를 잘 탈 수 있다. • 줄다리기를 할 수 있다. • 20cm 정도의 넓은 평균대 위를 걸을 수 있다. • 3계단의 뜀틀뛰기를 할 수 있다. • 돌다리 건너 뛰어넘기를 할 수 있다. • 장애물 넘기를 할 수 있다. • 바깥놀이 기구를 이용하여 놀이를 할 수 있다.	기초적인 이동운동, 제자리운동, 도구를 이용한 운동을 한다. (도구를 이용한 운동)
			• 팽이 던지기 놀이를 할 수 있다. • 보물찾기 놀이를 할 수 있다. • 장난감 상자로 기차놀이를 할 수 있다. • 줄넘기 돌리기 게임을 할 수 있다. • 팀을 나누어 게임을 할 수 있다. • 술래잡기 놀이를 할 수 있다. • 신체를 자발적으로 움직이는 활동을 할 수 있다. • 전통놀이를 이용한 게임에 참여 할 수 있다. • '우리 집에 왜 왔니' 놀이를 할 수 있다. • '무궁화 꽃이 피었습니다' 놀이를 할 수 있다. • '동대문을 열어라' 놀이를 할 수 있다. • '여우야 여우야' 놀이를 할 수 있다. • '풀 싸움' 놀이를 할 수 있다. • 도구를 이용하여 제기차기를 할 수 있다. • 입구가 넓은 항아리에 투호던지기를 할 수 있다. • 4개의 공기로 놀이를 할 수 있다. • 딱지치기 놀이를 할 수 있다. • 뒤집기 게임을 할 수 있다. • 땅따먹기 놀이를 할 수 있다.(4회에 들어오기)	실내외 신체활동에 자발적으로 참여한다.

※ 위의 발달 과업은 일반적인 유아들의 범주이며 개인의 발달에 따라 개인차가 있을 수 있다.

언어발달

연령	발달영역	내용범주	발달과업 내용	내용 및 비고
만4세	언어발달	듣기와 말하기	• 두 세가지 지시문을 듣고 따를 수 있다. • 전치사를 듣고 이해한다. • 같은 소리로 시작하는 단어들을 구별할 수 있다. • 들은 단어들의 소리와 문자를 연결할 수 있다. • 낱말의 발음에 관심을 갖고 듣는다. • 비슷한 발음의 낱말을 주의깊게 구별하여 듣는다. • 낱말과 문장을 듣고 이해한다. • 사물의 이름을 듣고 이해한다. • 이야기를 듣고 궁금한 것이 있으면 질문한다. • 동시·노랫말·동화를 잘 듣는다. • 최소 10분 정도 이야기를 듣고 집중할 수 있다. • 이야기 내용을 집중하여 듣는다.	말이나 이야기를 관심 있게 듣는다.
		듣기와 말하기	• 소그룹 토의에서 토의한 내용과 관련된 말을 할 수 있다. • 과장이나 유머를 사용하여 말한다. • 주제선정 하기에 참여하여 이야기를 나눌 수 있다. • 과거의 경험을 말할 수 있다. • 자신의 경험을 이용하여 문장을 만들 수 있다. • 다른 사람에게 자신과 가족의 경험에 대해 이야기 하는 것을 즐긴다. • 사물이나 사람을 비교하여 말할 수 있다. • 4~5단계의 지시문을 듣고 다시 말할 수 있다. • 주말 지낸 경험을 친구들 앞에서 말할 수 있다. • 간단한 사물의 색·크기·모양·구성·용도 등을 설명 할 수 있다. • 신체의 부위와 기능에 대해 알고 말할 수 있다. • 자신의 느낌·생각·경험을 다른 사람에게 말할 수 있다. • 경험한 것을 동시나 간단한 동화로 꾸며 말한다.	자신의 경험, 느낌, 생각을 말한다.
		듣기와 말하기	• 자음과 모음을 정확하게 발음한다. • 5~6개의 단어를 사용하여 말할 수 있다. • 의문사 단어를 사용하여 말할 수 있다. • 질문에 적절하게 대답한다. • 인과관계 접속사를 사용하여 말할 수 있다. • 문장의 기본구조를 사용하여 말할 수 있다. • 말을 잇기 위해 '음', '어' 같은 무의미한 글자를 사용하여 말한다. • 다섯 문장으로 된 짧은 이야기를 자신의 말로 재현할 수 있다. • 그림과 사진을 보며 이름을 붙여 말할 수 있다. • 적절한 시제와 동사를 사용하여 말할 수 있다. • 긴 문장을 따라 말할 수 있다. • '그런데', '왜냐하면'을 사용하여 말할 수 있다. • 들은 이야기를 순서대로 말할 수 있다. • 시제를 사용하여 말한다. • 때와 장소에 따라 알맞게 말할 수 있다.	상황에 적절한 단어를 사용하여 말한다.
		듣기와 말하기	• 다른 사람이 묻는 말을 이해하고 대답한다. • 귓속말을 듣고 전달 할 수 있다. • 끝말잇기 게임놀이를 할 수 있다. • 수수께끼 놀이를 할 수 있다. • 간단한 내용의 말을 듣고 다른 사람에게 내용을 전달한다. • 다른 사람의 이야기를 듣고 함께 이야기 나누기를 할 수 있다.	상대방이 하는 이야기를 듣고 관련해서 말한다.

연령	발달영역	내용범주	발달과업 내용	내용 및 비고
만4세	언어발달	듣기와 말하기	• 차례를 지켜 말할 수 있다. • 바른 자세로 듣고 말할 수 있다. • 다른 사람의 이야기를 집중하여 듣고 말할 수 있다. • 이야기를 들을 때 반응을 보인다. • 다른 사람을 방해하지 않고 말한다.	바른 태도로 듣고 말한다.
			• 고운 말을 사용하려고 노력한다. • 바른 말을 사용하려고 노력한다. • 다른 사람의 입장을 생각해서 말할 수 있다. • 다른 사람의 감정을 생각해서 말할 수 있다. • 다른 사람의 기분을 생각해서 말할 수 있다.	고운 말을 사용한다.
		읽기와 쓰기에 관심 가지기	• 일상생활에서 자주 접하는 말과 글자에 흥미를 갖는다. • 자음과 모음 읽기에 관심을 갖는다. • 낱말, 문장 읽기에 관심을 갖는다. • 낱말카드와 쉬운 문장카드를 읽는다. • 그림책을 보고 그림을 단서로 하여 읽을 수 있다.	말과 글의 관계에 관심을 가진다.
			• 자신의 이름을 읽는다. • 간단한 상표의 이름을 읽는다. • 친구의 이름을 읽는다. • 동시나 짧은 글을 읽을 수 있다. • 흥미영역 이름을 읽는다.	주변의 상징, 글자 등의 읽기에 관심을 가진다.
			• 낱말과 문장을 글자와 비슷한 형태로 쓰거나 글자로 나타낼 수 있다. • 글자를 보고 모방하여 쓴다. • 다른 사람에게 하고 싶은 이야기를 그림이나 글자로 쓴다. • 다양한 쓰기 매체를 이용하여 글자를 쓴다. • 다양한 쓰기 도구를 이용하여 글자를 쓴다. • 말과 글의 연계성을 알고 쓰기 활동에 참여한다. • 자신의 느낌, 생각을 글자와 비슷한 형태나 글자로 쓴다. • 자신의 경험을 글자와 비슷한 형태나 글자로 쓴다. • 간단한 보고서를 쓸 수 있다. • 짧은 동시를 따라 쓸 수 있다.	자신의 생각을 글자와 비슷한 형태로 표현한다.
		책과 이야기 즐기기	• 읽어주는 글의 내용에 관심을 갖고 서로 이야기를 나눌 수 있다. • 읽어주는 글의 내용에 관심을 갖고 상상할 수 있다. • 책에 흥미를 갖고 책을 자주 본다. • 궁금한 것이 있으면 다른 사람과 함께 책을 찾아본다. • 책을 보고 이야기를 꾸며서 말할 수 있다. • 혼자 책을 읽으려고 노력한다.	책에 관심을 가지고 상상하기를 즐긴다.
			• 동화책에 관심을 갖고 읽어주는 글에 재미를 느낀다. • 짧은 동시를 읽고 반복되는 운율에 재미를 느낀다. • 동화의 내용을 사실처럼 이해하고 재미를 느낀다.	동화, 동시에서 말의 재미를 느낀다.
			• 친구와 쉽고 짧은 끝말잇기 게임을 할 수 있다. • 짧은 이야기를 지어서 말할 수 있다. • 간단한 이야기를 듣고 지어서 말할 수 있다. • 짧고 간단한 동화를 지어서 말할 수 있다. • 동화를 듣고 일부분을 지어서 말할 수 있다.	말놀이와 이야기 짓기를 즐긴다.

※ 위의 발달 과업은 일반적인 유아들의 범주이며 개인의 발달에 따라 개인차가 있을 수 있다.

인지발달

연령	발달영역	내용범주	발달과업 내용	내용 및 비고
만4세	인지발달	탐구과정 즐기기	• 주변 사물에 대해 호기심을 갖는다. • 주변 동물 · 식물에 대해 호기심을 갖는다. • 자연의 변화에 대해 호기심을 갖는다.	주변 세계와 자연에 대해 지속적으로 호기심을 가진다.
			• 사물을 탐색한다. • 사물을 관찰한다. • 사물에 대해 궁금한 점을 알아본다. • 궁금한 점을 탐구하는 과정에 참여한다.	궁금한 것을 탐구하는 과정에 즐겁게 참여한다.
			• 사물을 관찰하고 비교해 볼 수 있다. • 관찰한 내용을 토대로 다른 것을 예측해본다. • 관찰이나 탐구한 내용을 서로 비교해 볼 수 있다. • 관찰이나 탐구하는 과정에서 자신의 생각을 말할 수 있다.	탐구과정에서 서로 다른 생각에 관심을 가진다.
			• 여러 가지 물체와 물질의 기본 특성을 탐색해 본다. • 여러 가지 물체의 특성을 알아본다. • 친숙한 물체의 특성을 알아본다. • 물체를 여러 가지 방법으로 변화시켜 본다. • 물에 뜨고 가라앉는 것을 이해한다.	물체의 특성과 변화를 여러 가지 방법으로 탐색한다.
		생활 속에서 탐구하기	• 1~10까지 수를 세고 수량을 이해한다. • 구체물을 가지고 다섯까지 더하기를 할 수 있다. • 다섯 개 가량의 구체물에서 부분과 전체를 안다. • 구체물 다섯 개에서 빼기를 할 수 있다. • 약간, 대부분, 전체의 개념을 이해한다. • 다섯 번 째 이상의 서수를 안다. • 날짜를 셀 수 있다. • 5진법으로 수를 계산할 수 있다. • 주의 집중 시간이 10분 정도 된다. • 현재 · 과거 · 미래를 이해한다. • 같다, 더 많다, 더 적다의 관계를 이해한다. • 분수(1/2, 1/4)를 이해한다. • 사물로 1:1 대응을 할 수 있다.	물체를 세어 수량을 알아본다.
			• 12조각 이상의 퍼즐을 맞출 수 있다. • 위치와 방향 관련 어휘를 이해 할 수 있다. • 기본 도형의 특성을 안다. • 기본 도형을 사용하여 여러 가지 모양을 구성 할 수 있다. • 도형을 보거나 기억하여 그릴 수 있다. • 도형 옮기기, 뒤집기, 돌리기 등을 할 수 있다. • 크기와 방향이 다양한 도형의 공통점과 차이점을 안다. • 단순한 지도와 약도를 그리거나 만들 수 있다.	물체의 위치와 방향, 모양을 알고 구별한다.
			• 길이, 무게, 크기, 관련 어휘를 사용한다. • 길이, 무게, 크기에 따라 순서를 매기고 비교 할 수 있다. • 사건의 순서를 이해한다. • 길이, 무게, 둘레, 크기를 측정 할 수 있다. • 임의 측정단위로 어림잡아 측정 할 수 있다. • 양팔저울을 이용하여 무게를 측정 할 수 있다.	일상에서 길이, 무게 등의 속성을 비교한다.
			• 반복되는 규칙성을 파악하고 다음에 올 것을 예측 할 수 있다. • 규칙/패턴을 만들어 볼 수 있다. • 크기와 수에 따라 서열화 할 수 있다. • 사물의 크기에 따라 1~5 순위로 서열화 할 수 있다.	주변에서 반복되는 규칙을 찾는다.

연령	발달영역	내용범주	발달과업 내용	내용 및 비고
만4세	인지발달	**생활 속에서 탐구하기**	• 2가지 기준으로 자료를 분류 할 수 있다. • 구체물이나 그림, 사진을 이용하여 그래프로 나타낼 수 있다. • 사물의 공통적인 특성에 따라 2가지 기준으로 분류하고 재분류 할 수 있다. • 사물의 특성과 공통적인 특성을 알 수 있다. • 색, 크기, 모양에 따라 사물을 분류 할 수 있다.	일상에서 모은 자료를 기준에 따라 분류한다.
			• 도구와 기계의 편리함에 관심을 갖는다. • 생활 속에서 간단한 도구와 기계를 사용할 수 있다. • 자석, 스포이트, 프리즘 등을 이용하여 탐색활동을 할 수 있다. • 너트와 볼트를 사용할 수 있다. • 모래시계나 해시계로 시간의 흐름을 관찰할 수 있다. • 도구와 기계를 사용하면 좋은 점을 이해한다.	도구와 기계에 대해 관심을 가진다.
		자연과 더불어 살기	• 나의 출생과 성장에 관심을 갖는다. • 동물, 식물, 곤충의 먹이에 관심을 갖는다. • 동물, 식물, 곤충의 성장과정에 관심을 갖는다. • 동ㆍ식물 기르기에 관심을 갖는다.	주변의 동식물에 관심을 가진다.
			• 생명체를 소중히 여긴다. • 생명체가 살기 좋은 환경에 관심을 갖는다. • 자연생태계의 중요성을 이해한다. • 자연친화적인 활동에 관심을 갖는다. • 텃밭 가꾸기 활동에 참여한다.	생명과 자연환경을 소중히 여긴다.
			• 낮과 밤의 차이와 특성을 안다. • 날씨와 기후변화에 관심을 갖는다. • 계절의 규칙성을 이해한다. • 자연물의 변화에 관심을 갖는다. • 자연현상(비, 바람, 물, 해)에 관심을 갖는다.	날씨와 계절의 변화를 생활과 관련 짓는다.

※ 위의 발달 과업은 일반적인 유아들의 범주이며 개인의 발달에 따라 개인차가 있을 수 있다.

사회성발달

연령	발달영역	내용범주	발달과업 내용	내용 및 비고
만4세	사회성발달	나를 알고 존중하기	• 자신에 대해 긍정적으로 생각한다. • 자신을 소중히 여긴다. • 자신과 다른 사람의 같은 점과 다른 점을 안다.	나를 알고 소중히 여긴다.
			• 자신에게 여러 가지 정서가 있음을 안다. • 자신의 감정을 알고 표현할 수 있다. • 자신의 정서를 긍정적인 방법으로 표현할 수 있다.	나의 감정을 알고 상황에 맞게 표현한다.
			• 스스로 해보려는 자립심이 있다. • 화장실에서 뒤처리를 혼자서 할 수 있다. • 자신이 할 수 있는 일을 알고 실천한다. • 계획을 세워서 하고 싶은 일을 할 수 있다.	내가 할 수 있는 것을 스스로 한다.
		더불어 생활하기	• 가족의 소중함을 안다. • 가족의 구성원을 안다. • 가족 구성원의 역할을 이해한다. • 가족을 위해 내가 할 수 있는 일을 한다.	가족의 의미를 알고 화목하게 지낸다.
			• 친구와 협동하여 놀이 할 수 있다. • 다양한 상황에서 친구와 놀이하는 것을 즐긴다. • 친구와 함께 장난감을 나누고 교환하여 놀이할 수 있다.	친구와 서로 도우며 사이좋게 지낸다.
			• 친구와 갈등이 생기면 긍정적인 방법으로 해결할 수 있다. • 친구와 놀이 시 갈등이 생기면 서로 협상을 시도한다. • 친구와 감정을 상황에 맞게 조절하려고 노력한다.	친구와의 갈등을 긍정적인 방법으로 해결한다.
			• 자신과 다른 사람의 의견차이가 있음을 안다. • 도움이 필요할 때 서로 도움을 주고 받는다. • 자신의 속한 집단 구성원의 생각을 존중한다. • 자신이 속한 집단 구성원을 존중하는 행동을 한다.	서로 다른 감정, 생각, 행동을 존중한다.
			• 다른 사람의 생각을 존중한다. • 친구나 어른께 예의 바르게 행동한다. • 자연과 자원을 아끼고 절약한다. • 나의 소유물과 다른 사람의 소유물을 구별하여 사용한다. • 질서를 잘 지킨다.	친구와 어른께 예의 바르게 행동한다.
			• 다른 사람들에게 정직하게 말하고 행동한다. • 다른 사람들과 한 약속을 지킨다. • 공공장소에서 지켜야 할 공공규칙을 지킨다. • 함께 지키기로 한 약속을 지킬 수 있다. • 힘들어도 기다리고 인내할 수 있다.	약속과 규칙의 필요성을 알고 지킨다.
		사회에 관심 가지기	• 우리 동네의 좋은 점을 안다. • 우리 동네에 있는 익숙한 기관의 위치를 안다. • 우리 동네에 있는 익숙한 기관이 하는 일을 안다. • 우리 동네 사람들의 직업에 관심을 갖는다.	내가 살고 있는 곳에 대해 궁금한 것을 알아본다.
			• 우리나라를 상징하는 것을 안다. • 우리나라의 명절을 알고 소중히 여긴다. • 우리나라의 전통에 대해 자부심을 갖는다. • 우리나라의 음식에 대해 자부심을 갖는다.	우리나라에 대해 자부심을 가진다.
			• 세계 여러 나라 사람들에게 관심을 갖는다. • 세계 여러 나라의 이름과 상징에 관심을 갖는다. • 세계 여러 나라 문화에 관심을 갖는다. • 다양한 문화를 존중한다. • 세계 여러 나라의 의식주 생활에 관심을 갖는다.	다양한 문화에 관심을 가진다.

※ 위의 발달 과업은 일반적인 유아들의 범주이며 개인의 발달에 따라 개인차가 있을 수 있다.

정서발달

연령	발달영역	내용범주	발달과업 내용	내용 및 비고
만4세	정서발달	아름다움 찾아보기	• 자연물에서 아름다움을 탐색한다. • 자연의 소리에서 아름다움을 탐색한다. • 생활 속에서 나는 소리를 탐색한다. • 자연의 색에서 아름다움을 찾아볼 수 있다.	자연과 생활에서 아름다움을 느끼고 즐긴다.
			• 사물의 움직임에서 아름다움을 탐색할 수 있다. • 사물의 색깔에서 아름다움을 탐색할 수 있다. • 사물의 모양에서 아름다움을 탐색할 수 있다. • 사물의 소리에서 아름다움을 탐색할 수 있다. • 사물의 질감에서 아름다움을 탐색할 수 있다.	예술적 요소에 관심을 갖고 찾아본다.
		창의적으로 표현하기	• 새노래 배우기에 관심을 갖고 부른다. • 입으로 흥얼거리며 노래 부르는 것을 즐긴다. • 새노래를 개사하여 부를 수 있다. • 자신의 생각을 노래로 표현 할 수 있다.	노래를 즐겨 부른다.
			• 신체를 이용하여 소리를 만들 수 있다. • 리듬악기를 이용하여 소리를 만들 수 있다. • 전통악기를 연주 할 수 있다. • 자연물로 소리를 만들 수 있다.	신체, 사물, 악기로 간단한 소리와 리듬을 만들어본다.
			• 움직임과 춤으로 자신의 생각을 표현할 수 있다. • 도구를 활용하여 다양한 움직임을 표현할 수 있다. • 도구를 활용하여 창의적으로 움직임을 표현할 수 있다. • 신체와 도구를 활용하여 움직임을 표현할 수 있다. • 신체와 도구를 활용하여 창의적으로 움직임을 표현할 수 있다.	신체나 도구를 활용하여 움직임과 춤으로 자유롭게 표현한다.
			• 다양한 미술 활동으로 자신의 생각을 표현한다. • 협동적인 미술 활동을 할 수 있다. • 자신의 생각을 그림으로 표현할 수 있다. • 자신의 생각을 꾸미기로 표현할 수 있다. • 다양한 미술재료로 미술활동을 즐긴다.	다양한 미술 재료와 도구로 자신의 생각과 느낌을 표현한다.
			• 일상생활의 경험을 극놀이로 표현할 수 있다. • 일상생활의 간단한 이야기를 극놀이로 표현할 수 있다. • 소품, 배경, 의상, 음악을 사용하여 극놀이로 표현할 수 있다. • 친구와 협동하여 극놀이를 할 수 있다. • 극놀이 시 자신의 역할을 잘 할 수 있다.	극놀이로 경험이나 이야기를 표현한다.
		예술 감상하기	• 다양한 음악, 춤 등을 감상하는 것을 즐긴다. • 다양한 미술작품을 감상하는 것을 즐긴다. • 다양한 극놀이를 감상하는 것을 즐긴다. • 다양한 영상을 감상하는 것을 즐긴다.	다양한 예술을 감상하며 상상하기를 즐긴다.
			• 나의 작품을 소중히 여긴다. • 친구의 작품을 소중히 여기고 표현을 존중한다. • 작가들의 작품을 소중히 여기고 존중한다.	서로 다른 예술 표현을 존중한다.
			• 우리나라 전통음악에 관심을 갖고 자주 듣는다. • 우리나라 전통미술에 관심을 갖고 감상을 즐긴다. • 우리나라 전통예술 감상을 자주 즐긴다.	우리나라 전통예술에 관심을 갖고 친숙해진다.

※ 위의 발달 과업은 일반적인 유아들의 범주이며 개인의 발달에 따라 개인차가 있을 수 있다.

만5세 발달과업

신체발달

연령	발달영역	내용범주	발달과업 내용	내용 및 비고
만5세	신체발달	신체활동 즐기기	• 선을 따라 도형이나 무늬를 가위로 오릴 수 있다. • 연필이나 다양한 도구로 글을 쓸 수 있다. • 사인펜이나 색연필로 그림을 그릴 수 있다. • 선 밖으로 나오지 않게 색칠을 할 수 있다. • 색종이 뜯어 붙이기, 모자이크, 종이접기 등을 할 수 있다. • 작은 퍼즐이나 작은 블록을 잘 맞출 수 있다. • 블록으로 3차원의 구조물을 만들 수 있다. • 작은 구슬을 혼자 뀔 수 있다. • 윗사람의 도움 없이 양치질을 할 수 있다. • 컴퓨터 자판을 사용할 수 있다. • 신발 끈을 묶을 수 있다. • 20조각 이상의 퍼즐을 맞출 수 있다.	신체움직임을 조절한다. 소근육 발달 (조작활동)
			• 망치로 못을 칠 수 있다. • 공이나 사물을 능숙하게 굴리기를 할 수 있다.(rolling) • 공, 오자미 등을 능숙하게 던질 수 있다.(throwing) • 공이나 사물을 능숙하게 받을 수 있다.(catching) • 공이나 사물을 목표점을 향해 차기를 할 수 있다.(striking) • 손가락으로 사물을 튕기기를 할 수 있다.(bouncing) • 사물이나 문을 능숙하게 밀기를 할 수 있다.(pushing) • 사물이나 문을 능숙하게 당기기를 할 수 있다.(pulling) • 사물을 위로 능숙하게 들어올릴 수 있다.(lifting) • 튀긴 공을 한 손으로 잡을 수 있다.(trapping)	신체움직임을 조절한다. 대근육발달 (조작운동)
			• 빠른 속도로 걷기(walking)를 할 수 있다. • 높은 곳에 오르기(climbing)를 매우 잘 할 수 있다. • 수영을 할 수 있다. • 높은 곳으로 점프(jumping)를 할 수 있다. • 양 발을 바꾸어가며 계단을 쉽게 오르내릴 수 있다.(climbing) • 한 발로 깡총뛰기를 잘 할 수 있다.(hopping) • 목표물을 향해 빠른 속도로 기기(crawling)를 할 수 있다. • 목표를 향해 멀리뛰기를 할 수 있다. • 목표를 향해 빨리 달리기를 할 수 있다.(running) • 발을 바꾸어 가며 스키핑(skipping)을 할 수 있다. • 말처럼 달리기(galloping)를 할 수 있다.	기초적인 이동운동, 제자리운동, 도구를 이용한 운동을 한다. (이동운동)

연령	발달영역	내용범주	발달과업 내용	내용 및 비고
만5세	신체발달	신체활동 즐기기	• 허리나 신체를 자유롭게 구부리기 (bending)를 할 수 있다. • 팔, 다리를 능숙하게 뻗기(stretching)를 할 수 있다. • 신체부위나 신체를 자연스럽게 꼬기(twisting)를 할 수 있다. • 신체를 자연스럽게 돌릴(turning) 수 있다. • 팔, 다리나 신체를 자연스럽게 흔들기(swaying)를 할 수 있다. • 빠른 속도로 앉고(sitting), 서기(standing)를 할 수 있다. • 지시나 신호에 맞춰 멈추기(stopping)를 할 수 있다. • 공이나 사물을 피할(dodging) 수 있다. • 신체나 신체 부위에 사물을 올려놓고 몸의 균형잡기 (balancing)를 할 수 있다.	기초적인 이동운동, 제자리운동, 도구를 이용한 운동을 한다. (비이동운동)
			• 세 발 자전거를 능숙하게 탈 수 있다. • 두 발 자전거 타기를 시도해 본다. • 줄넘기를 할 수 있다. • 15cm 정도의 평균대 위를 걸을 수 있다.(walking) • 뜀틀뛰기를 3~4 계단 뛸 수 있다.(leaping) • 사물을 건너 뛰어 넘기를 할 수 있다. • 장애물을 건너 뛰어 넘기를 할 수 있다. • 바깥놀이 기구를 이용한 놀이와 게임을 할 수 있다.	기초적인 이동운동, 제자리운동, 도구를 이용한 운동을 한다. (도구를 이용한 운동)
			• 딱지치기를 할 수 있다. • 팽이치기를 할 수 있다. • 땅따먹기를 할 수 있다.(3회에 들어오기) • 비석치기를 할 수 있다. • 투호 던지기를 할 수 있다. • 윷놀이를 할 수 있다. • 5개의 공기로 놀이를 할 수 있다. • 제기 차기를 할 수 있다. • 고무줄 놀이를 할 수 있다. • 풀싸움을 할 수 있다. • '여우야 여우야' 놀이를 할 수 있다. • '동대문을 열어라' 놀이를 할 수 있다. • '무궁화 꽃이 피었습니다' 놀이를 할 수 있다. • '우리집에 왜 왔니' 놀이를 할 수 있다. • '이 거리 저 거리 각 거리' 놀이를 할 수 있다. • 전통놀이 게임을 할 수 있다. • 창의적인 신체활동을 할 수 있다. • 술래잡기 놀이를 할 수 있다. • 보물찾기 놀이를 할 수 있다. • 기차놀이를 할 수 있다. • 신체를 이용한 게임을 할 수 있다. • 협동하여 줄다리기를 할 수 있다. • 줄넘기를 할 수 있다. • 팀별 게임을 할 수 있다.	실내외 신체활동에 자발적으로 참여한다.

※ 위의 발달 과업은 일반적인 유아들의 범주이며 개인의 발달에 따라 개인차가 있을 수 있다.

언어발달

연령	발달영역	내용범주	발달과업 내용	내용 및 비고
만5세	언어발달	듣기와 말하기	•일상생활에 관련된 낱말과 문장을 듣고 그 뜻을 이해한다. •낱말의 발음에 관심을 갖고 비슷한 발음을 듣고 구별한다. •낱말과 문장을 듣고 관계를 이해한다. •사물의 이름이나 뜻을 듣고 이해한다. •다른 사람의 이야기를 듣고 중심내용을 이해한다. •이야기를 듣고 궁금한 것이나 이해되지 않은 것에 대해 질문한다. •다른 사람의 이야기를 듣고 따를 수 있다. •세 가지 이상의 지시사항을 듣고 이해하여 행동 할 수 있다. •동시·노랫말·동화의 내용을 관심 있게 듣고 이해한다. •다른 사람의 이야기를 끝까지 주의 깊게 듣는다. •여러 가지 내용의 말을 듣고 따를 수 있다. •이야기를 듣고 자신의 경험이나 생각과 관련시켜 이해한다.	말이나 이야기를 관심 있게 듣는다.
			•자신의 느낌이나 생각을 적절한 낱말과 문장으로 말 할 수 있다. •주말 지낸 이야기를 친구 앞에서 발표 할 수 있다. •두 세 가지 사물을 비교하여 말 할 수 있다. •자신의 경험을 비교하여 말 할 수 있다. •주제를 선정하여 함께 이야기를 나눌 수 있다. •이야기를 들은 후 내용을 잘 조직하여 다시 말 할 수 있다. •자신의 감정을 적절한 말로 표현 할 수 있다. •그림이나 그림카드를 보며 이야기를 꾸밀 수 있다. •성인과 유사한 문법을 구사하여 자신의 경험, 느낌, 생각을 말할 수 있다.	자신의 경험, 느낌, 생각을 말한다.
			•상황에 따라 적절한 단어를 사용하여 말할 수 있다. •6~8개의 단어로 된 문장을 말 할 수 있다. •정확한 발음으로 말 할 수 있다. •새로운 단어에 대해 질문 할 수 있다. •다양한 낱말을 사용하여 상황에 맞게 말한다. •일상생활에서 일어나는 일들을 다양한 문장으로 말한다. •문법에 맞는 문장으로 말 할 수 있다. •시제에 맞는 문장으로 말한다. •듣는 사람의 생각과 느낌을 고려하여 말 할 수 있다. •때와 장소에 맞는 말을 사용 할 수 있다. •대상에 맞는 말을 사용 할 수 있다. •어떻게?(How)로 시작하는 질문을 할 수 있다. •그리고(and), 그러나(but) 등의 접속사를 사용하여 말 할 수 있다. •들은 이야기를 시간 순서에 따라 설명 할 수 있다.	상황에 적절한 단어를 사용하여 말한다.
		듣기와 말하기	•다른 사람이 묻는 말을 이해하고 정확하게 대답할 수 있다. •귓속말을 듣고 바르게 전달할 수 있다. •끝말잇기 게임을 할 수 있다. •다른 사람의 이야기를 듣고 토의를 할 수 있다. •친구들과 수수께끼 놀이를 할 수 있다.	상대방이 하는 이야기를 듣고 관련해서 말한다.
			•바른 태도로 듣고 말할 수 있다. •다른 사람의 이야기를 경청하여 듣고 말한다. •다른 사람의 이야기를 끝까지 듣고 말한다. •반응을 보이며 주의 깊게 듣고 말한다. •남을 방해하지 않고 듣고 말한다.	바른 태도로 듣고 말한다.
			•고운 말을 사용하여 말한다. •바른 말을 사용하여 말한다. •다른 사람의 생각을 고려하여 말한다. •다른 사람의 느낌과 감정을 고려하여 말한다. •다른 사람의 기분을 고려하여 말한다.	고운 말을 사용한다.

연령	발달영역	내용범주	발달과업 내용	내용 및 비고
만5세	언어발달	읽기와 쓰기에 관심 가지기	• 그림을 보고 적절한 문장을 생각하여 읽는다. • 그림의 이야기 내용을 단서로 하여 읽는다. • 한글 철자의 이름을 안다. • 자음과 모음에 관심을 갖고 읽는다. • 읽기에 관심을 갖고 잘 읽는다. • 낱말카드, 문장카드를 읽는다.	말과 글의 관계에 관심을 가진다.
			• 글자를 손가락으로 짚으며 읽는다. • 주변에서 친숙한 글자를 찾아 읽는다. • 상표의 이름을 읽는다. • 읽어 주는 글의 내용에 관심을 갖고 읽어 본다. • 표지나 간판 등의 이름을 읽는다. • 친구나 가족의 이름을 읽는다. • 편지나 보고서 등을 읽을 수 있다. • 수수께끼 · 동시 등을 읽을 수 있다. • 신문 · 잡지 · 인쇄물 등을 보고 읽는다.	주변의 상징, 글자 등의 읽기에 관심을 가진다.
			• 소리 나는 대로 글자를 쓴다. • 자음과 모음의 방향이 정확하게 쓴다. • 자신의 이름과 친구의 이름을 쓸 수 있다. • 주변의 친숙한 글자를 쓸 수 있다. • 자신의 느낌, 생각을 글자로 표현 할 수 있다. • 자신의 경험을 글자로 표현 할 수 있다. • 말이나 생각을 글로 나타낼 수 있다. • 동시 따라쓰기를 하거나 동시를 지어서 쓸 수 있다. • 다양한 쓰기 매체와 도구를 사용하여 쓸 수 있다. • 자연물을 이용하여 쓰기를 할 수 있다. • 책의 내용을 지어서 쓸 수 있다. • 감사편지를 쓸 수 있다. • 보고서를 쓸 수 있다. • 틀리는 글자가 없이 완전한 문장 형태로 쓴다.	자신의 생각을 글자와 비슷한 형태로 표현한다.
		책과 이야기 즐기기	• 책 보는 것을 좋아하고 책을 소중하게 다룬다. • 책의 그림을 단서로 이야기 내용을 이해한다. • 궁금한 것을 책에서 찾아 볼 수 있다. • 교사나 윗사람의 도움 없이 혼자 책을 읽을 수 있다. • 책의 내용을 이해하며 읽을 수 있다. • 책을 보고 이야기와 내용을 이해한다. • 책의 내용을 읽고 상상하여 말할 수 있다. • 과학도서를 보고 궁금한 것을 알아본다. • 이야기책을 사실처럼 읽는다.	책에 관심을 가지고 상상하기를 즐긴다.
			• 동화책을 읽고 내용을 이해한다. • 동시를 읽고 느낌을 말할 수 있다. • 의성어, 의태어를 찾아 읽고 반복되는 단어에 흥미를 갖는다. • 동화책의 내용에 관심을 갖고 재미를 느낀다. • 운율이 있는 글에 흥미를 갖는다.	동화, 동시에서 말의 재미를 느낀다.
			• 친구와 말놀이 게임을 할 수 있다. • 끝말잇기 게임을 할 수 있다. • 이야기를 지어서 말 할 수 있다. • 동화책의 내용을 일부분 지을 수 있다. • 동화책의 앞 이야기를 듣고 뒷이야기를 꾸밀 수 있다. • 동화책을 읽고 자신이 관심 있는 부분을 창의적으로 꾸밀 수 있다. • 동화를 창의적으로 지을 수 있다.	말놀이와 이야기 짓기를 즐긴다.

※ 위의 발달 과업은 일반적인 유아들의 범주이며 개인의 발달에 따라 개인차가 있을 수 있다.

인지발달

연령	발달영역	내용범주	발달과업 내용	내용 및 비고
만5세	인지발달	탐구과정 즐기기	• 주변 세계에 대해 호기심을 갖는다. • 자연의 변화와 현상에 대해 호기심을 갖는다. • 사물의 변화에 대해 호기심을 갖는다.	주변 세계와 자연에 대해 지속적으로 호기심을 가진다.
			• 사물을 주의 깊게 관찰 할 수 있다.. • 궁금한 점을 실험을 통해 알아본다. • 문제 상황이 생겼을 때 다양한 방법으로 문제를 해결하려고 시도한다. • 궁금한 점이 있으면 알아보려고 탐구활동을 시도한다. • 궁금한 점을 알아보는 탐구 과정에 참여하고 즐긴다.	궁금한 것을 탐구하는 과정에 즐겁게 참여한다.
			• 사물을 탐색하거나 관찰하고 서로 다른 생각을 관심을 갖는다. • 관찰한 사물을 서로 비교해 본다. • 관찰한 사물에 대해 서로 다른 생각을 비교해 본다. • 관찰한 사물을 토대로 다른 것을 예측해 본다.(~는 ~일 것이다.) • 관찰한 사물을 토대로 다른 가설을 만들어 본다. (만약 ~하면 ~일 것이다) • 탐구과정에서 관찰한 내용을 서로 비교해 본다.	탐구과정에서 서로 다른 생각에 관심을 가진다.
		생활 속에서 탐구하기	• 여러 가지 물체와 물질의 기본 특성을 이해한다. • 두 사물을 비교하여 같은 점을 찾아낼 수 있다. • 물체와 물질을 여러 가지 방법으로 변화 시켜보고 탐색한다. • 주변의 여러 가지 물체와 물질의 변화를 탐색하고 비교한다.	물체의 특성과 변화를 여러 가지 방법으로 탐색한다.
			• 수 세기를 1~20 그 이상을 기계적으로 잘 셀 수 있다. • 수 세기를 한 후 숫자만큼 더하기 빼기를 할 수 있다. • 수 세기 단위를 알 수 있다.(기수, 서수, 짝수, 홀수, 10진법, 다스 등) • 사물과 숫자를 서로 연결하여 1:1 대응을 할 수 있다. • 현재, 과거, 미래를 이해한다. • 시간 개념에 흥미를 보인다. • 주의 집중 시간이 20~25분 정도 된다. • 수의 부분과 전체를 이해한다. • 자연물로 수세기를 할 수 있다. • 하루의 일과를 순서대로 말하고 이해할 수 있다.	물체를 세어 수량을 알아본다.
			• 15조각 정도의 퍼즐을 맞출 수 있고, 퍼즐의 공간을 이해한다. • 적목을 이용하여 복잡한 건축물을 만들고 구성 할 수 있다. • 왼쪽, 오른쪽의 개념이 생긴다. • 전·후, 위·아래, 안·밖, 옆의 개념을 알고 있다. • 기본도형을 이해한다. • 입체도형을 이해한다. • 사물이나 자연물로 능숙하게 도형을 구성 할 수 있다. • 여러 방향에서 사물을 보고 그 차이점을 비교 할 수 있다. • 칠교를 이용하여 모양을 구성할 수 있다. • 공간의 부분과 전체를 이해한다.	물체의 위치와 방향, 모양을 알고 구별한다.
			• 사물의 길이를 측정하고 비교할 수 있다. • 사물의 무게를 측정하고 비교할 수 있다. • 사물의 둘레를 측정하고 비교할 수 있다. • 사물의 높이를 측정하고 비교할 수 있다. • 사물의 부피를 측정하고 비교할 수 있다. • 사물의 면적을 측정하고 비교할 수 있다. • 양팔저울로 사물의 무게를 측정하고 비교 할 수 있다. • 사물을 측정하고 비교하여 순서 지어보기를 할 수 있다.	일상에서 길이, 무게 등의 속성을 비교한다.

연령	발달영역	내용범주	발달과업 내용	내용 및 비고
만5세	인지발달	생활 속에서 탐구하기	• 사물을 크기별로 1~10 순위로 서열화 할 수 있다. • 일의 순서를 알고 순서대로 놓아 볼 수 있다. • 사물을 규칙대로 놓아 볼 수 있다.(10종류의 패턴) • 이분법을 이해한다. • 생활 주변에서 반복되는 규칙성을 알고 다음에 올 것을 예측해 볼 수 있다. • 스스로 패턴 · 규칙성을 10개 정도 만들어 볼 수 있다.	주변에서 반복되는 규칙을 찾는다.
			• 사물의 공통적인 특성에 따라 분류 / 재분류를 할 수 있다. 　(모양, 색깔, 크기, 속성별 분류) • 사물의 특성과 공통적인 특성을 비교하여 알 수 있다.(벤다이어그램) • 그래프를 이용하여 표현 할 수 있다. • 도표를 이용하여 표현 할 수 있다. • 자료를 수집하여 기준에 따라 분류 할 수 있다. • 기호로 나타낼 수 있다.(+, −, =)	일상에서 모은 자료를 기준에 따라 분류한다.
			• 생활 속에 사용하는 간단한 도구와 기계를 안다. • 생활도구를 이해하고 활용한다. • 기계나 도구의 장 · 단점을 안다. • 카메라로 사진을 찍어 본다. • 확대경으로 사물을 관찰해 본다. • 실험도구를 이용하여 실험 해 본다. • 현미경을 이용하여 탐구활동을 해볼 수 있다. • 복사기 / 스캔을 이용하여 탐구활동을 할 수 있다.	도구와 기계에 대해 관심을 가진다.
		자연과 더불어 살기	• 동물과 식물의 출생과 성장에 대해 관심을 갖고 알아본다. • 동 · 식물의 성장과정과 특성을 안다. • 동 · 식물의 먹이에 관심을 갖고 직접 먹이를 줄 수 있다. • 동 · 식물 기르기에 관심을 갖고 직접 길러본다. • 식물 채집 활동에 관심을 갖고 참여한다.	주변의 동식물에 관심을 가진다.
			• 생명체를 소중히 여긴다. • 생명체가 살기 좋은 녹색환경에 관심을 갖는다. • 생태계의 변화에 관심을 갖는다. • 자연 친화적인 활동에 관심을 갖고 참여한다. • 텃밭 가꾸기 활동에 참여한다.	생명과 자연환경을 소중히 여긴다.
			• 날씨 변화에 관심을 갖고 특성을 이해한다. • 기후의 변화에 관심을 갖고 특성을 이해한다. • 자연현상(비, 바람, 물, 해)에 관심을 갖고 특성을 이해한다. • 4계절(봄, 여름, 가을, 겨울)의 변화를 이해하고 관심을 갖는다. • 계절에 따른 자연물의 변화와 특성을 이해한다. • 계절의 변화와 규칙성을 이해한다. • 자연물의 특성과 변화에 관심을 갖고 생활과 연계해 볼 수 있다. • 날씨와 계절의 변화를 생활과 연관지어 이해한다.	날씨와 계절의 변화를 생활과 관련 짓는다.

※ 위의 발달 과업은 일반적인 유아들의 범주이며 개인의 발달에 따라 개인차가 있을 수 있다.

사회성발달

연령	발달영역	내용범주	발달과업 내용	내용 및 비고
만5세	사회성발달	나를 알고 존중하기	• 자신에 대한 올바른 자아개념을 갖고 있다. • 나와 다른 사람의 신체적 차이를 알고 존중한다. • 나와 다른 사람의 사회 · 문화적 차이를 알고 존중한다. • 나를 긍정적으로 생각하고 나를 소중히 여긴다.	나를 알고 소중히 여긴다.
			• 자신의 감정을 알고 표현 할 수 있다. • 나의 감정을 상황에 맞게 표현 할 수 있다.	나의 감정을 알고 상황에 맞게 표현한다.
			• 내가 할 수 있는 일을 스스로 한다. • 나의 일을 스스로 한다. • 내가 하고 싶은 일을 계획해서 한다. • 하루 일과 계획을 세울 수 있다.	내가 할 수 있는 것을 스스로 한다.
		더불어 생활하기	• 가족의 의미와 소중함을 안다. • 가족을 소중히 여기고 화목하게 지낸다. • 다양한 가족 구조를 안다. • 가족과 서로 돕고 협력한다.	가족의 의미를 알고 화목하게 지낸다.
			• 친구와 다양한 놀이에 참여하며 사이좋게 지낸다. • 친구와 협동하여 놀이 할 수 있다. • 친구와 함께 적극적으로 장난감을 나누고 교환하여 사용한다. • 친구의 의견을 존중한다. • 친구의 물건을 사용할 때 허락을 구하고 사용한다. • 친구에게 자신의 것을 주고 베풀 수 있다.	친구와 서로 도우며 사이좋게 지낸다.
			• 놀이 시 친구와 갈등이 생기면 서로 협상한다. • 친구와의 갈등을 긍정적인 방법으로 해결한다. • 친구와의 감정을 상황에 맞게 조절 할 수 있다. • 친구와의 부정적인 감정을 긍정적으로 조절 할 수 있다.	친구와의 갈등을 긍정적인 방법으로 해결한다.
			• 다른 사람과 협력 할 수 있다. • 주변 사람들과 화목하게 지낸다. • 친구나 주변 사람들의 행동을 존중한다. • 친구나 주변 사람들의 생각을 존중한다. • 친구와 다른 감정을 인정하고 존중한다.	서로 다른 감정, 생각, 행동을 존중한다.
			• 다른 사람을 배려하여 행동한다. • 친구와 어른께 예의 바르게 행동한다. • 다른 사람에게 감사하는 마음을 갖는다. • 자원을 아끼고 절약한다. • 질서를 잘 지킨다. • 다른 사람을 돕는 구제 활동에 참여한다. • 교사의 지시에 잘 따르고 순종한다.	친구와 어른께 예의 바르게 행동한다.
			• 다른 사람과 한 약속을 지킨다. • 정직하게 말하고 행동한다. • 학급 내의 규칙을 지키고 준수한다. • 차례를 지키고 기다릴 수 있다.(규칙) • 지금 당장 하고 싶은 것이 있어도 참고 인내 할 수 있다. • 자신에게 주어진 일에 책임을 다한다. • 공정함을 알고 실천 할 수 있다. • 공공장소에서 약속된 공공규칙을 지킨다. • '옳고', '그름'을 알고 옳은 일을 선택하여 행동 할 수 있다.	약속과 규칙의 필요성을 알고 지킨다.
		사회에 관심 가지기	• 우리 동네의 특징에 대해 안다. • 우리 동네 사람들의 다양한 직업에 대해 안다. • 우리 동네에 대해 궁금한 것을 알아본다.	내가 살고 있는 곳에 대해 궁금한 것을 알아본다.
			• 우리나라를 상징하는 것을 알고 자부심을 갖는다. • 우리나라의 전통과 역사에 관심을 갖고 자부심을 갖는다. • 우리나라 문화에 대해 자부심을 갖는다. • 우리나라 음식을 소중히 여기고 자부심을 갖는다.	우리나라에 대해 자부심을 가진다.
			• 세계 여러 나라가 있음을 알고 세계 여러 나라에 대해 관심을 갖는다. • 세계 여러 나라의 음식에 관심을 갖고 다른 나라 음식을 소중히 여긴다. • 다양한 인종과 문화를 알고 존중한다. • 다문화 가정의 친구들과 사이좋게 지내고 존중한다. • 다문화 가정 방문 시 상대의 문화를 존중한다.	다양한 문화에 관심을 가진다.

※ 위의 발달 과업은 일반적인 유아들의 범주이며 개인의 발달에 따라 개인차가 있을 수 있다.

정서발달

연령	발달영역	내용범주	발달과업 내용	내용 및 비고
만5세	정서발달	아름다움 찾아보기	• 자연의 소리 듣기에 관심을 갖고 자연물에서 리듬을 탐색 할 수 있다. • 주변의 다양한 소리에 관심을 갖고 리듬을 탐색한다. • 자연물의 아름다움을 보고 정서를 느낄 수 있다. • 자연과 사물의 색에 관심을 갖고 탐색한다.	자연과 생활에서 아름다움을 느끼고 즐긴다.
			• 사물의 움직임이나 신체의 움직임에 관심을 갖고 탐색한다. • 사물이나 신체의 움직이는 모양과 흐름을 탐색한다. • 다양한 악기의 소리에 관심을 갖고 리듬을 탐색한다. • 사물의 모양에 관심을 갖고 예술적 요소를 탐색한다. • 사물의 촉감, 질감 등에 관심을 갖고 예술적 요소를 탐색한다. • 사물의 공간에 관심을 갖고 예술적 요소를 탐색한다.	예술적 요소에 관심을 갖고 찾아본다.
		창의적으로 표현하기	• 새노래 배우기에 관심을 갖고 잘 부른다. • 노래로 자신의 생각과 느낌을 표현할 수 있다. • 전래동요 부르기를 좋아하고 즐겨 부른다. • 새노래를 개사하여 부를 수 있다. • 노래를 만들어 부르거나 챈트를 잘한다. • 즉흥적으로 노래를 만들어 부를 수 있다.	노래를 즐겨 부른다.
			• 신체를 이용하여 리듬을 만들 수 있다. • 리듬악기 연주를 좋아하고 자주 연주한다. • 즉흥적으로 리듬과 노래를 만들어 볼 수 있다. • 음악으로 자신의 정서를 표현할 수 있다. • 자연물로 리듬을 만들 수 있다. • 전통악기로 리듬을 만들 수 있다.	신체, 사물, 악기로 간단한 소리와 리듬을 만들어본다.
			• 리본, 스카프를 이용하여 신체 표현 활동을 할 수 있다. • 신체를 이용하여 주변의 움직임을 다양하게 표현하며 즐긴다. • 움직임과 춤으로 자신의 생각과 느낌을 표현 할 수 있다. • 다양한 도구를 활용하여 창의적으로 움직인다. • 신체로 자신의 정서를 표현할 수 있다. • 즉흥적으로 리듬을 만들어 볼 수 있다. • 주제를 주면 창의적으로 신체 표현 활동을 할 수 있다. • 리듬 막대로 자신의 정서를 표현 할 수 있다.	신체나 도구를 활용하여 움직임과 춤으로 자유롭게 표현한다.
			• 다양한 미술 활동으로 자신의 생각과 느낌을 표현한다. • 협동적인 미술 활동에 참여하기를 즐긴다. • 다양한 재료와 도구를 이용하여 미술활동을 즐긴다. • 미술활동으로 자신의 정서를 표현할 수 있다. • 자연물을 이용하여 미술활동을 할 수 있다. • 자신의 생각을 그림으로 표현한다. • 자신의 생각을 꾸미기나 만들기로 표현한다.	다양한 미술 재료와 도구로 자신의 생각과 느낌을 표현한다.
			• 경험이나 이야기를 극놀이로 표현할 수 있다. • 여러 명의 친구와 역할놀이를 즐긴다. • 역할놀이에서 다양한 역할을 잘 해낸다. • 친구와 협동놀이, 역할놀이를 즐긴다. • 극놀이로 자신의 정서를 표현할 수 있다. • 음악 · 춤 · 미술 · 극놀이를 통합하여 동극을 꾸며 표현할 수 있다. • 퍼포먼스, 캠페인 등으로 표현할 수 있다.	극놀이로 경험이나 이야기를 표현한다.
		예술 감상하기	• 다양한 음악 · 춤 등을 듣거나 보는 것을 즐긴다. • 다양한 미술 작품을 보거나 관람하는 것을 즐긴다. • 다양한 극놀이, 인형극 등을 보거나 관람하는 것을 즐긴다. • 다양한 예술 감상을 즐긴다.	다양한 예술을 감상하며 상상하기를 즐긴다.
			• 나와 다른 사람의 예술적 표현을 소중히 여긴다. • 친구의 작품을 소중히 여기고 존중한다. • 다른 사람의 작품이나 표현을 존중한다.	서로 다른 예술 표현을 존중한다.
			• 우리나라 전통 음악에 관심을 갖고 듣는 것을 즐긴다. • 우리나라 전통 미술에 관심을 갖고 보는 것을 즐긴다. • 우리나라 전통 극놀이에 관심을 갖고 보는 것을 즐긴다. • 전통 예술 감상을 즐기고 친숙해 진다.	우리나라 전통예술에 관심을 갖고 친숙해 진다.

※ 위의 발달 과업은 일반적인 유아들의 범주이며 개인의 발달에 따라 개인차가 있을 수 있다.

참고문헌

김경중 외 공저(1998). 아동발달심리. 학지사.

김병선, 이윤옥(1998). 아동연구방법. 양서원.

김재은(1981). 교육 · 심리 · 사회연구방법. 교육과학사.

김지영(1999). 유아교육기관에서의 포트폴리오의 구성과 운영. 한국어린이 육영회 전문가연수⑦.

김희진, 박은혜, 이지현 공저(2000). 유아교육기관에서의 관찰. 창지사.

대한신경정신의학회 편(1998). 신경정신과학. 하나의학사.

박계신(2003). 행동수정연구설계. 성동장애인종합복지관.

박은혜(1999). 유아교사를 위한 포트폴리오. 한국어린이육영회전문가연수⑦.

이만갑, 한완상, 김경동(1979). 한국조사방법론. 한국학습교재사.

유효순(2000). 아동발달. 창지사.

이민호(2003). 목표행동설정 · 측정 및 기록. 성동장애인종합복지관.

이상진(2003). 효과적인 행동 지원과 실행. 성동장애인종합복지관.

이성진(2005). 행동수정. 교육과학사.

이성진, 이찬교, 정원식 공저(1990). 교육과 심리. 한국방송 통신대학 출판부.

이성진(2004). 행동수정의 현장기법. 교육과학사.

이성진, 유효순(1989). 아동발달. 한국 방송통신대학 출판부.

이연섭, 홍순정(1989). 유아교육개론. 한국 방송통신대학 출판부.

이연섭 외(1998). 유아교육개론. 정민사.

이은해(1995). 아동연구방법. 교문사.

이정환, 박은혜(1995). 교사들을 위한 유아관찰 워크북. 한국어린이육영회.

이정환(1997). 교사를 위한 유아관찰 지침서. 한국어린이육영회.

이종복, 전남련(2005). 인간행동과 사회환경. 형성출판사.

전남련(1997). 극화놀이 주제에 따른 유아의 놀이 행동이 유아의 놀이에 미치는 영향. 중앙대학교 대학원 석사학위논문.

정주영(2003). 행동수정의 기원 및 응용분석의 이해, 성동장애인종합복지관, 『정서 · 장애 아동의 행동수정(II권)』.

지성애(1994). 유아놀이지도. 정민사.

한국유아교육학회(1996). 유아교육사전. 서울 한국사전연구사.

홍순정(1993). 아동연구. 한국방송통신대학 출판부.

황해익 외 공저(2003). 포트폴리오 평가. 창지사.

Arrington, R.(1943). Time sampling in studies of social behavior: A critical review of techniques and results with research suggestions, Psychological Bulletin, 40, 81~124.

Baily, K. D.(1978). Methods of social research. New York: The Free Press.

Bandura, A.(1977), Social learning theory, Englewood Cliffs, NJ: Prentice-Hall.

Bandura, A., & Huston, A.(1961), Identification as a process of incidental learning, Journal of Abnormaland Social Psychology, 63, 311~318.

Bell, D. R., & Low, R. M.(1977). Observing and recording children's behavior, Richland, WA: Performance Associates.

Brandt, R. M.(1972). Studying behavior in natural setting. New York: Holt, Rinehart and Winston, Inc., pp. 84~85.

Cartwright, C. A., & Cartwright,G. P.(1974), Developing observation skills, New York: McGraw-Hill Book Co., p. 131.

Cohen, L., & Manion, L.(1980). Research methods in education. London: Croom Helm Ltd., pp. 243-244.

Dawe, H. C.(1934). An analysis of two hundred quarrels of preschool children, Child Development, 5, 139~157.

Flavell, J. H.(1985). Cognitive development(2nd ed.). Englewood Cliffs, NJ: Prentice-Hall.

Friendlander, B. Z.(1965), Performance differentiation in a child's incidental play for perceptual reinforcement. Paper read at APA, Chicago.

Guilford, J.(1954). Psychometric methods(2nd ed.). New York: McGraw-Hill. p. 268.

Jeffery, C. R.(1961), Behavior theory and criminology. Paper presented at the Annual Meeting of AAAS, Denver, Colorado.

Lewin, M.(1979), Understanding Psychological Research, New York: John Wiley & Sons. p. 274.

Medinnus, G. R.(1976), Child Study and Observation Guide, New York: John Wiley & Sons. p. 17.

Nye, D. Robert 지음(1999), 이영만, 유병관 옮김, 『프로이드 · 스키너 · 로저스』, 중앙적성출판사.

Parten, M. B.(1932). Social participation among preschool children. Journal of Abnormal and Psychology, 27, 243-269.

Parten, M. B.(1933). Social participation among preschool children. Journal of Abnormal and Social Psychology, 28, 136-147.

Piaget, J.(1929). The chid's conception of the world. London: Routledge and Kagan Paul.

Sax, G.(1968). Empirical foundation of educational research. Englewood Cliffs, NJ: Prentice-Hall. p. 201.

Sluckin, A. M., & Smith, P. K.(1997). Two approaches to the concept of dominance in prechool children. Child Development , 48(3), 917-923.

Smilamsky, S.(1968). The effect of sociodramatic play on disadvantaged school children. New York: Wiley.

Wright, H. F.(1960), Observation child study, Handbook of research methods in child development ed. Paul H. Mussen, New York: John Wiley & Sons, 1960. p. 98.

전 남 련

- 중앙대학교 대학원 유아교육학과 졸업(석사)
- 평택대학교 대학원 사회복지학과 졸업(박사)
- 7감각 글로벌 영유아학교 통합프로그램 창시자
- 7감각 글로벌 영유아학회 회장
- 남서울 대학교 아동복지융합학과 초빙교수
- 유치원 1급 정교사 자격연수 프로젝트 강사
- 프로젝트 1 · 2급 자격과정 지도교수
- 저서: 아동관찰 및 행동연구(2014, 공저, 양서원), Project Based Learning 국가수준 교육과정 통합 프로젝트 만 2~5세 40권 전집(2017, 공저), 누리과정 통합 Project Based Learning(2017, 공저), 아동관찰 및 행동연구 (2017, 한수), 국가수준 교육과정에 의한 PBL 주제중심 통합교육 활동자료 만3~4세 20권 전집(2020, 공저), 국가수준 교육과정에 의한 유아 · 놀이중심 통합 Project&Play 만5세 10권 전집(2020, 공저) 외 69권

서 영 순

- 순천향대학교 교육대학원 유아교육과 석사 졸업
  현) 민족사관 어린이집 원장
      7감각글로벌 영유아학회 이사
      글로벌멘토링연구회 연구원
- 저서: Project Based Learning 국가수준 교육과정 통합 프로젝트(2017, 공저), 통합평가와 유보통합평가를 위한 프로젝트 접근법2(2018, 공저), 유아전통교육(2018, 공저), 국가수준 교육과정에 의한 PBL 주제중심 통합교육 활동자료(2019, 공저), 누리교육과정에 의한 주제중심활동 프로젝트 접근법(2020, 공저), 국가수준 교육과정에 의한 유아 · 놀이중심 통합 Project&Play(2020, 공저)

한 은 숙

- 가천대학교 교육대학원 유아교육학 졸업(석사)
- 가천대학교 일반대학원 유아교육학 졸업(박사)
  현) 거원 어린이집 원장
      7감각 글로벌 영유아학회 이사
      글로벌멘토링연구회 연구원
- 저서: Project Based Learning 국가수준 교육과정 통합 프로젝트(2017, 공저), 누리교육과정에 의한 주제중심활동 프로젝트 접근법(2019, 공저)

김 선 영

- 숙명여자대학교 영유아교육과 석사과정 중
  현) 예인 어린이집 원장
      7감각 글로벌영유아학회 이사
      글로벌멘토링 연구회 연구원
- 저서: Project Based Learning 국가수준 교육과정 통합 프로젝트(2017, 공저), 누리교육과정에 의한 주제중심활동 프로젝트 접근법(2019, 공저), 국가수준 교육과정에 의한 PBL 주제중심 통합교육 활동자료(2020, 공저), 국가수준 교육과정에 의한 유아 · 놀이중심 통합 Project&Play(2020, 공저)

아동관찰 및 행동연구
저자약력

박 현 자

- 광운대학교 교육대학원 졸업(석사)
  현) 7감각 글로벌 영유아학회 이사
  　　글로벌멘토링연구회 연구원
- 저서: 누리교육과정에 의한 주제중심활동 프로젝트 접근법
  　　(2019, 공저), 국가수준 교육과정에 의한 PBL 주제중심
  　　통합교육 활동자료(2020, 공저), 국가수준 교육과정에
  　　의한 유아 · 놀이중심 통합 Project&Play(2020, 공저)

도 평 순

- 건양대학교 대학원 유아교육전공 졸업(석사)
  현) 성동숲속 어린이집 원장
  　　보육시설 우수 프로그램 발굴 · 보급 심사위원
  　　호원대학교, 대전 보건대학교 외래교수
  　　충남 보육컨설턴트
  　　5세 누리과정 충남 교원연수 강사
  　　글로벌멘토링 연구회 연구원

문 정 희

- 호남대학교 대학원 유아교육학과 졸업(석사)
- 호남대학교 대학원 유아교육학과 박사과정 중
  현) 산들바람 어린이집 대표
  　　글로벌멘토링 연구회 연구원
- 저서: 누리교육과정에 의한 주제중심활동 프로젝트 접근법
  　　(2019, 공저), 국가수준 교육과정에 의한 유아 · 놀이중
  　　심 통합 Project&Play(2020, 공저)

김 영 란

- 중부대학교 교육대학원 유아교육전공 졸업(석사)
- 중부대학교 대학원 교육학과 유아교육전공 졸업(박사)
  현) 사회복지법인 새싹 어린이집 원장
  　　(사)한국사회복지법인어린이집 연합회 서기이사
  　　충남 육아종합지원센터 보육컨설턴트
  　　충남 어린이집 연합회 부여군지회장
  　　글로벌멘토링 연구회 연구원

오 선 택

- 평택대학교 대학원 철학 박사
- Calvin대학교 대학원 상담심리치료학 박사
  현) 평택대학교 사회복지 대학원 아동청소년복지학과 초빙교수
  　　남서울대학교 복지경영대학원 복지융합학과 겸임교수
  　　하모니 어린이집 이사장
  　　7감각 글로벌 영유아학회 이사
  　　글로벌멘토링연구회 연구원
- 저서: 국가수준 교육과정에 의한 PBL 주제중심 통합교육 활동
  　　자료(2020, 공저)

박 정 희

- 나사렛대학교 대학원 특수교육 전공(석사)
  현) 어울림 어린이집 원장
  　　충남육아지원센터 평가인증 보육 컨설턴트
  　　서산어린이집 연합회 총무 역임
  　　글로벌멘토링 연구회 연구원

아동관찰 및 행동연구

2020년 7월 1일 초판인쇄
2020년 7월 8일 초판발행

대표저자	전남련
펴 낸 곳	글샘출판사
발 행 인	황성연
주 소	서울특별시 중랑구 망우로 192 성신빌딩
총 판	하늘유통
	전화 (031)947-7777 / 팩스 (0505)365-0691

판 권
소 유

연 구 소	7감각 글로벌 영유아학교
주 소	서울시 송파구 신천동 7-14번지 잠실더샵스타파크
	전화 : 02-418-0995~6 / E-mail : inspirit59@hanmail.net

CHILD OBSERVATION
STUDY OF ACTION

아동관찰
및 행동연구